역동심리치료와 영적 탐구

이만홍 · 황지연 공저

학지사

 머리말

한국 사회에 심리치료에 관한 관심이 생기고 일반인들 사이에 그에 대한 인식이 변화되기 시작한 것은 그다지 오래된 일이 아니다. 그러나 그 시작이 늦었던 것에 비해 심리치료 전반에 대한 관심의 증가와 중요성의 부각은 가히 폭발적이라고 해도 과언이 아니다. 심리치료에 관련된 전문학회들이 생겨나고 상담학과를 만드는 대학원이 늘어나며 그 학과의 지원자 경쟁은 날로 높아지고 있다. 각종 심리치료 이론들이 소개되고 이에 따르는 전문가들과 기관에서는 그 이론들을 중심으로 한 상담자 교육이 진행되고 있으며, 그 결과 심리치료사 혹은 상담사 자격증을 가진 상담전문가와 그 관련자들이 쏟아져 나오고 있다. 이러한 긍정적인 변화의 과정을 겪으면서 저자들이 일견 염려스럽게 생각해 온 것은 현행 심리치료나 상담교육이 자칫하면 단순히 전문화된 각종 이론의 기법만을 익히고 적용하는 것에 그치게 되지 않을까 하는 것이었다.

복잡한 인간의 심층심리와 그 경험에 대한 기본적인 이해와 함께 그 중요성을 인식하는 준비 없이 단지 내담자의 현재 문제해결 위주의 심리치료를 시행하는 것은 일시적인 증상 완화의 미봉책은 될 수 있겠으나 보다 근본적인 해결에 접근하기에는 부족하다. 더욱이 인격의 성숙이나 전인적인 치유를 염두에 두는 심리치료자들의 경우, 심층심리의 기본적인 이해에서 출발하지 않으면 머지않아 그 치유작업은 한계에 부딪치게 될 것이다. 실제로 지난 세기말 무수히 많은 심리치료 모델들이 개발되고 한순간 유행처럼 시도되어 왔으나 인간심리의 문제를 효과적으로 해결하기에는 부족한 듯 보인다.

시대 상황이 급속도로 변화하고 사람들 모두가 짧은 시간 내에 산뜻하게 문제를 해결하는 방법을 추구하다 보니 심리치료 분야에서도 그럴듯하게 포장된 패키지형의 치유모델이 관심을 끌고 있다. 하지만 그 어느 것도 근본적인 해결에는 접근하지 못함을 깨닫게 된다. 그럴수록 우리는 근본으로 돌아가야 하며 기초부터 다시 출발해야 한다는 생각을 해 본다. 더 멀리, 더 높이 발전하기 위하여 원칙에 충실하여야 함은 마치 운동선수가 되기 위하여 처음 기본기를 잘 익혀야 하는 것과 마찬가지다.

따라서 그 과정이 다소 어렵더라도 모든 상담교육의 시발점은 정신분석이론에 기초한 역동상담이론이 되어야 한다는 것이 저자들의 생각이다. 실제로 이미 심리치료의 특정 분야에서 상당한 이론과 임상 경험을 쌓은 사람들이 내심 심층심리에 대하여 자신감이 없어 하는 것을 종종 발견하게 되는데, 그럴 때마다 심리치료자가 되기 위하여 새로 출발하는 사람들에게 처음부터 너무 각론에 서두르지 말고 기초적인 역동심리학을 먼저 배울 것을 권하는 것이 옳음을 새삼 느끼게 된다.

한편으로 또 다른 우려가 있는데, 그것은 최근 국내 기독교 상담학계에 일고 있는 정신분석학 자체에 대한 비정상적인 관심과 기대다. 분명 지난 세기 동안 정신분석학은 심리학을 비롯하여 종교와 사회, 문화, 예술 전반에 걸쳐 심대한 영향을 주었지만 1970년대 후반부터 그 한계점을 인식하게 되었고, 특히 상담치유 분야에서는 고전적인 정신분석 기법(classic psychoanalytic technique)을 그대로 적용하는 것이 어렵다는 것을 절실하게 느끼게 되었다. 이에 따라 상담의 현장에 맞게 응용 · 발전된 역동상담학(심리치료)으로 빠르게 대치되면서 정신분석이론 자체(psychoanalysis proper)는 하나의 기초학문으로 남게 되었다. 물론 우리는 정신분석의 역사적인 흐름과 정통 정신분석의 이론들, 즉 Freud의 원본능 심리학(id psychology), Anna Freud와 Heinz Hartmann 등의 자아심리학(ego psychology), 영국 대상관계이론, 그리고 정통 정신분석의 막내격인 Heinz Kohut의 자기심리학(self-psychology)에 이르기까지의 주요 이론들을 잘 알 필요가 있다. 그렇지만 이 모든 것들은 어디까지나 임상적인 틀과 적용에서의 배경을 형성하는 것이지 그것을 무분별하게 아무 사례에나 적용해서는 안 될 것이다.

불행하게도 한국에서는 정신분석이 소개된 순서가 뒤바뀌었다고 볼 수 있다. 즉, 정통 정신분석의 이론들이 순서대로 소개되기도 전에 정신분석에 대한 비판과 아주 변형된 모델들, 예를 들면 융 학파나 문화학파 등의 이론이 먼저 소개되고, 최근에야 비로소 제대로 된 정통 정신분석의 이론들이 소개되기 시작하였다. 그 결과 정통 정신분석의 이론들이 시대상에 따라 순서대로 발전된 임상적 의미를 무시한 채 마치 최근 소개된 이론들이 새롭고도 완전한 것인 것처럼 무분별한 임상 적용을 할 위험에 처하게 되었다. 저자들이 이 책을 발간하기로 마음먹은 데는 이러한 정신분석적 심리치료(역동상담)에 대한 세심한 균형감각이 절실히 필요하다는 생각에서였다.

역동심리치료는 정통 정신분석의 여러 이론들을 균형 있게 아우르면서도 현실적으로 임상에서 폭넓게 적용될 수 있도록 오랜 세월에 걸쳐 발전된 심리치료의 기본 모델이다. 사실 역동심리치료는 어느 한 시대나 한두 사람의 업적에 의존하지 않은 채, 심지어는 역동심리치료라는 한 모델로서 배타적인 분야를 형성하지 않은 채 자연스레 임상에서 발전되어 내려온 모델이다. 여기에는 Charles Brenner, Sidney Tarachow, Leon Saul, Ralph Greenson 등 정통 정신분석가들의 노력과 특히 영국 대상관계 이론가들의 영향이 컸다. 그러나 이 책은 무엇보다도 Paul Dewald의 이론과 기법에 힘입은 바 크다. 그는 정통 정신분석가이면서도 임상에서의 유연성을 강조하여, 역동심리치료를 통찰심리치료와 지지심리치료로 나누어 양극단적인 기법의 차이를 명쾌하게 정리함으로써 역동심리치료의 임상적 적용을 보다 용이하게 만들었다. 나아가 그는 그것을 전이, 저항, 치료적 거리 등의 주요 주제에 구체적으로 적용할 수 있게끔 개념들을 발전시켰다.

이 책에는 저자들이 걸어온 통합적인 인간 탐구에 대한 세월이 담겨 있다. 그 세월은 모든 심리치료가 가진 한계점에 대한 아쉬움과 그것을 넘어서려고 하는 영적 탐구의 노력에서 비롯되었다. 1980년대 중반 기독교 신앙을 가진 몇몇 정신과 의사들이 모였다. 그들은 임상에서 인간을 바라보고 이해하는 데에 심리치료가 가진 한계점과 개인 종교와 치유작업 간의 괴리에 대하여 함께 고민하고 있었기 때문에, 자연스레 임상에서 관찰하는 심층심리나 정신병리, 영적인 측면의 고려나 인간 성숙 등의 주제를 어떻게 통합적으로 이해할 것인가에 대하여 진지하게 토의하였다. 이러한 경험과 토의들은 전문가들과 일반인들 모두에게 관심을 불러일으켰고, 때마침 두란노서원의 요청에 의하여 상담훈련학교를 개설하고 이를 통하여 많은 사람들에게 교육되었다.

두란노 상담훈련학교는 우리나라 기독교 상담학계를 폭발적으로 성장시키는 하나의 계기가 되었다. 그 영향으로 전국의 대학, 교회, 사회단체 곳곳에서 상담교육이 왕성하게 이루어졌으며, 2000년대 초 한국 기독교상담 심리치료학회가 결성될 때에는 수많은 기독교상담, 목회상담 전문가들이 이미 활동을 활발하게 시작하고 있었다. 오늘날 우리나라처럼 심리치료가 널리 보편적으로 이루어지고 있는 곳은 세계 어디에도 없어 보인다. 이것은 하나의 큰 축복이며 이 모든 과정을 분명히 계획하고 인도하신 그분의 은총이라고 믿는다.

이 책은 저자들의 십여 년간의 강의 경험을 집약한 것이다. 초기 두란노 상담훈련학교와 부산두란노서원에서 중급반 과정으로 역동심리치료의 이론들이 본격적으로 강의되었는데, 그때의 강의록들이 오랜 기간을 거쳐 다

듣어져서 이 책의 밑바탕이 되었다. 두란노서원의 강의는 분위기상 인간을 바라보는 기독교적인 시각이 강조되다 보니 자연스레 역동심리치료의 이론들이 어떻게 인간의 영적인 측면과 연결되는가, 기독교신학의 인간론과 어떤 관련을 맺는가 하는 의문을 가지고 탐구하는 과정이 되었다. 이미 다른 학자들에 의하여 이 분야의 시도는 있었지만, 저자들의 시각에서 보기에는 너무나 졸속이 결론을 이끌기 위한 논리의 비약이 있거나 정신분석에 대한 이해의 부족으로 인한 문제점이 있었다고 본다.

저자들은 가능한 한 정신분석과 역동상담 이론의 비약이나 왜곡이 없이도 기독교적 인간관과 정신분석이 상호 모순되지 않으며 양자는 각기 다른 차원에서도 상호 보완될 수 있다는 입장에서 통합적인 탐구를 계속하여 왔다. 두란노서원에서의 반복되는 강의는 이러한 생각을 구체적으로 발전시키는 계기가 되었으며, 특히 한국정신치료연구원과 한국영성치유연구소 등으로 이어지는 강의를 통하여 저자들은 이 책에 정신분석적 심리치료의 이론과 현상들이 어떻게 영적인(기독교적인) 측면에서 재해석되고 확산될 수 있는가에 대한 나름대로의 진지한 탐구를 담았다. 그러나 인간을 심리학적이면서 영적인 존재로 통합적으로 이해하고 치유를 돕는 작업은 너무나 엄청나고 심오한 과제가 아닐 수 없기에, 저자들의 이 영적 탐구는 결코 충분한 것도 아니며 아직도 가야할 길이 먼 과제라고 여기고 있다. 다만 이 책에 담긴 저자들의 노력이 진지하게 동일한 탐구의 길을 가는 여러 동료 후학들에게 조그만 자극제가 되기를 바랄 뿐이다.

우리를 사랑 안으로 인도하시고 치유해 주시기를 바라는 그분께 진심어린 감사를 드리며, 이 책의 밑거름이 된 강의가 가능하도록 기회를 준 당시 두란노서원 관계자와 한국정신치료연구원 시절 함께 토론하고 자극을 주었던 후배 및 동료 여러분들에게도 깊은 감사를 드린다.

저자 일동

차 례

서 론

　정신분석적 이론에 기초하여 인간의 심리적 증상을 현실적으로 다루는 분야를 역동심리치료[1]라고 하는데, 이는 모든 다른 심리치료의 근본이 되는 심리치료 기법이다. 즉, 정신분석학은 인간의 심층 심리현상―병들어 있는 정신기능뿐만 아니라 정상적인 심리현상을 포함하는―을 이해하는 데 이론적인 기초를 제공하며 그 기초적인 이론을 중심으로 현재의 다양한 심리치료 이론들이 분화되고 발전되어 왔다고 하겠다. 그러므로 그 어떤 이론에 속한 심리치료 및 상담을 수행하든지 기본적으로 정신분석 혹은 역동심리치료 이론을 공부하는 것은 필수과정에 속한다는 것을 강조하고 싶다. 이 책에서 우리는 역동심리치료의 전체 과정에 대한 기본 이론 및 개념

---

1) '상담'이라는 용어와 '심리(정신)치료'라는 용어 사이에는 엄밀히 말해 상당한 차이가 있지만 이 책에서는 넓은 의미에서 대체로 혼용하기로 한다. 실제로 저자가 나타내고자 하는 바는 심리치료(psychotherapy)를 의미하는 경우가 대부분이겠으나, 독자들이 보다 보편적으로 부담 없이 받아들이도록 이 책에서는 상담이라는 용어를 훨씬 더 많이 사용하였다.

들을 차례로 설명하면서, 동시에 그것을 어떻게 실제 상담에 적용시켜야
하며 그 과정에서 어떤 문제들이 생길 수 있는지에 대해서 좀 더 구체적이
고 현실적인 제시를 하려고 노력했다.

역동심리치료는 내담자 문제의 근본적인 심리역동을 이해하고 문제가
되는 심리기능의 근본적인 부분을 변형시켜 가는 치료기법이므로 치료자
의 훈련이나 심리치료 과정 모두 많은 시간과 노력을 필요로 한다. 여기서
내담자 문제의 근본적인 역동을 이해한다는 것은 그의 현재 드러난 문제를
통해서 그 문제를 야기시킨 내담자 심층심리에 핵심적으로 자리 잡은 역
동, 즉 내담자의 반복적인 정서와 행동 혹은 대인관계 방식을 읽어내는 것
이다. 이러한 내담자의 핵심적인 역동을 알기 위해 상담자는 무의식과 정
신결정론이라는 정신분석이론의 가설에 근거하여 내담자의 내면에 지배적
으로 흐르는 정서들을 파악하고, 그로 인해 지나온 삶에서 반복되었던 중
요한 타인(significant other)들과의 관계 안에 있던 문제의 양식들(patterns)
을 찾아낼 수 있어야 한다. 이런 관계 양식을 찾는 일은 그동안 내담자가
겪어 온 많은 일들에 대해 잘 듣고, 때로는 생각지 못하던 부분을 기억나게
하거나 무관해 보이는 사건들을 연결시키도록 돕는 과정을 통해 이루어진
다. 그러나 역동심리치료가 더욱 독특한 중요성을 갖는 것은 내담자의 문
제들을 외부 혹은 과거에 있었던 어떤 일들을 통해서만이 아니라 지금-여
기(here and now)의 상담 현장에서 상담자와 내담자의 관계를 통해 현실
적이고 구체적으로 드러나게 하고, 동시에 두 사람이 함께 그것을 새로운
상호작용의 틀 안에서 다루어 갈 수 있다는 사실이다. 다시 말해, 역동심리
치료에서는 심리치료가 진행되는 과정에서 상담자와 내담자의 관계 안에
반복되는 내담자의 문제를 직접 보면서 더욱 구체적으로 지금-여기의 방
식으로 내담자의 핵심역동을 이해할 수 있게 되며, 상담자가 그 문제되는
관계의 대상으로서 과거의 양육자와는 다른 어떤 태도를 지속적으로 유지
하므로 내담자가 객관적으로 자신의 문제를 돌아보고 새로운 반응을 시도

해 볼 수 있는 여유를 갖도록 돕게 된다. 이런 과정을 잘 수행해 내기 위해서 상담자는 인격의 구조 및 발달이론의 정신분석적 기본 개념들에 대한 분명한 이해가 있어야 하며, 더불어 내담자의 문제가 반복되는 대상으로서의 혹은 치료적인 관계에 필요한 도구로서의 역할을 해낼 준비를 갖추어야 하겠다. 이는 과거 전통적인 정신분석이론 중심의 심리치료와는 분명히 차이가 있는 방식이다. 즉, 상담자와 내담자의 관계를 중심으로 이루어지는 현대 역동심리치료 이론의 실용과정에서는 전통 정신분석이론에서처럼 상담자가 중립적인 태도로 내담자의 역동을 되비추어 주는 사람으로서가 아니라, 상담자-내담자 사이의 관계에 직접 참여하면서 그 관계 양상을 이해하고 읽어낼 수 있는 참여 관찰자로서의 역할을 할 수 있어야 한다. 이를 위해서는 상담자가 이론적인 개념의 객관적인 적용만을 시도하는 중립적인 입장의 치료자 역할을 넘어서, 그것을 통해 내담자가 변화되고 성숙해지는 따뜻하고 공감적인 환경 혹은 매개체로서 스스로를 제공할 수 있는 준비가 함께 이루어져야 한다. 우리는 이 책에서 이러한 준비과정으로서 상담자의 자기 이해에 대한 측면들을 생각해 볼 수 있는 관점에 대해 자주 언급할 예정이다. 덧붙여 이 책에 설명된 상담과정에 대한 이러한 이론들이 진정한 상담훈련생의 것으로 체득되기 위해서는 상담의 임상실습 및 적절한 지도감독의 과정이 반드시 필요하다. 자전거 타는 법을 이론적으로 잘 안다 해도 실제로 자전거를 타면서 몸으로 익혀야만 그것을 제대로 안다고 할 수 있듯이, 심리치료 이론의 각 개념들은 실제 심리치료 과정을 통해 다시 경험되고 확인될 때에야 그 의미를 분명히 이해할 수 있게 되기 때문이다.

우리가 이 책에서 시도하게 될 또 하나의 특징적인 관점은 이러한 정신역동 심리치료의 각 개념들을 기독교 신앙적인 입장에서 재조명하는 것이다. 이는 정신분석이론의 창시자인 Freud가 종교 혹은 신의 개념을 개인의 아버지와 관계된 오이디푸스 콤플렉스 해소의 방식으로 해석하여 문화적 신경증(cultural neurosis)이라고까지 부르던 것을 생각할 때 상당히 모순되는 시도라고 볼 수도 있을 것이다. 그러나 우리는 팽배해져 가는 현대인의 정신적 혼란과 방황의 의미를 생각하면서, 그동안 종교와 영적 존재로서의 인간을 건강하지 못한 현상으로 간주하며 일축하던 정신분석학적인 논리와 과학적인 방식들의 한계를 넘어 영적인 측면과의 통합의 필요성을 절실히 생각하게 되었다. 인간 문제의 해결을 위해 영적인 부분과 심리적인 측면을 통합적으로 접근하는 것은 어쩌면 역설적이게도 구체적이고 역사적인 인간 실존의 문제를 공감적으로 수용하는 가장 역동심리치료적인 접근 방식이 될 수 있을 것이다. 그리고 이는 이미 후기 Freud 학파의 현대 정신역동이론에서 부지런히 시도되고 있는 방식이기도 하다. 정신역동에 대한 현대적인 접근들은 인격의 발달을 개인의 원본능을 중심으로 전개되던 자발적이고 독립적인 체계로서보다는 오히려 인간 상호작용의 경험에서 시작된다고 보게 되었기 때문이다. 그리고 이렇게 정신분석적인 이해의 초점인 자기(self)의 형성을 고립된 개인의 심리 내적인 갈등에 의해서라기보다 내재화된 인간 상호작용(interpersonal)의 사건들에 의해 형성된 것으로 보는 관점은 이미 오래전부터 계속되어 온 신학적인 관점이라고 할 수 있기 때문이다.[2] 인간관계의 다양한 상호작용의 내용들은 결국 하나님과의 다양한 관계 양상의 근원이 되며 삶이나 가치관의 방향 기준을 제공한다. 그러므로 내담자의 인간관계에서의 문제해결, 즉 인격적인 성숙의 과정에 대해 심리학적인 측면을 넘어서 영적인 측면까지 통합적인 관점에서 다룬다는 것은 지금까지 심리치료가 추구해 온 심리기능적인 측면에서의 정신건강 개념에서 한 걸음 더 나아가 인간 삶의 의미 있는 방향성을 제시하려는 시도라고 할 수 있겠다. 이러한 우리의 시도를 통해서 현행 심리치료의 실

---

2) 유영권 역(2002). 현대 정신분석학과 종교: 전이와 초월(James Jones 저). 서울: 한국심리치료 연구소, p. 206.

용성과 올바른 방향성 모두에 진정한 발전이 있었으면 한다.

이 책의 제1장에서는 역동심리치료의 기본 가설인 무의식과 핵심감정 및 핵심역동에 대해서 자세하게 설명할 것이다. 제2장에서는 핵심역동의 행동적인 측면 혹은 증상이라고 할 수 있는 방어기제에 대한 설명과 함께 그것을 다루어 나가는 심리치료의 기법에 대해서 공부할 것이다. 이 부분에서는 심리역동에 대한 좀 더 구체적인 설명과 함께 역동의 중심인 방어기제와 자아기능의 정도에 따라 상담의 목표를 설정하고 그 목표를 이룰 수 있는 통찰상담이나 지지상담이라는 기법을 적용시키는 과정에 대해 다룬다. 제3장에서는 정신분석적 인격발달 이론 중 인격의 대부분이 형성되는 생후 초기 세 단계, 즉 구강기, 항문기, 남근기의 특성과 이 시기의 문제로 인해 발달되는 성격특성 및 신앙유형에 대해 설명한다.

제1, 2, 3장이 역동심리치료의 가설 및 기본 이론에 대한 논의라면, 제4장부터는 좀 더 실제적인 치료 과정과 기법들이 제시된다. 제4장에서는 심리치료의 초기, 중기, 종결에 대해서 설명하며 각 단계를 구분 짓는 요소들을 제시하므로 심리치료를 시작해서 종결하는 전 과정에 대한 이해를 돕는다. 또한 심리치료가 이루어지는 시간, 장소, 상담비 등의 외적인 조건들에 대한 구체적인 설명과 함께 문제들에 대해 논한다. 제5장에서는 좋은 치료를 위해 선행되어야 하는 내담자 평가에 대해 임상적 평가, 역동적 평가 그리고 상담치유적 평가를 중심으로 논의할 것이다. 제6장에서는 심리치료 기법의 핵심요소라고 할 수 있는 감정의 표현과 공감에 대한 것으로 내담자의 감정표현의 중요성과 함께 그것을 활성화시키기 위한 조건으로서 공감적인 수용과 안아 주는 환경(holding environment)에 대해 설명한다. 더불어 치료적인 필수요소로서 공감(empathy)에 대한 논의가 이루어질 것이다. 제7장과 제8장에서는 역동심리치료 내용의 독특한 성격을 드러내는 개념인 저항과 전이에 대해 다룬다. 다시 말해서, 역동심리치료가 상담자—

내담자 관계를 통해 이루어지는 것이므로 그 과정에서 심리치료의 진행을 원활하지 못하게 하는 작용인 저항에 대해서 알아볼 것이며, 내담자가 상담자에 대해서 갖는 과거 중요 인물이 전치(displacement)된 감정인 전이반응에 대해 구체적으로 살펴볼 것이다. 이 두 개념들은 단순히 상담 중에 나타나 상담의 진행을 방해하는 감정반응을 넘어서 내담자의 역동적인 문제를 상담관계 안에서 드러내 주는 표현인 동시에 그것을 잘 다루게 되므로 치유를 이룰 수 있는 관문으로서의 중요성을 갖는다. 제9장에서는 앞에서 설명한 대로 정신역동에서 주로 다루는 자아의 성숙과 함께 영적인 성숙의 의미와 그 개념의 심리치료에의 적용에 대해 설명할 것이다. 제10장은 역동심리치료의 열매라고 할 수 있는 해석과 통찰에 관한 부분이다. 여기에서는 심리치료 과정에서 드러난 역동적인 문제들에 대해 내담자가 상담자의 주의 깊은 해석을 따라 스스로 깊이 깨닫게 되어 그것을 자신의 다른 문제들에까지 적용시키는 치료의 과정을 논의할 것이다. 이러한 상담의 전 과정을 마친 후 마침내 목표했던 치료의 어떤 정도를 이루었을 때 상담을 종결하는 것은 또 하나의 중요한 치료과정이라고 할 수 있다. 그것이 어떤 이유로 그렇게 중요한 의미를 갖는지에 관한 것과 그것을 잘 다룰 수 있는 방법에 대한 것이 제11장에서 상세히 논의될 것이다. 그리고 마지막 장에서는 내담자의 중요한 정서적 대상 또는 심리치료의 가장 중요한 매개체로서의 치료자가 상담 혹은 내담자에 대해서 가질 수 있는 특별한 감정인 역전이과 그로 인한 문제들에 대해 집중적으로 다룬다.

제 **1** 장

심리역동과 핵심감정

제1장

심리역동과 핵심감정

역동상담

　상담과정에서 내담자가 제기하는 문제를 피상적으로만 이해하고 그에 대하여 논리적으로 해답을 주려는 경우에는 종종 그런 노력이 실패로 끝나는 경험을 한다. 예를 들면, 직장 상사와의 갈등 때문에 찾아온 내담자에게 상사와의 인간관계는 이렇게 저렇게 하라고 조언을 하는 경우라든지, 고부 간의 갈등 때문에 찾아온 며느리에게 시어머니가 화를 낼 때는 이러저러하게 대처하라고 지적인 답을 제시하는 경우를 들 수 있다. 그러나 그런 조언은 이미 내담자가 모르는 바가 아니며, 설령 머리로는 안다고 하더라도 막상 그 인물과 맞닥뜨리는 상황이 되면 순간적으로 자신도 모르게 감정이 폭발하여 사태를 악화시키게 되므로 실제 문제해결을 위해서는 별 도움이 되지 못하는 것을 볼 수 있다. 그래서 내담자만이 아니라 때로는 상담자까지도 과연 상담이라는 것이 필요한가라는 회의에 빠질 수 있다. 특히, 기독교 사역자들 중 상담학을 어설프게 배우고 섣불리 상담을 하려던 사람들 가운데 이런 경우가 많아 처음 얼마간은 상담심리학에 관심을 쏟다가 결국은 포기하고 만다. 이는 역동상담의 개념을 충분히 공부하지 않았기 때문이라고 생각된다. 인간관계의 갈등이나 문제의 해결은 지적으로 그 해결책을 알고 있는가 모르고 있는가의 문제가 아니다. 그것은 보다 깊이 내재되어 있는 심층적인 어떤 부분에 대한 역동적인 이해가 없이는 근본적인 해결이 불가능하다.

잘 관찰해 보면 내담자가 현재 당면한 문제는 단순히 일회적인 문제에서 끝나지 않고 유사한 상황이 닥치면 자꾸 거기에 걸려서 넘어지는 반복적인 문제라는 사실을 알게 된다. 예를 들면, 직장 상사와의 관계로 심각한 갈등이 생긴 사람은 일단 그 문제를 해결하더라도 다음에 또 그런 상황이 오면 같은 문제에 봉착하게 되는 것을 볼 수 있다. 그뿐 아니라 그 사람의 과거를 살펴보면 오래전부터 그 직장 상사만이 아니라 권위를 가진 사람과는 늘 갈등관계에 있었음을 알 수 있다. 학교의 선생님, 군대의 상관이나 고참, 교회의 지도자 또는 정부나 사회의 불합리하다고 생각되는 권위에 늘 반항적이고 분노를 가지고 있었음을 발견하게 되며 이와 관련된 여러 사건들을 추적해 볼 수 있다. 그래서 한참 이야기를 듣다 보면 "아하! 이 사람은 직장 상사나 교회 지도자나 주위의 어떤 다른 사람이 문제가 아니라 바로 그 자신의 마음속에 있는 권위에 대한 분노가 문제로구나." 하는 것을 깨닫게 된다. 그래서 내담자들이 처음 상담에 올 때는 문제가 자신의 바깥에 있다고 보기에 남편 탓, 시어머니 탓, 며느리 탓, 누구누구 탓하지만, 상담이 잘 진행되어 가면 문제는 점차 자기 자신 쪽으로 기울게 된다. 그러면서 결국 세상의 모든 문제나 갈등은 나 하기에 달렸구나 하고 느끼게 된다.

때로는 자신이 당면한 관계의 문제를 논리적으로는 다 이해하고 또 어떻게 해야 한다는 해결방안도 머리로는 다 알고 있지만 막상 유사한 상황에 부딪히면 아무것도 몰랐던 사람과 똑같이 반응하는 경우가 종종 있다. 그

대표적인 예로 부부싸움을 들 수 있다. 결혼해서 수십 년이 지나도록 수도 없이 해 온 부부싸움은 알고 보면 대개는 아주 단순한 이유에서 시작되곤 한다. 왜 싸우는지도 알고 어떻게 해야 한다는 것도 다 알지만 막상 닥치면 나도 모르게(?) 내 속의 또 다른 내가 폭발하고야 만다. 남편의 심리역동과 아내의 심리역동이 마주치면 논리가 지배하지 않는 세계가 표출되고 마는 것이다. 이러기를 오랜 세월 다람쥐 쳇바퀴 돌듯 하지만 인간을 심층적으로 이해하는 안목이 없는 한 문제는 끝나지 않는다.

　따라서 인간관계의 문제는 논리로 풀어 갈 수 있는 간단한 문제가 아니고 인간 각자가 평생 동안 점진적으로 해결해야 하는 심층심리의 역동적인 문제며, 결국은 나 자신과의 씨름이 되고 내 마음속에 있는 어떤 문제와 싸워야만 하는 과제다. 이는 평생을 살아가면서 이것이 나의 문제구나 하는 것을 깊이 깨달아 알고 성찰해 나가는 '성숙'의 문제다. 그렇다면 성숙해 간다는 것은 무엇일까? 그것은 지적인 것을 많이 아는 것도 아니요, 남보다 업적을 많이 쌓아 놓는 것도 아니다. 결국 심리적인 성숙이란 외적으로는 쉽게 표현되지 않는 우리 내면 그 어떤 부분의 문제라고 할 수 있겠다.

무의식의 중요성

　우리가 성숙에 대해 생각하기 위해서는 무의식에 대하여 충분히 이해할 필요가 있다.[3] 흔히 인간의 심성은 바다에 떠 있는 빙산에 비유된다. 우리

---

3) 무의식에 관한 많은 저술이나 의견이 있지만 이에 관한 것만큼 대중적인 편견이 심한 개념도 드물다. Freud의 정신분석이론이 나온 지 한 세기가 지났지만 우리나라에서는 정신분석이론이 제대로 소개되기도 전에 잘못된 비판서들이 먼저 자리를 차지해 버리는 바람에 그에 대한 많은 오해와 편견이 있다. 특히, 기독교 학문의 세계 안에서는 정신분석을 매우 부정적인 시각으로 바라보는 경향이 있는데 이는 상당히 잘못된 것이다. 다른 어느 학문도 마찬가지이겠으나, 정신분석의 일

가 의식할 수 있는 의식계는 빙산의 1/10에 불과한 바다에 떠 있는 조그마한 부분에 지나지 않는 반면, 무의식은 빙산의 9/10에 해당하는 바닷물 속에 잠겨 있는 거대한 부분과도 같다. 그렇듯 무의식은 우리가 의식하지 못하는 마음의 부분으로서 우리 마음속에 있는 여러 문제들, 자료들, 감정들을 실제로 지배한다. 그러나 사람들은 인간의 생각과 삶에서 무의식이 얼마나 중요한지를 잘 알지 못한다. 무의식이 우리의 생활을 지배하는 것은 상상을 초월할 정도로 중요한 부분을 차지하지만, '무의식'은 말 그대로 우리가 의식하지 못하는 부분이기 때문에 우리가 자신의 무의식에 대하여 뭔가를 안다는 것은 극히 일부분에 지나지 않으며 또 알게 되는 것조차 힘들다. 흔히 "내 무의식에는 이런 것이 있어." "난 무의식적으로 이렇게 말했어."라고 이야기하는 경우가 있다. 그러나 무의식적으로 이야기했다는 사실을 의식할 때 그 부분은 이미 무의식이 아니다. 우리 삶에서 실제로 중요한 의미를 가지고 있는 무의식의 세계는 일상적인 방법으로는 접근하기 힘들다. 이것은 오랜 시간을 두고 전문적인 방법을 써야만 겨우 조금씩 알 수 있게 되는 부분이다. 나 자신을 충분히 알고 나의 인격에 대한 통찰을 얻게 된다는 것은 곧 자신의 무의식 세계의 심리역동을 이해하는 것이다. 이는 매우 쉽지 않은 과정을 필요로 하고 그런 작업을 하지 않고서는 만나기 힘든 부분이다. 이 점은 기독교인이라고 하여 예외가 아니다. 아니, 오히려 세상의 믿지 않는 다른 사람들보다 더 성숙에 관심이 있어야만 하는 기독교인들은 누구보다도 무의식의 심리역동을 잘 알아야만 할 것이다. 그런데 우리 기독교인들은 인간의 의지를 보다 중요하게 생각하기 때문에 무

부 이론은 기독교의 진리와 배치되는 부분도 있지만 인간의 심층심리를 이해하는 데는 가장 훌륭한 방법임에 틀림없다. 저자 개인적으로는 정신분석의 이론들을 공부하면 할수록 하나님의 인간 창조의 질서와 뜻을 보다 깊이 깨달아 간다고 증언할 수 있다. 상담심리학도들은 너무 서둘러 잘못된 편견에 빠지지 말고 겸허한 마음으로 정신분석과 역동상담학을 공부할 수 있기를 진심으로 바란다.

의식 따위는 그다지 중요하지 않다고 보는 경향이 있다. 그러나 앞서 설명했듯이 우리의 의지가 얼마나 중요한가를 알고 깨닫기 위해서는 역설적이게도 우리가 먼저 그 의지에 많은 영향을 끼치는 무의식에 관하여 잘 알 필요가 있다.

무의식은 비합리적이며 비논리적이고 감정적인 혼돈의 세계다(의식의 눈으로 보면 그렇다는 뜻이지 실제로는 거기에 나름대로의 정연한 질서가 있다는 것을 점차 알게 된다). 사실 우리가 우리의 삶 자체를 잘 살펴보더라도 합리적인 것보다는 불합리한 것이 더 많다는 점을 인정하지 않을 수 없다. 사람을 사귀는 것만 봐도 그렇다. 논리로만 생각한다면 상대방의 특성들을 요모조모 다 재 보고, 즉 그 사람의 능력, 학력, 인격특성 등을 분석해 보고 그 평가에 기초하여 사귀는 것이 옳은가를 결정하여야겠지만 실제로는 그렇게 되지 않는다. 그냥 뭔가 막연히 첫눈에 '저 사람 참 좋다' '마음에 든다' '같이 있고 싶다' '대화하고 싶다' 고 해서 교제도 하고 사랑도 하고 결혼도 한다. 이것은 논리적이지 않다. 그렇게 되는 까닭을 논리적으로 설명할 수 없다. 왜 인간은 어떤 사람에 대해서는 호감을 갖고 친구로 만드는 반면, 어떤 사람에 대해서는 이유 없이 싫고 같이 있고 싶지 않다고 느끼며 심지어 적대감을 갖게 되는 것일까? 거기에 타당한 객관적인 이유와 논리가 있는 것일까? 아니다, 거기에는 대부분 논리가 개입되지 않는다. 이러저러한 이유를 달지만 자세히 살펴보면 미묘한 감정이 먼저 가고 거기에 논리가 뒤따라가는 것일 뿐이다. 이처럼 인간관계뿐 아니라 우리 삶의 거의 모든 부분이 논리나 의식보다도 무의식적인 감성이나 비논리로 가득 차 있다. 자식을 낳아 기를 때도 이 점을 절실하게 느끼게 된다. 나 자신이 자랄 때 부모들로부터 어떤 아픔을 겪고 자랐기 때문에 내 아이들에게 똑같은 상처를 주어서는 안 된다고 논리적으로는 알면서도, 또 아는 정도가 아니라 마음속으로 굳게 다짐을 해도, 막상 닥치면 나도 모르는 사이에 부모의 그 못된 버릇을 그대로 재현하고 있는 나 자신을 발견하고 어느 순간 화들

짝 놀라는 느낌을 받게 된다. 원래는 이상적으로 제대로 잘 키우고 싶은데 그렇게 되지 않고 자꾸 상처를 주게 되는 나 자신이 밉고 죄책감이 든다. 그렇게 내 속에 내가 알면서도 조절할 수 없는 또 다른 내가 있어서 제 방향으로 끈질기게 밀어대며 계속해서 나를 괴롭힌다. 이런 식으로 우리 무의식 속에 있는 어떤 요소들이 우리 인생의 대부분을 끌고 가는데, 특히 배우자를 선택하거나 일생의 진로를 택하는 등 중대한 문제를 결정할 때일수록 더욱 영향을 주게 된다. 그 결정은 항상 우연이나 의식의 논리가 아닌 무의식 속에 그 해답이 있다. 즉, 우리의 현재가 무의식 속에서 이미 결정지어져 있다는 것인데 그것을 정신결정론이라 한다.

도치된 가정의 예

다음은 무의식적인 심리역동이 삶에 주는 영향의 모습을 잘 볼 수 있는 사례다.

L양의 경우는 그 부모의 역할이 도치된 가정의 전형적인 예다. L양의 어머니는 성격이 활발하고 적극적이며 좋은 직장이 있기 때문에 집안의 경제를 책임지고 의사결정에서도 지배적이다. 반면, 아버지는 수동적이고 다소 무능하며 직장도 변변치 못해서 늘 엄마 중심으로 살아가는 가정에서 그의 자존감이 위협받게 된다. 겉으로는 잘 맞춰서 살아가는 듯 보이지만 L양의 아버지는 자신이 남편으로서, 가장으로서 대접을 받지 못한다는 생각 때문에 불만이 깔려 있다. 그래서 그는 평상시에는 조용히 지내다가 가끔 술을 마시고 나면 폭군으로 돌변해서 이성을 잃는 때가 있다. 평상시에는 아내의 기세에 눌려 제대로 자기주장을 표현 못하고 지내다가 술의 힘을 빌려 상한 자존감을 되찾고자 폭발하는 것이다. 두들겨 부수고 물건을 집어던지고 한바탕 소란을 피우지만 이튿날 술이 깨면 다시 평소의 조용하고 얌전한 남편으로 돌아와 자신의 행동을 부끄러워하고 잘못했다

고 싹싹 빌곤 한다. L양의 부모처럼 부부의 역할이 도치된 가정은 항상 정서적으로 불안하다. 남편은 남편대로, 아내는 아내대로 불만이 차 있게 마련이기 때문이다. 이런 배경에서 자란 L양은 사리판단을 할 수 없는 아주 어렸을 때는 엄마처럼 당당하고 자신감 있게 의사결정을 하면서 사는 것을 자연스러운 삶의 모습으로 알았기 때문에 약간의 경멸과 함께 남자를 휘두르면서 사는 것이 당연한 부부관계인 것으로 여겼다. 그러다가 좀 더 성장한 후에 친구 집에 가 볼 기회가 생겼는데, 그때마다 그녀는 자신의 가정이 다른 집과 다르다는 것을 점차 깨닫게 되었다. 자기 집은 엄마의 짜증과 아빠의 불만 속에서 항상 불안한 기류가 감돌고 있는 반면, 다른 집에서는 엄마 아빠 사이가 뭔가 편안하고 다르다고 느껴졌다. 자세히 관찰해 보니 자기 집과 다른 점이란 아버지가 의사결정권을 갖고 가장으로서 든든하게 받쳐 주고 엄마는 다소곳하고 포근한 여성적인 역할을 하는 것이었다. 그런 생각에 그녀는 점차 자기 집이 어딘가 잘못되었다는 것을 인식하게 되었다. 또 이전에는 당연히 엄마가 옳고 엄마처럼 인생을 살아가야 한다고 여기고 아버지는 틀렸다 생각했는데, 다른 집과 비교해 보니 그런 것이 꼭 옳은 것은 아니라는 것을 알게 되었다. 그래서 의식적으로는 이 다음에 커서 결혼을 하게 되면 아버지처럼 소극적이고 무능한 사람보다는 자기주장도 강하고 능력 있는 남성, 번듯한 직장이 있고 자기 역할을 하는 남성을 만나서 자신은 여성적인 역할을 하는 그런 가정을 생각하게 되었다. 그리고 자신의 부모들과는 달리 반드시 화목한 가정을 이루어 자녀들에게 정서적인 불안을 주지 않겠다는 다짐을 하게 되었다. 그런데 대학에 들어가면서 실제 상황이 생각과는 다르게 전개된다는 것을 깨달아야 했다. 남자친구를 사귈 기회가 생기기 시작하면서 자기주장이 있는 남자를 만나면 어딘지 모르게 아주 불편하고 관계가 오래 지속되지 않았다. 의식적으로는 그런 남성이 능력도 있고 자신감도 있어 좋겠다고 생각하면서도 같이 있으면 아주 불편하고 힘들었다. 얼마 못 가서 의견 충돌이 생기고 짜증스러웠다. 그러나 아버지 같은 성격의 조용하고 수동적인 남자를 만나면 처음부터 아주 오래 사귀어 온 듯이 편안함을 느꼈다. 의식적으로는 자신이 그래서는 안 된다고 생각하면서도 그 남자친구와 함께 있을 때면 적극적으로 리드를 하고 먹을 것도 사주고 데리고 다니는 식이 되었다. 결국 L양은 자라면서 의식적으로는 부모님의 결혼관계가 실패한 관계라고 생각하고 자신은 결코 그런 결혼은 안 하겠다고 다짐을 했지만, 막상 그녀 자신은 의식적으로는 혐오하는 타입의 남성과 결혼해서 부모와 똑같은 삶을 반복하게 된다.

이런 현상을 논리적으로는 설명할 길이 없다. 어린 시절 형성된 L양의 심층심리를 이해하지 않고서는 이러한 인생의 아이러니가 우리의 의식과는 상관없이 우리의 삶을 지배한다는 현상을 이해하기는 힘들다. 아버지에 대한 경멸과 이제는 자신의 또 다른 일부가 되어 버린 그 경멸에 대한 죄책감, 그것을 심리적으로 극복하고자 하는 무의식적인 재현, 이런 무의식의 복잡한 심리역동을 이해해야만 비로소 해석이 가능한 역설의 세계인 것이다.

핵심감정

위의 사례에서 알 수 있듯이 우리의 무의식 속에는 어린 시절부터 부모와의 관계에서 형성된 여러 가지 해결되지 않은 갈등, 소망, 좌절, 욕구 등이 있어, 성장한 후에도 이들이 우리의 전 생애를 통하여 우리의 삶을 지배하고 영향을 미치게 된다. 그런데 이런 무의식적인 요소들은 모두가 똑같은 비중으로 존재하는 것이 아니다. 사람마다 그 성장배경이 다른 만큼 그에 따라 각기 다른 종류와 강도를 갖게 된다. 그중에서도 어린 시절 특별히 해결되지 않은 갈등관계를 통하여 형성된 가장 중요한 특정 감정을 갖게 되는데 이를 핵심감정(nuclear emotion, core emotion)이라고 한다.[4] 예를 들면,

---

4) 일부 학자들은 핵심감정의 개념이 지나치게 심층심리를 단순화한다는 이유로 비판적인 입장을 보인다. 그런 경향이 없지는 않으나 이는 역동심리를 공부하는 초보자들이 심층심리를 보다 쉽게

어린 시절 부모로부터 일찍 분리되어 심한 분리 불안(separation anxiety)을 느꼈던 사람은 성장해서도 남달리 의존욕구(dependency need)가 많은 사람이 되며 항상 이 의존욕구를 충족시키기 위하여 행동하는 특성을 갖게 된다. 또 다른 예로 어려서 폭력적인 아버지에게 눌려 살아야 했던 사람은 성장해서 불합리한 권위에 대한 끊임없는 분노를 무의식의 핵심감정으로 갖게 되어 그의 삶이 늘상 분노를 폭발할 것인가 억압할 것인가의 갈등 속 기로에 서게 한다. 즉, 핵심감정은 무의식의 복잡한 요소들 중에서도 특히 어떤 것에 비교할 수 없이 강력한 영향을 그 사람의 심리와 행동에 미치게 되므로 그것을 파악하는 것이 역동상담에서는 무엇보다 중요하며 우선적이다.

핵심감정은 실제 우리의 생각보다 훨씬 복합적인 개념으로서 그 형성부터가 여러 요인들의 상호작용에 의한 결과다. 즉, 인간이 태어나기 전부터

이해하도록 돕는다는 의미에서 매우 유용한 개념이다. 또한 점차 상담심리를 공부해 감에 따라 심층심리가 그렇게 간단히 도식화될 수만은 없다는 점을 자연스럽게 이해하게 되므로 큰 문제는 없다고 본다. 핵심감정의 개념은 Leon Saul의 저서 *The Childhood Emotional Pattern*(1979)에 상세히 기술되어 있으므로 참고하기 바란다. 실제로 Saul도 childhood emotional pattern 또는 nuclear emotional constellation으로 기술하여 그것이 하나의 단순한 감정이 아닌 복잡한 구조나 경향임을 나타내었으나, 여기서는 보다 쉽게 독자들의 이해를 돕기 위하여 더욱 단순화한 용어를 사용하였음을 이해해 주기 바란다.

한편, 일부 기독교 상담학자들은 핵심감정에 대해 아물지 않은 어린 시절의 '상처'라는 표현을 쓰고 있다. 그러나 이 용어가 피해적인 의미를 띠지 않도록 주의할 필요가 있다고 본다. 왜냐하면 부모와 자식 간의 심리역동이 일방적인 부모의 가해에 의하여 생긴 '상처'라는 시각은 심층심리를 객관적인 시각에서 바라보아야 하는 과학적 입장을 벗어나기 쉬우며, 이로 인하여 상담의 현장에서 심리적 갈등을 부모의 탓으로 돌리는 심각한 오류를 범할 가능성이 높기 때문이다. 또한 우리는 상처를 준다는 말보다는 상처를 받는다는 말을 많이 하는데, 사실 상처라는 것은 받는 것보다 내가 나도 모르게 남에게 주는 것이 더 많다. 순전히 받기만 한 사람은 예수님 외에는 아무도 없다. 우리는 상처라는 말을 쓸 때 '상처받는다' 혹은 '내가 희생자다'라고 생각하기 쉽다. 그렇게 생각하는 것은 그 자체가 성숙하지 못한 것이며, 나의 탓을 생각하는 회개에 이르지 못하도록 막아 버리는 경향이 있다. 우리는 상처를 받는 것보다 주는 것이 더 많으므로 회개해야 할 것이 많다. 그래서 우리는 '상처'라는 용어를 매우 신중히 사용할 필요가 있으며, 특히 핵심감정과 동일한 개념으로 사용할 경우 더욱 그렇다.

갖고 있는 유전적인 소질, 출생 시 타고나게 되는 기질(temperament)과 경향성 등의 생물학적인 요인들을 가지고 태어난 아기가 부모와 관계를 맺고 자신의 생명을 유지하기 위해 본능이 충족되거나 좌절되는 상호작용을 통하여 다양한 유아기적인 감정들을 형성하는 것이다. 특히, 아주 어린 시절 성장과정에서 상당한 결핍이 반복적으로 있을 경우 그 결핍된 감정은 어린 아이의 심층심리에 다른 어떤 감정과도 비길 수 없는 깊은 골을 패게 만든다. 우리는 이것을 핵심감정이라고 한다. 핵심감정은 아동의 인격이 성장함에 따라 나름대로 이를 극복하고 사회심리적으로 생존하려는 방어기제에 의하여 한층 더 복잡한 반응 양상을 띠게 된다. 이 핵심감정과 이에 대한 방어기제의 상호 역동적인 양상을 핵심역동(nuclear dynamic, core dynamic)이라고 부른다.

그러면 이제 핵심감정이 가지고 있는 몇 가지 특성에 대하여 좀 더 상세히 알아보기로 하자.

첫째, 핵심감정은 우리의 무의식 속에 묻혀 있는 어린 시절에 형성되어 성장한 후에도 성숙하지 못한 어린 시절의 감정 양상이다.

그러면 과연 우리의 무의식 속에는 주로 어떤 것들이 갇혀 있을까? 거기에는 아주 어린 시절에 겪었던 경험에서 생긴 좌절, 갈등, 양가감정(사랑하기도 하고 미워하기도 하는), 우울, 분노, 외로움, 슬픔, 미처 성취해 보지 못한 본능적 충동과 같은 것들로 가득 차 있다. 그중에는 일부 긍정적인 것들도 있겠지만, 성장한다는 것은 좌절의 연속이기 때문에 주로 부정적인 것들이 들어가 있다. 아기가 갓 태어났을 때는 방어능력이나 적응능력이 거의 없기 때문에 아주 어린 시절에 겪은 사건일수록 더 결정적인 결핍을 남기게 된다. 그러나 아이가 부모와의 관계를 통하여 성장해 가면서 2~3세 시기를 거쳐 6~7세 정도만 되면 어느 정도 인격의 방어기능이 형성되어 그 이후에는 웬만한 자극이 들어와도 심각한 인격의 영향을 받지 않고 그것을 극복해 낼 수 있게 된다. 따라서 대부분의 핵심감정은 6~7세 이전에 형성된, 다시 말하면 유아기에 형성된 감정이다. 따라서 그것은 미성숙한 것이며 건강하다고 말할 수 없는 성격의 것이다. 그러므로 핵심감정은 일반적으로 인격이 원만하고 건강한 사람에게는 뚜렷하지가 않지만 인격이 미숙하고 마음에 깊은 심리적 결핍이 있는 사람에게서는 더욱 뚜렷이 그리고 아주 지속적으로 발견된다. 이렇게 핵심감정이 강렬하고 이를 방어하여 나가는 핵심역동이 병적인 사람일수록 우리는 그를 신경증적 또는 정신병적이라고 말할 수 있다. 결국 우리가 '인격적'이라고 부르는 것은 이런 핵심역동이 얼마나 건강한가를 의미하는 것이다.

둘째, 핵심감정은 사람마다 다르다.

우리가 인생을 살아가면서 닥치게 되는 위기나 심각한 인간관계의 갈등은 모든 사람에게 동일한 것이 아니다. 객관적으로는 똑같아 보이는 문제더라도 어떤 사람에게는 그 문제가 대수롭지 않은 것으로 여겨지는 반면, 어떤 사람에게는 그 문제가 평생에 걸쳐 해결해야 할 화두로서 심각하게 걸려 있는 것을 볼 수 있다. 즉, 사람마다 고민하는 문제가 다 다르기에 사람마다 걸려 넘어지는 문제는 다 다르다. 똑같이 시어머니를 모시는 며느리라도 어떤 며느리는 아무 문제가 없는 반면, 어떤 며느리에게는 시어머니와 함께 생활한다는 자체만으로도 긴장과 좌절의 원천이 된다. 어떤 사람이 남이 보기에 대수롭지 않은 문제를 가지고 끙끙거리며 고민하는 것을 보면 나에게는 우습게 보이기조차 할 수 있으며, 반대로 내가 속으로 앓고 있는 문제가 그에게는 아무것도 아닐 수 있다. 그것은 왜 그럴까? 그러니까 어떤 문제든 그 자체가 중요한 것이 아니라 결국은 그것이 문제가 되어서 나를 걸고 넘어질 소지가 이미 내 마음속에 결정되어 있다는 것을 알 수 있다. 다시 말해, 환경이나 주위 사람이 문제가 아니라 사람마다 이미 마음속에 문제가 걸리도록 되어 있는 어떤 취약한 부분이 있다는 말이다. 그래서 그 취약한 부분을 건드리는 촉발요인에 걸리면 그것이 외견상 대수롭지 않아 보이는 것이어도 내게는 굉장히 견디기 힘들게 분노가 끓어오르게 하거나 절망에 빠지게 하거나 아주 힘들게 한다. 옆에서 보기에는 아무것도 아닌 일인데 당사자는 그것에서 빠져 나오지 못하고 심지어는 생명을 버리면서까지 해결하려고 괴로워한다. 다시 말하자면, 인간마다 각기 얼굴이 다르듯 핵심감정과 그것이 문제로 드러나는 상황은 각각 다르다는 말이다. 그것은 마치 잠긴 자물쇠를 열려고 할 때 제 열쇠가 필요하듯이, 특수한 상황만이 열쇠처럼 내 마음에 콱 들어와 박히면서 문제를 일으킨다는 의미에서 열쇠–자물쇠 기제(key-lock mechanism)5)라고 말한다. 나의 내면에 있는 핵심감정은 의존욕구나 인정욕구일 수도 있고, 상대방이 나를 무시하거나 거부하면 어쩌나 하는 불안일 수도 있다(이에 관하여는 제3장에서 상세히 설명할 것이다). 그리고 동일한 하나의 상황이 그런 우리들 각자의 핵심감정에 따라 다른 반응을 일으키게 된다. 그러므로 문제의 핵심은 나의 외부에 있는 것이 아니라 항상 나의 내부에 이미 존재해 있다고 하겠다. 사람들은 갈등에 처하게 될 때마다 우리 남편이, 아내가, 시어머니가, 며느리가 하는 식으로 남 탓이나 환경 탓을 하지만 사실 문제의 원인과 해결은 바로 나 자신에게 있다는 말이다.

핵심감정은 원칙적으로 무의식에 묻혀 있기 때문에 알 수 없지만 오랜 세월 인생을 살다 보면 어렴풋이나마 그 존재를 알게 되며, 특히 심리학적으로 관심을 가지고 성찰을 하면 상당 부분 의식할 수 있게 된다. 그러나

---

5) 구체적으로 열쇠–자물쇠 기제란 개인(내담자)이 가진 기본적인 취약 인자가 특정 대상이라는 유발인자를 만났을 때 증상으로 발현되는 현상을 말한다. 예를 들어, 앞서 도치된 가정의 예에서 L양의 경우 자신이 자라온 가정환경을 고려하여 평소 생각에는 자기 주장도 강하고 능력 있고 번듯한 직장이 있어서 자기 역할을 잘하는 남성을 이상형으로 삼았지만, 실제 그런 사람과의 교재는 어딘지 모르게 불편해서 지속되지 않고 막상 깊이 교재하게 되는 대상은 자기 아버지처럼 수동적이고 조용한 남자였다. 즉, 아버지와 같은 유형의 남자를 만났을 때 더 편안하고 친근함을 느끼게 되어 문제되는 부부관계를 다시 반복하게 된다. 그러므로 여기서 L양이 무의식 속에 갖고 있는 남성에 대한 기대의 취약성인 자물쇠가 유난히 친근하고 편하게 느껴지는 대상(남성)의 수동성이라는 유발인자를 만나 문제가 되는 관계 양식을 반복하게 되는 과정을 열쇠–자물쇠 기제라고 할 수 있다.

우리가 일반적으로 안다고 하는 나의 심층심리는 다분히 부분적이고 피상적인 것이며, 특히 정서적인 부분의 핵심감정은 그 전모를 파악하기가 결코 쉽지 않다. 그런데 여기서 한 가지 아이러니는 나의 내부에 있는 문제의 본질인 핵심감정은 항상 나 아닌 다른 사람에게는 상대적으로 쉽게 보여도 나 자신에게만은 잘 안 보인다는 사실이다. 마치 인간이 거울을 통하지 않고서는 자신의 얼굴을 볼 수 없는 것처럼, 내 옆에 있는 사람은 나의 문제가 무엇이고 어떻게 해결해야 하는지 잘 아는데 정작 나는 잘 모른다. 다시 말하면, 자신의 핵심역동이 다른 사람에게는 잘 보이는데 자신에게는 가려져 있는 것이다. 우리가 우리 자신에 대해 잘 안다고 생각하지만 사실 많은 경우 그것은 오산이다. 이것이 인간의 모순이다. 예를 들어, 부부 두 사람은 오랫동안 함께 살아왔기 때문에 아내의 성격이나 남편의 성격을 서로 잘 알고 있다고 여긴다. 그런데 어느 순간 부부싸움 끝에 아내가 "당신은 바로 그것이 문제야."라는 식의 한마디가 나의 오장육부를 뒤집어놓고 머리끝까지 분노를 일으키게 된다. 이제까지 내가 너무나 잘 알고 있어서 늘 스스로 잘 조절해 나갈 수 있다고 믿었기에 그것이 별 문제가 아닌 줄 알았는데, 정말 나도 모르게 순간적으로 "당신은 늘 그것이 문제야."라는 말이 마음에 꽂혀 상처가 되고 하루 종일 기분이 나쁘게 된다. 지금껏 단지 잘 억압하고 지내왔을 뿐 진정으로 내 마음 깊은 곳에 있는 바로 그 취약점의 정체가 어떠한지는 제대로 파악하지 못하고 있었던 것을 느낄 수밖에 없다. 진실로 중요한 핵심역동일수록 자신에게는 가려져 있고 남한테는 쉽게 보인다. 그러므로 우리가 핵심역동을 깨닫는다는 것은 쉬운 일이 아니다. 물론 세월이 지나고 나이를 먹어가면서 지적으로는 깨달을 수 있다. 그러나 그 핵심역동이 나를 얼마나 강렬하게 끌고 가는지에 대한 정서적인 이해는 거의 전문가적 개념을 갖고 경험해야 알 수 있는 것이다.

셋째, 핵심감정은 아주 끈질기게 일생에 걸쳐 반복된다.

이것은 굉장히 끈질기다. 일생을 살다 보면 조금은 완화가 되지만 잘 고

처지지 않는다. 이러한 핵심감정이 계속 반복될수록, 변화하지 않을수록 우리는 '성숙하지 못하다' '신경증적이다'라는 표현을 쓴다. 예를 들면, 의존욕구가 너무 많은 사람들은 항상 생활의 무의식적인 목표가 어떻게 하면 자신의 의존욕구를 충족시킬 수 있느냐에 몰두한다. 친구를 사귈 때도 상대방이 부담을 느낄 정도로 서로 가까이 하고자 하며, 한편으로는 상대방이 나를 싫어하면 어쩌나 하는 두려움이 무의식에 깔려 있어서 자기주장도 제대로 못하고 질질 끌려가는 관계를 맺다가 후에 원망과 배신감에 휩싸여 관계를 단절하곤 한다. 이런 인간관계는 한 번이 아니라 일생을 통하여 끊이지 않고 반복된다. 아내, 직장 상사, 교회 지도자, 그 밖의 모든 대상에게 의존적인 기대와 그에 따른 좌절과 원망의 감정을 자꾸 반복하게 된다(그 구체적인 예로서 뒤에 나오는 K씨의 사례를 참고하기 바란다). 핵심감정이 반복되고 반복되어 끝내 상담의 현장에 오게 된 내담자들은 현재 상담자 앞에서 그것을 또다시 표출하게 된다. 그러므로 상담에서 상담자가 내담자를 다룰 때 내담자가 상담자에게 어떻게 대하는지를 잘 관찰하는 것은 매우 중요하다. 왜냐하면 그 관찰을 통해 내담자의 핵심감정과 핵심역동을 추상적이 아닌 실제의 상황에서 파악할 수 있기 때문이다. 내담자가 퇴행이 되는 상태에서 자신의 어린 시절 부모와의 관계에서 형성된 핵심감정을 상담자와의 관계에서 그대로 재현하는 것을 전이(transference)현상이라 한다. 이 전이를 알아내고 잘 다루어 치료하는 것이 근본적인 핵심감정의 치료이자 상담의 전 과정이라고 할 수 있다. 초보 상담자는 내담자가 제기하는 문제만을 논리적으로 생각할 뿐이지만, 전문 상담자는 무엇보다도 내담자가 상담자를 어떻게 대하느냐 하는 관계 속에서의 핵심감정을 다루어 나가는 것을 중시한다는 데 큰 차이가 있다. 그렇게 핵심감정은 자꾸 반복하여 개인의 일생 사건들 속에 나타나며 더욱이 상담자에게 와서도 상담자-내담자 관계를 통하여 나타나게 되므로 그 관계를 잘 관찰하면 내담자의 핵심감정을 이해하기란 어려운 것이 아니다. 그래서 몇 번 내담자를 만나게 되면 그것은 고부간의 문제도 부부 간의 문제도 아니며, 내담자 마음 속에 자리 잡은 감정이 문제라는 것을 알게 된다. 그리고 그 문제를 해결하지 않으면 근본적인 문제해결이란 있을 수 없다.

이 핵심감정이 얼마나 강력하고 집요한지 Karen Honey라는 학자는 그것을 'should라는 이름의 폭군(Tyranny of should)'이라고 했다.[6] 특히, 인격이 성숙하지 못하고 신경증적인 사람일수록 이 핵심감정에 좌우되기 때문에 이를 충족받기 위하여 일생을 폭군에게 끌려 다니는 노예와도 같다는 말이다. 예를 들면, '나는 어디서든 인정을 받아야 한다.' '나는 항상 일등이어야 한다.' '나는 어떠한 존재가 되어야만 한다.'라는 성숙하지 못한 'should'라는 전제를 머리에 두고 살기 때문에 자신이 자기 인생의 주인이 되지 못한 채 비극적인 삶을 산다는 것이다. 그러한 전제들은 물론 어린 시절의 핵심감정으로부터 형성된 신경증적인 경향이다. Karen Horney는 바로 이와 같은 현상이 오늘날 현대인들의 보편적인 모습임을 지적하고 있다. 그렇다. 이것이 바로 우리 자신들의 보편적인 모습임에 틀림없다. 어려서부터 우리가 얼마나 인정을 받기 위하여 발버둥쳐 왔는가? 학창시절의 피나는 공부, 과로로 쓰러지면서까지 일에 몰두하면서 살아온 것은 모두 무엇을 위한 것이었는가? 모두 다 '인정'이라는 폭군을 만족시키기 위한 것이 아니었던가? 남이 나를 무시할지도 모른다는 두려움이나 불안은 또 얼마나 많았는가! 이런 것들을 아직도 머리에 이고 힘겹게 살아가는 우리가 아닌가? 그래서 우리의 인간관계는 그 때문에 긴장에 지치고 피곤에 찌들며 힘들어하지만, 그것을 내려놓지 못한 채 자신도 어떻게 하지 못하고 그냥 살아간다. 이것이 우리 삶에서의 핵심감정의 폭군적인 모습이다.

넷째, 핵심감정은 본능, 자아 및 초자아 등과 같은 다른 역동심리적 용어

---

6) Karen Horney의 *The Neurotic Personality of Our Time*(1994), *Our Inner Conflicts*(1994)를 참고한다.

들과 마찬가지로 에너지를 가진 힘으로 이해해야 한다.

　이런 것들은 어떤 고정적인 심리적 기구나 역할의 개념이 아니고 생생하게 에너지를 갖고 끊임없이 충동하는 힘이다. 예를 들어, 어린 시절 아버지의 불합리한 권위에 대한 분노가 있다고 하면 살아가면서 핵심감정을 건드리는 상황이 벌어질 때마다 그것은 가만히 있지 못하고 강한 충동적 에너지를 가지고 분노의 감정을 강하게 일으킨다. 즉, 학교 교사든, 직장 상사든, 불합리한 국가 권력이든 간에 인간관계에서 누군가 불합리하게 나를 압박할 때는 마음속에 도사리고 있던 핵심감정이 대단한 에너지를 가지고 폭발하게 된다. 물론 감정의 폭발은 결과적으로 개체의 생존과 적응에 심각한 손실을 초래한다. 그래서 그것이 튀어 올라올까 봐 사람들은 긴장하고 불안을 느끼며, 자아가 그것을 꽉 내리누르거나 조절한다. 그렇게 억압하지 않고 매일 감정을 폭발하면서 살아갈 수는 없기 때문이다. 따라서 핵심감정이 강렬할수록 그것이 폭발되지 않도록 누르고 조절하면서 살아가는 데 필요 이상으로 많은 에너지가 들게 된다. 물론 자아는 이런 핵심감정을 나름대로 조절하기 위하여 여러 가지 방어기제를 사용하지만 그만큼 살아가는 하루하루가 피곤하고 힘들게 되는 것이다. 다음의 사례가 그것을 잘 보여 준다.

　H부인은 성격이 아주 깔끔하다. 차림새도 항상 깔끔하고 빈틈이 없다. 남 보기에는 참 좋아 보이지만 정작 자기 자신은 항상 피곤하다. 어린 시절 형제 많은 집안의 셋째딸로 태어나 위아래로 치이고 소외당하며 커왔다. 내면 깊숙한 곳에는 낮은 자존감과 함께 남이 나를 무시하지는 않나 하는 긴장이 도사리고 있다. 특히 바로 한 살 아래 남동생에게만 쏠리는 부모님의 관심을 나누어 받기 위해 항상 치밀하고도 완벽한 준비를 하며, 공부도 집안일도 남보다 몇 배의 노력을 해야만 했다. 이제는 성장하여 어느 정도 성공한 가정주부가 되었고 그 누구의 인정을 받을 필요도 없고 무시당할 염려도 없지만, 세심하고 깔끔한 성격은 H부인을 잠시도 편안하게 놔두지 않는다. 절대로 다른 사람에게 틈을 보여 줘서는 안 되며 어디서

든 자신이 항상 최고로 살아야 한다는 전제가 폭군처럼 H부인의 삶을 여전히 지배하고 있는 것이다. 그러나 그렇게 살려면 굉장히 에너지가 많이 들고 힘이 든다. 남보다 좋은 아파트에, 좋은 가구와 좋은 차에, 애들은 항상 일등을 해야 하고, 남편은 제일 잘나야 하는 등의 식으로 자신이 추구하는 모든 것이 그 무언가에 인정받으려는 욕구로 귀결된다. 그래서 마치 자기 머리 위에 'should' 라는 이름의 폭군을 이고 사는 꼴이 된 것이다. 때로는 '삶이 이렇게 피곤해서야……' 라고 느낄 때도 있지만, 그렇지 못할 때 느끼는 좌절감과 열등감에 비하면 그것은 아무것도 아니다. 물론 H부인은 자신의 그런 점이 좀 문제라는 것을 어렴풋이 알기는 하지만 그것이 아무리 피곤하고 힘들어도 자기 마음대로 조절이 되지 않는다. 어떤 순간에도 자신의 핵심역동으로부터 자유롭지 못하는 것이다.

핵심감정과 신앙

여기서 기독교인으로서 당연히 드는 의문은 과연 우리가 기독교 신앙을 갖고 중생한 후에는 이러한 핵심감정이 어떻게 되는가 하는 것이다. 성경은 우리가 거듭나는 것에 대해 "이전 것은 지나갔으니 보라 새것이 되었도다."(고후5:17)라고 선언해 주었다. 그렇다면 우리는 그 말씀대로 새로운 피조물로서 과거 우리의 무의식을 지배해 왔던 핵심감정과 이를 다루어 왔던 자아의 행동 양식이 없어질 것이라고 생각할 수 있다. 그러나 정신분석학은 인간의 인격이 일단 형성되면 그 다음에는 아주 약간의 변화는 있을 수 있어도 근본적인 변화는 있을 수 없다고 주장한다. 한번 형성된 핵심감정과 방어기제의 모습은 죽을 때까지 변화되지 않는 것이다. 어떤 기독상담학자들은 이를 틀렸다고 생각하고 성경적이지 않다며 무시하는 경향이 있는데, 그것은 무의식에 대해 잘 모르고 경솔히 판단하는 것이다. 언뜻 보기에는 정신분석의 이론과 성경의 선언 사이에 큰 괴리를 느낄지도 모른다. 성경이 심리학을 잘 모르기 때문이거나, 아니면 정신분석이 비성경적이어서 틀렸다고 생각하기 쉽다. 그러나 정신분석과 역동심리치료를 깊이 있게 공부하면 할수록 성경의 진리와 심리학의 진리가 오묘하게 일치한다는 것을 알게 된다. 즉, 무의식과 핵심감정에 대한 통찰을 얻을수록 그것이 바뀐다는 것이 얼마나 어렵고도 힘든가를 잘 이해하게 된다. 우리가 죽을 때까지 우리 자신의 핵심감정에서 벗어난다는 것은 불가능하다는 것을 알게 된다. 그렇기 때문에 역설적으로 거듭나서 '새것이 되었다'는 사실이 얼마나 위대한 기적인가를 인정하지 않을 수 없게 된다. 우리 자신의 힘으로 핵심감정을 극복하고 자유로워진다는 것이 얼마나 힘든지, 아니 불가능한 것인지를 깨닫는 사람이야말로 왜 우리에게 예수님이 필요한지를 더욱더 분명하게 알게 된다. 거듭났어도 여전히 자신의 핵심감정의 영향을 모두 벗어나기 힘든 우리는 매일 예수님께 의지해야 할 필요가 있는 것이다. 나로서는 도저히 스스로 해결할 수 없는 것이 그분으로 인하여 가능해지기 때문이다. 그러므로 핵심감정의 이론을 보다 깊이 있게 이해하는 것이 필요하다. 정신분석을 알면 알수록 더욱더 성경의 진리가 고상하고 정확하게 드러난다. 일반적으로 역동상담학 책의 첫머리에는 정신분석을 하거나 역동상담을 하는 것이 근본적인 문제해결이 아니며, 단지 우리의 인격을 아주 조금 수리하는 것일 뿐이라는 말이 나온다. 그러니까 너무 많이 기대하지 말라는 의미다. 그러므로 성경에서 우리가 예수를 주로 믿고 거듭나면 전혀 새로운 새 생명으로 변화될 것이라고 말하고 있는 것은 보통 기적이 아닌 것이다.

핵심역동

어린 시절 우리에게 핵심감정을 자리 잡게 만드는 것은 정서적으로 중요한 존재인 부모, 특히 엄마와의 관계를 통해서이지만, 그 근본 출발점은 인간의 기본적인 욕구인 본능에 있다. 생존하기 위해 가장 기본적인 욕구는 사랑을 받고자 하는 본능이라고 할 수 있다. 성적 충동은 사랑에 대한 기본적인 욕구의 원초적인 형태다. 적개심 또한 성본능과 더불어 인간이 생존하는 데 가장 필수적인 욕구다.[7]

우리의 자아가 채 성숙하기 전인 유아 시절에는 무의식의 영역이든 의식의 영역이든 우리의 삶을 주로 지배하는 것은 본능이었다. 그러나 우리 인격의 주인이자 의식의 지배자인 자아가 점차로 성장해 감에 따라 사정은 바뀌게 된다. 자기중심적이고 유아기적이기에 현실에서 받아들여질 수 없는 본능의 충동들은 점차 의식에서 밀려 무의식의 영역으로 쫓겨나게 되고, 의식은 주로 자아가 지배하는 영역이 된다.[8] 그러나 무의식의 영역으로 밀려난 본능은 그대로 조용히 있는 것이 아니라 다양한 충동과 그 파생물들, 특히 핵심감정의 모습을 하고 기회가 있는 대로 다시 의식의 영역으로 튀어 올라와 우리의 인격을 지배하기 위하여 끊임없이 출렁거리고 있다. 따라서 자아는 현실에 적응하고 생존할 뿐 아니라 우리의 삶을 성공적으로 이끌어 나가기 위하여 잠시도 쉬지 않고 이들 본능과 핵심감정을 통

---

7) 정신분석학이 기독교적인 입장에서 가장 공격의 표적이 되고 있는 부분이 바로 이 본능설이다. 여기서는 지면관계상 상세한 논리의 전개를 생략하지만, 공격의 많은 부분은 정신분석에 대한 무지와 편견에서 비롯된 결과라고 본다. 이 부분에서도 정신분석의 이론들이 성경의 진리와 배치되는 것은 의외로 적다. 성본능이나 적개심에 관한 정신분석의 이론들을 편견 없이 연구해 가면 하나님의 심오한 창조 섭리의 일단과 만나게 된다. 특히 여기서 강조하고 싶은 부분은 본능은 그것이 표출되는 방법이 인간의 타락으로 오염되었기 때문에 잘못된 것이지 그 자체는 선한 하나님의 창조의 일부로서 바라보아야 한다는 것이다. 본능 자체에 가치관을 실어서 바라보는 일부 기독교인 연구자들의 시각은 시정되어야 할 부분이며, 더욱이 상담심리를 전공하는 사람들은 이 문제에 대하여 섣부른 편견을 가지고 도식적인 해석을 하는 것을 피하여야 한다고 본다.

8) 그런데 오해하지 말아야 할 부분은 자아라는 것이 모두 의식적인 것이 아니고, 무의식적인 부분도 있고 의식적인 부분도 있다는 것이다. 자아는 의식적인 부분은 물론 무의식의 영역까지 쫓아 내려가 본능을 통제하게 된다. 심층심리에서는 오히려 자아의 무의식적인 영역과 역할이 더 중요하다.

제하고 이들과 타협해 나가게 되어 있다. 특히, 자아는 핵심감정인 과거의 분노나 좌절, 갈등이나 원망 등이 튀어나오지 못하도록 무의식의 길목을 가로막고 서서 그들을 제어하거나 의식이 받아들일 수 있는 형태로 변형하여 표출하도록 타협하는 역할을 하게 된다. 이는 마치 힘겨운 전투와도 같다. 더욱이 이 심층심리의 전투장에 조금 뒤늦게(6, 7세 이후) 초자아[9]까지 합세하게 되면 인간심리의 내면은 그야말로 복잡한 삼파전의 양상을 띠게 된다.

그런데 이 본능이나 자아 및 초자아는 굳어진 형태의 움직이지 않는 기관이 아니라 각자 나름대로 살아서 생생하게 움직이는 어떤 에너지를 가진 구조다. 그러니까 인간의 마음이란 에너지를 가지고 나름대로의 추구하는 바를 달성하기 위하여 치열하게 다투는 힘들이 미묘한 균형을 이루면서 서로 영향을 미치는 움직임을 나타내는 장이다. 바로 이런 현상을 정신역동(psychodynamic)이라고 부르는데, 그중에서도 이 역동의 모습을 특징짓는 것이 무의식의 핵심감정을 자아가 어떻게 다루어 나가느냐에 따라 달라지므로 그것을 핵심역동이라고 부른다.

정리하자면, 무의식에 도사리고 있는 핵심감정의 힘은 항상 기회가 있을 때마다 의식으로 튀어 올라와 우리의 전 인격을 흔들려고 호시탐탐 기회를 노리고 있으면서 동시에 그것을 억압하고 있는 자아의 힘과 균형을 이루고 있는데, 이 균형은 확고한 것이 아니라 언제나 출렁거리는 물과 같아서 쉽게 깨어지게 되어 있다. 즉, 주위 환경이나 외부에서 핵심감정을 자극하는 스트레스를 받을 때, 열쇠-자물쇠 기제에 의해서 이제까지 겨우 이루고 있던 힘의 균형이 깨어져 의식으로 튀어 올라온다는 것이다. 때로는 외부로부

---

9) 우리의 인격에는 '너는 이렇게 이렇게 살아야 한다.' '네가 그렇게 하지 않으면 벌을 받게 되고 죄책감을 갖게 된다.' 이와 같이 명령하는 부분이 있는데 이를 초자아(superego)라 한다. 즉, 초자아는 자아이상(ego ideal)과 양심(conscience)으로 이루어져 있다. 정신분석에서는 이것이 약 6, 7세에 형성된다고 한다.

터 핵심감정을 자극하는 스트레스가 없어도, 자아가 약해져서 잠시 틈을 줄 경우 이 균형이 무너질 수 있다. 예를 들면, 보통 때는 자신을 잘 조절하고 마음에 여유가 있던 사람도 병에 걸려 허약하게 되면 자기도 모르게 화를 내고 자기중심적이 될 수 있다. 평상시에는 자아가 잘 억압하고 있기 때문에 느끼지 못하다가 자아가 약하게 된 순간에 무의식 속에 있던 적개심이 외부로 드러나게 되는 것이다. 몹시 피곤하다거나 다른 일 또는 사건에 몰두하는 바람에 자아가 잠시라도 방심하면 그 틈을 타 무의식 속에서 기회를 노리고 있던 핵심감정들이 표출하게 된다. 그래서 우리들의 자아는 항상 피곤한 존재다. 그뿐만이 아니다. 한편으로는 우리로 하여금 높은 삶의 기준과 양심에 합당한 위치에 도달하도록 항상 채찍질을 하고 있는 초자아의 압박이 있다. 초자아는 자아에게 어떻게 살 것인가를 끊임없이 요구한다. 그래서 우리가 마음속으로 설정한 목표에 도달하지 못하거나(예를 들면, 대학 입시에 떨어졌거나 남과의 경쟁에서 뒤처질 경우) 옳지 않은 짓을 하면 가차없이 자아를 몰아세워 우리가 죄책감에 빠지거나 열등감을 느끼게 한다. 그래서 자아는 밑에서 치받히고 위에서 눌리고 하기 때문에 참 피곤한 것이다. 인간의 마음은 이렇게 각기 다른 에너지 구조로 나누어져 있고 각 부분 사이는 타협할 수 없는 담으로 막혀 있다. 이와 같이 인간의 심층심리는 마치 작은 그릇에 물이 넘칠 듯 출렁거리는 것처럼 곧 깨어질 듯한 여러 힘들이 역동적으로 미묘하게 균형을 맞추고 있는 것이다. 이것이 바로 역동의 개념이다.

그런데 이렇게 한 번도 안전하게 고정되지 않고 매 순간 역동적으로 균형을 맞추던 심리상태가 일시적으로 균형이 흐트러질 때 자아는 불안(anxiety)을 느끼게 된다. 여기서 자아가 불안을 효과적으로 다루지 못하여 그것이 오래 지속되면 우울증이 되기도 하고 강박증이 되기도 한다. 또는 자아가 이 모든 갈등과 균형을 너무 힘겨워하여 아예 그 통제기능을 포기하고 말 때, 이제껏 무의식에 감추어져 있던 기대와 욕구 및 분노와 같은 핵심감정들이 마구 올라와 뒤죽박죽 의식을 지배하게 되는 상태가 된다. 이것이 바로 정신병적인 상태다.

따라서 역동심리치료에서 불안은 심리역동의 균형상태를 나타내는 매우 중요한 개념 중의 하나다. 그런데 이 불안이라는 감정상태는 긍정적인 측면과 부정적인 측면에서 이해될 수 있다. 즉, 불안은 심해지면 병적인 증상이 일어나고 자아의 기능이 마비되므로 부정적인 의미를 갖게 된다. 동시에 불안은 긍정적인 가치를 지니기도 하는데, 어느 순간 불안을 느낀다는 것은 심리역동의 균형이 흔들리고 있으니까 그것이 어떻게든 완전히 깨어지지 않도록 자아로 하여금 바로잡으라는 경고의 신호가 된다. 다시 말해서, 심리적인 역동의 균형상태가 위기 상황에 접하면 자아가 불안을 느끼게 되어 이를 극복하기 위해 적응적인 행동에 나서게 되므로, 불안이라는 감정이 우리에게 어느 정도는 필요하다는 것이다. 결국 인간은 불안을 느끼지 않으려고 자아를 동원해서 많은 에너지를 쓰기도 하지만, 동시에 심리적 생존을 위하여 이 불안을 상황에 따라 적절히 느껴야 하며 제대로 느끼지 못한다면 생존하기가 어렵다.

K씨의 사례

다음은 핵심감정이 어떻게 핵심역동을 형성하며 문제를 일으키는지를 잘 보여 주는 사례다.

K집사를 싫어하는 사람은 아무도 없다. 그는 천성이 착하여 남에게 싫은 소리 한 번 하는 일이 없으며, 어려운 일을 보면 그 누구보다 먼저 뛰어가 도와주곤 한다. 손님 대접하기를 좋아하는 그의 주위에는 늘 사람들이 모여 있다. 성가대와 남선교회 일을 맡아 보고 있으며 그 밖의 교회 봉사에도 참석하지 않는 곳이 없다. 특히, 목사님이 시키는 일이라면 발 벗고 나서는 순종을 보인다. 그래서 교회

에서는 그가 곧 장로가 되리라는 것을 의심하는 사람이 별로 없다.

그는 사십대 중반이라는 나이에 비하여 출세가 늦은 모 건설회사의 '고참 부장' 이다. 남들처럼 더 높이 출세하거나 독자적인 사업 수완을 보여 한 판 벌이려고 아둥바둥하지도 않는다. 그냥 성실하고 재미있게 살아간다.

그런 그가 2~3년에 한 번씩은 꼭 주위 사람들이—가깝게 아는 사람들만—깜짝 놀랄 만한 일을 저지르곤 한다. 지방의 건설 현장 근무를 자주하면서 그때마다 바람을 피우는 사건을 일으키는 것이다. 그는 감쪽같이 남을 속이거나 거짓말하는 인물이 못 되기 때문에 그의 수상한 행동은 곧 부인에게 감지되기 마련이다. K씨의 부인은 서울과 지방 현장을 몇 차례 왔다갔다 하면서 사태를 이내 파악해 버리고 만다. 그러나 부인은 남들처럼 남편을 몰아세우거나 이혼한다는 위협 따위는 해 보지도 못한다. 왜냐하면 K씨는 '될 대로 되라' 는 식으로 회사이고 현장이고 모두 내팽개친 채 나가 자빠져 버리기 때문이다. 그때만은 이제까지 다른 사람에게 알려져 있던 성실하고 온순한 틀을 깨어 버리고 마치 내일이란 없는 것처럼 모든 책임을 내버린 채 잠적해 버린다. 따라서 분노에 치를 떨며 온갖 분풀이를 해도 시원찮을 부인은 모든 것을 참은 채 K씨를 찾아내어 가까스로 어르고 달래어 집으로 데려올 뿐이다. 부인은 어쩔 수 없이 이번에도 목사님을 찾아가 도움을 요청한다. K씨가 꼼짝없이 순종하는 사람은 목사님밖에 없기 때문이다. 한동안 목사님 앞에서 꾸중을 듣고 악한 음란마귀를 물러가게 해 달라는 안수기도를 겸해서 등짝이 얼얼하게 얻어맞고 나면 그제야 K씨는 눈물을 흘리며 회개한다.

이 대목에서 그의 심정은 매우 절실해진다. 그 순간만은 자신이 엄청난 죄를 지었다는 사실을 깊이 깨닫고 목사님과 부인에게 새 사람이 되겠노라고 다시 한 번 굳게 맹세를 한다. 며칠을 부인과 함께 기도원에서 마음을 가라앉히고 나올 때면 그는 다시 옛날로 돌아가 성실한 K집사가 된다. 앞으로 몇 년은 아무 탈 없이 지낼 것이 틀림없다. 교회에서는 몇몇 아는 이들만 알 뿐, 잠시 그가 교회에서 안 보이면서 떠돌던 애매한 소문은 이내 가라앉아 버리기를 몇 번은 되풀이했을 것이다.

그의 이러한 행동에는 그와 가까운 사람들도 이해 못할 특이한 점이 하나 있다. 그것은 그가 바람을 피우는 대상이 젊고 매력적인 여성이 아니라 남들이 별로 눈여겨 보지 않을 나이 많은 다방의 마담이거나 막노동을 하는 전혀 매력과는 거리가 먼 여성이라는 점이다. 특히 그의 부인은 그 점이 도무지 납득이 가지 않는다. 왜냐하면 객관적으로 보아도 K씨 부인은 인물로나 학벌로나 보통 이상은 가는데다가 처신 또한 정숙하고 깔끔해서 도무지 흠 잡을 데가 없기 때문이다. 그녀는 디자인 공부를 한 것을 밑천 삼아 양장점을 냈는데, 크게 번창하여 K씨보다 훨씬 더 많은 수입을 올리고 있다. 하지만 혹 그것 때문에 남편을 무시한다는 소리가 들릴까 봐 여러모로 세심한 주의를 기울이며 사는 터였다. 그녀의 생각은 기왕 바람을 피우려면 나이로 보나 인물로 보나 보통은 가야 되지 않겠느냐는 것이다.

요는 K씨가 바람을 피우는 것은 부인이 부족하기 때문도 아니며, 어쩌다 실수를 저질러 상대방에게 걸려드는 것은 더욱더 아니다. 목사님은 그에게 음란마귀가 씌어서 그렇다고 하시기 때문에 K씨나 부인이나 그 사실을 아는 몇 안 되는 가까운 친지들은 다시 그런 일이 터져도 으레 그러려니 하고 넘어간다.

K씨는 이렇게 스스로 일을 저지르고 자포자기하고 있을 때 하나님을 원망하기 일쑤다. '왜 내게 이런 시험을 주시는가?' 그는 몹시 고통스러워하면서, 땅에 드러누워 때를 쓰며 발버둥치는 어린아이와 같이 하나님이 그를 돌봐 주시지 않는다고 원망을 해댄다.

그는 며칠을 자지도 먹지도 않고 자신을 괴롭히면서 낙심해하기 때문에 주위 사람들조차 그의 반복되는 과오에도 불구하고 동정과 위로를 아끼지 않게 된다.

K집사의 반복되는 죄의 원인

K씨의 경우 어째서 계속 반복되는 잘못을 저지르게 되는 것일까? 어째서 그는 잘못을 회개하고 하나님 앞에 돌아왔으면서도 또다시 죄의 나락으로 떨어지게 되는 것일까? 이 반역의 주인공은 K씨 자신이 아닌 마귀인가? 어째서 하나님

은 그에게 이와 같은 시험을 허락하시는가? 그의 주위에서의 동정과 위로는 '무
지한 말로 이치를 어둡게 하는' (욥38:2) 것들인가?

  K씨를 이해하고 그 사건을 통한 하나님의 뜻을 알기 위하여 그의 삶을 더듬어
볼 필요가 있다. K씨의 아버지는 경상도 어느 지방 가풍이 엄한 집안에서 태어나
어려서 집안끼리 짝지어 준 부인과 결혼하여 K씨를 나았다. 아버지는 숨막히는
듯한 집안 분위기 때문에 공부한다는 핑계로 상경하여 자유분방한 생활을 즐겼
다. 혼자 남겨진 K씨의 어머니는 대가 굳고 똑똑했기 때문에 대가집 맏며느리답
게 모든 힘든 일을 잘 감수하며 살림을 꾸려 나갔지만, 마음속으로는 많은 한이
쌓였기 때문에 K씨를 따뜻이 돌볼 수가 없었다. 아무도 질서를 깨뜨리지 않았
으나 집안은 언제나 무거운 기운과 곧 깨질 듯한 긴장이 감돌았다. 이따금 어린
K씨가 지독한 말썽을 피워 서울에서 아버지가 달려 내려오면 그제야 온 가족이
그를 위하여 관심을 쏟고 가족들 간에 잠시나마 관심과 대화가 이루어졌다. 그는
어려서부터 깊은 외로움과 주위의 무관심에서 오는 소외감을 안고 자랐으며, 그
의 '말썽부림' 은 이러한 소외감을 벗어나게 해 주는 계기로 굳어졌다.

  인간에게는 누구나 다소간의 의존욕구가 있는데, 그에게는 그것이 뿌리 깊은
병이었다. 그는 자신이 의식하든 의식하지 못하든 타인에게 인정을 받고 관심 가
운데 있음으로써 소외감과 외로움을 극복하기 위해 살아왔다. 이따금 말썽을 피
우는 때 이외에는 그는 가정에서도, 학교에서도, 교회에서도 언제나 칭찬받고 인
정받는 착한 학생이었다. 그러나 다른 사람에게 더할 수 없이 호의를 베풀어 주며
교회에 열심히 봉사하는 것도 모두 자신의 의존욕구를 충족시키기 위한 의도다.

  K씨의 경우와 같이 자신의 심리적 욕구에서 출발하는 신앙생활의 모습, 영적
충만과 성숙에서 나타나는 신앙생활과 교회봉사의 모습은 겉으로 보기에 같아
보이기 때문에 K씨의 경우를 너무 심리학적으로만 보는 것이 아닐까 하는 비판
이 있을 수 있다. 그러나 이 둘은 분명 다르다. 영적 성숙의 열매로서 나타나는 행
위는 상대방이 관심을 주든 주지 않든, 인정을 해 주든 해 주지 않든 간에 항상 변
함없고 넘쳐나는 기쁨으로 하지만, 자신의 의존욕구 때문에 나타나는 봉사와 헌

신은 그에 상응하는 관심과 인정이 없을 때 곧 서운함과 분노로 바뀌기 때문에 쉽게 분별이 된다.

K씨의 경우는 따뜻한 교회 분위기와 목사님의 사랑 속에서는 매우 모범적인 기독교인이다. 그러나 그는 진정 영적으로 하나님을 만나지 못한 사람이다. 그에게 하나님은 언제 자기를 버리고 서울로 가버릴지 모를 믿지 못할 만남 속의 아버지일 뿐이다.

소외감으로부터 온 병적인 의존욕구

결국 K씨의 의존욕구가 병적으로 터져 나오게 된 것은 지금부터 10년 전이다. 그가 외국지사로 발령받아 근무하게 되었을 때 부인이 막 양장점을 시작했기 때문에 그는 혼자 갈 수밖에 없었다. 그는 해외 근무 1년을 채 넘기지 못하고 되돌아왔다. 그는 몹시 쇠약해져 있었고 중병을 앓는 사람처럼 보였다. 그러나 귀국 후 종합검사를 해 보았지만 뚜렷한 병은 발견할 수 없었다. 얼마 후 그는 다시 해외로 파견되었지만 이번에는 6개월을 채 넘기지 못하고 다시 돌아오게 되었는데 그제야 그 이유가 분명해졌다. 혼자서 술을 마시는 버릇이 생긴 것이다. 한번 술을 마시면 며칠이고 밥도 먹지 않은 채 밤낮으로 폭주를 하는 바람에 직장 근무는커녕 건강도 제대로 유지할 수 없었다. 아무도 곁에 없다는 고독감과 소외감 때문에 그는 늘 안절부절못했으며, 그 불안을 가라앉히기 위해 혼자서 폭음을 하게 되었던 것이다.

그때까지도 주위 사람들은 물론 그 자신도 어째서 그렇게 되었는지 잘 인식할 수 없었다. 귀국하기만 하면 다시 건강을 회복했으므로 그 문제를 깊이 있게 생각해 보지 않았기 때문이다. 그의 문제가 점차 주위 사람들에게 드러나게 된 것은 그가 집과 교회를 떠나 지방에 근무하게 되면서부터였다. 그때쯤 K씨 부인의 사업은 크게 번창하여 따로 공장을 두고 독자 브랜드로 의류를 생산하기 시작했기 때문에 그녀가 K씨에게 전혀 관심이나 신경을 쓸 틈이 없었다는 것은 결코 우연의 일치가 아니다(K씨와 부인 간의 부부심리를 이야기하자면 또 한 편의 글이 되겠지만 여기서는 생략한다).

K씨의 외도는 이제 단순한 의존욕구를 충족시키기 위한 의미만이 아니라 마치 무관심과 냉정한 부인에 대한 보복의 의미를 띠며, 어쩌면 무관심과 냉정함으로 그를 대했던 어린 시절의 어머니에 대한 상징적인 복수처럼 보이기도 한다. 지금 그가 처한 상황이 그대로의 그의 어린 시절을 재현하고 있으며, 또 그가 외도의 대상으로 삼는 여성들은 나이도 많고 가진 것도 인물도 없이 K씨를 배신하고 떠나거나 관심을 다른 데로 돌릴 만하지 않은, 그런 면에서는 무척 안심을 해도 좋을 대상들이기 때문이다.

K씨는 그런 대상을 택함으로써 동시에 자신의 부인에게 일종의 모멸감을 안겨 줄 수 있다는 것을 의식적으로 계산하지는 않았을 것이다. 그는 다만 그런 여자들(부인의 표현을 빌리자면 '쓰레기 같은 여자들')과 함께 있으면 왠지 편안하고 마음에 부담이 없어 좋다는 것이었다.

병적인 의존욕구는 예수의 십자가를 통해 치유되어야 한다

이제 그에게는 의존욕구가 뿌리 깊이 박혀 있어 충족되지 않는 상황이 올 때마다 그 자신을 휘몰아 간다는 것이 보다 명백해졌다. 소외감과 무관심에 대한 몸부림은 아주 어린 시절부터 지금까지 그를 변함없이 조종해 온 악마의 정체임이 분명해졌다.

그것을 악마라 불러야 할지, 타락한 인간의 본질이라고 불러야 할지, 의존욕구라고 불러야 할지, 혹은 그 모두인지는 정확하지 않다. 그러나 한 가지 분명한 사실은 하나님 앞에서 이제까지의 반복되는 배반의 형태를 그대로 지속할 수는 없게 되었다는 것이다. 자신의 의족욕구를 위하여 선한 기독교인의 행위를 하는 것도, 하나님조차 자신의 막연한 의존욕구를 충족시켜 주는 존재의 연장으로 여기는 것도 더 이상 지속할 수가 없는 지경이 되었다.

그는 이제야말로 자신의 진정한 모습 앞에 직면할 때가 왔으며, 자신의 뿌리 깊은 소외감과 무관심에 대한 두려움을 직시할 때가 되었다. 그의 의존욕구는 너무나 끈질기고 뿌리 깊기 때문에 그 어떤 인간적인 방법으로도 채워질 수 없음이 분명하다. 예수 그리스도의 십자가를 통한 거듭남이 아니고서는 그의 병을 치유할 것은 아무것도 없다. 그는 이 사실에 자신을 직면시킬 결단이 필요하다.

자신의 일그러진 모습 때문이라는 사실을 인식한다는 것은 누구에게나 대단한 용기를 필요로 하는 일이기 때문이다. 그래서 사람들은 애써 자신의 내면의 모습을 바라보기를 두려워하여 덮어 버리려고 하거나 회피하고자 한다. 진실을 부정하는 것과 문제의 책임을 남에게 투사하는 것은 창세기 타락 사건 직후 아담과 이브의 모습에서 볼 수 있었듯이 인류의 가장 오래된 심적 방어습관이다. K씨 부부(이것은 부부의 문제다!)가 수차례의 실족과 그 후의 반성의 기회에도 불구하고 다시 동일한 실수를 반복할 수밖에 없었던 이유 중의 하나는 그가 자신의 진정한 내면의 모습을 가지고 하나님께 나아가 직면하고 그 자리에서의 회개가 이루어지지 않았기 때문이 아닌가 생각한다.

하나님 앞에서의 철저한 자각과 통회가 빠진 채 우리는 너무도 성급히 우리의 과거를 묻어 두는 것을 평안해하는 경향이 있다. 산기도나 최근 유행하는 치유사역의 일부 모습들은 그 나름대로의 가치 있는 사역이지만 문제나 고통을 가지고 하나님 앞에 나아오는 사람들에게 너무 빠른 위로와 성급한 해결을 도모하는 것 같다. 나 자신의 문제, 내 존재의 책임, 내가 선택해야 할 결단을 철저히 성찰하지 않은 채 하나님의 위로, 마귀의 물리침 등의 표현으로 너무 빨리 뚜껑을 닫아 버리는 것이다. 이러한 경향은 신비주의적, 감성적 접근을 시도하는 모임이나 집회에서 더욱 두드러진다. 특히, 자신을 하나님 앞에 책임을 가진 존재로서가 아니라 단순히 치유받아야 할 환자나 피해자의 입장에 놓기 쉬운 경향이 우리에게 있음을 주의해야 한다. 이런 경우 사람들은 '상한 마음' '상처받은 마음'이라고 부른다. 특별히 K씨 부인의 입장은 더욱 '상처받은 상황'으로 보인다. 이런 표현은 '상처 주는 자'를 전제로 한 표현이다. 사람들은 저마다 상처받았다고 하며 자신을 피해자라고 생각한다. 그래서 성급히 위로해 주고 치유의 손길을 뻗고자 한다. 그러나 중요한 것은 아무도 상처를 주는 사람이 없다는 사실이다.

　　하나님은 아무에게도 고통을 주지 않는다. 나는 순전하고 의로운데 공연히 악마가 나를 공격하지는 않는다. 가해자는 바로 나 자신이다. 나의 일그러진 부분이나 병든 부분이 (때로는 악마와 연합하여) 나 자신을 상처 내고 타인을 상처 낼 따름이다.

완전한 치유는 문제에 대한 철저한 직면과 회개가 전제되어야 한다

　　K씨나 K씨 부인 모두 피해자이자, 자기 스스로 가해자인 셈이다. (부인의 경우 남편과 가정에 대한 무관심과 냉정함을 상세히 기술하지는 않았으나 한 번 생각해 볼 수 있을 것이다.)

　　그러므로 치유사역은 자신의 상처 난 모습을 드러내는 것에서 그칠 것이 아니라 자신이 상처를 주는 모습까지 철저히 드러내야만 한다. 자신을 피해자로 여기고 부드러운 위로와 감성적인 격려만을 받고자 하는 것은 상처의 본질을 임시로 가릴 뿐이다.

　　철저한 직면과 고통스러운 회개가 전제되지 않는 치유작업은 당장은 달콤하고 솔깃할지 몰라도 문제를 그대로 남길 염려가 있다. 예수님 외에는 순전한 피해자가 없기 때문에 죄를 고백하지 않는 치유는 근본적으로 치유될 수 없다.

　　K씨 부부의 경우 그가 비록 공개적이 아니더라도 철저한 자기 직면과 회개를 했기를 기대해 본다. 그래서 그의 표현대로 그가 그 끈질긴 의존욕구로부터 진정 치유함을 얻고 하나님을 만나 뵙기를 간절히 기도하는 마음이다.

　　"내가 주께 대하여 귀로 듣기만 하였삽더니, 이제는 눈으로 주를 뵈옵나이다. 그러므로 내가 스스로 한하고 티끌과 재 가운데서 회개하나이다"(욥42:5-6).

핵심역동과 신앙성숙

정신분석학은 이렇게 인간의 실존을 안팎의 힘들의 위협에 직면하여 내적으로 분열되고 나누어진 채 힘겹게 살아가는 모습으로 그리고 있다. 그것은 자력으로는 도저히 어떻게 해 볼 수 없는 비참한 인간의 모습 그대로다. 특히, 우리는 합리적으로 생각하며 의지적으로 선하게 살려고 의식적인 노력을 끊임없이 하는데도 나의 내면을 들여다보면 볼수록 강한 에너지를 가지고 끊임없이 나를 압도하려는 또 다른 무의식의 나인 핵심감정을 보면서 절망하지 않을 수 없다. 놀랍게도 우리는 로마서 7장 15~25절에서 너무나도 똑같은 고백을 듣게 된다.[10] "나의 행하는 것을 내가 알지 못하노니, 곧 원하는 이것은 행하지 아니하고 도리어 미워하는 그것을 함이라. …… 내 속, 곧 내 육신에 선한 것이 거하지 아니 하는 줄을 아노니 원함은 내게 있으나 선을 행하는 것은 없노라. …… 내 속 사람으로는 하나님의 법을 즐거워하되 내 지체 속에서 한 다른 법이 내 마음의 법과 싸워 내 지체 속에 있는 죄의 법 아래로 나를 사로잡아 오는 것을 보는도다. 오호라 나는 곤고한 사람이로다. 이 사망의 몸에서 누가 나를 건져내랴"(롬7:15-25). 그러므로 정신분석을 심도 있게 공부하다 보면 성경적인 진리의 일단에 도달하게 된다. 그것은 하나님이 인간을 선하게 창조하였는데도 인류의 타락으로 인하여 너무나도 절망적인 모습으로 훼손되어 있다는 통찰이다. 인간이

---

10) 사도 바울의 이 고백은 물론 인간의 죄성, 선과 악, 영적인 투쟁에 대한 고백이다. 그러나 정신분석의 이론들은 이와는 다른 심리적인 차원의 주장들일 뿐이다. 따라서 무의식이나 핵심역동 등의 개념들은 그 자체가 선이나 악, 영적인 옳고 그름과는 직접적인 상관이 없음을 분명히 해 두고자 한다. 다만 이 양자 간에 차원이 다름에도 불구하고 체계적인 동질성이 있음을 언급하고 싶을 뿐이다. 앞으로도 이 책에서 간간이 성경말씀을 역동심리학적인 시각에서 인용하고자 하는데, 저자는 항상 성경의 본래 전하고자 하는 본질이 흐려지지 않는 범위 안에서 심리학적인 적용을 시도하려고 노력한다는 점을 독자들이 충분히 이해해 주기를 바란다.

인격적으로 성숙하여 본래의 창조된 온전한 모습을 되찾고자 할 때 가장 먼저 깨달아야 할 전제는 이러한 절망적인 우리의 자화상 앞에 직면하는 일이다. 어디를 둘러보아도 우리 속에서 구원은 가능하지 않다는 사실을 슬프지만 인정하지 않을 수 없다. "그러므로 내가 한 법을 깨달았노니, 곧 선을 행하기 원하는 나에게 악이 함께 있는 것이로다"(롬7:21). 그런데 이 절망은 절망으로 끝나지 않고 구원을 예고하는, 아니 보장하는 절망이다. 다시 말해, 절망을 느껴 보지 않는다면 성숙이나 구원은 없다. 인간은 절망에 직면해야 비로소 위를 바라보게 되며, 나 스스로의 내면에서는 구원받을 게 없다는 것을 깊이 있게 깨달아야 위를 향하여 손을 내밀게 된다. 사도 바울은 마치 심층심리학을 철저히 공부한 사람처럼 누구보다도 확연히 이런 내면의 절망을 바라본 사람이다. 그는 얼마나 괴로우면 세상 사는 것이 너무 피곤하다고 깊이 탄식하는 것일까? 그러나 그는 마지막에 "우리 주 예수 그리스도로 말미암아 하나님께 감사한다."(25절)라고 결론짓는다. 24절과 25절 사이에는 느껴 본 사람만이 이해할 수 있는 아주 깊고 깊은 절망의 시련이 있다. 이 절망의 깊이는 경험해 본 사람만이 이해할 수 있다. 이것은 너무 뿌리가 깊고 철저해서 열 번 죽었다 깨어나도 인간의 힘으로는 도저히 해결할 수 없는 'should라는 이름의 폭군'의 핵심감정을 철저하게 느낀 사람만이 할 수 있는 고백인 것이다. 우리는 내 안의 모순과 허약함과 절망을 느낄수록 역설적으로 하나님께 감사한다. 예수 그리스도만이 나의 구원이 된다는 사실을 더 철저히 느낄 수밖에 없고, 매일 끊임없이 그분이 필요하다는 것을 더욱더 느끼게 되기 때문이다.

우리 마음속에 자리 잡고 있어 우리를 원치 않는 방향으로 끈질기게 끌고 가는 또 다른 '나'인 핵심감정의 정체를 우리는 역동상담의 방법으로 조금씩 알아갈 수 있다. 이 책은 그 방법에 관하여 하나씩 서술해 나갈 것이다. 만약 우리가 자신의 내면에 묻혀 있는 핵심감정의 전모를 잘 이해하고 우리의 자아가 그것을 잘 통제하고 끌고 나가게 될 때 우리의 인격은 성숙을 향하여 나아가게 될 것이다. 역동의 균형을 맞추기 위하여 힘겹게 그곳에 쏟아붓던 그 많은 정신적 에너지를 더 이상 쏟지 않아도 된다면, 우리는 마치 무거운 짐을 덜어 놓는 것처럼 홀가분함과 자유로움을 느낄 것이며 그 에너지를 보다 창조적인 일에 사용하게 됨으로써 기쁨을 누리게 될 것이다. 물론 이러한 작업은 우리의 자아 혼자만으로는 가능하지 않다. 그런 과정에는 그 누군가의 전문적인 도움이 필요하고 동시에 성령의 인도하심과 간섭하심이 전적으로 필요하다. 바로 이 점이 세속적인 정신분석이나 역동상담과 기독교적인 믿음을 지닌 상담자 간에 전혀 다른 해법을 갖게 되는 입장 차이라고 본다.

핵심감정을 깨닫고 인격 성숙의 첫걸음을 내딛게 되는 방법이 역동심리치료를 공부하고 적용하는 것에만 있는 것은 아니다. 때로는 이런 논리적인 방법이 아닌 단숨에 특별한 방법으로 갑자기 깨닫게 될 수도 있다. 어떤 사람들은 혼자서 조용히 성경을 묵상하거나 열정적인 기도회에 참석했다가 깨닫게 될 수도 있다. 예를 들면, 어느 날 부흥집회에 참석해서 말씀을 듣고 기도하다가 갑자기 전기에 맞은 것처럼 찌르르 하고선 그 다음부터 뭐가 어떻게 돌아가는지도 모르는 채 눈물 콧물 막 흘리면서 "아이구, 잘못했습니다." 하는 고백이 저도 모르게 튀어나오고, 그러고 나면 그때까지 한 번도 느껴 보지 못한 굉장한 평안이 오게 되는 체험을 한다. 그리고는 서서히 논리적인 깨달음이 온다. 과거에는 이런 현상에 대하여 우리가 논리적으로 설명할 수 없었지만 핵심역동의 개념을 알면 분명히 이해할 수 있게 된다. 그것은 전적인 성령의 은사다. 일방적으로 주시는 은사다. 그것은 자신도 모르게, 논리적으로 설명할 수 없는 사이에 우리의 가장 핵심적인 역동을 건드리시는 것이다. 그 핵심적인 역동이 내 안에서 논리를 초월하여 나도 모르게 해결될 때 우리는 한 차원 높게 신앙적으로, 동시에 인격적으로 성숙했으며 하나님의 사랑을 조금 알게 되었다는 신념을 갖게 된다. 어느덧 마음속에 걸려 있던 분노와 좌절 등은 내 안에서 용서되고 수용되면서 굉장한 자유로움을 느끼게 된다. 이제까지 마음에 걸려 어찌할 바를 모르고 절망하던 그 어떤 문제—사실은 핵심감정 때문에 걸려 있던 문제—가 마음속에서 해소되고 자아는 새로운 차원의 모습으로 자리 잡게 되는 것이다. 그러나 이때 착각하면 안 될 것이 있다. 이런 사건을 통해 우리는 우리 자신의 문제에 대해 아주 조금 깨달은 것에 불과하다. 아직도 갈 길은 멀었다. 어쩌면 이것을 첫걸음이라고 보아야 할 것이다. 무의식의 핵심감정은 이제야 겨우 한쪽 귀퉁이만을 내민 것이다. 사도 바울도 "내가 다 이루었다 함도 아니고 그것을 붙잡은 바도 아니다."라고 고백하지 않았는가! 그렇게 열심히 헌신적으로 쫓아다녔어도 아직 멀었다는 것이다. 그만큼 심층심리는 아주 뿌리가 깊고 복잡하다.

성령이 역사하는 방법은 아주 다양하다. 우리가 역동상담의 방법을 통해서 그것을 조금씩 이해하도록 해 주는 방법도 있고, 일시에 우리를 초자연적인 방법으로 노출시켜 깨달음에 도달하도록 하는 방법도 있다. 우리는 이따금 성경말씀을 보다가 뭔가를 새롭게 깨달을 때가 있다. "아, 이전까진 내가 몰랐는데 이 말씀을 접하는 순간에 갑자기 말씀이 살아서 나를 확 찌르면서 느끼게 됐다." 이럴 때 우리의 건드려지는 부분을 잘 살펴보면 내가 어린 시절부터 느끼고 있던 나도 잘 모르는 어떤 막연하게 생각되는 핵심역동이 드러나게 된다. 예를 들면, 인정욕구 때문에 평생을 잘한다는 말 한마디 듣기 위해서 힘겹게 살아오던 사람이 어느 순간에 이와 관련된 말씀 안에서 그 문제가 해결된다. 그것은 하나님이 그를 위하여 오래전부터 예비하신 살아 있는 메시지인 것이다.

그런데 여기서 우리가 주의할 것은 구원은 하나님의 절대적인 주권이기 때문에 역동하고는 관계없이 일어나지만, 인간적인 측면에서 회심의 사건이 일어나는 것은 역동과 관련이 있는 경우가 많다는 사실이다. 특히, 최초의 회심 후 계속되는 신앙의 성숙은 이 핵심역동과 직접적으로 관련이 있다. 우리가 핵심역동을 잘 이해하고 자아가 성령의 함께 하심과 더불어 자신의 심층심리의 내면을 잘 들여다볼수록 우리는 영적으로 성숙하게 된다. 은사가 많아서 위대한 능력을 행할 수도 있고 병을 고치기도 하고 말씀을 신령하게 나눌 수가 있더라도, 그와 함께 자신의 내면을 성찰하는 노력이 없다면 그 사람의 영적인 성숙과 자아의 성숙의 정도는 서로 다를 수 있다. 우리는 한때 모두가 다 병자였다. 병자가 아니었으면 예수님이 필요 없었을 것이기 때문이다. 어떤 병자냐 하면 마음속이 조각조각 찢겨진 병자였다. 그리고 지금도 그렇다. 우리 마음 한쪽에서는 위로부터 떨어진 새 생명의 씨앗이 자라나고 있고 언젠가는 그것이 우리의 전 인격을 완전히 새롭게 바꾸게 되겠지만 아직도 우리는 병자다. 그리고 우리가 병자라는 사실에 절망할수록, 지금도 나 혼자서는 고칠 수 없는 병이 들었다는 사실을 절감할수록 그 생명의 씨앗이 더욱 감사하다. 언젠가 이루어질 성숙의 축복이 우리를 기다리고 있기 때문이다. 그날을 위해 우리 자신의 핵심역동에 관한 부분을 이해하는 데 게을리 하지 말 것이며, 상담의 현장에서도 내담자 자신이 잘 이해하고 그것으로부터 자유롭게 되도록 도와주는 것이 매우 중요하고 반드시 필요하다.

제**2**장

심리역동과 심리치료의 목표

제2장

심리역동과 심리치료의 목표

앞 장에서 우리는 인간의 심층심리가 화석과 같이 고정되어 있는 것이 아니고 여러 힘들이 서로 영향을 미치면서 미묘한 균형을 이루고 있으며, 이 균형은 외부의 자극에 의하여 쉽게 변화되는 상태라고 하였다. 즉, 무의 식 속에 있는 본능에서 비롯되어 어린 시절을 거치면서 형성된 좌절이나 분노 등의 핵심감정은 항상 의식계로 올라오기 위하여 자아를 위협하고 있 다. 또한 다른 한편에서는 초자아가 버티고 있어서 어디론가 끌고 가려고 압력을 행사하고 있는 그 사이에서 자아가 이런 힘들을 조절하기 위해 안 간힘을 쓰고 있다. 그뿐 아니라 외부에서는 쉴 새 없이 우리가 이 세상을 살아가는 동안에 겪게 되는 여러 스트레스가 자아를 위협하고 있다. 그러 므로 인간의 심층심리는 이런 복잡한 힘들이 동시에 작용하는 하나의 역동 의 장인 것이다. 이 미묘한 균형이 깨어질 때, 다시 말해서 자아가 조절하 는 힘이 약해졌을 때 그 약한 부분을 뚫고 내부의 핵심감정이 다시 튀어 올 라오거나, 그렇지 않으면 초자아가 너무 강해서 그 힘 때문에 자아가 압력을 지나치게 받아서 힘들어할 때, 혹은 외부에서 어떤 스트레스가 와서 우리 마음속에 있던 핵심감정을 열쇠-자물쇠 기제를 따라 건드려 균형이 깨어질 때 우리가 느끼게 되는 것이 불안이라고 하였다.

방어기제

　이와 같은 내외의 위협을 어릴 때부터 오랜 세월 받아오면서 우리들의 자아가 스스로를 지키고 환경에서 살아남기 위하여 꾸준히 발전시켜 온 것이 바로 인격의 방어기제다. 예를 들면, 어려서 아버지가 자녀들을 불합리하게 윽박지르고 무섭게 대할 때 아이의 마음속에는 분노가 생긴다. 어른들은 자아가 성숙했기 때문에 마음에 분노가 있다고 해서 불안을 느낀다든지 위협을 느끼지는 않는다. 그러나 아이들은 자아가 약하기 때문에 사소한 자극에도 심각한 위협을 느낀다. 엄마가 농담 삼아 "너, 그렇게 하면 내다 버린다."고 하면 3~4세의 어린아이에게는 그것이 치명적인 이야기가 될 수 있다. 그런데 마음속에 분노를, 그것도 나의 생존에 절대적인 존재인 아버지를 향하여 강한 적개심을 느낀다는 것은 자기 자신에 대한 대단한 위협이 된다. 아버지를 미워한다는 것은 아버지가 없어지거나 반대로 자신이 존재할 수 없다는 위협이 된다. 그래서 불안이 올라오는데 자아는 어떻게든지 이 불안을 다스려야 한다. 아이의 자아는 이 불안을 극복하기 위하여, '아빠는 밉지 않아. 아빠는 그래도 좋은 점이 있잖아. 아빠는 우리에게 돈을 벌어 와 주시잖아?' 하고 스스로를 달랜다. 그러나 그렇게 합리화를 해도 워낙 적개심이 강하면 그것으로는 해결이 안 된다. '그냥 잊어버리자. 아빠가 밉다는 것은 생각하지 말자.' 라고 스스로에게 해결책을 제시할 수도 있다. 그리고 이렇게 해도 해결되지 않을 때는 불안을 극복하기 위하여 더욱 강력한 방법을 만들어 내야만 한다. 그래서 차라리 '모든 감정을 없애

버리자.' 며 철저하게 감정을 억압해 버린다. 좋은 감정이든 나쁜 감정이든 아예 의식에 떠오르는 모든 감정적인 요소를 차단하고 아주 냉정하고 논리적이고 매사에 빈 틈이 없게 된다. 결국 그는 강박적인 사람이 된다. 그를 잘 관찰해 보면 아주 냉정하고 철두철미하며 어떤 감정이든 그것을 표현하는 것이 잘못된 것이고 나약한 것이라고 생각한다. 그래서 좋은 감정이든 나쁜 감정이든 억압을 아주 심하게 하도록 자기 성격 자체를 몰고 간다. 원래는 좋은 감정도 있고 나쁜 감정도 있는데, 아버지에 대한 적개심이 너무 위협적으로 튀어 올라오니까 그 감정을 억압하기 위해서 모든 감정을 다 닫아 버리는 것이다. 마침내 그의 인격은 아주 단단한 껍질로 덮여 버리게 되고 완벽주의적인 성격이 된다.

이런 과정은 십수 년에 걸쳐 아주 천천히 철저하게 이루어지기 때문에 성장한 후에 웬만해서는 바뀌지 않는 하나의 성격특성으로 자리 잡게 된다. 그것은 매우 단단한 보호막으로서 자기 스스로를 내부와 외부의 위협으로부터 방어하는 막의 역할을 하게 된다. 그래서 일찍이 Wilhelm Reich는 이를 '성격갑옷(character armor)' 이라고 불렀다. 이 방어기제는 개인의 각기 다른 핵심감정의 모습, 이를테면 핵심감정이 의존욕구인가, 권위에 대한 분노인가, 낮은 자존감인가 등에 따라 달라진다. 또한 그 핵심감정을 어떤 환경에서 어떻게 다루느냐에 따라 개인에게서 모두 다르게 나타난다. 그러므로 방어기제의 모습은 곧 그 사람의 인격특성을 의미하게 된다. 따라서 우리는 핵심역동이란 핵심감정과 이를 다루어 나가는 방어기제의 특성에 따라 다른 양상을 띤다고 말할 수 있을 것이다. 방어기제는 매우 유치하고 병적이며 미숙한 것에서 건강한 것까지 매우 다양하여 개인이 어떤 방어기제를 주로 사용하느냐에 따라 그 사람이 건강하다 혹은 병적이고 미숙하다고 평가할 수 있다. 개인은 어려서부터 거의 동일한 환경과 자극 아래서, 다시 말하면 동일한 부모 밑에서 계속 자라게 되므로 대체로 유사한 갈등에 반복해서 노출된다(즉, 핵심감정에 노출된다). 따라서 개인은 동일한 방어기제를 반복해서 사용하게 되는데, 보다 적응의 효과성을 높이기 위하여 동일한 방어기제를 무의식하에 자동적으로(automatically) 사용하게 된다. 이것이 방어기제가 하나의 성격갑옷으로 자리 잡게 되는 기제다. Heinz Hartman은 이를 자동화(automatization)라고 불렀다.

이상에서 보듯이 방어기제를 정신·경제적인 측면에서 보면 긍정적인 측면과 부정적인 측면이 있다. 예를 들면, 애초에는 강박적인 성격이나 증상은 자아가 불안을 극복하고 자신을 위기로부터 보호하기 위해서 만들어 낸 것이며, 오랜 세월에 걸쳐 최소의 정신 에너지를 들여 최대의 효과를 보기 위하여 자동적으로 반응하는 방어체계를 구축한 것이었다. 따라서 이 강박적인 성격이나 증상은 그 사람의 생존을 위하여 없어서는 안 될 필수적인 것이다. 그런데 이 강박적인 성격이나 증상은 꼭 필요한 때에만 사용되는 것이 아니라 이미 굳어진 인격으로 자리 잡아 아무 때나 작동하므로 그 자체만으로도 상당한 에너지를 소모하게 한다. 자신을 그렇게 방어할 필요가 없는 때나 반복하여 경계할 필요가 없는 때에도 작동되다 보니까, 한편으로 불안은 조정되지만 에너지도 많이 들게 되고 대인관계에 문제도 생기고 갈등도 생기게 된다. 그래서 강박적인 사람은 자신만 피곤한 게 아니라 주위 사람들까지도 모두 에너지를 소모하고 피곤하게 만든다. 따라서 강박증은 한편으로는 그 사람의 인격 유지에 없어서는 안 될 필요한 것이면서도 다른 한편으로는 거추장스러운 짐이 되는 갈등을 낳게 된다. 더욱이 이런 방어기제는 블랙홀처럼 끊임없이 만족할 줄을 모르고 에너지를 흡수하기 때문에 매우 비경제적인 구조인 것이다. 그래서 상담을 함으로써 정신을 치료한다는 의미는 이렇게 굳어져서 지칠 줄 모르고 피곤하게 만드는 건강하지 못한 방어기제, 즉 증상을 완화시켜서 보다 융통성 있게 경제적으로 불안을 통제하면서 불필요한 에너지를 소모시키지 않고 자유롭게 만들어 주는 것이다.

내담자는 건강치 못한 방어기제로 단단하게 굳어진 껍질을 가지고 오랜

세월 동안 어느 정도 평형상태를 유지하며 살아왔다. 그 껍질은 웬만해서
는 깨지거나 무너지지 않는다. 그것이 깨지지 않아야 그 사람은 미흡한 대
로 균형을 이루며 살아갈 수 있다. 그러나 동시에 그 껍질을 유지하려면 너
무 많은 에너지를 소모하게 된다. 결국 방어기제란 필요하면서도 그 사람
을 힘들게 하는 인격의 필요악이다. 성격갑옷은 그런 특성을 가지고 있다.
수십 년 동안 형성된 우리의 성격은 이 핵심역동을 조절하기 위해서 오랜
세월 쌓여 온 것이기 때문에 웬만해서는 변화되지 않는다. 말하자면 성경
의 사도 바울이 인용한 것과 같이 죽기 살기로 아주 끈질긴 옛 성품, 옛사
람인 것이다. 이는 특별한 은혜가 없으면 바뀌지가 않는다.

다음은 자주 사용되는 방어기제들에 대한 설명이다.

- 억압(repression): 가장 보편적이며 기본적인 무의식적 방어기제로서 의
  식에서 용납될 수 없는 생각이나 욕구 혹은 충동을 완전히 무의식 속에
  억누르려 하는 것이다. 특히, 죄책감이나 수치심 또는 자존심을 상하게
  하는 경험일수록 억압되기가 쉽다. 그러나 무의식적 과정이라 스스로는
  느끼지 못해도 그 긴장은 감소되지 않기 마련이어서 과도한 억압은 심
  리적인 문제의 원인이 될 수 있다. 그 예로 무의식중에 어린 시절의 불
  쾌했던 기억을 억누름으로 인하여 그 시절에 대한 기억이 상실된 것을
  들 수 있다.

- 억제(suppression): 억압과는 달리 받아들이고 싶지 않은 불쾌하거나
  부담스러운 충동, 감정 혹은 생각을 의도적으로 또는 반무의식적으로
  연기하는 것이다. 이때 불편함은 의식되지만 최소화된다. 예를 들어,
  먹고 싶은 음식을 체중조절 때문에 참는 경우다.

- 투사(projection): 스스로 받아들일 수 없는 충동, 태도, 행동을 무의식
  적으로 타인이나 환경 탓으로 돌리는 것이다. 예를 들면, 자신이 누군
  가를 미워할 때 그 사람이 먼저 자기를 몹시 미워하기 때문에 그를 미

위하는 것이라며 남 탓을 하는 것, 자기 잘못은 못 본 채 남이 그와 같은 잘못을 했을 때 비판하는 것 등을 말한다.

- **전치(displacement):** 본능적 충동의 표현을 재조정하여 위협이 덜 되는 상대에게 방향을 전환함으로써 불안을 줄이는 것이다. 애꿎은 대상에게 화풀이하는 것이 좋은 예다. 전치가 자신에게 향했을 때에는 우울증과 자기 학대의 원인이 된다. 이 방어기제는 공포증의 증상이 되기도 하고 전이감정을 형성하기도 한다.

- **합리화(rationalization):** 흔히 사용되는 방어기제로 용납될 수 없는 충동이나 어떤 행동에 대해 사회적으로 용납될 만한 이유를 댐으로써 자신을 정당화하여 자존심을 보호하려 하는 것이다. 이런 과정은 무의식적으로 이루어지므로 거짓말을 하는 것과는 다르다. 좋은 예로 이솝우화 「신포도」에서 따먹기에는 너무 높이 달린 포도를 보며 여우가 하는 말이 있다.

- **반동형성(reaction formation):** 억압된 용납될 수 없는 충동이나 욕구에 대해 겉으로는 반대되는 행동을 함으로써 금지된 충동이 표출되는 것으로부터 자신을 조절하거나 방어하는 것이다. 그 예로 부양이 부담되는 노모에 대한 지나친 정성, 지나치게 금욕주의적인 신앙, "미운 자식 떡 하나 더 준다."는 속담을 들 수 있다. 이타주의도 반동형성의 하나로, 받고 싶은 자기 본능의 충족을 포기하고 다른 사람을 잘 도와줌으로써 대리만족을 하는 것이다.

- **퇴행(regression):** 어떤 어려움이나 스트레스에 처했을 때 안전하고 즐거웠던 지난 시간으로 후퇴함으로써 불안을 완화하려는 것이다. 예를 들어, 동생을 본 아이의 야뇨증, 친구가 심하게 다치는 것을 본 8세 아이가 보이는 손가락 빨기 등의 행동이 해당된다.

- **고착(fixation):** 발달의 한 단계에서 욕구의 지나친 충족이나 지나친 부족을 경험할 경우 다음 단계로 성숙하지 못한 채 특정 발달 단계 및 양

식에 머물러 있는 것이다. 대인관계에서 매사 상대방에게 의존적으로 행동할 경우 구강기에 고착된 예라고 볼 수 있다.

- **보상(compensation):** 심리적 자위와 관련된 기제로서 자신의 결함을 어떤 다른 현실적이거나 상상적인 방식으로 처리하는 것이다. 예를 들면, 자신이 이루지 못한 특정 직업을 자녀에게 강요하는 부모의 경우, "작은 고추가 맵다."는 속담처럼 자신의 신체적인 조건에 대한 열등감을 오히려 공격적이고 지배적인 속성으로 메우려는 것 등이 해당된다.

- **상환(restitution):** 죄책감에서 벗어나려고 사회적으로 선하다고 용인되는 행위를 통해 자신의 잘못을 상쇄시키려는 것이다. 예를 들어, 끊임없이 계속되는 적선행위를 들 수 있다.

- **부정(denial):** 참을 수 없는 현실을 부인하여 불안을 회피하고 편안한 상태를 유지하려는 것이다. 억압과 달리 부정은 자아기능을 분리시킴으로써 소망과 사고의 표현을 차단하는 것이므로 심각한 부적응을 초래한다. 그 예로 암 선고를 받은 환자가 자신에게 병이 없다고 생각하는 경우를 들 수 있다.

- **동일시(identification):** 남의 성격이나 역할을 본따서 자기의 일부로 삼아 우월감이나 안정감을 가지려는 것이다. 적당한 동일시는 인간에게 이상, 야망, 포부를 심어 주지만, 지나치면 망상에 사로잡혀 부적응 행동을 일으킨다. 이는 발달과정에서 반드시 나타나는 중요한 기제이기도 하다. 즉, 자녀는 동일시를 통해 부모를 닮게 되고, 제자는 스승을 흉내 내면서 닮게 된다. 또한 청소년들의 연예인 따라하기 등도 해당된다. 병적인 동일시로는 학대받고 자란 사람이 성장한 후 공격자와의 동일시를 통해 무의식중에 다시 폭력적인 행동을 하는 것도 있다. 한편, 상담자가 내담자를 공감하는 것도 동일시의 하나다.

- **내재화(introjection):** 원시적인 수준의 병적 동일시로서 자신과 타인을 막연히 구분하는 중에 대상의 특질을 자기 것으로 만드는 것이다. 예

를 들어, 유아는 자기에 대한 어머니의 반응을 통해 자기 이미지를 형성한다.

- 이지화(intellectualization): 불안이나 긴장을 수반하는 불쾌한 상황이나 경험에서 감정을 억압하고 그 상황이나 경험을 지적으로 객관화함으로써 정서적인 혼란상태에 빠지지 않고자 하는 것이다. 예를 들어, 내담자가 상담에서 과거의 상당히 감정적인 사건을 내용만 논리적인 입장에서 차분히 설명하는 경우다.

- 분리(isolaton): '격리'라고도 하며 고통스러운 생각과 기억은 의식하지만 그에 수반된 감정은 따로 떼어 무의식 속에 집어 넣어두는 것이다. 예를 들면, 굉장히 난폭했던 아버지의 폭력 장면을 말하면서도 그때 느낀 자신의 감정은 표현되거나 기억나지 않는 경우다.

- 백일몽(day-dream): 현실에 충족되지 않은 욕구를 공상의 세계에서 만족해함으로써 긴장을 해소하려는 것이다. 이는 공상(fantasy)이라고도 하는데, 일상생활에서 많은 상상을 계속하는 경우다.

- 취소(undoing): 지나간 행동이나 감정, 생각을 특정한 행위나 의식적(ritual) 태도를 통해 없던 것으로 처리하려는 것이다. 여기에는 마술적 사고(magical thinking)가 작용한다. 예를 들면, 죄책감이 있을 때 반복적으로 손을 씻는 것, 어쩌다 불경스러운 단어를 말한 경우 그것을 지우기 위해 반드시 다시 성스럽다고 여겨지는 단어를 말해야만 하는 강박증 환자의 행동 등이 있다.

- 분열(splitting): 타인이나 자기를 모두 좋거나 모두 나쁜 것으로(all or nothing) 지각하는 것이다. 즉, 좋기도 하고 나쁘기도 한 양가감정을 견디지 못하고 아주 좋은 사람과 아주 나쁜 사람으로 나뉘는 극단적인 이분법적 사고를 갖는 것이다. 이때 지나친 호의가 지나친 혐오로 전환되곤 한다.

- 대치(substitution): 욕구불만으로 생긴 긴장을 감소시키기 위해 원래의

대상과 비슷한 용납되는 다른 대상으로 만족하는 것이다. 우리 속담의 "꿩 대신 닭."이 그러한 경우다.

- 승화(sublimation): 성적·공격적 충동을 사회적으로 용납된 생각이나 행동으로 표현함으로써 적절히 전환하는 것이다. 다른 방어기제들과는 달리 본능(id)을 반대하지 않고 도우며 자아의 억압이 없고 충동의 에너지를 그대로 사회적으로 유익하게 사용한다. 예를 들어, 자신의 공격성을 승화시킨 권투선수, 내적 갈등을 심미적인 것으로 전환시키는 예술가, 가학적인 충동을 수술 등의 유익한 의술로 해소하는 외과의사 등의 경우를 말한다.

- 상징화(symbolization): 무의식적인 욕구와 감정, 생각을 있는 그대로 표출하지 않고 특정한 상징을 통해 발산하는 것이다. 다양한 꿈 내용들은 상징화의 좋은 예다.

- 해리(dissociation): 인격의 여러 요소들을 통합·조정하는 기능이 상실되어 인격의 한 면이 전체로부터 떨어져 나오게 되는 것이다. 해리성 기억상실이나 다중인격의 증상이 그러한 예다.

- 유머(humor): 마음에 가지고 있기에 너무 힘든 것을 자신을 웃음거리로 삼아 표현함으로써 자신과 다른 사람들에게 만족을 주고 동시에 그것을 견디며 해결해 가는 것이다. 이는 자신에 대해 상당한 안정감이 있는 경우에 사용할 수 있는 방어기제다.

타협과 증상

내담자가 상담자에게 왔을 때는 이제까지의 역동 균형에 금이 가거나 찌그러진 상태가 되었을 때다. 외부로부터 특정 스트레스가 와서 열쇠로 자물쇠를 열듯이(열쇠-자물쇠 기제) 내부의 역동을 건드렸기 때문에 휘청하고 일시적으로 성격갑옷에 구멍이 뚫린 상태다. 그래서 내담자는 굉장히 갈등을 느끼고 불안해한다. 성격의 방어기제가 무너질까 봐 불안을 느끼는 것이다. 이때 한편으로는 지금까지 자신에게 짐스러웠던 성격의 방어기제로는 더 이상 내면으로부터의 충동을 효과적으로 통제할 수 없다는 한계를 느끼고 전문가의 도움을 받아 그것을 바꾸고자 한다. 다른 한편으로는 그나마 이제까지 겨우 평형을 유지하며 지녀왔던 방어기제가 혹시나 무너져 내리면 어쩌나 하는 두려움을 가지게 된다. 따라서 내담자는 상담을 받으러 왔을 때 자신의 문제를 치유받으려는 동기가 있는 동시에 변화에 대한 두려움으로 인하여 치유받지 않으려는 저항도 있게 된다. 즉, 방어기제에 구멍이 뚫렸는데 이 기회에 아예 구멍을 넓혀서 안에 있는 것을 끄집어내어 처리할 것은 다 처리하고 쓸모없이 되어 버린 방어기제도 바꾸고 해서 아주 새롭게 되었으면 좋겠다는 동기를 가진다. 그러면서도 그런 변화 자체를 두려워하고 불안해하며 상담 및 치료를 받고 싶어 하지 않는 심리가 동시에 존재한다. 한마디로 상담을 받으려고 왔지만 한편으로는 항상 상담을 받고 싶어 하지 않는 역동이 있다는 말이다.

그러므로 내담자들은 이제까지의 방어기제가 더 이상 효과적이지 못하기 때문에 치료를 받아야 한다는 것을 잘 알면서도, 상담에 와서는 항상 자신을 돌이켜 보거나 치유받거나 상담을 받거나 성숙하고 싶어 하지 않는 면들이 있다는 것을 잘 이해할 필요가 있다. 상담자들은 이를 부정적으로만 바라보지 말고 '얼마나 약하면 저 사람이 저럴까.' 하는 시각을 가져야 한다. 내담자가 버리기 싫어하는 미숙한 방어기제는 나름대로 오랜 세월 그 사람이 쌓아 온 하나의 타협(compromise)이다. 왜 그 사람이 강박증이 생겼을까, 혹은 왜 그 사람이 우울증이 생겼을까? 그것은 그들 나름대로의 최선의 선택이자 타협인 것이다. 그렇다면 과연 그들은 그 증상에서 벗어나고 싶지 않은 것일까? 때로 우울증 환자 중에는 심지어 그것을 즐기는 것 같아 보이는 사람이 있는데, 실제로 우울증 증상 중에 우울증에서 빠져 나오고 싶어 하지 않는 부분이 있다. 그것이라도 붙잡고 있어야 더 이상 자신의 인격이 무너지는 것을 방지할 수 있기 때문이다. 우울증 자체는 하나의 증상이므로 고통이자 건강하지 못한 것이며 삶을 가로막는 장애임에 틀림없다. 그러나 잘 살펴보면 우울증 증상은 그 나름대로 긍정적인 역할을 가진다. 즉, 우울증에 걸린 사람은 밥도 안 먹고 대인관계도 모두 끊고 문을 걸어 잠그고 이불 속에 누워 있다. 그렇게 함으로써 자신을 외부의 온갖 자극—자신을 위협하는 것으로 간주하게 된—으로부터 분리하여 마치 엄마의 자궁 속으로 퇴행해 들어간 자세로 자신을 보호하려 한다. 그러므로 어떻게 보면 유치하고 어리석어 보이는 내담자의 미성숙한 행동도 그에게는 그럴 수밖에 없는 하나의 타협의 의미가 있다. 그렇게라도 하지 않으면 깨져 버리고 마니까, 그 불안을 견디기 너무 힘드니까 할 수 없이 심리적인 타협을 하게 된다. 이런 시각에서 내담자가 현재 가지고 있는 미숙한 인격이나 행동, 증상들 모두는 그가 태어나면서부터 이제까지 살아오는 동안 자기 나름대로는 어찌 할 수 없는 현실의 위협에서 살아남기 위하여 이룩한 최선을 다한 타협이며, 그 나름대로 부정적인 면과 동시에 긍정적인 면도 있음을 이해해야 한다.

　이러한 심리적 역학은 영적인 측면에서도 그대로 적용된다. 기독교인들은 한편으로는 영적으로 성숙하려고 끊임없이 노력하는 의지가 있는 반면, 다른 한편으로는 세상으로 돌아가고 싶어 하는 욕구가 끊임없이 작용한다. 이 때문에 우리의 신앙 여정은 두 욕구 사이의 갈등과 투쟁의 연속과 같다. 구약의 출애굽 사건이 이를 잘 보여 준다. 출애굽 사건은 선택받은 민족의 역사를 통하여 하나님이 어떻게 인류를 구원할 준비를 하는가를 보여 주는 사건이기도 하지만, 인생 개개인이 어떻게 영적으로 구원을 받아 최후의 안식으로 들어가게 되는가를 보여 주는 상징이기도 하다. 가나안이 얼마나 좋은 약속의 땅인가에 대한 구체적인 말씀도 있었고, 그곳으로 가는 여정 동안 하나님이 날마다 구름기둥과 불기둥으로 인도하심을 알고 또 그 기적을 실제로 눈으로 바라보면서도 이스라엘은 애굽의 노예 시절에 먹던 그 고기가 자꾸 생각나서 끊임없이 돌아가고 싶어 한다. 그것은 단지 이스라엘 민족이 어리석어서 그랬던 것이라기보다는 인간 모두의 심층심리에 두 가지 본성이 있음을 말해 준다. 한편으로는 저 높은 곳을 향하여 나아가고자 하여 성숙하고자 하는 욕구가 있는 동시에, 다른 한편으로는 낮은 곳에 그대로 머무르고 싶어 하는 과거로 퇴행하고자 하는 욕구로 인해 끊임없이 도전을 받는 갈등의 존재인 것이다. 더욱이 이제까지 자신을 지켜주고 그런 대로 불안을 통제해 주던 방어기제를 버리고 무엇이 놓여 있을지 모르는 미지의 세계를 향하여 나아간다는 것은 인간 누구에게나 두렵고 많은 용기를 필요로 하는 일이기 때문이다.

퇴행과 공감

그러므로 상담자는 내담자의 증상을 나름대로 최선을 다해 왔던 타협으로 인정해 주고 공감해 주려는 자세를 가지고 상담에 임해야 한다. 문제가 되고 미숙하지만 그것을 있는 그대로 인정해 주는 것이 진정한 의미의 공감이다. 내담자가 가지고 있는 모순, 어리석고 형편없는 것까지도 이해하는 것이다. 마치 말구유라는 아주 낮은 자리에 오셔서 우리들의 비천하고 미숙함을 몸소 체험하여 우리를 있는 그대로 모두 받아 주시고 만나 주시는 하나님의 위대한 공감방식처럼, 상담자는 내담자의 입장에 서서 그의 증상을 이해할 수 있도록 노력해야만 한다. 그러니까 상담자가 내담자의 문제점을 발견했다고 해서 한두 마디로 그것을 지적하여 해결하려고 하는 것은 가당치 않은 이야기다. 그렇게 해서 해결될 문제가 아니다.

그렇지만 내담자의 미숙함을 이해하고 공감한다는 것은 쉬운 일이 아니다. 내담자의 자리까지 내려간다는 것은 결코 쉽지 않다. 공감하기 위하여

상담자는 자기 스스로 자아의 경계(ego boundary)를 허물고 퇴행하여 내담
자와 함께 미숙해지는 경험을 해야 한다. 즉, 자신의 냉철한 이성과 논리적
인 자세를 접어둔 채 마음을 열고 되도록 내담자의 입장이 되어 보는 것이
다. 다시 말해서, 상담자의 관찰자아(observing ego)의 활동을 잠시 멈추어
둔 채, 자신을 경험자아(experiencing ego)에 맡김으로써 내담자의 경험을
자신의 경험으로 자아의 경계 안으로 받아들여 함께 느껴 보는 것이다. 이
런 과정이 없다면 상담자가 내담자의 아픔을 자신의 아픔으로 공감하지 못
하고 내담자의 문제를 단지 지적으로만 평가하게 된다. 사실 내담자가 상담
에 와서 하는 이야기를 공감 없이 듣는다면 그 내용이 아주 유치하고 자기
중심적인 넋두리로만 들릴 것이다. 그런 내담자의 이야기는 한심하게 남의
탓만 하는 짜증나는 퇴행상태의 이야기에 불과하다. 그러나 상담자가 마음
문을 열고 자신의 경험자아로 함께 느끼고 공감해 나가게 될 때 비로소 움
츠려 들었던 내담자의 (관찰)자아가 자신을 가지고 자신의 퇴행을 되돌아
볼 수 있는 여유를 갖게 된다. 이때 상담자의 퇴행은 내담자의 그것과는 달
리 자유로운 전환이 가능하다. 그러므로 어느 정도 경험자아가 역할을 수행
했다 싶을 때는 퇴행을 멈추고 상담자의 관찰자아가 다시 냉정한 현실적인
평가와 판단을 수행하여 내담자를 이끌어 가게 된다. 따라서 상담자의 관찰
자아와 경험자아의 균형 있는 활동을 통하여만 내담자의 미숙한 방어기제
는 비로소 성숙을 향하여 변화를 시작하게 된다. 그러나 이따금씩 그렇지
못한 상담자들도 있다. 경험자아가 빈약한 상담자는 너무나 냉정하고 비판
적이어서 내담자를 공감하지 못하여 초기에 탈락시켜 버리고 만다. 반대로
어떤 상담자는 관찰자아가 빈약하고 경험자아가 비대하여, 상담을 할 때 내
담자의 감정을 그대로 경계 없이 받아들여 몹시 부담을 느끼거나 함께 가슴
아파하는 나머지 상담이 혼란에 빠지게 되는 경우도 있다. 상담자의 퇴행은
적절히 일어나야 되며 항상 가변적이어서 필요한 만큼만 하여야 한다. 그러
기 위하여 상담자가 되려는 사람들은 먼저 자신의 자아구조를 잘 살펴보고

균형을 유지할 수 있도록 특별한 훈련을 받아야 한다.

지지상담과 통찰상담

내담자가 상담에 오게 될 때는 이제까지 겨우 유지하던 심리역동의 균형
이 깨지고 방어기제에 균열이 간 상태라고 하였다. 이런 상태에서 상담자
는 두 가지 중 하나의 선택이 가능하다. 그 하나는 금이 간 방어기제의 틈
을 비집고 내담자의 심층심리 속으로 깊숙이 들어가 그런 균열이 생기게
하고 이제까지 힘겹게 에너지를 소진시키던 핵심감정을 끄집어내서 다루
어 주고, 그에 맞게 방어기제 또한 적절히 수정해 줌으로써 문제를 근본적
으로 해결하는 전략이다. 이것이 통찰상담(또는 통찰치료, insight-directed
psychotherapy)이다. 그러나 내담자의 자아가 너무 약하여 이런 작업을 감
당할 힘이 없다고 판단될 때는 이미 금이 간 방어기제를 다소 보완하고 적
절히 다독거려서 종전 상태로만 원상 복구하는 전략을 구상할 수 있다. 이
것이 곧 지지상담(또는 지지치료, supportive psychotherapy)이다.

지지상담은 위로, 충고, 격려, 권고, 이해 등의 방법을 사용하여 내담자
가 빨리 불안을 감소시킴과 동시에 내담자가 현재 갖고 있는 문제점이나
갈등만을 다루며, 내담자의 핵심역동은 그대로 둔 채 그의 방어기제만을
임시로 지지해 주어 빨리 문제가 일어나기 바로 직전의 평형상태로 돌아가
게 하는 것이다. 이에 비하여 통찰상담은 내담자의 핵심역동을 의식계로
끄집어내서 천천히 정리하게 해 주고 내담자에게 불안의 원인을 철저히 인
식하게 해서, 현재의 갈등 문제가 결국은 자신의 마음속에 있는 어떤 역동
과 관련이 있는지 통찰을 얻을 수 있도록 하는 것이다. 예를 들면, 남편과
의 심각한 갈등에 대하여 '사실은 내가 친정아버지의 냉정함 때문에 괴로
워했는데 그것이 대상만 바뀌어서 남편의 무관심에 대해 그대로 반응하는

구나.'라는 깨달음을 얻게 되면 더 이상 남편에게 과민반응할 이유가 없어
지게 되는 것이다. 통찰상담은 내담자 자신의 내부에 있는 핵심역동을 충
분히 파악하고 인식하도록 만들어 줌으로써 그의 자아가 균형을 잡는 데
도움을 주고 이로써 근본적으로 인격의 균형구조가 바뀌도록 하는 것이다.
이제까지 자아가 핵심감정을 보호하기 위하여 무리하게 쌓아올린 방어기
제의 짐을 덜어 줌으로써 거기에 들이던 엄청난 에너지를 철회시켜 그것이
창조적인 에너지로 바뀔 수 있게, 자아가 자유로울 수 있게 해 주는 것이
다. 한 마디로 통찰상담을 한다는 것은 내담자의 자아기능을 증진시켜 주
는 것이라고 할 수 있다. 정확하게 말하자면, 통찰상담에서 내담자가 치유
되도록 돕는다는 것은 내담자 본인이 스스로 통찰에 도달할 수 있도록 도
와주는 것이다. 이것은 곧 스스로 통찰을 할 수 있는 자아기능이 점점 더 자
라간다는 의미다. 그러므로 통찰상담을 상담자가 내담자의 이야기를 잘 들
으며 그의 문제에 대한 통찰을 얻은 후 여러 지식을 동원해서 '저 사람은
내가 이렇게 도와주면 문제가 해결되겠다.'는 식으로 내담자에게 지시해
주는 것으로 생각해서는 절대 안 된다. 많은 경우 내담자가 처음 상담에 오
면 자신의 문제를 털어 놓으면서 '내가 이러이러한 문제가 있습니다. 이 문
제를 자세히 이야기할 테니까 선생님이 자세히 들으시고 답을 생각해서 말
해 주시면 내가 그렇게 하겠습니다.'는 식의 의미를 전달한다. 즉, 내담자
는 상담에 오면 자신의 자아기능을 상담자에게 위임한다. 그러면 상담자는
위임받은 내담자의 자아기능을 가지고 '그래, 당신 문제는 이러이러하니
까 이 문제를 이러이러하게 지혜롭게 풀어가시오.'와 같이 한다. 이것이 바
로 지지상담이다. 그러나 통찰상담은 위임을 일단 받기는 하지만 답을 제
시해 주는 것이 아니고 내담자 자신이 스스로를 돌이켜 보도록 질문하고
답을 얻도록 자극을 준다. 이것은 자기 자신을 돌이켜 볼 수 있는 자아기
능, 즉 관찰자아가 자라날 수 있도록 자극을 준다는 말이다. 말하자면 문제
해결을 위해 물고기를 잡아 주는 것이 아니라 물고기 잡는 방법을 가르쳐

주는 것이 통찰상담이다. 즉, 상담 초기에는 내담자의 자아기능을 상담자에게 위임하므로 상담자가 약간이나마 이렇게 저렇게 하라며 끌고 가지만, 조금 지나면 그 자아기능을 내담자에게 되돌려 주게 된다. 그러면서 상담자는 점점 수동적인 위치로 가고, 내담자는 상담자의 자아기능을 모델 삼아 문제해결 방법을 습득하면서 자기 자신이 스스로 생각하게끔 자아기능이 계속 자라나간다. 그러니까 상담의 장만 마련해 주면 내담자가 자기 혼자 다 끄집어 내놓고 스스로 돌아보고 스스로 판단하면서 "아, 내가 이야기를 해 놓고 보니까 사실은 내 남편이 문제가 아니라 바로 나 자신이 여기에 이런 문제에 걸려 있었군요."라고 이야기하게 되는 것이다. 그럴 때 상담자는 "바로 그거예요. 참 잘 생각했습니다."라고 지지를 충분히 해 준다. 이렇게 상담자가 유일하게 마음놓고 지지해 줄 수 있는 것은 내담자가 자기를 돌이켜 볼 때다. 그러면 내담자는 상담자의 지지를 충분히 받으면서 그런 자기 관찰의 행동을 더 많이 하게 되는 것이다.

욕구의 충족과 박탈

지지상담은 내담자의 불안을 조속히 감소시키고 방어기제를 강화하기 위하여 내담자를 지지해 줌으로써 내담자의 퇴행과 미숙함을 인정하고 의존욕구를 충족시켜(satisfy) 주지만, 통찰상담은 반대로 내담자를 지지하지 않음으로써 의존욕구를 박탈하는(deprive) 기법을 쓴다. 인간은 지지를 받아 편안해지면 그것에 안주하고 자신의 내면을 바라보지 않으려는 성향이 있을 뿐만 아니라 그것을 분명히 객관적으로 볼 수 없게 된다. 그래서 통찰상담은 상담자가 꼭 필요한 최소한의 지지 이외에는 지지를 하지 않고 중립을 지킴으로써 내담자의 내면에 있는 미성숙한 욕구의 정체를 보다 분명하게 바라볼 수 있도록 해 준다.[11] 따라서 통찰상담 초기에는 내담자의 불안이 오히려 점점 더 가중되고 내담자가 상당한 인내와 용기를 필요로 한다. 내담자에게 이러한 통찰상담의 과정은 결코 쉬운 것이 아니다. 내담자는 자신의 내부를 들여다보고 스스로 부족한 면과 미숙한 면을 인정하는 것이 너무나 고통스러운 나머지 그런 작업을 방해하는 또 다른 나, 즉 내부의 적과 싸워야 하기 때문이다. 자신을 돌아보고 문제점을 찾아 인정하며 성숙해 가려는 건강한 자아(healthy ego)는 그렇게 하는 것에 저항하는 병적 자아(pathological ego)와 투쟁을 벌여야만 하는 것이다. 상담자가 내담자의 심층심리 속으로 파고들어 가려고 할수록 내담자의 저항 또한 더욱 증가하기 때문에 이러한 내담자의 불안과 저항을 극복할 수 있는 힘이 필요하게 된다. 이 힘은 상담자와 내담자가 맺는 믿음의 관계에서 나오게 된다. 내담자는 병적인 자아가 있지만 한편으로는 건강한 자아도 있어서 전문가이자 믿을 만한 동반자인 상담자의 도움을 받아 자신의 문제를 해결하고 성숙하고자 하는 의지를 갖고 있다. 이에 양자는 서로 신뢰관계를 맺고 함께 어려움을 헤쳐 나가고자 한다. 우리는 이것을 신뢰적 관계 또는 라포(rapport)라고 부르며, 이를 바탕으로 구체적인 내담자의 병적 자아의 문제해결을 위해 내담자의 성숙을 지향하는 건강한 자아가 상담자와 협력하기로 하는 것을 치료동맹(therapeutic alliance)이라고 한다.

　이 신뢰적 관계는 내담자가 불안과 고통을 감내하면서도 상담에 지속적으로 오도록 만드는 힘이 된다. 상담자는 한편으로는 신뢰적 관계를 통하여 내담자에게 신뢰감을 주면서 다른 한편으로는 내담자의 심층심리 속으로 파고들어간다. 또한 한편으로는 내담자의 의존욕구를 충족시키면서 다른 한편으로는 그러한 의존욕구의 충족 속에 안주하고자 하는 만족을 박탈

---

11) 통찰상담의 경험이 없는 독자들은 아마도 이 부분이 가장 이해하기 어려울 것이다. 이 문제는 전이를 다루는 장에서 더욱 구체적으로 설명할 것이지만 여기서 우선 쉽게 비유하자면, 우리에게 공기가 얼마나 소중한가를 인식하려면 사람에게서 공기를 박탈함으로써 분명해지는 것과 같은 이치다.

한다. 이 역동적 관계에 대한 구체적인 이해는 상담자의 충분한 경험을 필요로 하는 어려운 부분이다. 신뢰적인 관계를 통하여 내담자가 떨어져 나가지 않을 정도로 불안을 감소시켜 주면서, 대신 내담자의 어린 시절의 고통스러운 기억을 끄집어내어 볼 수 있게 함으로써 그 자신이 어떻게 지금의 모습을 갖게 되었는지 돌이켜 보게 하는 작업이 바로 통찰상담이다. 그러므로 이 과정에서 내담자와 상담자 사이에는 두 가지 역동적인 작업이 진행된다. 즉, 하나는 내담자의 의존욕구를 충족시켜 주는 상담자의 지지작업이며, 다른 하나는 내담자에게 그 의존욕구를 직면시킴으로써 충족을 박탈하는 통찰작업이다. 이것이 두 번째 역동의 개념이다. 즉, 첫 번째 핵심역동의 개념을 개개인의 정신 내적(intrapsychic) 역동의 개념이라고 부른다면, 두 번째 역동은 대상과의 관계 속에서 일어나는 대인(interpersonal)역동이다. 대인역동 또한 두 힘 간에 미묘한 균형을 맞추고 있어야 상담관계가 성공적으로 지속된다. 만약에 내담자와 아직 신뢰적인 관계가 충분하지도 않는데 너무 빠른 속도로 통찰작업을 서두른다면 상담자-내담자 관계는 끊어져 버려 상담이 조기에 중단되거나, 아니면 내담자의 방어기제가 붕괴되고 말아 내담자의 상태가 오히려 악화될 수가 있다. 따라서 상담을 오랜 기간에 걸쳐 깊이 있게 하려고 할 때에는 상담자와 내담자 간의 신뢰적인 관계가 허용하는 범위 내에서만 내담자의 심층심리 안으로 접근해 들어가도록 주의하여야 한다.

반대로 내담자를 직면시키는 박탈과정이 별로 없이 내담자를 계속해서 적극적으로 지지해 줌으로써 지나치게 충족시켜 줄 경우에는 내담자가 퇴행을 계속하여 상담이 더 이상 진행되지 않게 된다. 왜냐하면 신뢰적인 관계 속에는 치료동맹이라는 합리적이고도 긍정적인 건강한 측면도 있지만 유아기적인 의존욕구도 함께 있는데, 계속된 상담자의 지지로 이 욕구가 지나치게 증폭되었기 때문이다. 내담자가 그렇게 힘이 드는데도 상담을 계속적으로 받으러 오는 이유는 자신의 문제에 대해 이대로는 안 되겠다고 생각하여 전문가, 즉 믿을 만한 사람을 찾아서 그 사람을 믿고 그의 전문성에 의지하여 자신을 치료해야겠다는 결정에 의한 것이다. 이런 합리적인 현실 인식 위에서 이루어지는 것이 건강한 협력관계다. 그러나 상담자와 내담자의 관계 속에는 그런 현실적이고 건강한 관계만 있는 것이 아니라 무의식적으로 항상 상담자를 유아기적인 의존욕구를 가지고 바라보는 전이적 관계도 있다. 그래서 내담자는 내가 저 사람에게 내 문제를 고백하고 맡기기만 하면 그가 다 알아서 나를 이해하고 돌봐 주겠거니, 엄마처럼 따뜻하게 받아들이겠거니 하는 생각을 하게 된다. 그러므로 계속해서 적극적인 지지만 할 경우 내담자는 상담자와 협력해서 자신의 문제를 돌아보고 고치려 하기보다 상담자에 대한 전이적인 관계에 의존하여 머물려고만 할 것이다. 이런 의존적인 전이감정이 초기에는 상담에 열심히 오게 만들지만, 점차 내담자의 내면으로 접근해 들어가 너무 고통스러운 문제가 드러나게 되면 오히려 부정적인 작용을 하게 되어 '나는 단지 이곳에 와서 당신이 나를 따뜻하게 위로해 주고 지지해 주기만을 바란다.'는 식으로 바뀌게 된다. 그러므로 되도록 그러한 감정을 증폭시키지 않도록 해야겠다. 다음의 예가 그 대표적인 모습이다.

L씨는 굉장히 정서가 불안하고 직장에 적응하지 못하여 한두 달 있다가 다른 곳으로 옮겨가곤 하는 것 때문에 상담에 오게 되었다. 상담을 시작한 후 초기 얼마간은 상담관계가 잘 형성되고 진행이 잘되는 듯하더니 얼마 후부터 상담이 교착상태에 빠져 진전되지 않고 별 변화가 없었다. 상담이 진전이 잘 안 되는 것 때문에 고민에 빠진 상담자가 어느 날 내담자에게 질문을 하였다. "지난 3개월 동안 일주일에 한 번씩 당신을 돕는다고 도왔는데 뭔가 해결이 잘 안 되고 진전이 없는 것 같으니 무엇이 문제일까요? 당신은 어떻게 생각하십니까?" 결국 이렇게 해서 알게 된 것은 내담자는 상담자가 어머니같이 자기 말에 귀를 기울이고 따뜻하게 위로해 주고 어머니처럼 다독거려 주기를 바라는 마음이 너무 팽창되어 있

다는 것이었다. 알고 보니 L씨는 그러한 심리를 충족시키기 위하여 서울 시내 기독교상담실을 여러 군데나 돌아다니고 있었다. 그렇게 다니다가 상담자가 어느 정도 내담자의 이러한 팽창된 의존욕구를 감지하고 부담을 느끼게 되어 상담관계를 불편해하면 그는 또 다른 상담실로 옮겨가서 다시 위로와 지지 및 격려만을 요구하게 된다. 결국 L씨의 문제는 불안이나 직장 등에 관한 문제가 아니라 상담자의 위로와 지지, 격려로만 충족되는 의존욕구 자체가 문제였다. 그는 단지 위로와 격려를 받고 싶어서 오는 것이지 자기 자신을 돌아보고 성숙하는 일에는 관심이 없는 것이다. 그가 왜 그렇게 되었는가는 우선 그의 핵심역동이 남달리 강한 의존욕구에 있었기도 하겠으나 상담 초기에 불필요한 지지와 격려를 너무 많이 한 것도 원인이 되었다.

이것은 상담자로서 특히 주의해야 하는 것이다. 상담자는 상담이라는 작업 자체가 근본적으로 내담자의 내면에 깔려 있는 무의식적인 의존욕구를 강하게 증폭시키는 특성이 있기 때문에 상담자-내담자 간의 관계역동의 균형을 반드시 고려해야만 한다. 그런 노력 없이는 깊이 있는 상담이 불가능하다.

다시 말해서, 신뢰적인 관계가 지나치게 두텁게 되면 내담자는 의존욕구가 증폭되어 불필요한 퇴행을 하게 되고, 이에 상응하는 박탈로서 균형을 맞추지 못하면 상담이 진전되지 않고 내담자는 그런 퇴행의 상태만을 즐기게 된다. 즉, 현재에 안주하려 하고 자신을 돌이켜 보려 하지 않으며 수동적으로 되어서 상담자가 다 알아서 해 주겠거니 생각한다. 이는 유아기적인 욕구가 자꾸 팽창하게 되기 때문인데, 인간의 유아기적인 의존욕구라는 것은 우리의 보통 논리를 초월하는 굉장히 끈질긴 것이다. 그것은 마치 3~4세짜리 어린아이가 부모한테 기대하는 그런 욕구다. 의존욕구가 일어난 내담자는 상담자에게 점점 더 많은 요구를 하게 되어 상담시간도 제한 없이 초과하여 이야기하고 싶어 한다. 그리고 조금만 어려워도 시도 때도 없이 전화를 하여 상담자가 자기 이야기를 듣고 해결해 주기를 원하고 그 것을 당연한 것처럼 생각하기 때문에 상담자는 점점 심적인 부담을 느끼게 된다. 그러나 그 욕구는 아무리 상담자가 자기 희생적이라 하더라도 다 채 워 줄 수 없기에 상담자는 점점 불안을 느끼고 불편해진다. 결국 얼마 안 가서 상담자 편에서 상담을 포기하게 되곤 한다. 이렇게 되면 그때까지의 내담자의 모든 기대와 환상은 심각한 좌절로 바뀌게 되고 상담자에 대한 강한 배신감과 분노를 느끼게 된다. 이는 어린 시절 부모에게서 겪었던 좌 절과 상처를 다시 한 번 겪게 되는 것이다. 그러므로 상담자는 내담자의 의 존욕구를 불필요하게 팽창시켜 줘서는 안 된다. 그렇게 하는 것은 곧바로 병을 주는 것이라고 할 수 있다. 그러므로 상담은 내가 책임질 수 있는 부 분만 내담자가 나에게 의지할 수 있도록 해 주는 것이다. 신뢰적인 관계와 상담자가 접근해 들어가는 것이 어느 정도 역동적인 힘의 균형을 맞추어야 한다. 통찰상담은 바로 이러한 점을 상담자가 늘 인식하면서 절묘한 균형 을 맞추어 가며 의존욕구를 해결해 가는 것이다.

그런데 여기서 한 가지 강조하고 넘어가야 할 것은 자신이 내담자를 너 무 많이 지지해 준다는 것을 논리적으로 알고 있어도 실제로 그것이 절제 가 잘 안 되는 상담자들이 있다는 것이다. 이 경우 그 원인은 상담자 자신 의 의존욕구 때문에 그렇다는 것을 명심해야 한다. 내담자를 보면 도무지 불쌍하고 안되게 느껴져서 지지해 주지 않고서는 못 견디기 때문에 헌신 적으로 내담자를 돌보는 것을 자랑으로 여기는 상담자가 있다. 그런 상담 자는 사랑과 감성이 풍부한 좋은 상담자가 아니라 자신의 내면에 병이 아 직 치유되지 않은 사람임을 알아야 한다. 그런 사실을 계속 모른다면 아마 도 그는 상담에서 계속 어려움을 겪을 것이다. 심지어는 상담지도자로서 상담자를 가르치는 사람들 중에도 그런 역동을 이해하지 못하는 사람들도 있다. 남을 사랑하거나 남을 위하여 봉사하는 것은 생각보다 훨씬 어려운 일이다. 인간이 인간을 제대로 사랑하고 사랑받는다는 것은 어쩌면 가능하지 않을지도 모른다. 그 만큼 인간 본성이 부패해 있고 미숙하기 때문이다. 사랑을 온전히 주고받기 위하여 우리는 하나님의 도움을 필요로 할 뿐이다.

그러면 내담자의 욕구를 지지하거나 박탈한다는 것은 상담의 기법상 어떻게 이루어지는 것일까? 우선 상담자가 해야 할 기본적인 지지는 말이나 특별한 행동으로 하는 것이 아니라 단지 내담자의 말을 진지하게 잘 경청하고 그것을 공감하는 것만으로도 충분하다. 특별한 경우를 제외하고는 그 이상을 필요로 하지 않으며 그 이상을 더하려는 것은 오히려 위험스럽기까지 하다. 내담자와의 시간 약속을 중요하게 여기며 잘 지키는 것, 상담이 방해받지 않는 환경을 만들고 그 시간 내내 모든 관심과 주의를 기울여 내담자의 말을 경청하고 그의 입장이 되어 함께 느끼는 것 등 상담자의 진지한 자세보다 더 좋은 지지는 없다. 그 이상으로 지나치게 지지하는 것은 내담자의 의존욕구를 팽창시켜 오히려 상담을 어렵게 만들 수도 있다. 특히, 내담자를 깊이 있게 통찰상담하는 경우 상담자가 내담자를 분명한 이유 없이 말이나 행동으로 지지하거나 위로하거나 하여 친밀감을 나타내는 것은 금물이다. 즉, 상담자는 내담자가 지나치게 고통스럽거나 치료동맹이 끊어질 위험에 처할 때를 제외하고는 항상 자신의 표현을 극도로 절제한 채 내담자의 의존욕구에 대하여 반응하지 않는 입장을 견지해야 한다. 이것이 바로 상담자의 중립성(neutrality)인데, 이는 내담자의 의존욕구를 충족시켜 주지 않음으로써 상대적으로 그 충족을 박탈하는 것을 의미한다.[12]

---

12) 물론 상담자의 중립성은 의존욕구를 박탈하려는 의도만은 아니다. 앞으로 전이를 다루는 장에서 상세히 설명하겠지만 상담자의 중립성은 내담자의 유아기적 환상이나 기대를 더욱 증폭시키고 분명하게 하여 내담자가 전이왜곡이 없이 그에 대한 통찰을 얻도록 하는 의미가 있다.

치료적 거리

여기서 우리는 '치료적 거리(therapeutic distance)' 라는 개념을 사용하여 같은 의미의 역동을 설명할 수 있다. 상담자와 내담자 사이에 맺어지는 대상관계에는 일정한 거리가 있게 되는데, 이 거리가 항상 일정하게 유지되어야 치료적인 작업이 가능하다. 이를 위해서 상담자는 내담자의 타자성을 인정하는 것이 필요하다. 즉, 상담자와 내담자가 분리된 다른 사람이라는 사실을 인정하는 것이 중요하다. 이는 사람과 사람 사이에는 언제나 일정 정도의 거리가 있게 마련인데 상담자와 내담자 사이의 거리가 너무 가깝거나 너무 멀면 두 사람 사이에 적절한 치료적 작업이 일어나지 않는다는 뜻이다. 예를 들면, 한 가족이나 친구 사이에 서로 돕고 돌보는 것은 가능하지만 통찰을 이끌어 내는 깊이 있는 상담의 작업은 가능하지 않다. 이런 치료적 거리는 상담에서 매우 중요한 개념이다. 특히, 통찰상담에서 상담자는 자신과 내담자 사이의 치료적 거리에 대한 감각을 놓치지 않고 항상 염두에 두면서 상담을 진행하여야 한다. 상담자의 지지나 위로 등 욕구를 충족시켜 주는 행동은 치료적 거리를 좁히게 되며, 반대로 중립을 지키거나 내담자의 심리 속의 모순을 지적하여 내담자를 직면시키는 것은 치료적인 거리를 멀어지게 한다. 치료적인 거리가 너무 가까우면 내담자가 자꾸 퇴행하여 상담이 진행되지 않으며, 반대로 너무 멀면 내담자가 자신의 갈등이나 좌절을 억압하고 표현하지 않는 억압의 저항이 증가하여 상담관계가 깨어질 우려가 있다. 따라서 상담자는 자신이 내담자의 요구나 감정 표출에 대하여 어떻게 반응할 것인지를 항상 치료적 거리의 개념 안에서 평가하고 결정해야 한다. 다시 말해서, 내담자의 마음속에 있는 역동을 기계적으로 혹은 상담자의 마음대로 접근하거나 마는 것이 아니고, 내담자와 상담자 사이의 치료적 거리를 잘 생각해서 해 나가야 상담을 효과적으로 해 나갈 수 있다. 왜냐하면 내담자와 상담자 사이에는 여러 가지 역동적인 힘이 작용하며 상담자와의 관계에서의 역동적인 힘이 내담자의 역동 균형을 깨뜨리기도 하고 보완해 주기도 하면서 변화를 주기 때문이다. 그러므로 내담자와 같이 붙잡고 울어 주는 것이 좋은지 나쁜지, 상담 이후에 같이 식사하러 가자는 내담자의 요청을 거절해야 하는지 응해야 하는지, 내담자가 선물을 줄 때 그것을 받고 고맙다고 표시를 해야 하는지 말아야 하는지와 같은 여러 가지 상담기법상의 문제들에 대한 해답은 모두 치료적 거리를 어떻게 조절하느냐에 달려 있다. 내담자를 지지할 필요가 있는가, 지지하지 않고 계속 중립을 유지해야 하는가 하는 매 순간의 결정은 오직 상담자가 그 순간에 판단하는 치료적 거리에 달려 있다고 하겠다. 초보 상담자는 이런 거리에 대한 인식 없이 상담을 한다. 하지만 전문 상담자는 '지금 지지해 주면 내담자의 의존욕구가 좀 팽창하겠구나.' 하는 식으로 의식하면서, 즉 내담자와 자신 사이의 거리에 어떤 영향을 미칠지를 생각하면서 반응을 하며, 그 반응 후나 그 다음 시간에 그 결과와 변화를 관찰하면서 상담기법을 구사하는 것이다. 그런 생각 없이 슬퍼하는 내담자의 손을 맞붙잡고 같이 울거나 위로하면 치료적 거리는 통찰상담을 할 수 있는 선을 넘어 지나치게 가까워지고 내담자와 상담자 사이의 의존의 밧줄은 아주 굵어진다. 그렇게 될 경우 상담자는 내담자를 객관적으로 바라볼 수 없게 되며 내담자는 상담자를 욕구충족의 대상으로 보게 되어 앞으로 그 욕구를 계속 충족시켜 주려면 상담자가 엄청난 부담을 갖게 된다. 다시 말하지만, 그 의존의 수준이라는 것이 어린아이가 부모한테 기대는 유아기적인 환상의 수준이 되기 때문에 그것을 제대로 충족시킨다는 것은 가능하지 않기 때문이다. 그러나 때로는 상담자가 중립을 벗어나 강한 위로와 지지를 해 줄 필요가 있을 때도 있다. 예를 들면, 내담자가 몹시 절망에 빠져 있어 지금 그냥 나가면 자살이라도 할 것 같은 경우 상담자는 더 이상 박탈의 입장을 취할 수가 없다.

물론 전문 상담자라 하더라도 상담을 하다 보면 순간적인 실수가 있게 마련이다. 그러나 실수 없이 완벽하게 하는 것이 아니라 자신이 잘못했더라도 그 틀리게 한 것이 내담자–상담자 사이의 거리에 어떤 영향을 줬는지 생각하는 것, 그 결과를 생각하고 놓치지 않는 것이 바로 전문가 자격이 있는 것이다. 예를 들면, 내담자가 상담비를 깎아 달라고 할 때 상담자가 어떻게 반응할 것인가? 이때에도 상담자는 '내가 그렇게 하면 치료적 거리가 어떻게 되겠는가?' 하고 생각해 보고 반응할 일이다. 그런데 어떻게 반응해야 할지를 끝까지 잘 모르겠다는 생각이 들 때는 일단 어떤 쪽으로든 반응을 해 놓고 나서 내담자의 반응이 어떤지를 잘 관찰한다. 그리고 너무 의존욕구를 팽창시켰다고 생각되면 다음에 거리를 좀 떼어놓는 방향으로 수정하도록 하며, 반대로 그 일로 인해 거리가 너무 멀어졌다 생각되면 다시 거리를 적당히 좁히는 개입을 해야 한다. 항상 그렇게 밀고 당기면서 상담의 거리를 지키는 작업을 해 나가야 하는 것이다. 이렇게 치료적 거리를 잘 생각하게 되면 상담의 많은 기술적인 문제는 상황에 따라 매우 다른 답이 있게 된다.[13]

지지상담과 통찰상담의 사용

이상의 치료적 거리에 관한 개념은 주로 통찰상담을 하는 경우에 더욱 중요한 의미를 가지며, 지지상담의 경우에는 훨씬 가볍고 자유롭게 적용하여도 큰 상관은 없다. 지지상담과 통찰상담은 지지하는 양을 기준으로 볼

---

13) 상담심리 교과서에서 상담자의 반응이나 기법에 대하여 이럴 때는 이렇게 하라, 저럴 때는 저렇게 하라는 식으로 경직된 논리를 제시하는 것은 고정관념을 심어 줄 우려가 있으므로 바람직하지 않다. 이 치료적 거리의 개념을 상담학도들이 경험을 통하여 잘 습득한다면 보다 유연성 있게 상담을 할 수 있다. 치료적 거리에 관하여 더욱 알고 싶은 독자는 Tarachow, S. (1973)의 *An Introduction to Psychotherapy*를 참고하기 바란다.

때는 일직선상의 양극단에 있다. 어떤 경우에는 지지를 전혀 안하고 통찰상담적인 기법만을 사용하는 경우가 있고, 또 어떤 경우에는 반대로 내담자의 통찰은 목표로 하지 않고 지지만 해 주는 경우가 있을 수 있다. 그렇지만 사실 상담이라는 것은 그런 극단적인 경우는 거의 없고 대개 그 중간의 어떤 지점에 있다고 말할 수 있다. 이 두 상담기법은 지지의 양을 놓고 볼 때 서로 상대적인 차이가 있다고 말할 수 있지만 상담의 특정 순간 상담자가 취해야 하는 반응은 두 상담이 정반대의 것으로 되어 있다. 따라서 지지상담과 통찰상담의 기법상의 차이를 설명할 때는 양극단적으로 설명할 수밖에 없다. 상담자가 어떤 기법을 선호하느냐에 따라 상당히 다르겠으나, 일반적으로 상담실을 찾아오는 내담자 10명 중 대략 7~8명은 지지상담을 하게 되고 단지 2~3명만이 통찰상담을 하게 된다. 통찰상담을 한다고 하여 지지를 절대로 해 주지 않는 것이 아니라 필요에 따라 해 줄 수도 있고 안 해 줄 수도 있다. 또 때로는 통찰상담을 하다가 상황이 여의치 않아 지지상담 쪽으로 바꿀 수도 있고, 반대로 지지상담을 하다가 목표를 다소 수정하여 약간의 통찰을 얻는 쪽으로 선회할 수도 있다. 그러나 일반적으로 통찰상담과 지지상담은 처음부터 내담자를 잘 평가하여 어느 한쪽으로만 하는 것이 좋다. 특히, 지지상담을 하다가 통찰상담으로 기법을 바꾸는 것은 이미 치료적 거리가 좁혀진 데다 내담자의 혼란을 가중시키게 되므로 현실적으로는 가능하지 않다. 따라서 어느 때 통찰상담을 하고 어느 내담자에게 지지상담의 기법을 얼마만큼 적용하느냐 하는 문제는 상담의 초기에 상담목표를 잘 세우고 시작해야 할 문제다. 이에 관한 것은 나중에 내담자 평가에서 더 상세히 다룰 것이다. 상담을 처음 공부할 때는 몇 번 정도 통찰상담을 깊이 있게 하고 이에 대해 전문가에게 지도감독을 받는 것이 반드시 필요하다. 통찰상담을 깊이 해 보면 어렵고 고민도 많이 되지만 그 이후 지지상담에 대한 감은 저절로 알게 된다. 처음부터 역동적인 통찰상담을 배우지 않고 지지상담을 주로 하게 되면 나중에 발전이 없다.

내적 치유와 상담

최근 우리나라에는 은사 중심의 내적 치유운동이 활발하게 일고 있다.[14] 많은 사람들, 심지어 상당히 상담학을 공부한 사람조차도 내적 치유운동과 기독상담을 혼동하고 있는 경우가 많아 여기서 둘 간의 차이를 분명히 해 두고자 한다. 왜냐하면 그 구분은 바로 치료적 거리의 개념과 밀접한 관련이 있기 때문이다. 요즈음 관심을 끌고 있는 대부분의 치유사역들의 특징은 과거와는 달리 나름대로 심리학적 용어나 이론을 상당히 많이 차용하고 있다. 어린 시절의 '상처'나 '쓴 뿌리' 등의 용어는 그 자체가 심리학에서 쓰는 보편적인 학술용어는 아니지만 이미 상당한 심리역동적인 의미를 나타낸다. 즉, 많은 치유사역들이 문제의 원인을 규명하는 데 상당 부분 심리역동적인 이론을 도입하고 있는 것이 사실이다. 그렇지만 이러한 치유사역들과 상담사역이 분명히 다른 차이를 가지고 있음을 알아야 상담자들이 혼동이 없으며 이에 내담자들도 혼동이 없게 될 것이다. 인간의 갈등과 정신병리적 현상들이 어린 시절부터의 역동에서 기인한다는 사실을 주장하는 것은 상담사역이나 내적 치유사역이 비슷하다. 그러나 은사 중심의 치유사역은 적어도 두 가지 점에서 역동상담과 차이가 난다. 첫째, 무의식의 역동을 충분히 이해하지 못한 데에서 오는 오해가 있다. 치유사역에서는 어린 시절의 좌절이나 갈등을 치유하기 위하여 그것을 고백하라고 촉구한다. 심지어는 집단 앞에서 거리낌없이 노출하기를 촉구한다. 그러나 앞서 언급한

---

14) 내적 치유라는 용어가 어디서부터 유래했는지는 잘 모르겠으나 정의하기에 쉽지 않은 개념이다. 저자는 여기서 현재 우리 사회에서 일반적으로 이루어지고 있는 현상, 즉 일부 선교단체나 교회에서 다중적인 집회의 형태에서 은사 중심으로 치유를 강조하고 있는 운동을 포괄적으로 지칭한다. 저자는 이런 치유사역 운동이 근본적으로 잘못되었다고 보지는 않으며, 이것도 상담사역도 모두 하나님의 치유하심의 여러 다양한 모습으로 인정하고 싶다. 다만 치유사역에 인용되는 심리학적 이론이나 개념들이 부정확하게 적용되는 데 대한 문제점을 지적하고자 할 따름이다.

바와 같이 우리의 무의식 속에 있는 어린 시절의 진짜 중요한 핵심감정은 의식적으로 모두 다 끄집어내어지지도 않으며, 정신 내적인 역동의 균형상태를 고려함 없이 억지로 끄집어 내려고 할 때 심각한 혼란을 초래할 수 있다. 그래서 때로는 대중 앞에서 함부로 드러낼 수 없는 상처를 억지로 꺼내다가 정신병적인 상태가 되어 병원을 찾아오는 경우가 적지 않다. 이로 인해 당사자의 인격이 균형을 잃고 허물어져서 엄청난 혼란과 고통 속에 빠지는 폐단이 있게 된다. 게다가 현실적으로 우리가 의식으로 알 수 없는 무의식적인 죄가 너무 많기 때문에, 혹은 기억하지 못하고 있는 상처가 너무 많기 때문에 억지로 고백하라는 것 자체가 무리다. 또한 모든 것을 고백했다고 생각하는 것은 착각인 경우가 많다. '나는 모든 것을 고백했다.' 는 착각에 빠지면 오히려 진정으로 치유되거나 회개하는 데에서 멀어져 갈 수도 있다. 신비적이고 은사 중심적인 교회의 문제점이 바로 이것이며, 그렇게 은혜받고도 변화가 없는 이유가 여기에 있다. 우리의 영적 성장의 길은 아직도 먼데 한 번 고백한 것으로 다 되었다고 생각하는 것이 문제인 것이다. 두 번째 문제는 많은 치유사역이 치유적 관계를 생각하지 않는다는 데에 전문상담과 차이가 있다고 본다. 상담에서는 상담자가 내담자의 심층심리 속으로 함부로 접근해 들어가지 않으며 또 그럴 수 없다고 생각한다. 문제를 기계적으로 끄집어낼 수는 없으며, 끄집어낸다 해도 마치 자판기에서 답을 꺼내듯이 단번에 기적적으로 해결할 수가 없다. 내담자의 문제해결은 상담자가 알아서 일방적으로 주입하는 것이 아니고 상담자와 내담자 사이의 미묘한 관계의 역동 속에서 내담자가 스스로 알아가야 하는 것이다. 일부 치유사역 운동들이 그렇듯이 내담자의 문제를 다룰 때 이러한 인간관계의 역동을 파악하려는 노력 없이 일방적으로 다루게 되면, 결국에는 진정한 인격의 성숙이 어렵게 되며 거기에는 다만 의존욕구의 충족과 퇴행이 있을 뿐이다. 이 점이 바로 치유사역 운동들이 경계해야 할 부분이다.

성경에서의 상담적 접근방법[15)]

이상의 통찰상담과 지지상담의 이론들에 관한 시각을 가지고 성경을 읽어갈 때 우리는 성경의 여러 사건들, 특히 예수님이 사람들을 상대하고 관계하는 사건을 보면서 이러한 이론들을 상담에 적용시킬 수 있을까 하는 궁금증을 갖게 된다. 물론 성경에서도 통찰상담과 지지상담의 예로 들 만한 사건들이 있다. 성경은 언제나 일시적인 인간의 위기극복에 역점을 두기보다는 근원적인 인간의 성숙에 초점을 두기 때문에, 특히 예수님의 인간관계를 상담의 일종이라고 가정한다면 거기에는 통찰상담적인 요소가 많이 있다. 그러나 기법상으로 볼 때 성경의 많은 부분에서는 우리를 권면하고 지지하고 위로한다. 다시 말해서, 돌아오라고 야단치고 권고하는 것은 지지상담적인 기법이다. 그렇게 보면 성경에 나타난 상담 장면 중 십중팔구는 지지상담적인 기법을 사용하고 있다고 볼 수 있겠다. 그것은 아마 인간의 심성이 너무 나약하기 때문이 아닌가 싶다. 그중에서도 요한복음 15, 16장은 지지상담의 전형을 보여 준다. 예수님이 잡혀 돌아가시기 전날 밤, 두려움에 휩싸여 있는 제자들에게 하시는 위로의 말씀들은 언제 누가 들어도 두려움을 이기고 용기를 얻을 수 있는 말씀들이다. 바로 이런 것들이 지지상담적인 접근의 대표적인 예일 것이다.

성경을 잘 살펴보면 통찰상담의 예 역시 예상 밖으로 많이 있음을 볼 수 있다. 그 대표적인 예를 요한복음 4장의 사마리아 여인과의 대화에서 찾아볼 수 있다. 이 대화는 통찰 지향적인 입장에서 보면 매우 흥미 있는 점을 발

---

15) 성경은 당연히 상담심리학 교과서가 아니므로 성경을 심리학적인 시각으로 접근하고자 할 때 우리는 말씀의 핵심을 벗어나지 않도록 주의해야 할 것이다. 그러나 성경이 다루고 있는 주제가 하나님과 인간의 관계라는 관점에서 본다면, 성경의 본 주제를 흐리지 않는 범위 안에서 심리학적인 시각으로 관찰하게 될 때 우리는 하나님의 진리를 더욱 깊이 알게 되는 행운을 누릴 수도 있다.

견할 수 있다. 예수님은 처음부터 일관되게 사마리아 여인에게 그녀가 본질적으로 필요로 하는 것을 깨닫게 해 주려고 접근하고 있다. 그러나 그녀는 이것을 잘 이해하지 못한다. 예수님은 여인에게 "네 남편을 데려와라."라고 말씀하셨다. 이것은 평범한 지적이 아니라 바로 여인에게 자신의 핵심역동과 관련된 삶의 부분들을 돌이켜 보도록 하는 계기가 되는 말씀이다. 그 순간 여인의 머릿속에는 애정에 대한 어린 시절부터의 굶주림과 그것을 채우고자 일생 동안 찾아 헤매었지만 그 어디에서도 충족받지 못하고 반복되었던 좌절에서 오는 상처들이 머리를 스치고 지나갔을 것이다. 그제야 여인은 바로 눈앞의 그 분만이 근원적인 의존의 목마름을 채워 줄 수 있는 생수라는 메시지를 깨달을 수 있었다. 정말 자신에게 필요한 것은 마셔도 다시 목마르는 인간에의 의존이 아니며, 고달픈 인생에 진정으로 필요한 것은 변치 않는 생수와 같은 사랑이라는 것을 알게 된다. 그리고 그 진정한 생수를 얻기 위한 방법을 듣게 된다. 이 산도 저 산도 아닌 바로 우리의 마음속에서 신령과 진정으로 예배하는 것만이 방법이라는 것을 들을 수 있었다.

제**3**장

인생주기와 심리역동

인격발달의 과정
구강기
항문기
남근기

제3장

인생주기와 심리역동

　내담자의 핵심감정과 방어기제는 출생 직후부터 사춘기까지 대부분 형성된다. 특히, 6~7세 이전에 부모와의 관계가 그 형성에 거의 결정적인 역할을 하므로 우리는 내담자의 심층심리를 보다 잘 이해하기 위하여 발달심리학적인 지식을 상담 현장에서 어떻게 적용할 것인지를 알아둘 필요가 있다.

　일반적으로 발달심리학을 공부할 때 우리는 출생 후 연대기적인 순서대로 인생주기를 공부하게 되는데, 실제 상담에서 내담자를 대할 때는 상황이 달라진다. 물론 때때로 상담 초기에 내담자의 개인력을 물어보는 경우가 있기는 하지만, 많은 경우 내담자의 어린 시절의 경험과 부모관계 등에 대해 시대순으로 체계적인 질문을 하는 것은 상담의 흐름을 깨는 것이기 때문에 좋지 않다. 더욱이 내담자는 많은 경우, 특히 어린 시절의 고통스럽거나 어두운 부분에 대하여 무의식적인 억압을 하고 있거나 실제로 기억해낼 수 없기 때문에 무리하게 발달사를 캐는 것은 가능하지도 않을 뿐더러 오히려 상담을 망칠 수가 있으므로 피해야만 한다. 그런데 이 문제는 핵심감정의 특성과 발달심리학을 잘 이해한다면 굳이 무리한 접근을 할 필요가 없다는 것을 알게 된다. 핵심감정이란 어쩌다 한두 번만 드러나는 것이 아니라 그 사람의 전 생애를 통하여 매우 집요하게 반복적으로 나타나는 것이며 방어기제 또한 마찬가지로 그에 집중되어 반복적으로 나타나는 것이다. 따라서 내담자의 최근의 인간관계, 특히 상담에 오게 된 인간관계의 갈등을 자세히 살펴보면 그것만으로도 쉽게 파악할 수 있다. 만약에 상담이 길게 그리고 깊이 있게 해 가는 것이라면 상담과정 속에서 내담자의 핵심역동이 반복해서 상담자를 향하여 표출되기 때문에 이를 알기란 어려운 것이 아니다. 다시 말해서, 상담자를 향한 전이의 현상 속에서 추상적이 아니라 구체적이고 실제적으로 내담자의 핵심감정과 방어기제가 재현된다. 따라서 역동상담에서 상담자는 내담자를 발달사적(developmental)이 아닌 횡단적(cross-sectional)으로 만나는 것이라고 할 수 있다. 즉, 내담자가 상담에 온 바로 그 시점에 내담자의 내면을 횡으로 쪼개듯이 보는 방법을 통하여 내담자가 제공하지 못하는 과거의 성장과정을 단숨에 파악할 수 있다. 내담자의 핵심역동은 그가 이제까지 살아온 것이 현재 상담자를 만나는 순간의 모습과 태도와 생각 속에 다 녹아 있기 때문에 그것을 잘 관찰하면 그가 어떻게 살아왔는가 하는 주요 모습이 저절로 그려진다는 말이다. 그래서 역동상담에서는 오히려 내담자의 현재 모습을 보고 핵심역동을 파악한 후, 과거의 근원을 향하여 거슬러 올라가며 상담을 하게 된다. 따라서 현재 상담자를 대하는 태도, 최근에 일어난 문제점, 바로 그 전에 일어난 인간관계의 문제점, 그리고 그 전에 일어났던 문제점과 같이 거슬러 올라가면서 문제를 해결해 나가는 것이다. 그래서 내담자를 상담할 때 흔히 양파껍질 벗기듯이 상담한다고 하는 것은 발달사적인 입장과 반대의 입장을 취하기 때문이다. 겉에서부터, 즉 현재 내담자가 가지고 있는 문제점, 현재 상황에서 해결해야 할 문제점부터 다루어 주고 그 속에서 핵심역동을 다루어 가는 것이지 저 밑 어린 시절부터 시대순으로 다루는 것이 아니다. 그래야 상담이 물 흐르듯 자연스레 저항을 극복하면서 진행된다.

인격발달의 과정

이런 방식으로 상담을 진행하기 위하여 우리는 먼저 인생주기의 발달심리에 관한 지식들을 머릿속에 통합적으로 담아 두고 있어야 한다. 그런데 발달심리에 관하여 단계별로 설명하기에 앞서 두 가지 전제를 언급하는 것이 순서일 것 같다.

첫째, 인간이 처음 태어났을 때는 아주 허약한 핏덩이에 불과하다. 인격이 아직 형성되어 있지 않아 방어기제 또한 형성되기 전이므로 외부로부터의 자극에 대하여 아주 연약하여 어른으로서는 별것 아닌 문제들도 어린아이들에게는 심각한 영향을 준다. 동일한 사건, 예를 들면 부모가 이혼을 하는 사건일지라도 그것이 미치는 영향은 시기에 따라 다르다. 즉, 어릴 때일수록 어린아이한테는 심각한 영향을 주지만 아이가 어느 정도 성장하면 웬만한 사건들이라도 상대적으로 쉽게 극복하게 된다. 다시 말해, 아주 어릴 때의 사건일수록 그것은 핵심역동과 더 깊은 관련을 맺는다. 그렇게 본다면 출생하기 전 부모의 태 속에 있을 때 겪은 문제점들이 가장 심각할지도 모른다. 현재로서는 이에 관한 지식이 극히 제한되어 있으며, 많은 경우 가계 유전적인 성향과 뒤섞여 있다. 그러나 최근에는 유전이나 출생 전의 조건들이 인간의 체질과 성향에 심대한 영향을 미친다는 설들이 과거와는 비교가 안 될 정도로 많이 관심을 끌고 있는 중이다. 이 부분의 연구는 다음 세대의 몫으로 남겨 둔다고 볼 때, 이제까지의 생태학(ecology), 영유아학(infantology), 발달심리학 등의 결과들은 한결같이 갓 태어나서 1세가 되는 동안에 겪는 일들이 긍정적이든 부정적이든 인격발달에 가장 결정적인 영향을 준다는 점을 강조하고 있다. 예를 들면, 그 시기에 엄마와의 사이에 문제점이 있었다면 그 경험은 인격에 지울 수 없는 치명적인 영향을 주게 되어 나중에 대인관계를 하는 데에 일관된 어떤 특성을 만든다. 만약 그 시기에 엄마하고 관계가 아주 좋아서 항상 안정감이 있고 포근하고 따뜻하게 필요를 충족받으면서 성장했다면, 인간관계의 경험이 긍정적이기 때문에 성장하면서 항상 다른 사람과 대화하려고 하고 같이 협동하고 신뢰하는 관계를 쉽게 구축할 수 있게 된다.

아기는 2, 3, 4세를 지나면서 인격이 조금씩 형성된다. 인격이 형성된다는 뜻은 외부에서 어떤 영향이 와도 어느 정도 흡수·소화할 수 있는 틀이 생긴다는 것이다. 그래서 똑같은 충격이라도 1세 이전에 겪었던 것과 3~4세 때 겪은 것은 차이가 난다. 즉, 1세 전에 겪었던 충격으로 인한 문제점은 훨씬 더 중요한 의미가 있고, 3~4세 정도에 생긴 문제점은 그것보다는 심각성이 훨씬 덜하고 극복하기가 쉽다. 정신분석학에서는 아이가 7~8세를 넘어 잠재기에 이르면 그 이후에 나타나는 문제점들은 아주 어린 시절의 심각한 문제점이 재현되지 않는 한 그 자체는 그렇게 중요한 의미를 갖지 않는다고 본다. 바꿔 말하자면, 아주 어린 시절의 일일수록 그 사람의 인격발달에 더욱 중대하고도 폭넓은 영향을 미친다는 것이다. 그런데 역설적이게도 내담자들은 아주 어린 시절의 기억일수록 기억해 내기가 힘든데, 이런 문제점은 전술한 대로 반복되는 핵심감정을 통해 접근할 수 있다.

둘째, 우리 얼굴이 각기 다른 것처럼 개인에게 주어지는 성장조건(부모로 대변되는 성장환경)이 누구나 다 다르기 때문에 인격발달의 모습, 즉 아이가 받는 영향 및 부모와의 관계에서 형성되는 핵심감정과 방어기제는 누구나 다 다르게 형성되는 것이 당연하다. 그러나 발달심리학의 연구로 인해 다행히도 모든 인간의 각기 다른 인격발달의 모습들을 어떤 정형으로 쉽게 분류할 수가 있어 실제로는 생각보다 이해하기가 쉽다. 즉, 아기가 출생하면서부터 성장할 때까지를 몇 단계로 나누어 볼 수 있고, 각 단계에는 그 시기에 공통적으로 필요로 하는 특정 성장조건이 있으며, 그것이 제대로 충족되지 않을 때에는 각각 특정한 모습의 문제점, 즉 핵심감정과 그에 따른 방어기제를 형성하게 된다는 것이다. 그리고 그렇게 성장한 사람은 대체로 일상생활에서 그 핵심역동에 부합하는 특징적인 행동 양식과 성향을 보인다는 것이다. 과거 약 50년 동안 자아심리학을 중심으로 이에 관한 연구가 상당히 진척되어 있기 때문에 우리는 이러한 지식을 역으로 이용하여 내담자를 파악하는 데 상당한 도움을 얻을 수 있다. 예를 들어, 내담자의 현재의 인간관계의 특징을 잘 관찰한다면 그 사실만 가지고도 그의 핵심역동을 파악할 수 있을 뿐만 아니라 그가 어린 시절 어느 시기에 어떠한 좌절이나 문제를 겪었는지를 당사자에게 묻지 않고 대체로 추정할 수가 있다.

그것은 마치 나무의 나이테를 보면서 그 나무의 과거 삶을 추정해 볼 수 있는 것과 똑같다. 그 나무가 몇 년 되었으며 나무의 삶이 어떠했냐는 것은 나무의 단면만을 보고도 알 수 있다. 예를 들어, 소나무가 자라다가 세 번째 나이테에서 패인 부분이 있다면 그것이 바로 추정의 열쇠가 된다. 즉, 이는 나무가 3년 정도 쑥쑥 자라다가 그 시점에 와서 심각한 장애를 받았음을 알 수 있다. 특히, 그 패인 모양으로 미루어 그것이 나무꾼에 의해 도끼로 찍힌 것인지, 혹은 벌레에 파먹힌 것인지까지도 추측해 볼 수 있다. 또한 그 다음부터 형성되는 나이테는 계속 굴곡을 그릴 것이다. 만약 그 후의 성장조건이 나쁘다면 그 골은 점점 더 깊이 패인 형태를 띨 것이며, 반대로 그 후에 영향상태가 좋게 자랐다면 패인 상태를 점차 메우는 형태로 나이테가 형성되었을 것이다. 마찬가지로 인간의 인격 성숙 역시 발달사적으로 형성되며, 더욱 분명한 것은 인격의 성장 모습이 나무의 나이테처럼 처음부터 끝까지 모두 같은 것이 아니라 성장시기마다 충격에 반응하는 모습이 틀리다는 것이다. 이는 인간의 인격이 성숙하는 데는 일정한 단계가 있으며, 단계마다 인격 형성을 위해 필요로 하는 조건 또는 욕구 그리고 충족받고자 하는 핵심문제가 틀리기 때문이다. 그러므로 부모가 채워 줘야 할 각각의 요소가 단계마다 다르며, 그것이 결핍되거나 과잉충족될 때의 결과는 단계마다 다른 양상으로 나타나게 되고, 그렇게 문제가 생긴 단계에 걸린 모습대로 성격이 형성된다.

이것이 자아의 발달단계에 관한 Erik H. Erikson의 위대한 연구의 핵심이다. 그는 인간의 인격발달에는 일정한 단계가 있으며, 각각의 단계마다 극복되어야 하고 해결되어야 하는 어떤 과제(task)가 있다고 주장하였다. 이에 따라 그는 인간 삶의 전 과정을 여덟 개의 단계로 나누고, 각 과정에서 해결해야 할 과제를 아주 세밀하게 기술하였다. 물론 그의 발달단계설은 Sigmund Freud의 주장과 근본적으로 다르지 않고, 특히 잠재기까지는 Freud의 정신성적 발달단계설을 그대로 답습하면서 그 개념을 확장시킨 것이라고 할 수 있다. 그러나 Erikson과 Freud의 발달단계설은 적어도 두 가지 면에서 큰 차이를 보인다. 첫 번째로 Freud는 인간의 인격이 발달하는 것이 우리가 우리 내부의 성적 충동을 어떻게 조절하여 나가느냐를 중심으로 이루어진다고 하는 정신성적 발달단계설(psychosexual development theory)을 주장하였다. 반면, Erikson은 사회적인 인간관계—사람이 출생해서 사회와 어떤 관계를 맺느냐—안에서의 변화에 따라서 단계를 나누었기 때문에 정신사회적 발달단계설(psychosocial development theory)이라고 부른다. 두 번째로 Freud는 대개 7~8세 정도가 되면 인격이 어느 정도 형성되기 때문에 그 이후에 받게 되는 충격이라든지 문제점은 그리 큰 영향을 주지 못한다고 보았다. 그래서 그는 7~8세까지를 구강기(출생 후~1.5세), 항문기(~3, 4세), 남근기(~7, 8세)의 세 단계로 나누고 이 시기에 관하여 연구를 많이 하였다. 그러나 Erikson은 인격의 변화와 성장이라는 것이 평생을 두고 지속적으로 이루어진다고 주장하면서, 전 일생을 8단계로 나누어[16] 각 시기에 대한 연구를 했다.

---

16) 이것은 후기 자아심리학자들에 의하여 대체로 받아들여지고 있기는 하지만, 상대적인 관점에서 보면 나중의 다섯 단계는 그 전의 세 단계에 비하면 그리 중요하지 않다는 것 또한 분명한 사실이다. 이 책에서는 앞의 세 단계에 대해서만 기술할 것이며 그 뒤의 단계들은 자세히 다루지 않는

Erikson의 정신사회적 발달단계설이 후기 자아심리학자들에 의하여 대체로 받아들여지고 있기는 하지만, 실질적인 인격발달의 관점에서 보면 그의 8단계 중 후기의 다섯 단계는 초기의 세 단계(구강기, 항문기, 남근기)에 비하여 그리 비중이 크지 않을 뿐더러 초기 단계의 과제 성취 여부에 지대한 영향을 받는다고 볼 수 있다. 그러므로 이 책에서는 인격발달의 대부분이 형성되는 생후 초기의 세 단계에 대해서 좀 더 자세히 기술하려고 한다.

구강기

아기가 태어나서부터 한 살 반(18개월)까지를 구강기라 한다. 이 단계에서는 신뢰감을 형성할 것이냐 불신을 배울 것이냐가 인격 형성의 주요 과제다. 즉, 이 시기에 아기가 주로 발달시켜야 하는 것은 의존욕구를 충족시켜 주는 엄마 혹은 세상에 대한 신뢰감이다. 이를 기본적 신뢰(basic trust)라 하는데, 이것이 잘 되지 않을 때 아이는 대상이나 세상을 불신하는 측면을 형성하게 된다.

생후 초기의 영아는 전적으로 엄마한테 의지할 수밖에 없다. 엄마가 잠시 없어도 생명을 유지하기 힘든 상태이기 때문에 영아는 엄마한테 완전히 의존되어 있다. 그러니까 아기의 의존을 얼마만큼 충족시켜 주느냐 하는 의존욕구의 문제가 제일 중요하다. 사실 이 의존욕구만큼 인간에게 뿌리 깊은 욕구는 없다. 보편적으로 의존하고 싶은 욕구는 누구에게나 다 있다. 어떤 대상을 찾아 헤매는 것, 그것이 하나님이든, 돈이든, 이 세상의 어떤 가치관을 추구하거나 신봉하든 간에 인간은 무엇인가 의지해서 살려고 한

다. 특별히 더 관심이 있는 독자는 Erikson의 원저를 읽어 보기를 권한다. 다만 앞의 세 단계 이외에 추가로 중요한 시기를 언급한다면 청소년기–사춘기부터 시작하는 청년기라고 할 수 있다.

다. 심지어 "나는 아무것도 의지하지 않고 내게 종교라는 것은 없다."라고 말하는 사람들조차 자세히 보면 삶에 가장 가치를 두고 그에 따라서 자기를 추구해 나가는 대상을 가진다. 그것이 무형의 대상이든 유형의 대상이든 항상 인간이라는 것은 어딘가에 의존하게 되어 있다. 이 의존욕구라는 것은 인간의 가장 원초적인 욕구이며 최초의 욕구다. 그래서 구강기에 이것을 제대로 충족시켜 주지 못하면 그 욕구가 좌절된다. 여기서 의존욕구가 좌절된다는 것은 앞으로 아이가 평생을 살아가는 데 인간관계의 가장 원형적인 틀에 항상 불신을 깔고 살게 되는 것을 의미한다. 불신은 모든 인간관계를 껄끄럽게 한다. 상대방이 적이냐 내 편이냐 하는 의문이 들고, 다른 사람과 기쁘게 마음을 열고 대화하려고 해도 그것이 잘 안 되고 항상 상대방과 거리를 두게 되며, 협동한다거나 사랑을 나눈다거나 누구를 신뢰한다는 것에 치명적인 문제가 생기게 된다.

그런데 아무리 좋은 부모라도 자녀의 의존욕구를 100% 채워 줄 수 없는 것이다. 실존적으로 분리된 존재인 부모는 자녀의 의존욕구를 어차피 좌절시킬 수밖에 없는 운명에 처해 있다. 예를 들어, 엄마가 원래 공감을 잘 못하는 사람일 수도 있고, 직장 때문에 어쩔 수 없이 아이와 떨어져 있었다거나 몸이 아파서 병원에 오래 입원해 있었을 수도 있다. 어떤 경우든 아이의 욕구를 제대로 채워 주지 못했을 때에 의존욕구가 좌절된다. 그런데 그것이 적절하게 좌절되어야만 한다는 것이다. 이후의 모든 과제가 다 그렇다. 항상 완전히 충족시켜 주는 것만이 좋은 것이 아니다. 어느 정도는 좌절시켜야 그 좌절을 통해서 인격이 성장하게 된다. 우리에게 좌절과 고난이 없으면 성숙이라는 것은 있을 수 없다. 자아상의 시초는 엄마가 나와 떨어져 있어서 나의 욕구를 충족시키지 못한다는 사실을 느낄 때다. 나는 배가 고픈데 엄마의 젖이 내 입으로 들어오지 않아 그 차이를 느낄 때, 배고픈 '나'라는 자아를 느낄 때, '아, 이게 나구나' 하고 느끼게 된다. 인간은 참 비극적인 존재다. 좌절을 하면서 자아상을 갖게 되니 말이다. 이렇게 지속적으로 조금씩 만족과 좌절을 반복해 나가면서 자아는 형성된다. 그런데 아이가 감당할 수 없을 정도로 좌절이 너무 심하면 아이는 성숙하지 못하고 머릿속에서 현실성 없는 환상의 대체물을 만들게 된다. 눈앞에 없는 엄마를 마음속에 상상으로 만들어 낸다. 또 너무 과다하게 충족시켜 줘도 현실을 파악하고 느낄 수 있는 자아가 성숙되지 못한다. 결국 아이는 받아들일 수 있는 적절한 좌절(optimal frustration)을 통해서 성숙한다.

그런 원리를 적용한다면 영적 성숙에서도 고난이라는 것은 기본적이고 필수적인 조건이 된다. 그렇기 때문에 왜 이 고난을 나한테 허락하였느냐는 질문은 고난의 의미를 아직 모르는 사람의 불평에 불과할 뿐이다. 또한 고난을 받고 싶지 않다는 말은 곧 영적으로 성숙하고 싶지 않다는 의미가 된다. 그런데 좌절이 인격의 바른 성장을 방해한다는 것을 들으면서 어떤 사람들은 자신의 자녀들에게 충분한 사랑을 주지 못한 것을 자책하기도 하는데 그럴 필요 없다. 오히려 이렇게 의존욕구의 좌절을 많이 겪은 사람일수록 성장한 후 신앙적인 사람이 되는 경향이 있다. 다시 말해서, 영적인 추구에 열심인 사람의 과거를 알아보면 구강기에 의존욕구에 대한 심각한 좌절이 있었던 경우가 많은 것을 볼 수 있다. 그러니까 어떻게 보면 이 의존욕구의 좌절이라는 것은 나쁜 것만이 아니고 우리가 하나님을 찾아가게 되는 기본적인 욕구가 될 수 있다. 우리의 문제를 통해서 하나님이 우리에게 하나님 자신의 존재에 대한 필요성을 일깨워 준다고 할 수 있다.

이러한 의존욕구는 충족이 절대적으로 부족했거나 지나치게 충족되었을 때 인격에 문제가 생긴다. 하나는 기본적 신뢰가 잘 형성되지 않으면 대신 불신감이 생기기 때문에 친밀한 관계를 못 맺고 다른 사람으로부터 자꾸 떨어지려는 성격이 생긴다. 이것을 분열형 인격이라 부른다. 반대로 의존에 대한 갈구가 너무 심한 경우 의존적인 인격이 생기게 되어 누구든지 혹은 무엇이든지 의존할 대상을 찾아 헤매게 된다. 이들은 정반대되는 인격이지만 결국은 같은 뿌리에서 출발한 것이라 할 수 있다.

　　의존적인 인격부터 설명하자면, 이런 내담자는 상대방의 눈치를 많이 보고 인정받으려는 욕구가 많다. 의존욕구라는 것은 구강기에 관한 개념인데, 이 의존욕구의 문제가 다음 단계로 넘어가면 인정을 받느냐 못 받느냐 하는 문제로 바뀌게 된다. 이는 욕구의 양상이 탈바꿈을 하는 것일 뿐 결국 같은 이야기다. 그래서 이런 내담자는 항상 거부불안(rejection fear)이 있다. 이 거부에 대한 불안을 극복하기 위해 다른 사람에게 지나치게 잘해 주고 어떤 문제를 결정해야 할 경우 독자적으로 해결하지 못하고 그 결정을 자꾸 다른 사람에게 미룬다. 그러므로 뭔가 큰일을 결정할 때가 되면 굉장히 불안해하며, 결정하고 나서도 잘했는지 잘못했는지 불안해하고, 책임을 지려 하지 않으므로 책임감이 부족해서 리더 역할을 하지 못한다.

　　이런 사람의 신앙특성은 교회에서 다른 사람에게 열심히 봉사하며 목사님을 잘 섬기지만 언젠가 그것이 오직 관심과 인정을 얻기 위한 것이었다는 본색을 드러내게 된다.[17] 예를 들어, 목사님이—자신의 의존 대상이—자기보다 다른 사람을 더 사랑하고 인정한다고 느껴질 때 그때까지의 모든 희생과 봉사가 환멸과 분노로 바뀌게 된다. 그래서 어느 날 갑자기 등을 돌리고 심하게 원망하게 된다. 그러므로 의존욕구에서 오는 봉사와 열심이 처음에는 은혜받은 모습과 유사해서 구분을 잘 할 수 없으나 의존욕구의 충족이 좌절되는 결정적인 순간의 반응을 볼 때 큰 차이가 있다. 또한 의존적인 사람들은 항상 하나님을 체험적으로 추구하려고 한다. 즉, 분명한 음성 혹은 신비한 체험, 특별한 은사를 자꾸 추구하며, 하나님이 나를 제일 사랑하고 분명하게 사랑하고 있다는 사실을 확실한 은사 경험을 통해서 확인받고 싶어 한다. 하나님이 혹시 자신을 사랑하지 않는 것은 아닌지 항상 불안하니까 자꾸만 눈에 뵈는 은사를 추구하는 것이라 하겠다. 말씀도 신비적으로 해석하려 하고 무슨 문제에 봉착하면 분명한 답변을 들으려고 한

---

17) 제1장의 K씨 사례가 그것을 잘 보여 주는 예라고 할 수 있다.

다. 그러나 이러한 식의 체험적인 신앙만으로는 문제에 부딪히거나 회의에 빠지기가 쉽다. 다음의 예를 보자.

　　A부인은 가정 형편이 몹시 어려워서 명절 때가 되면 어려서부터 같이 자란 친구 B집에 가서 일을 해 주고 돈도 받고 쓰던 물건을 받아오기도 했다. A의 남편과는 달리 재리에 밝은 남편을 만난 B는 부동산 투기를 해서 돈을 많이 벌어 좋은 집에 외재 자동차를 타고 다니기도 했다. 그런 B를 보면서 늘 자존심도 상하고 심한 좌절감을 느끼곤 하던 A부인이 어느 날부터 예수를 믿기 시작해서 은혜를 많이 받았다고 한다. 방언기도를 하게 되고 그때만은 세상의 모든 어려움을 다 잊어버리고 기쁨에 차서 직접 하나님과 대화하는 것 같고, 그동안의 어려운 삶에서의 좌절이 다 잊혀질 정도가 된다. 그런데 늘 그렇게만 살 수 없는 게 문제다. 감격이 넘치는 산기도나 방언기도가 끝나고 나면 다시 좌절하게 되고 비교하게 되고 분노가 끓어오르고, 하나님이 왜 나에게 이런 힘든 상황을 허락하셨는지 원망과 괴로움이 시작된다. 그러면 갑자기 '이게 혹시 하나님이 날 사랑하지 않는다는 표시가 아닐까?'라며 불안해지고 회의에 빠지게 된다. 그러니까 자꾸 뜨거운 산기도나 방언기도만 기도하는 것같이 느껴지는 문제의 상황에 빠진다. 좌절이야말로 하나님 이외에는 영원히 의지할 곳이 세상에 없음을 깨닫고 성숙할 수 있는 기회인데, 오히려 일시적인 감정에의 도취만을 추구하고 스스로 생각하여 하나님의 뜻을 찾으려 하지 못한다.

　A부인처럼 의존욕구의 문제점이 있는 사람들의 하나님에 대한 이미지는 역시 무기력한 의존의 대상으로서 조금만 실망시켜도 화를 내고 벌을 주는 까다롭고 무서운 모습의 신이기 쉽다. 그럴 경우 자녀를 독립된 존재로서 인정하며 하나님 뜻에 대한 순종과 노력하는 모습 자체를 그대로 수용하고 사랑하는 본래의 하나님이 아닌, 꼭두각시의 주인으로서의 하나님 혹은 자기중심적이고 엄격한 아버지와 같은 하나님 상을 갖고 전전긍긍하는 형편이 된다.

또 다른 문제는 의존적인 사람들의 경우 보이지 않는 하나님을 믿기보다 현실적인 의존 대상을 찾아 이리저리 방황하게 되기 쉽다. 인간적인 애정이나 물질에 대한 집착 혹은 여러 중독 증상들이 그 예라고 하겠다. 물론 이렇게 하나님 이외의 것에 대한 의존이 깊은 때, 우리가 그토록 의지하던 것을 박탈하고 사라지게 하며 진짜 의지할 대상이 누구인가를 보여 줄 수가 있다. 이때 우리는 결코 영원할 수 없는 것을 가장 소중한 것인 양 자신을 던져 움켜쥐고 있던 것을 바라보게 되고, 마음이 가난하게 되어 세상의 그 무엇도 나를 지켜줄 수 없다고 느끼며 비로소 하나님을 찾고 주를 만나게 되어 이전보다 더 큰 은혜를 받는다. 이런 관점에서 본다면 우리들의 의존욕구라는 것은 본질적으로 인간이 마침내 돌아갈 곳과 연관이 있다는 것을 깊이 깨닫고 올바르게 극복하는 것을 통해 영적으로 성숙하게 된다고 하겠다. 그래서 이 의존욕구를 항상 부정적으로만 볼 것이 아니라 긍정적인 측면에서 이해하기도 해야 한다. 다시 말해서, 처음에는 우리가 이런 의존욕구를 통해서 하나님께 나아갔지만 그 다음 단계에서 신앙생활을 통해 좌절을 겪고 이 의존욕구를 올바로 바꾸면서, 혹은 병적인 상황에서 탈피하면서 더 나은 성숙을 계속하게 되는 긍정적인 측면이 있다는 것이다. 성숙하게 된다는 것은 결국 우리 인간이 가지고 있는 내면적인 미숙한 욕구들을 깨닫고 기꺼이 하나님 앞에 내놓는 것이다. 의존욕구나 인정욕구와 같이 가장 기본적이고도 무의식적인 욕구들로 인해 흐리게 가려졌던 하나님의 본래의 이미지를 그렇게 무의식중에 추구하던 엄청난 자신의 욕구를 깨달으면서 잘 구분할 수 있게 된다. 좌절 없이 영원히 의지할 대상인 하나님을 만나고 그 앞에 점점 더 자신의 무의식적 욕구를 내려놓을 수 있는 것이 바로 성숙한 것이 아닐까 한다.

의존욕구가 많은 내담자들을 상담할 때는 특히 이 의존욕구를 팽창시키지 않도록 조심해야 한다. 이런 내담자들은 대개 자기주장을 잘 못하고, 상담자가 좋아할 것만 골라서 이야기하거나 상담자의 마음에 들고 싶어 하며 상담자를 좋아한다는 칭찬을 자주 하는 등의 모습을 보인다. 이런 경우 상담자는 내담자와의 치료적 거리를 비교적 일정하게 유지하면서 적절한 중립성을 유지할 필요가 있다.

같은 구강기적인 성격인데도 의존적인 인격에 비해 분혈형 인격은 대인관계에서 더욱 쉽게 좌절을 하며 관계 맺기를 피한다. 즉, 애초에 마음의 상처를 받을까 봐 마음을 닫아 놓고 거리를 두며 다른 사람과 가까이 하는 것을 두려워한다. 그들은 남과 마음을 열고 대화한다는 것 자체를 부담스러워하며 못 견딘다. '만일 내가 정을 주었다가 저 사람이 나를 배신하면 어쩌나.' 하는 두려움이 너무 많아 관계에서 늘 거리를 두고 고독한 늑대처럼 살아간다. 같은 아파트에 10년을 살아도 이웃과 대화하지 않으려 하고 조용하고 꽁하며 자기 표현이 거의 없으며 부부 사이에도 거의 감정표현이 없고 대화를 피하고 극도로 내성적인 사람들이다. 물론 마음속에서는 여러 가지 공상을 많이 하고 환상을 갖지만 현실에 대한 검증능력이 부족하며 때로는 병적으로 비정상적인 생각을 하기도 한다. 분혈형 인격의 상담에서 주의해야 할 점은 쓸데없이 지지해 주거나 해서 치료적인 거리를 절대로 쉽게 좁히는 태도를 보여서는 안 되고, 항상 상담시간을 정확히 지키고 그저 내담자가 내놓는 내용을 잘 수용하고 공감해 주는 정도의 위치에서 일정한 거리를 유지하는 것이 필요하다. 즉, 지속적이고 안정적인 상담관계 경험을 통해 내담자가 상담자와의 만남을 불안해하지 않게 되어 스스로 다가 올 때까지 편안하고 여유 있게 기다려 줄 수 있어야겠다.

항문기

그 다음 시기는 항문기다. 항문기에서 이루어야 할 중요한 과제는 자율성(autonomy)이며 그것이 실패할 경우 수치(shame)와 회의(doubt)가 생긴다. 아이들이 걷기 시작하고 운동신경이 굉장히 발달하는 생후 8개월 정도가 되면서 시작된다. 이 시기의 아이들은 자기주장도 좀 있고 고집도 있고 해서 돌보기가 굉장히 힘들다. 아무리 부드럽고 허용적인 엄마라도 아이의 행동을 제한하고 통제하지 않을 수 없게 된다. 그것이 아주 극대화가 되는 것이 대소변 가리기 훈련이다. 이때 엄마들은 아이가 말도 하게 되고 하니까 '이렇게 저렇게 해라'는 식으로 아이에게 자꾸 깔끔하게 할 것을 요구하게 된다. 그런데 아이는 항상 그 통제를 쫓아가지 못한다. 아무리 아이가 잘하려고 해도 엄마의 기대를 충족시킨다는 것은 있을 수 없는 일이다. 아이는 늘 자신의 욕구나 행동과 엄마의 요구 사이에 차이를 느낀다. 이때는 뭔가 자신이 자꾸 해 보고 싶어 하고 미지의 세계를 탐구하려 하는데, 한편으로 엄마는 자꾸 제한을 가하지 않을 수 없다. 아무리 부드럽게 아이의 행동에 대해 하지 말라고 이야기한다고 해도 그것은 근본적으로 자율성을 제한하는 게 된다. 자신이 자율적으로 하는 것이 제한당하고 좌절될 때 아이는 '나는 제대로 뭔가를 할 수 없는 수치스러운 존재인가.' 하며 갈등을 하게 된다. 엄마가 아이의 자율적인 행동에 대해 자꾸 제한하고 조금 더 심한 경우 아이에게 야단치고 신경질 부리고 아이를 때려주고 하게 되면, 아이는 마음속에 분노를 느끼게 되며 자기 자신에 대해서는 부정적인 자아상을 가지게 되고 수치심을 갖게 된다. '엄마가 매일 나를 야단치는데 나는 그런 존재밖에 안 되는구나. 엄마가 매일 요구하는 것은 저 위에 있는데 나는 겨우 이런 존재인가 보다.' 하는 갈등이 생기고, 그 좌절이 너무 큰 사람들은 자책감, 죄책감, 부정적인 자아상을 많이 가져서 나중에 우울증에 쉽게 걸릴 확률이 높아지는 성격이 된다. 자기 자신이 하는 일에 자신감이 없고 자꾸 회의가 들고 성장한 후에도 어떤 일을 하면서 자신이 올바로 하는 것인지 자신감이 없고 불안해하게 된다.

항문기를 지나면서 과제를 제대로 극복하지 못한 경우 대표적으로 생기는 것이 우울 성향과 강박 성향이다. 우울 성향이라는 것은 분노가 외부로 표출되지 못하고 자신에게 향하는 것이다. 그래서 우울증을 다룰 때는 내담자의 마음속에 깔려 있는 분노를 어떻게 표출시켜 주느냐가 관건이 된다. 그런데 이런 내담자와의 상담에서 조심할 것은 내담자가 늘 괴로워하고 자책하고 하니까 자칫하면 상담자가 적극적인 입장이 되어서 상담을 끌고 가게 되는 것이다. 예를 들면, 상담자가 "우리 같이 QT도 나누자. 성경도 읽어 와라. 책도 읽어 와라."고 하는데, 우울한 내담자는 실제로 의욕도 없고 자책감이 많고 해서 과제를 잘 안 해 온다. 내담자가 그렇게 자기 말을 따르지 않고 과제도 안 해 오는 것을 보면 상담자가 답답해지고 마음속에 분노가 생긴다. "왜 그것을 안 해 오지? 조금 하다 보면 좋아질 텐데." 하면서 상담자가 자꾸 잔소리를 하게 되어 어린 시절에 우울 성향을 만들어 낸 내담자의 엄마 역할을 다시 반복하게 되는 양상을 보인다. 즉, 핵심 역동을 완화시켜 주는 것이 아니라 자꾸 자극시켜 준다. 그래서 우울증 상담이 상담 중에 가장 어려운 것 중의 하나다. 우울 성향은 보는 이의 마음을 측은하게 만들기 때문에 감싸 주고 이끌어 주고 설명해 주고 이렇게 저렇게 하라고 적극적으로 요청하고 싶어지는데 이런 마음을 자제해야 한다. 그러므로 우울한 사람을 상담하다 보면 상담자도 어떤 면에서는 수양이 된다. 내담자의 무기력함이 너무 답답하지만 그때 내가 수양이 덜 되었다는 것을 먼저 생각하고 인내하며 내담자의 자발적인 극복을 기다려 줄 수 있어야 한다. 이것은 굉장히 어려운 일이다.

　강박 성향의 사람도 마찬가지로 분노가 감추어져 있다. 자꾸 엄마가 아이를 수치스럽게 하고 왜 이러냐, 이것도 저것도 하지 마라 하니까 까닭 모를 분노가 꽉 차는데 그 분노가 폭발될 성격의 것은 아니다. 엄마는 아이에게 생명과 같이 중요한 존재이기 때문에 엄마한테 화를 낸다는 것은 있을 수도 없고 생각할 수도 없는 일이다. 그러니까 그 분노의 감정을 감추기 위해 무의식 속 깊이 쌓아둔다. 그것은 없어지는 것이 아니고 날이 갈수록 해결되지 않은 그 분노가 마음속에서 자꾸 커져만 간다. 이 시기에 엄마 아빠가 심하게 다룬 아이들 중에 어떤 아이들은 부정적인 자아상으로 가득 차서 매사에 부정적인 성향으로 가지만, 어떤 아이들은 분노에 차서 험악하게 구는 경우가 있다. 성장해 가면서 이 분노를 제대로 해결하지 않으면 폭발할 것 같은 불안을 자꾸 느끼기 때문에 더욱 자신의 감정을 억누르고 억압하게 되며, 그것은 점점 더 철저해지고 완벽해지는 것으로 표현된다. 그래서 매사에 아주 꼼꼼하고 빈 틈이 없어지고 논리적이 된다. 그들은 겉으로 보기에 굉장히 냉정하고 인간적으로 감정을 보이는 것에 대해 수치스럽게 생각하고 경멸한다. 자기만 그렇게 냉정한 것이 아니고 다른 사람이 인간적인 약한 모습을 보이면 가차없이 경멸하면서 철두철미하게 완벽한 사람이 될 것을 요구한다. 동시에 이런 사람들은 강자한테는 약하고 약자한테는 강한 권력지향형의 성격이 함께 있게 된다. 그들의 철저하고 꼼꼼하며 권력 지향적인 경향은 현대의 세상을 살기에 적합하여 출세한 사람들 중에 이런 성향을 흔히 볼 수 있다. 그러나 그들은 주위 사람들에게 상처를 줄 경우가 많아서 대부분의 경우 그들의 가족이나 배우자가 먼저 상담에 오게 되기도 한다.

이런 사람들은 신앙생활을 어떻게 할까? 강박 성향의 사람들은 형식상으로는 신앙생활을 잘하는 것 같은데, 내면적으로는 하나님과 인격적으로 만났다는 확신이나 기쁨이 거의 없고 다만 논리적으로 하나님을 믿는 경향이 있다. 그들의 주요 관심사는 '먹느냐 먹히느냐'다. 즉, '내가 저 사람을 조종(control)하느냐, 내가 권력을 쥐고 상대방을 지배하느냐, 그렇지 않으면 내가 지배를 당하느냐' 하는 것이다. 또한 매사에 철저하고 완벽하며 율법적이고 저항적이고 외양적인 것에 매인다. 예를 들면, 회의할 때 내용보다 절차를 더 따지고, 다른 사람들이 실수하는 것을 보면 공격하며, 자기가 그 회의에 주도권을 쥐지 않으면 불편해하고 그 일을 상관없는 것으로 외면해 버린다. 그래서 교회에서도 강박 성향의 사람들이 권력을 잡고 중요한 일을 좌지우지하지만, 문제는 이런 사람들은 구원이나 은혜에 대한 기쁨의 감정을 느끼지 못한다는 것이다. 사람을 기쁘게 만나고 사랑하며 치유하는 푸근함이 없고 항상 상대방의 약점이나 허점을 잡아내려 하고 누가 여기서 권력을 잡을 것인가, 누가 권력을 갖고 있느냐에 주된 관심이 있다.

　강박 성향의 내담자는 상담에 와서도 감정표현이 힘드므로 마음을 잘 열지 못하고 앞서 말한 주도권의 문제 때문에 상담자를 깎아내리려 하거나 공격하고 '네가 알면 얼마나 아느냐'는 식으로 상담자에게 자신의 문제해결을 의뢰하는 것을 불편해한다. 또한 상담과정에서 누가 옳은지를 따지며 논쟁적이 되기 쉽다. 그러므로 이런 내담자에게는 절대로 논리적으로 접근해서는 안 된다. 오히려 상담자의 허점을 보여 주게 되는 것을 피하지 말고 감성적으로 대하고 편하게 마음을 열 수 있도록 접근한다. 그래서 감성적인 것을 억압하려는 내담자의 저항적이고, 방어적인 부분을 감소시켜 주는 것이 상담의 관건이 되도록 해야 한다. 또한 그런 여러 감정들 중에 특히 분노의 표출을 도울 필요가 있는데, 이는 강박 성향의 내담자의 역동형성이 분노의 지나친 억압에서 오는 것이기 때문이다. 그들이 상담자에게 분노를 구체적으로 표현하게 되면 반 이상 문제가 해결됐다고 볼 수 있다.

남근기

　3~6세 사이의 유아는 남근기 혹은 오이디푸스기에 속한다. 이 시기의 주요 발달과제는 아동이 자신의 수행능력에서 주도성(initiative)을 갖느냐, 그런 주도적인 행동에 대해 죄책감(guilt)을 갖느냐의 문제다. 즉, 이 시기의 아이들은 상상력이 풍부해져서 스스로 뭔가를 목표로 정해 시도하고 그것을 통해 자신의 능력을 탐색하려 하며 경쟁을 하려고 한다. 예를 들어, 나무토막들이 앞에 있다면 쌓기놀이를 통해 자신이 그것들을 얼마나 높이 쌓을 수 있는지를 알아보려 하고, 부모의 침대나 소파 위에서는 얼마나 높

이 뛰어오를 수 있는지 놀이로 만들어 낸다. 이제 아이들은 부모의 요구에 따라 반응하기보다 자신이 원하는 것을 해 달라고 요구하기 시작한다. 이러한 아이들의 의욕에 찬 시도와 행동들이 그것을 이해하고 흥미 있게 생각하여 함께 놀아 주는 부모들의 도움으로 인해 효과적으로 이루어진다면, 그들은 앞으로의 인생에서도 삶에의 야망을 이루어 가는 주도성을 배우게 된다. 그러나 그들의 그러한 상상력과 기발한 탐험들이 지나치게 조심스럽거나 권위적으로 경직된 부모들에 의하여 자주 심하게 비난받고 제재당한다면, 그들은 자신의 행위에 대하여 죄책감을 느끼게 되며 주도적인 삶에 의욕 갖기를 일찌감치 포기하게 된다.

남근기라는 명칭이 말해 주는 것처럼 이 시기의 아동들은 자신의 신체, 특히 성기에 대해 관심을 갖고 다른 사람의 성기나 유방 등에도 호기심을 집중시키게 된다. 그래서 자신의 성기를 보여 주는 것을 자연스럽게 즐기며 다른 아이들이나 어른들의 성기를 보려고 하기도 하고, 자신의 성기를 자극하면서 생기는 특별한 느낌을 알게 되어 자위행위를 하기도 해서 부모를 놀라게 하는 경우도 있다. 그러나 이러한 현상들은 성인들이 생각하는 것과는 달리 별다른 성적인 의미를 갖는다기보다는 당연한 자기 신체에 대한 발견이라고 말할 수 있다. 그러므로 그런 행위에 대해 야단치고 벌을 주기보다는 앞서 말한 것과 같은 부모의 이해와 개방적인 도움이 절대로 필요하다고 하겠다.

이와 같이 성기에 관심을 갖기 시작한 아이는 성적인 성인의 역할을 하는 자신의 모습을 상상하기 시작하고, 이성 부모의 사랑을 얻기 위해 동성 부모를 질투하고 또 경쟁자로 생각하기까지 한다. Freud는 이를 오이디푸스적 위기라고 했다. 아이들은 이런 상상이나 계획들이 용납되기 힘든 해서는 안 되는 일이며, 그런 생각을 품고 실행하려는 것을 엄마 아빠가 알게 되는 경우 자신의 상상보다는 훨씬 더 심하게 야단을 맞거나 해를 당할 수도 있다고 느끼게 된다. 예를 들어, 아주 공격적이고 영웅적인 남자로서 자신을 상상하며 엄마를 사랑하고 소유하려 하는 남근기의 남자 아이의 환상은 현실의 엄마에게 힘차게 달려들어 뽀뽀를 하고 밤에는 엄마랑 함께 자겠다고 고집을 피우며 심지어 엄마랑 결혼하겠다고까지 표현되지만, 이런 자신의 실험과 시도들이 부적절하며 전혀 이루어질 가망이 없는 것이라는 사실을 곧 깨닫게 된다. 그렇게 하는 행동은 '다 큰 애'가 그런다고 야단을 맞기도 할 것이고, 엄마에게는 아버지가 자기보다 더 가까운 대상이며 자신이 하고 싶어 하는 모든 것을 스스럼없이 행하는 더 크고 힘 있는 존재라는 것을 알게 되기도 한다. 이때 아이는 '아, 아버지만 없다면 엄마는 다 내 건데.' 하며 아버지를 질투하고 두려움 속에 경쟁하기도 하지만, 한편으로는 장난감도 사주고 같이 신나게 놀아 주는 아버지를 사랑하고 필요로 하기도 하므로 어머니를 자기만의 것으로 갖고자 하는 위험한 충동과 환상은 억압의 방어를 통해서 무의식 속에 깊이 묻히게 된다. 그리고 오히려 도저히 이길 수 없게 느껴지는 경쟁자인 아버지를 동일시하여 그 행동들을 흉내 냄으로써 경쟁이나 불타는 질투심을 극복하고 남자 어른의 느낌을 느껴 보는 간접적인 만족을 추구하기도 하면서 진정한 남성으로 성장할 준비를 한다. Freud는 이러한 남자 아이들의 심리적 갈등을 오이디푸스 콤플렉스(oedipus complex)라고 했으며, 그것이 여자 아이들에게 나타나서 엄마와 경쟁을 하고 질투심을 느끼면서도 그것을 극복하기 위해 여아가 엄마의 여성성을 배우는 현상을 엘렉트라 콤플렉스(electra complex)라고 했다.

이러한 남근기의 특성을 한 가족 안에서의 역동적인 관점에서 다시 생각해 보자. 어떤 부부에게 한 자녀가 태어나서 하나의 가족으로 자리를 차지할 때, 거기에는 한 남자(아빠)와 한 여자(엄마) 그리고 아직은 욕구 덩어리인 아이가 있게 된다. 엄마는 전적으로 자기에게 의존하는 아기에게 정신을 다 빼앗기면서도 피곤한 줄 모르고 오히려 행복해한다. 물론 아빠도 갓 태어난 아이를 사랑하지만 10개월간 잉태하는 수고를 하고 해산의 아픔을 겪으며 얻은 아기에 대한 엄마의 애착에 비하면 아직은 좀 거리감이 있다고 할 수 있겠다. 이런 가운데 아이가 구강기와 항문기를 거치는 동안의 가족관계는 엄마와 아기가 거의 양자 일체(dyadic)의 한 쌍을 이루고 아버지는 그들을 돌보고 지지하는 위치에 있게 된다. 그렇게 지내는 3~4년 동안 아기는 엄마의 '충분히 좋은 돌봄'[18]을 듬뿍 받으며 서서히 하나의 개인적인 존재로서의 분리를 이루어 가게 되고, 엄마는 아이 돌봄에 집중되어 있던 관심을 나누어 남편과의 관계에 다시 애정을 쏟게 된다. 한편, 아버지는 그런 아내의 관심을 다시 받기도 하지만 이제는 이전 단계보다 말도 하고 같이 놀아 줄 수도 있는 아이와의 관계에 훨씬 더 많은 관심과 애착을 갖게 된다. 그런데 세 식구 사이에 펼쳐지는 관계 변화에 대한 이런 설명은 부모와 한 자녀를 가진 가족의 예로, 여기에 아래위로 다른 자녀(형제)들의 요인이 추가된다면 그 역동은 좀 더 복잡하게 전개될 것이다.

위의 설명에서 보듯이 결국 남근기의 아이는 구강기, 항문기와는 달리 엄마로부터 어느 정도의 분리를 시도하면서 이성 부모에 대한 자신의 관심과 사랑을 표현하게 된다. 또 한편으로는 서로 안정된 애정관계를 유지하는 부모를 보며 때로는 질투와 경쟁에 휩싸이기도 하지만 결국은 자신의 야망과 계획의 쓰라린 좌절을 맛보게 된다. 물론 그러한 좌절을 극복하는 방법으로 오히려 경쟁의 대상인 동성 부모를 흉내 내며 닮아가게 되고, 언젠가 만날 자기만의 이성 짝에 대한 상상을 다시 시작하게 된다. 그러니까 어쩌면 이것은 남근기 이후의 단계들의 발달을 위해 건강하고 꼭 필요한 좌절이라고 하겠다. 만약 이 시기에 엄마 아빠의 관계가 원만치 않거나 가족 내의 다른 문제 혹은 동생의 출생 등으로 한쪽 부모의 관심이 과도하게

---

18) '충분히 좋은 돌봄'이라는 용어는 Winnicott이 *The Ma-turational Process and The Facilitating Environmenet*(1965: 210-214)에서 말한 '충분히 좋은 어머니(good-enough mother)'에서 빌려온 단어다. 즉, 충분히 좋은 돌봄이란 충분히 좋은 어머니의 돌봄을 말하는 것으로, Winnicott에 의하면 그것은 반복적으로 유아의 전능성에 응해 주며 어느 정도 그것을 의미 있게 해 주므로 유아의 약한 자아가 점점 힘을 얻어 자신의 삶을 갖도록 해 준다.

지속적으로 부재하거나 아이에게 집중되는 경우 균형 잡힌 인격 형성을 위해 반드시 필요한 최초의 이성에 대한 사랑의 좌절을 제대로 경험하지 못하게 된다. 그렇게 되면 그 두렵고 비밀스러운 욕구가 무의식 속에 죄책감으로 남기도 하고, 대인관계에서 계속 과도한 경쟁심을 일으키거나 모든 이성과의 관계에 대해 성적인 느낌을 갖는 병리로 발전되기도 한다.

남근기에 문제가 있는 사람은 히스테리적인 인격을 갖게 된다. 그들은 자기주장적이고 자기과시가 심하여 타인들의 관심을 끌기 위해 과장된 생각과 느낌을 표현한다. 그 표현이 굉장히 드라마틱하고 대단한 것 같지만 잘 들어보면 실제와는 동떨어진 과장임을 알 수 있다. 상담에 와서도 감정표현이 과다해서 많이 말하고 울고 웃고 하지만 그것은 진짜 표현되어야 할 감정을 표현하지 않고 피하려는 무의식적인 방어수단이므로 감정이 실제 상황과 잘 연결되지 못하고 피상적이다. 즉, 히스테리 성격은 심리적 갈등이 있을 경우 무의식중에 그것에 대한 감정의 표현이나 책임 또는 반응을 피하려는 억압의 방어를 사용한다. 그러나 이런 식으로 무의식화한 갈등은 자주 신체로 전환되어 표현되곤 한다. 그들은 상당히 의존적이고 무능하고 지속적으로 깊은 인간관계를 맺기가 힘들며 주로 경쟁적이고 요구적이다. 상담자에게도 "내가 맞죠?" 하는 식의 강요를 하며, 그들의 과장되고 연극적인 감정표현들은 상담자를 내담자가 원하는 상황(히스테리적인 조종)에 말려들게 하곤 하므로 이를 피하기 위해 적절한 중립성을 잘 유지해야만 한다.

히스테리 성격의 여성의 경우 양육하고 돌보는 측면의 여성 역할에 대한 혐오가 심하고, 그런 평소의 냉정함에 비해 아이가 아프다거나 약해 보이는 상대에게는 갑자기 과잉반응을 보이곤 한다. 상담에 와서 우울한 감정을 호소하지만 겉보기에는 화장을 짙게 하고 지나치게 화려한 치장과 성적인 유혹을 드러내는 옷차림 등을 하는 경우가 많고, 반대로 여성임에도 지나치게 남성적인(boyshish) 모습을 보이기도 한다. 이는 앞서 설명했듯이 아버지에 대한 오이디푸스적인 감정의 적절한 좌절을 겪지 못한 딸의 경우 한 여성으로서의 성장이 과도한 죄책감을 불러일으키므로 아버지의 영원한 '공주님'으로 남아 있으려는 경향을 띠게 된 것이라 하겠다. 히스테리 남성의 경우 역시 한 성인 남자로 성숙되기보다는 엄마의 사랑을 받는 '왕자님'으로 남게 되어 자신의 부족한 남성성을 증명하기 위해 많은 여성에게 성적으로 다가가지만, 그중 어느 여성과도 진정으로 친밀하고 지속적인 관계를 맺지는 못하는 경향이 있다. 때로는 역으로 극단적인 초남성성을 보이기 위해 과도한 근육운동을 해서 유난히 근육질의 몸매를 갖는다거나 혹은 지나치게 거친 운동을 하기도 한다.

히스테리 성격의 교인들은 신앙생활도 아주 감정적으로 뜨겁고 찬양을 즐기는 경우가 많아서 찬양집회에의 열광적인 참여를 유독 즐기며, 그런 뜨거운 분위기 속에 잠시 자기를 잊고 몰두하는 것이 있어야만 은혜스러운 예배라고 생각한다. 또한 그들에게는 부흥집회에서 단번에 받은 은혜로 모든 것이 변하고 해결됐다거나, 이렇게 저렇게 순종했더니 바라는 것이 척척 이루어졌다는 식의 신앙간증으로 제시할 극적인 신앙체험들이 넘친다는 인상을 주기도 한다. 특히, 신유집회를 통해 각종 신체장애의 드라마틱한 회복을 보이며 특별한 은혜의 체험을 나타내거나 강조하는 것도 히스테리 성격에서 자주 보이는 양상이다. 이런 점을 이용해서 일부 기도원 등에서는 마치 열광적인 신유집회나 신유 은사자와의 만남을 특별히 영적인 사건인 양 과장 선전하여 사람을 모으기도 한다.

끝으로 또 하나 강조되어야 할 남근기의 주요 과제 중 하나는 이 시기에 우리의 양심을 유지해 가는 데 꼭 필요한 초자아를 형성하게 된다는 것이다. Freud에 의하면 이때 아이가 이성 부모를 소유하고자 하고 동성 부모와 경쟁하려는 왕성한 오이디푸스적인 상상이나 욕구들이 현실적으로는 사회적인 금기며 아주 위험한 것이라는 것을 무의식적으로 느끼게 되면, 그런 위험스러운 충동을 억압하게 되며 오히려 동성 부모를 동일시해서 자신의 그러한 갈등을 극복하게 된다. 그리고 바로 그 과정에서 초자아가 형성된다. 이것은 이전의 구강기와 항문기에서는 외부의 비판과 처벌에 의해 통제되던 행동들이 남근기로 오면서 점차 새로운 형태의 자기 억제와 자기 통제 또는 자기 처벌 등에 의해 억제되는 것을 말한다. Erikson[19]은 초자아의 형성이 아이의 인생에 대한 순진한 열망과 대담한 주도성을 위축시킨다는 면에서 인생의 비극이기는 하지만, 초자아가 생김으로써 남근기의 아이들은 사회에 적응하기 위해 더 빨리 더 열심히 배우고 자신의 야망을 사회적으로 받아들여지는 유용한 것으로 추구해 가게 된다고 한다.

---

19) Erikson, E. H. (1953). *Childhood and Society*. New York: W. W. Norton & Co., Inc, pp. 255-258.

제**4**장

심리치료의 외적 조건과 전체 흐름

제4장

심리치료의 외적 조건과 전체 흐름

 심리치료를 구조화하는 외적 조건은 치료에서 자칫하면 소홀해지기 쉬운 부분이다. 이것은 역동상담 과정에서 유일하게 어떤 형식에 관한 것으로서 이렇게 상담의 외적인 형식을 갖추는 것이 언뜻 보기에 그다지 중요하지 않을 것 같지만 실제 심리치료 상황에서는 필수적인 요소다. 특히, 심리치료 훈련을 받는 과정에서 아직 내용이 잘 갖추어져 있지 않을 때 이러한 형식적인 조건을 지키는 일은 우리의 치료자로서의 입장을 지키기 위해 필요하다. 또한 치료자를 지켜준다는 것은 결국 내담자의 입장을 지켜주는 것이라고 바꿔 말할 수도 있다. 다시 말해서, 심리치료의 구조적인 틀을 갖추는 것—상담의 시간, 장소, 비용 등—이 심리치료 전개과정에서 내담자가 느끼게 될 전이나 치료적인 거리를 조절한다는 측면에서 굉장히 중요하다. 경험이 많지 않은 초보 상담자에게 발생한 문제를 자세히 들여다보면 대개 이런 기본적인 것을 지키지 않아서 문제가 생겼다는 것을 알 수 있다. 이는 형식과 내용의 조화라는 기본적인 것에 대한 중요성을 잘 모르기 때문인데, 처음부터 그 의미를 확실하게 이해하도록 해야 한다.

심리치료의 전체적인 흐름

일단 심리치료를 하기로 계약을 맺고 상담이 시작되면 편의상 초기, 중기, 후기를 거쳐서 치료를 종결하게 된다. 상담의 전체 길이가 어느 정도여야 하는지에 대해서는 일률적으로 말할 수 없다. 내담자 문제의 필요에 따라서 하는 것이기 때문이다. 어떤 사람은 한 번 만남을 통해서도 깊이 있는 체험을 얻을 수 있고, 본격적으로 상담을 하는 경우는 보통 6개월, 1년, 혹은 3년, 5년이 가기도 한다. 그런데 좋은 결과를 위해서는 되도록 한 번에 끝내려고 하지 않기를 바란다. 전화상담도 한 번으로 끝내지 말고 최소한 4회는 해야 깊이 있는 상담의 경험을 할 수 있다. 더구나 훈련을 위해서는 좀 더 긴 상담 경험이 반드시 필요하다.

심리치료가 시작되면 첫 면담부터 일정 기간 동안 내담자 평가를 시도해 보는 기간이 있다. 이것을 시도면담(initial interview)이라고 하는데 꼭 한 번을 의미하는 것이 아니라 2~3회가 될 수도 있다. 즉, 첫 면담을 해서 치료계약을 할 때까지 하는 작업이 시도면담이며 이때 내담자를 평가하고 치료목표를 세우는 일을 하는 것이다. 첫 시간에 상담을 했는데 치료목표를 세우기 어렵다고 생각되면 상황에 따라 몇 회 더 할 수 있다.

시도면담을 마치면서 일단 계약을 맺는다. 계약이라는 것은 상담 비용을 얼마로 할지, 상담을 어느 정도의 길이로 얼마나 자주 할지, 장소를 어디로 할지를 정하는 것이다. 이런 것들은 상담자와 내담자가 합의를 해서 약속한다. 이런 약속들은 처음부터 명확하게 해야 할 필요가 있는데, 특히 내담자가 자아기능이 약한 사람일수록 더욱 정확히 해야 한다. 다시 강조하지만, 이런 틀을 만든다는 것이 심리치료 진행에서 중요한 의미를 갖게 되므로 하나하나 구체적으로 정하는 것이 좋다. 그런 다음에 목표에 대한 합의를 이루는 것까지가 계약인데, 이에 대해서는 치료동맹 부분에서 좀 더 설명하기로 하겠다.

이렇게 계약을 하고 상담을 시작하게 되면 치료의 초기, 중기, 후기가 있게 된다. 물론 이 단계들이 확연히 구분되지는 않는다. 그러나 대개의 경우 길게 상담할수록 후기가 길어지며, 적어도 6개월 이상 하게 되면 종결이 중요한 과정을 차지한다. 반대로 짧게 하는 경우 후기는 별로 길어지지 않고 오히려 문제를 파악하고 치료동맹을 맺는 초기가 상당히 길어지는 경향이 있다.

심리치료 초기에는 내담자의 감정을 표현하도록 돕는 것이 필요하고, 그 과정에서 초기의 저항이 일어나는 것을 해결하는 것이 중요하다. 그런 초기 저항이 극복되는 시점에서 치료동맹을 맺게 된다. 다시 설명하자면, 내담자와 상담자 사이에 인격적인 신뢰관계를 형성하고 그 관계 안에서 내담자가 편안하게 자기의 감정을 표현하도록 하고, 그것이 상담자에게 받아들여지고 공감되면서 상담이 계속된다. 이때 상담이 진행되면서 내담자의 마음속에는 비합리적인 측면의 자아가 심리적이며 영적으로 성숙하는 것을 방해하는 저항이 생긴다. 상담자가 그것을 정확히 파악하고 적절하게 다루어서 해결하게 되면 내담자는 자신의 그런 비합리적인 자아의 측면을 비록 조금씩이지만 의식하게 되면서 상담자와 함께 자신의 그런 문제를 해결해 가고자 하는 약속으로서 치료동맹을 맺게 된다. 치료동맹 개념을 설명하기 위해 먼저 생각해야 하는 것이 치료적 분리라는 개념이다.

초기에서 중기로 넘어갈 때의 전환점은 내담자의 마음속에서 치료적 분리가 일어나는 것으로 구분된다. 치료적 분리라는 것은 다음과 같다. 내담자가 처음에 오면 자기 문제를 잘 파악하지 못한다. 그에게 문제는 외부적인 것이며 같이 생활하는 다른 사람의 탓이지 자기가 문제가 있는 것은 아니라고 생각한다. 그러나 상담자가 공감을 하며 내담자의 그런 감정을 충분히 표현하도록 도와주면 나중에는 내담자의 자아가 자기 안에서 어떤 모순을 발견하게 된다. 즉, 그 문제가 비록 다른 사람의 잘못 때문이기는 하지만 그런 갈등에 기여한 자신의 잘못도 분명히 있다는 것을 조금이나마 인정하고 받아들이게 된다. 자아가 그렇게 자신의 문제를 객관적으로 보게 되면 '아, 이것을 내가 다듬어야 하는구나. 내가 성숙하기 위해 이것을 포기하든지 고쳐야겠구나.' 하는 생각을 하게 된다. 이렇게 '내 문제'가 '내 자아'로부터 분리가 되는 것을 치료적 분리라고 하며, 그렇게 자신의 문제를 객관적으로 볼 수 있는 측면과 상담자의 도와주려는 측면이 함께 "그래요, 우리 그 문제를 같이 고쳐 나가 봅시다." 하며 하나의 동맹을 만드는 것을 치료동맹이라고 한다. 그런데 이런 치료적 분리와 동맹은 상담 및 상담자와 내담자의 관계가 어느 정도 궤도에 올랐을 때 가능하며 그것을 기점으로 그 이후를 상담의 중기라고 본다.

　심리치료 중기는 전이를 주로 다루는 것이라고 할 수 있다. 전이라는 것은 내담자가 상담자에게서 정서적으로 어린 시절에 부모(중요한 양육자)에게 느꼈던 감정과 같은 진한 감정을 느끼는 것이다. 일단 상담의 중기가 되어서 전이감정이 생기면 처음에 가져왔던 이전의 문제들은 별 문제가 되지 않게 느껴진다. 어떻게 보면 문제에 대한 중요한 느낌이 훨씬 줄어든다고 할 수 있다. 예를 들어, 부부문제 때문에 치료를 받으러 왔는데 상담자에게 전이가 생기면, 남편에게는 관심이 없어지고 상담자에 대한 전이감정에 집중하게 된다. 그렇게 되면 상담자의 인정을 받고 상담자에게 의지하기 위해서, 혹은 상담자에게 특별한 감정을 표현하기 위해서 그것에 신경을 많이 쓰게 된다. 전이가 형성되고 해결되기 위해서는 일반적인(약 12회 정도) 상담으로는 좀 부족하다. 한두 번 상담에도 급격하게 전이가 발생하는 경우도 있지만 일반적으로는 몇 달을 상담해야 전이감정을 깊이 있게 체험할 수 있다. 이 전이를 잘 체험하고 다루어 본 경험이 있는 사람이야말로 역동적인 전문 심리치료자로서 기틀이 마련되는 것이다. 반대로 이런 경험이 없는 치료자는 깊이 있는 상담을 해 봤다고 말하기 어렵다. 물론 전이는 다루기 어려운 내용이다. 그렇지만 우리가 이 부분에 대해서 잘 파악하고 다루는 것을 배우고 경험하지 못하면 상담을 평생 하면서도 상담에 대해 항상 피상적인 입장으로 남을 수밖에 없다. 전이문제를 다룬다는 것은 내담자의 핵심역동 문제가 구체적으로 현재 이 시점에서 상담자와의 관계에서 일어나는 것을 다루는 것을 말한다. 이런 관계를 통해서 상담자가 내담자의 문제를 직접적으로 체험하면서 치유해 줄 수 있다. 결국 심리치료는 내담자의 과거를 다루는 것이 아니고 내담자의 현재를 다루어 줌으로써 그의 성숙을 촉진시켜 주는 것이다. 이는 전이를 다루어 주는 것을 통해서 이루어진다고 하겠다. 중기 전반부에는 전이가 생기는 것을 파악하고 그것을 충분히 전개시키며 중기의 상당히 후반부에 이르러서 실제 전이를 다루게 된다. 이것은 다른 부분이 어느 정도 해결된 다음에 다루어 줘야 하기 때문이다. 또한 전이를 다룬다는 것은 전이가 꼭 해석되어야 하는 것을 말하는 것은 아니다. 이러한 전이에 대해서는 제9장에서 더 자세히 다루게 될 것이다.

심리치료가 후기로 넘어오면 전이로 인해 내담자의 문제가 확실히 드러나고 핵심역동이 분명해져서 상담자가 치료적인 개입을 하게 된다. 그 중에 특히 중요한 것은 내담자의 핵심역동에 대한 명료화(clarification)와 해석(interpretation)이다. 즉, 무의식적으로 반복하던 내담자의 핵심역동을 명료화시키고 해석함으로써 구체적으로 드러내고 의식화하도록 도와주게 되고, 그것을 통해서 내담자가 자신의 문제를 통찰하게 된다. 그렇게 자신의 문제의 중심에 있던 역동을 깨닫고 그것을 변화시키기 위해 훈습함으로써 새로운 행동을 시도하게 되고 그것이 어느 정도 익숙해지면 상담을 종결한다. 여기서 종결은 상담에서 또 하나의 중요한 과정이면서 중요한 의미를 갖는다. 그냥 웬만큼 됐으니 그만 하자고 해서 되는 것이 아니다. 심리치료에서의 종결은 발달단계에서 자아의 성숙과 함께 이루어지는 어머니로부터의 분리와 같은 의미를 가진다. 그러므로 그런 헤어짐을 위해 분명한 과정을 거쳐야만 한다.

대개 이런 과정을 거치면서 상담이 진행되는데, 각 단계에서 언급된 개념들에 대한 자세한 설명은 이 책의 나머지 부분들을 보기 바란다.

첫 면담과 공감적 접근

사람에게 첫인상, 첫 만남이 중요하듯, 상담에서는 첫 면담(initial interview)이 굉장히 중요하다. 이 과정에서 그 이후 심리치료의 틀이 반은 결정된다고 볼 수 있다. 이런 첫 면담을 할 때 반드시 해야 하는 두 가지 작업이 있는데 그중 하나가 공감적 경청(empathy listening)이다. 공감적 경청이란 내담자의 말을 잘 듣고 수용적으로 이해하는 것으로서 이 작업을 통해서 내담자와 상담자 사이에 치료적이고 신뢰적인 관계인 라포를 안정되게 만들어 가게 된다. 우선은 이런 관계 자체가 치유적인 의미를 가지므로 상담은 첫 면담의 순간부터 치유가 시작된다고 할 수 있다. 공감적 경청과 더불어 해야 하는 두 번째 작업은 내담자를 평가하고 상담목표를 설정하기 위해서 내담자에 관한 정보를 수집하는 것이다. 내담자를 평가해서 지지상담을 할 것인지 통찰상담을 할 것인지는 대부분 상담 초반에 결정해야 한다. 그것을 중간에 전환하기는 상당히 어렵다. 그럴 경우 자칫 잘못하면 내담자에게 혼돈과 어려움을 줄 가능성이 많기 때문에 처음부터 내담자를 잘 평가하고 그를 지지상담으로 도울 것인지 통찰상담으로 도울 것인지, 그것을 어느 정도 기간 내에 할 것인지를 일찍부터 결정하는 것이 필요하다. 그런 정확한 내담자 평가를 위해 내담자 정보를 잘 수집해야 한다. 구체적으로 무엇을 평가하고 어떤 정보를 수집할 것인가 하는 것은 제5장에서 생각해 보기로 하겠다.

그런데 이렇게 정확한 내담자 평가가 중요하지만, 앞에서 이야기했듯이 내담자와 상담자 사이의 공감적이고 신뢰적인 관계 형성이 내담자를 평가하는 것보다 중요하다는 것을 잊어서는 안 된다. 즉, 첫 면담(혹은 상담 의뢰를 위한 첫 전화 접촉)부터 상담자와 내담자가 인격적으로 만난다는 사실이 무엇보다 중요하다. 그 개념이 익숙지 않은 초보 상담자의 경우 초기 면담에서 정확하게 정보를 수집하기 위해 형사나 탐정과 같은 태도를 취하기가 쉽다. 즉, 내담자의 감정은 개의치 않고 문제를 구체적으로 정확하게 알아내기 위해 자꾸 캐묻는 식의 질문을 하는데, 그런 질문을 하는 것이 내담자와의 공감적이고 신뢰하는 관계, 치유적인 접근을 방해하거나 차단하게 된다는 것을 알아야 한다. 그러므로 정보수집도 중요하지만 상담관계를 우선으로 하며 접근해야 한다. 그렇게 하기 위해서는 상담을 처음 할 때 '무엇무엇을 물어봐야겠다' 는 식의 생각을 일시적으로 접어두고, 내담자의 이야기를 수용적으로 공감하며 비교적 수동적인 자세로 따라가야 한다.

수용적 공감에 대해 이해하기 위해서는 관찰자아와 경험자아의 개념을 먼저 알아둘 필요가 있다. 심리치료 상황에서 치료자의 자아는 경험하는 측면(경험자아)과 관찰하는 측면(관찰자아) 양쪽으로 작용을 한다. 즉, 내담자의 이야기에 빨려 들어가서 그 감정을 따라 같이 붙잡고 울고 싶고 같이 화를 내는 것은 경험자아이고, 그런 내담자의 문제를 파악하고 평가하고 목표를 설정하고 어떻게 도와줄까를 합리적으로 생각하는 것이 관찰자아다. 내담자가 와서 계속해서 불만을 토로할 때 우리는 자주 관찰자아만을 작동시켜 그 사람의 지나치게 부정적인 표현들을 비판하게 된다. 그 순간 나의 관찰자아를 잠시 접어두고 경험자아를 내세워서 그 감정을 따라가지 않으면, 일반적으로 그 표현들 자체는 계속 듣기가 힘들고 불합리하게 보이기 때문에 그런 평가를 내리기 쉽다. 그러나 내담자는 어찌 되었건 나름대로 최선을 다했는데도 너무 힘들게 되어서 상담자에게 온 것이다. 따라서 내담자가 그런 입장 자체를 비판 없이 이해받고 마침내 모든 문제를 객관적으로 돌아볼 힘을 얻을 수 있도록 하기 위해 일단은 상담자가 그 입장에 서서 그의 감정을 받아 줄 필요가 있다. 내담자의 입장에 선다는 것은 이제까지 내가 살아온 방식, 내 논리, 내 입장을 잠시 잊어버리고 내 경계를 허물고 내담자의 입장이 되는 것을 말한다. '나' 를 잊어버리고 그 사람의 입장이 되어서 같이 경험하는 것이다. 예를 들어, 어떤 목표 없이 친구와 만나 재미난 이야기를 할 때에는 한없이 빨려 들어가게 된다. 그때는 정보수집이고 뭐고 하는 것은 다 필요 없고 그저 이야기가 흘러가는 대로 따라가게 된다. 그것이 바로 내담자와의 면담에서도 필요하다. 심리치료가 시작되고 처음에는 내담자의 자아와 상담자의 자아가 따로 떨어져 있었지만, 곧 내담자의 이야기를 따라가면서 상담자가 자신의 자아 경계를 허물고 내담자와 함께 그 이야기 속으로 들어가서 수용적인 이해를 시도하게 되면 내담자는 점점 더 안심하며 자기 내면의 힘든 감정을 드러내게 된다. 때로는 그것이 남을 비난하고 헐뜯는 것일 수도 있고, 내가 잘났고 남들은 다 문제라고 하는 것일 수도 있으며, 어린아이처럼 아주 연약한 모습일 수도 있다. 경험자아가 그곳까지 같이 내려간다는 것은 상담자의 자아가 내담자와 함께 일시적으로 퇴행하는 것을 의미한다.

그런데 '공감을 한다' 는 것은 상담자가 비합리적인 경험자아의 퇴행적인 상태를 수시로 벗어나서 상담자의 합리적인 관찰자아를 다시 동원하여 그렇게 내담자가 내놓는 자료와 그에 대한 상담자 자신의 반응들을 관찰하고 평가할 수 있는 것을 말한다. 때로는 상담자가 내담자를 공감하게 되는 이유가 상담자 마음속에도 그와 유사한 경험이 있어서 그 경험이 자신의 인식 속에서 일깨워졌기 때문일 수 있다. 내담자의 경험을 들으며 그것이 다시 생각나서 눈물 나고 슬픈 것은 내담자를 순수하게 공감하기 때문에 그런 것이 아니고 자신의 처지가 한심해서 같이 울게 된 것이라고 하겠다. 이런 경우 역시 상담자가 내담자를 따라 퇴행하는 것이라고 할 수 있다. 그러나 상담자는 그렇게 퇴행했다가도 그 경험자아의 공감을 철회하고 싶고 철회해야 할 필요성이 있을 때는 자유자재로 철회하고 객관적으로 자기 자신과 내담자를 관찰할 수 있어야 한다. 이것이 자유자재로 되지 않으면 상담자의 자아는 문제가 있는 것이라 할 수 있다. 다시 말해서, 심리치료에서 내담자가 이야기를 시작하면 상담자의 경험자아가 점점 팽창되고 관찰자아는 잠시 뒤에 머물러 있게 된다. 경험자아가 전면에 나서서 내담자의 감정을 함께 느끼는 활동을 활발히 하다가 나중에는 다시 관찰자아로 돌아가서 들은 것을 평가하고, "○○님의 이러이러한 것이 힘들게 하는 거 같고, 앞으로 그런 문제를 이러이러하게 처리해 나갑시다."라고 말하게 된다. 이런 자아의 가변작용의 원활함을 위해 상담자는 자아상이 든든해야 한다. 이에 대해서 Freud는 '(상담자의) 퇴행은 퇴행이되 자아통제하에 있는 퇴행'이라고 했다. 그런데 어떤 사람은 관찰자아가 너무 강하고 경험자아가 약하기 때문에 공감을 못하는 경우가 있다. 이렇게 내담자의 감정을 공감하지 못하면 상담은 진행되지 않는다. 공감이 이루어지려면 관찰자아가 잠시 물러서 주고 경험자아가 작동을 해서 상대방의 입장이 되어 같이 울고 웃고 하는 퇴행이 일어나야 한다. 그런데 이런 경우 그것이 안 되고 내담자의 하소연을 듣자마자, "그것은 당신이 미숙해서 그렇다. 그것은 남편 잘못이 아니고 당신 잘못이다."라는 식으로 말한다면 내담자는 그것을 받아들이지 못할 것이고 변화는 일어나지 않을 것이다.

　반대로 상담자가 너무 깊이 내담자의 이야기에 몰입되어 상담을 끝 낼 시간이 다 되었는데도 여전히 같이 허물어진 상태에서 가슴이 아프고 상담을 끝내지 못하거나, 혹은 끝내고 난 후 집에 가서도 계속 가슴이 아프고 안절부절못하고 하루 종일 기분이 나쁘고 잠도 잘 안 오고 하게 되는 경우가 있다. 이는 상담자의 자아가 허물어진 채로 있는 것이라고 하겠다. 물론 내담자가 내놓은 자료들이 정말 가슴 아프고 충격적인 내용의 것들이었을 수 있다. 그러나 그런 내담자의 감정에 지나치게 동일시되어 그것을 합리적이고 객관적으로 관찰할 수 없는 상담자는 그런 문제로부터 내담자를 도울 수 없다. 상담자는 상담시간 중에도 매 순간 내담자와 자신의 감정적인 경험들을 객관적으로 분리해서 볼 수 있어야 하며, 상담시간이 끝나면 자기 삶으로 다시 돌아오고 자신의 자아로 다시 돌아올 수 있어야만 한다. 그럴 수 있어야 내담자의 상태를 합리적이고 분석적인 과학자로서 그리고 상담자로서 평가하고 관찰하며, 목표를 세우고 도와줄 것은 도와주고 못 도와줄 것은 단념하게 되는 것이다. 이렇게 상담 상황에서는 자아가 분리되고 다시 돌아오는 과정이 필요하다. 이것이 잘 안 되는 사람은 상담자로서 문제가 있는 것이므로 먼저 자기 분석을 받을 것을 권한다.

상담자의 경험자아와 관찰자아가 가변적으로 작동하는 공감의 중요성은 그것이 내담자에게도 문제가 되는 감정을 경험하는 경험자아에서 자신의 문제를 합리적이고 분석적으로 바라볼 수 있는 관찰자아로 분리되도록 영향을 준다는 데 있다. 즉, 내담자는 상담자의 경험자아의 공감을 받으며 충분히 비합리적으로 퇴행된 감정을 점점 더 깊이 있고 솔직하게 얘기하며 경험하게 되고, 상담자가 내담자를 더 잘 이해하기 위하여 관찰하며 공감적인 질문을 하게 됨에 따라 내담자의 자아 역시 상담자의 관찰자아 양식을 동일시하여 배우게 된다. 이는 심리치료가 진행되면서 내담자가 자신의 문제를 객관적으로 관찰하고 결국은 통찰을 얻게 되기 위한 필수요소라고 하겠다.

앞서 언급했듯이, 심리치료의 진행은 양파껍질 벗기듯이 하는 것이라 할 수 있다. 이는 내담자 문제에 대한 접근을 현재에서 과거로 진행한다는 의미다. 그러나 엄밀하게 말하면 그런 진행 자체를 상담자가 어떤 방향으로 가겠다는 의도나 계획을 가지고 끌고 가서는 안 된다. 상담자가 어떤 계획을 가지고 내담자에게 이것저것 물어보며 상담 방향을 끌고 가는 것은 특히 역동상담에서 아주 잘못된 방식이다. 그보다는 내담자에게 자율권을 주고 그 전개를 수용적으로 바라보며 따라갈 수 있어야겠다. 물론 이것은 내담자가 방향 없이 맘대로 횡설수설하는 것을 보고만 있어야 한다는 것은 아니며, 상담자가 자율권을 줄 수도 있고 가질 수도 있고 하는 것이 자유자재로 되어야 한다는 것이다. 상담자가 잠시 자신의 자율권을 놔두고 내담자에게 하고 싶은 이야기를 하도록 맡기면, 내담자는 대개 당장 당면한 고통스럽고 힘든 문제부터 이야기하게 된다. 우리가 제3장에서 인격의 발달과정을 공부했지만 상담에서는 내담자가 인생주기의 순서를 따라 자신의 구강기 혹은 항문기, 즉 유아기 때의 부모와의 관계부터 차례로 자료를 내놓지 않는다. 우선은 당면한 현재의 문제를 이야기하고 그것을 더 설명하기 위해 바로 그 전 단계의 문제가 나오고 또 그 이전 단계를 더 설명하면서 피상적인 현재의 문제부터 점진적으로 과거로 내려가게 되어 있다. 더 정확하게 말하자면, 과거로 갔다 현재로 왔다 하며 자유롭게 옮겨가는 것이 좋은 상담이다. 그러니까 상담자는 어떤 목표를 가지고 내담자를 끌고 가는 것이 아니고 내담자가 흘러가는 대로 조금씩 질문해 가면서 쫓아가는 것이라 할 수 있다. 그 과정에서 내담자가 내놓는 화제를 상담자의 호기심으로 인해 갑자기 돌리지 않도록 조심해야 한다. 이것은 아주 쉬울 것 같아도 익숙해지도록 훈련하지 않으면 잘 안 된다. 예를 들어, 내담자가 "중간고사 성적이 나왔는데 엄마한테 많이 혼이 났어요."라고 했을 때, 상담자가 "도대체 몇 점이나 받았기에?"라고 묻는 것은 "성적 때문에 야단맞는 기분이 어땠어요?" 하는 것과 관심의 초점이 상당히 다르게 느껴진다. 그리고 내담자가 "어제 담임선생님한테 많은 애들 앞에서 따귀를 맞았어요."라고 이야기하면 어떤 반응을 보여야 할까? 이때도 그런 일에 대해 느끼는 내담자의 감정을 따라 반응을 보이면서도 앞서가지는 말아야 한다. 즉, 내담자가 무엇을 느끼는지를 물으며 쫓아가야 하고, 무엇을 느끼는지 잘 모르면 느낄 수 있을 때까지 기다려 주어야 한다. 내담자가 그렇게 이야기할 때 흔히 저지를 수 있는 잘못은 "무엇 때문에 맞았느냐?" "뭘 잘못했느냐?"라고 묻는 것이다. 그것은 매를 맞은 이유를 알기 원하는 상담자의 호기심이나 선생님의 행위에 대한 옳고 그름을 따져 보려는 논리적인 접근은 될 수 있지만 내담자의 감정에 공감해 주는 것과는 거리가 멀다. 그러나 내담자의 감정을 먼저 다루어 주게 되면 차차 내담자가 스스로 그것이 옳고 그르냐는 문제에 이르게 되는 것을 볼 수 있다. 그러므로 먼저 감정을 묻고 공감한 후에는 다시 내담자가 가는 방향으로 쫓아가면 된다. 내담자에게서 어떤 정보나 사실을 알려고 하는 질문은 결국 내담자의 감정을 자연스럽게 표현하는 것을 자꾸 차단하게 된다.

대부분의 경우 상담을 60분 하게 되면 보통 초반의 15분 정도는 "어떻게 오셨습니까?" "무슨 문제 때문에 오셨습니까?"와 같은 질문을 하고는 그냥 기다려 본다. 그러면 내담자가 뭔가를 이야기하거나 아주 간단한 반응만 보일 것이다. 그것을 공감적으로 받아 주게 되면 내담자는 더 많은 내용을 내놓게 되고, 그러다가 내담자의 관심의 초점이 어디 있는지 그 윤곽이 드러나기 시작하면 그때 그에 대해 세부적인 묘사를 격려하면서 구체적으로 좁혀 들어가는 작업을 한다. 혹시 문제 이해에 필요한 구체적인 질문을 할 필요가 있으면 나중에 10분이나 15분쯤 남겨 놓고 질문을 해도 괜찮다. 즉, 내담자의 흐름을 끊지 말고 조금씩 자세하게 얘기하게 하며 중요해 보이는 곳에서는 깊이 있게 들어가는 질문을 한다. 그러나 이렇게 구조가 분명하지 않은 상담을 진행해 가기는 쉽지 않다. 이것은 마치 엄마가 아기를 데리고 노는 것과 같다. 아기가 웃든 울든 옹알이를 하든 엄마는 무엇을 하도록 강요하지 않고 다만 온 마음을 다해 아기의 행동에 대해서 관심을 집중한다. 그리고 아기가 울면 "미안, 미안, 엄마가 너무 했지. 배고팠지?" 하며 젖을 물리기도 하고, 아기가 몸을 흔들면 "어이구, 어이구, 그렇게 신나?" 하며 아기의 행동을 따라 얼러 주며 놀기도 한다. 이렇게 수용적이며 공감적인 반응을 충분히 받으면서 아이는 점점 자신의 감정을 스스로 이해하게 되고, 또 필요에 따라 엄마에게 자신의 요구를 잘 표현할 줄도 알게 되는 것이다. 그리고 이것이 바로 신뢰하며 소통하는 관계의 기본이다. 상담에서 상담자와 내담자 사이의 관계는 이런 식으로 내담자의 흐름을 따라가며 드러나는 감정에 공감해 주고 이에 내담자는 더 많은 것을 내놓게 되는 식으로 주고받는 놀이처럼 진행되는 것이 적절하다.

심리치료의 외적 조건

심리치료의 외적 조건에는 장소, 시간, 비용의 세 가지가 있다. 앞에서도 이야기했다시피 이 조건들은 사소한 것 같으나 상담 진행에 꼭 필요한 아주 중요한 문제다. 따라서 이것부터 제대로 다루어지지 않으면 상담이 잘 진행되지 않는다. 물론 이런 구조화 과정이 잘 안 되는 내담자도 있다. 경계형 인격장애와 같은 특정 인격장애나 인간관계를 맺는 것이 아주 힘든 사람, 상담실에 오는 것조차 꺼려하는 내담자에게는 이러한 틀 자체를 만드는 것이 첫 번째 과제다. 즉, 이런 내담자들은 우선 상담실에 정기적으로 오게 만드는 것부터 상담목표가 되어야 한다. 이런 외적 조건들이 기본적으로 잘 마련돼야 상담의 안정된 틀이 형성되고 내담자의 문제를 깊이 있게 잘 다루어 갈 수 있다.

순조로운 심리치료의 진행을 위해 외적 조건들이 꼭 필요한 이유는 초보 상담자들에게는 이것이 치료적 거리를 통제할 수 있는 유일한 외부적 방법이기 때문이다. 상담 상황에서 절대 소홀히 해서는 안 될 치료적 거리를 지키는 일을 상담자의 상담 기술적인 개입으로 조절할 수도 있지만 이것은 어느 정도 이상의 경험이 없이는 하기가 힘들다. 그러나 시간과 장소 유지는 경험이 있든 없든 누구나 다 해야 하고 또 할 수 있기 때문에 우선은 이런 요소들에 대해 알고 익혀 두도록 해야 한다.

예를 들어, 교회 전도사님이 청년회에서 늘 우울해 보이는 어떤 자매를 몇 차례 상담해 주었다. 그 자매는 지금껏 자기를 그렇게 이해해 주고 위로해 준 사람이 없었기 때문에 그 전도사님을 정말 신뢰하고 의지하게 되어 사소한 것이라도 문제가 생기면 때를 가리지 않고 그에게 전화를 했다. 처음 몇 번은 전도사님도 그 심정을 이해하고 잘 들어 줬지만, 바쁜 주일날도 그 자매가 상담을 하려고 늦게까지 기다리고 또 자신의 힘듦을 호소하며 자신 앞에서 울며 쓰러지기도 하자, 그 젊은 남자 전도사님은 난처한 상황에 처하게 되었다. 그러다 보니 점점 그녀와의 상담을 피하게 되었고, 그 자매는 누구보다 믿고 의지하던 바로 그 전도사님으로부터 과거의 다른 사람들에게서 느꼈던 냉정한 거절감을 오히려 더 많이 느껴야 했다. 이것은 다른 어떤 문제를 생각해 보기 이전에 일단은 처음부터 상담의 틀을 잡지 않았기 때문에 생겨난 문제라고 볼 수 있다. 상담은 일정한 장소와 시간을 정해서 해야 하는 것이고 그것이 정확하지 않으면 상담이 제대로 진행되지 못한다. 그러다 보면 상담관계가 굉장히 힘들어지고 결국에는 내담자를 도와주는 것이 아니라 도리어 또 다른 상처를 주게 된다. 이것은 지지상담이나 통찰상담에서 기본적으로 똑같이 지켜져야 하지만 약간의 차이는 있다. 즉, 통찰상담일수록 그 조건이 아주 철저하게 지켜져야 하며, 지지상담일수록 과도기적인 단계에서 약간은 융통성 있게 변형을 줄 수 있다. 예를 들어, 지지상담 중인 내담자가 상담에 안 왔을 때 상담자는 내담자의 집에 찾아가기도 하고 밖에서 만나 대화를 나누기도 한다. 시간도 꼭 한 시간을 지킬 필요 없이 경우에 따라서 삼십 분이나 한 시간 반을 할 수도 있다. 그러나 지지상담에서도 꼭 그렇게 할 필요가 있다고 판단될 때 해야지 상담자의 편의대로 아무 때나 마구 변형시킨다면 심각한 문제를 야기할 수 있다. 그러므로 되도록 내담자의 집에 찾아가지 않으며, 가능하면 한 시간을 넘기지 않고 상담해야 한다는 개념을 상담자가 늘 가지고 있어야 하고 또 내담자에게도 지키도록 기회가 될 때마다 권해야 한다. 그러다가 내담자에게 위험한 일이 있을 것 같다거나 해서 그를 찾아가지 않으면 안 되는 긴급한 상황이 벌어졌을 때는 내담자를 찾아갈 수도 있다는 것이다.

통찰상담에서는 시간이나 장소라는 외적 조건들이 더욱 철저히 잘 지켜져야만 한다. 그 이유는 이런 조건들을 지키지 않으면 치료적 거리에 변화가 생기므로 예상 외의 문제를 다루어야 하는 경우가 생기기 때문이다. 다시 말해서, 거리 변화로 인해 내담자의 의존욕구가 지나치게 팽창하게 되기도 하고, 전이감정의 증폭으로 인해 심각한 문제가 생기거나 혹은 지나친 거리감이 생겨 내담자가 거절당한 감정을 느끼게 되기도 한다는 것이다. 그러면 통찰을 향해 점진적인 접근을 하는 데 방해를 받게 된다. 예를 들어, 내담자가 어느 날부터 말이 없어지고 상담자에게 화를 내고 비협조적으로 바뀌었다. 침묵이 흐르고 상담 진행이 잘 안 되었다. 그래서 왜 그런가 하고 질문하였더니 전 시간에 상담을 조금 일찍 끝낸 것 때문에 마음이 복잡해졌다고 한다. 그러더니 과거에 내담자가 자기 이야기를 하면 엄마가 들어 주지 않거나 이야기를 듣다가 바쁘다며 가버리곤 했던 이야기를 한다. 그 이야기를 들으면서 잘 생각해 보니 전상담에서 상담자가 몸이 너무 피곤하고 아파서 10분 일찍 끝내자고 이야기하고 간단히 끝낸 것이 기억났다. 그래서 그런 어머니에 대한 감정이 상담을 일찍 끝낸 것과 어떻게 연결되어 있는가를 물으니 내담자는 "내가 너무 상담자에게 매달리니까 나를 떼어 내려고 한다고 생각했다."고 한다. 자기 마음속의 의존에 대한 자격지심이 있으니까 그렇게 생각한 것이다. 그러므로 그런 변화를 주었을 때 내담자의 태도에도 분명한 변화가 오게 되는 것이다. 물론 이런 경우도 그 변화를 잘 관찰하고 그것에 대해 직접적으로 묻고 표현하도록 다루어 주면 그 속에서 내담자의 핵심문제가 그대로 나오게 되어 있다. 그렇지 않으면 정말 상담자가 내담자를 어머니가 한 것처럼 무시한 것인지, 내담자 자신의 의존에 대한 괜한 자격지심 때문에 괴로운 것인지 구별해 볼 기회를 갖지도 못할 뿐더러 상담도 계속하기가 힘들어진다. 또 다른 예로 상담자와 내담자가 이성 간의 상담일 때 내담자가 전이감정이 생겨서 이렇게 이야기한다. "이제 우리 상담을 한 시간 딱 잘라서 사무적으로 하지 말고 그동안 선생님이 수고하셨으니까 식사도 대접하고 그러면서 천천히 제 이야기도 하면서 교제를 나누고 싶어요. 기독상담이라는 것이 전인적으로 서로 교제하는 것이 아닌가요?" 내담자의 이런 말에 어떻게 반응해야 할까? 물론 지지상담이라 해도 이런 요구에 응하는 것은 별로 좋지 않다. 통찰상담에서 결코 이런 요구에 응해서는 안 되는 이유는 그에 응해서 내담자와 함께 하게 되면 상담관계가 일반 교제관계로 바뀌게 되고 내담자의 기대가 더욱 커져서 의존욕구가 팽창되기 때문이다. 더구나 두 사람이 이성 간이기 때문에 그런 감정은 치료를 방해할 만큼 엄청나게 복잡한 것으로 변질될 수 있다. 예를 들면, 전이문제 때문에 자기 문제를 돌아보고 해결하려 노력하지 않고 자꾸 상담자의 사랑을 받으려고만 노력하게 된다. 그러면 상담자는 상담의 진행이 안 되니까 답답해서 "상담 진행이 잘 안 되는 것 같네요."라고 이야기하게 되고, 내담자는 "내가 선생님을 사랑하는 것을 선생님도 아시잖아요! 당신도 나를 그렇게 사랑하시면서 뭘 그러세요?"라고 말한다. 이에 상담자가 "어떻게 해서 그런 생각을 하게 되었나요?" 하고 물으면 "내가 지난번에 초대했을 때 당신이 응하고 나와 같이 식사를 하고 좋아한다는 표현을 하지 않았던가요?"라고 말한다. 내담자 중에서 특히 미숙한 사람은 전이감정에 빠지면 상담자의 생각이나 행동을 아주 자기중심적이고 피해적으로 과장시켜 생각하곤 한다. 그래서 상담자가 내담자에게 어떤 이야기를 하면 '아, 저 사람이 날 좋아해서 이렇게 이야기하는구나.' 하며 왜곡된 생각을 할 것이다. 게다가 상담의 거리를 정확히 지키지 않았다면 "아니다, 그것이 바로 네 문제다."라고 바로 직면시켜 이야기하기가 어렵다. 때로는 그 주장이 하도 정교해서 그것이 내담자의 어린 시절의 유아기적인 환상이나 기대 혹은 인정받고 의존하고 싶어 하는 욕망에서 출발한 것인지, 상담자가 현실적으로 그렇게 대해 줘서 그렇게 되었는지를 구분하기가 힘들기도 하다. 그러나 상담자가 자신의 입장을 정확하게 지켰다면 "당신도 나를 사랑하고 있잖아요?"라고 할 때 "뭘 보고 그렇게 생각하느냐?"고 물을 수 있다. 그때 내담자의 마음속에 '아, 내가 상담자의 태도와 상관없이 어린 시절부터 가졌던 아버지에 대한 기대와 의존을 상담자에게 쏟았구나.' 라는 사실을 분명하게 깨닫게 된다. 그렇기 때문에 상담의 거리를 분명하게 지켜야 한다.

어느 정도 깊이 있게 심리치료를 하다 보면 내담자가 상담자의 기침하는 반응에서조차 자극을 받고 영향을 받는다는 것을 알 수 있다. 한 번은 이런 경우도 있었다. 상담 중에 중요한 요점을 잠깐잠깐 기록하곤 하는데, 깊이 있게 상담을 하느라 내담자가 상담자를 마주 보지 않도록 의자를 배치했는데도 내담자는 곁눈질을 해서 기록하는 것을 봤다. 그리고 자기 나름대로 '내가 이 이야기를 하니까 뭔가 적는구나.' 라고 생각한다. 그 이후 내담자의 얘기를 한참 듣다 보니 내담자가 중요한 이야기는 안 하고 엉뚱한 이야기를 계속하고 있었다. 그래서 중단시키고 "왜 그 이야기만 하느냐?"고 물으니, "몇 시간 동안 가만히 보니까 선생님은 내가 이런 이야기를 할 때만 뭔가 적는 것 같더군요. 그것을 봐서는 아마도 틀림없이 이 이야기가 중요하다는 생각이 들어서 그걸 이야기하는 거예요."라고 대답한다. 그러니까 자기 문제를 해결하려 하지 않고 상담자의 인정을 쫓아가려는 것이었다. 심리치료가 제대로 진행된다면 상담자가 눈길 하나 돌리는 것, 기침하는 것, 전화받는 것, 기록하는 것 등이 내담자에게 중요한 의미를 갖게 된다. 그러니까 치료적 거리에 많은 변화를 줄 수 있는 행동은 가급적 피하는 것이 좋다. 이런 상담의 틀(setting)을 잘 정해 놨을 때 내담자 행동에 변화가 오는 것을 보면서 그것이 내담자의 문제인지, 상담자가 그렇게 만든 것인지를 구분할 수 있는 것이다. 다시 한 번 강조하지만 통찰상담일수록 그 틀은 더욱 분명히 지켜져야 한다.

내담자의 요청에 어떻게 대답해야 하는가는 지지상담일 때와 통찰상담일 때 서로 다른 원칙이 있다. 예를 들어, 음악회 표를 한 장씩 가지고 오는 내담자가 있었다. 굉장히 비싼 표를 몇 달에 한 번씩 가지고 온다. 이 경우 상담자는 그것을 받을 수도 있고 받지 않을 수도 있으며 받기만 하고 가지 않을 수도 있는데, 일단은 어떤 마음으로 그것을 가져오는 것인지 반드시

물어보아야 한다. 지지상담일 때는 먼저 그것을 받아도 좋으나, 그렇다 해
도 상담 진행과정을 놓쳐서는 안 되므로 나중에 반드시 선물한 이유를 물
어봐야 한다. 통찰상담에서는 상담자가 반응을 취하기 전에 먼저 그 질문
을 해서 내담자의 행동 이면의 동기를 돌아볼 수 있도록 해 주어야 한다.
그러면 내담자의 마음속에 여러 가지 생각들이 있었다는 것을 알 수 있다.
'오늘 이 표를 가지고 오면서 선생님이 나를 거절하면 어떻게 하나? 굉장
히 창피할 거다. 좌절된 느낌이 들 것이다. 너무 창피해서 다음에는 여기에
못 올 것이다.' 혹은 '이 표를 드리고 이번 주말에 선생님과 같이 음악회에
가서 즐거운 시간을 보내야지' 등의 여러 가지 생각을 했을 수 있다. 말하
자면, 내담자가 음악회 표를 가져올 때 했던 생각을 질문함으로써 표현되
는 답을 통해 그가 상담자-내담자 사이라는 심리치료의 현실적인 관계보
다는 다만 상담자에게서 사랑과 인정받는 것을 주로 원하고 있다는 것을
깨닫도록 도와주는 것이다. 그러면 상담자가 응하거나 응하지 않는 것이
중요한 것이 아니고 내담자의 핵심적인 역동의 문제를 다루어 볼 수 있게
되는 기회를 얻는 것이 중요하게 된다. 그런 다음 상담자는 "과거의 언제
또 이런 감정을 가진 적이 있었나요?" 하는 질문을 하며 그 감정의 근원을
찾아간다. 그런데 지지상담의 경우와 같이 자신을 돌이켜 볼 만한 능력이
없는 내담자는 그렇게 묻는 것이 그냥 거절로 느껴질 수 있다. 그렇기 때문
에 일단 어느 정도는 긍정적으로 응하고 난 후 어떤 마음을 가지고 그런 제
의를 하는 것인지 잘 물어보면 거기에도 어떤 핵심적인 문제들이 있다는
것을 알 수 있다. 이렇듯 지지상담과 통찰상담은 그 순서가 조금 다르기는
하지만 이런 문제를 다루는 기본 개념은 비슷하다.

　그 다음에 생각해 볼 것은 또 하나의 외적 조건인 상담 장소에 관한 것이
다. 상담을 하는 장소는 첫째로 조용하고 안락한 곳이 좋다. 즉, 방해받지
않고 상담에 집중할 수 있는 곳이어야 한다. 그러나 안락하다 해도 카페나
식당 같은 곳은 주위가 열려 있어서 산만하고 내담자의 감정을 편안히 표

현하기 힘들며 좀 사적인 분위기가 되기 쉬워서 피하는 것이 좋다. 그러므로 상담은 되도록 공적이지만 조용한 장소 혹은 정해진 상담실 같은 곳에서 하는 것이 좋다. 그러나 초보 상담자가 아무리 찾아도 적당한 상담 장소를 찾을 수 없어서 어쩔 수 없이 조용한 카페를 택해서 할 경우 되도록 매번 일정한 장소를 유지하는 것이 좋다. 장소가 자주 변경되는 것 자체가 내담자의 집중에 영향을 줄 수도 있으며, 장소를 옮겨다니는 과정에서 내담자가 현실적으로 상담관계에 대해 오해하기도 쉽다. 내담자뿐만 아니라 사람은 누구나 분위기의 변화에 영향을 받을 수 있으므로 이런 오해가 생길 경우 앞서 설명했듯이 그것이 내담자의 문제로 인한 오해인지 현실적인 반응인지를 구분하기 힘들게 된다. 그러므로 장소를 일정하게 잘 유지하는 것이 좋다.

　심리치료 조건의 하나로 좌석 배치도 중요한 요소다. 우선 상담을 하는 좌석은 일반적으로 편안하고 안락한 의자가 좋다. 좌석 배치 역시 지지상담과 통찰상담이 요구하는 것이 다르다. 일반적인 개념으로 지지상담의 경우는 [그림 1]과 같이 마주 보고 상담하는 것이 좋다. 내담자가 현실적인 문제에 집착해 있거나 자아기능이 약하거나 혹은 내담자를 지지적으로 끌고 갈 때에는 내담자와 상담자가 정면으로 마주 보고 상담을 하면서 자아기능을 강화시켜 주는 것이 필요하다. 즉, 상담자의 지시라든지 권면이 효과적으로 작용하기 위해서는 이런 배치가 효과적이다. 그런데 이렇게 정면으로 바라보고 앉아서 하는 심리치료에서는 약간의 긴장이 유발된다. 그러므로

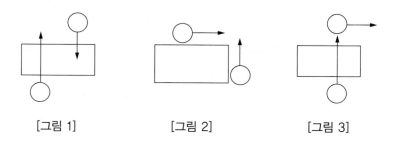

[그림 1]　　　　[그림 2]　　　　[그림 3]

통찰상담이고 장기적으로 하는 심리치료일수록 똑바로 마주 앉는 것보다 [그림 2]처럼 서로 옆으로 비스듬히 바라볼 수 있는 각도로 앉는 것이 좋다. 그러나 상담이 아주 분석적으로 심층심리를 다룰 경우에는 [그림 3]처럼 상담자가 거의 내담자가 앉은 뒤쪽에서 옆으로 좀 떨어져 앉아 내담자의 측면을 바라보고, 내담자가 고개를 옆으로 돌리지 않으면 거의 서로 마주 볼 수 없도록 앉는다. 이것은 내담자가 상담자에게 신경 쓰지 않고 긴장상태를 유발하지 않으면서 자연스럽게 자유연상을 할 수 있도록 하기 위해서 상담자를 내담자의 시야에서 벗어나 있도록 하는 방법이다. 또 그래야 상담자도 편안한 자세로 내담자를 의식하지 않고 장시간 동안 상담에 집중할 수가 있다. 일반적으로 상담을 할 때는 굉장히 예민하게 귀를 기울이지만 통찰상담에서 내담자의 얘기가 이리저리 왔다갔다 하며 지루한 반복을 하는 경우 상담자가 졸려지기도 한다. 그렇게 지루한 내용이 지나치게 계속될 경우 그 자체에 대해 "뭔지 얘기가 지루하게 느껴지는데 얘기하시는 본인은 어떠세요?"라고 언급하며 다루게 되기도 한다. 그러나 이런 경우 일단은 상담자가 잠을 쫓기 위해 여러모로 노력하곤 하는데, 한번은 내담자가 갑자기 하던 얘기를 멈추고 화를 내며 상담을 더 이상 하지 않겠다고 한다. 왜 그러냐고 물으니 좀 머뭇거리면서, 지난번에 얘기하다가 상담자가 지금처럼 조용해서 잠깐 곁눈질해서 보니까 귀를 후비고 있었다는 것이다. 사실 그것은 상담자가 졸지 않기 위해 생각해 낸 방법인데, 내담자가 보기에는 자신이 진지하게 힘든 부분을 이야기하는데 상담자가 무성의하게 반응하는 것처럼 보인 것이다. 내담자는 "이렇게 무성의하게 상담을 하는 상담자에게 내가 상담을 계속 받을 수 있을 것인가? 이것은 도대체 말이 안 된다."며 화를 냈다. 상담자는 이럴 때 어떻게 해야 할까? 객관적으로 보면 무안하고 좀 당황스러운 경우이지만, 잘 생각해 보면 내담자가 그렇게 화를 낼 때 상담자들은 '기뻐하고 즐거워해야' 한다. 왜냐하면 전이감정이 생기면 처음에는 긍정적인 전이가 먼저 표현되고 나중에 부정적인 전이가 힘들게 표현된다. 그런데 부정적인 전이감정은 어린 시절 부모와의 힘들었던 관계에서 생겨나서 표현되지 못한 채 무의식 속에 억압되어 왔기 때문에 어지간한 상황에서는 속시원히 표현되기가 쉽지 않다. 그러므로 이렇게 쏟아놓듯 상담자에 대한 부정적인 감정을 표현할 때야말로 핵심감정의 본모습이 드러나게 되는 때이므로 '기뻐해야' 한다는 말이다. 결국 그날 상담에서 내담자는 생리적인 한계가 느껴지는 어떤 상황에서조차도 상담자(부모)가 자신에게 최선을 다해 집중하며 사랑해 주기를 몹시 바라는 자신의 핵심감정의 일면을 자세히 통찰할 수 있었다.

상담자로서 가장 중요한 덕목은 일관성(consistency)이라고 생각한다. 특히, 역동상담을 한다는 것은 상담자와 내담자 사이의 관계를 통해 치유하는 것이기 때문에 그 치료과정에서 무엇보다도 중요한 것은 말로 하는 지지나 정확한 해석보다는 내담자가 신뢰할 수 있도록 상담자가 일관성 있는 태도를 지켜주는 것이다. 물론 이렇게 하는 것이 쉽지는 않다. 누군가에게 지속적인 관심을 가지고 변함없는 태도로 대한다는 것은 보통 어려운 일이 아니다. 특히, 상담이 진행되면서 내담자가 긍정적이거나 부정적인 전이감정에 휘말리게 되면 그것을 대하는 상담자가 내담자를 이해하며 수용하는 태도를 지킨다는 것이 참 힘들다. 거기다가 상담자마저 지나친 역전이감정이 생긴다면 그것은 더욱 힘들어질 것이다. 이렇듯 태도의 일관성을 지키는 문제는 참 어려운데, 그것을 실행하려고 끈질기게 노력하는 것이 힘들기는 하지만 좋은 결과를 바란다면 꼭 필요한 일이다.

그런 의미에서 볼 때 시간은 심리치료에서 또 하나의 중요한 외적 조건으로서 역동심리치료에서 시간을 일관되게 지키는 것은 기본적인 태도라고 할 수 있다. 첫째, 보통 상담은 50분에서 1시간을 하는데 그 시간을 잘 지키는 것이 꼭 필요하다. 초보 상담자의 경우 내담자를 잘 돕겠다는 열의 때문에 상담을 한 번에 2~3시간씩 하는 경우가 있다. 그것은 결코 좋은 방법이 아니다. 왜냐하면 상담자도 내담자도 빨리 지치기 때문이고, 만일 상담자가 처음의 열심이었던 모습이 갑자기 다르게 변할 때 내담자가 그에 대해 실망하거나 과거의 힘들었던 관계가 반복되는 것과 같은 좌절감을 심하게 느낄 수 있기 때문이다. 그럴 경우 처음에 열심을 내지 않은 것만 못한 결과를 보게 된다. 둘째, 상담을 시작하는 시간과 끝내는 시간을 잘 지켜야 한다. 왜냐하면 그 시간을 잘 지켜야 내담자에게 변화가 일어나는 것을 감지할 수 있고 또 그 의미에 대해 해석을 잘할 수 있기 때문이다. 예를 들어, 상담이 잘 진행되면 내담자가 상담시간을 절대적으로 중요하게 생각하게 된다. 그러면 한 시간씩, 30분씩 미리 와서 대기하고 있을지언정 절대 상담에 늦는 일이 없게 되며 최선을 다하여 상담에 집중하게 된다. 그런데 내담자가 어느 시점부터 자꾸 반복하여 늦기 시작해서 왜 늦는지에 대해 묻는다면, 대부분의 경우 내담자는 자기 표현을 하는 것이 거절당하는 것에 대한 두려움이 있기 때문에 다른 현실적인 핑계를 대거나 하며 쉽게 그 이유를 말하지 않는다. 그러나 상담자가 그런 변명을 그대로 인정하면서도 혹시 그것이 상담에 관련된 감정적인 측면도 있을 수 있다며 내담자가 편하게 이야기할 수 있는 분위기에서 진지하게 잘 물어보면, '상담에 와서 엄마에 대해 비난하게 되는 게 굉장히 마음에 걸린다. 비난을 하면 불안하고 마치 내가 죄를 짓고 있다는 느낌이 들기 때문에 나도 모르게 자꾸 늦게 된다.'는 식으로 자신의 행동 변화에 대한 이유를 설명한다. 그렇게 정확히 내담자의 변화를 집어내서 이야기할 수 있기 위해 평소에 상담시간의 구조화를 정확히 해 놓아야만 한다. 그리고 내담자가 지각한 경우에는 그런 구조화를 따라서 남은 시간만 상담해 주도록 한다. 그런 조건이 잘 마련되어 있을 경우라야 내담자의 반복적인 지각이라는 단순한 사실을 통해서 바로 내담자의 핵심역동을 다룰 수 있게 되는 것이다. 이런 식의 내담자의 행동 변화를 저항의 한 예라고 할 수 있다. 이에 관한 자세한 설명은 제8장에서 다시 하게 될 것이다. 그런데 이와 같은 상황에서 만일 상담자 자신이 10여 분씩 늦었다 빨랐다 하며 불규칙적으로 상담을 해 왔다면 그런 변화는 정확하게 감지하기 힘들다. 그래서 왜 늦었냐고 하면 "다른 때도 이렇게 늦게 시작한 적이 있는데 왜 갑자기 그러시죠? 선생님도 매일 늦으면서 내가 한 번 늦었다고 나를 비난하는 건가요?"라고 대답할 가능성이 있다. 즉, 현실적인 내용과 좌절의 상황이 뒤섞여 버리는 것이다.

　또 다른 예로 상담자가 치료시간 50분을 다 못 채우고 "오늘 약속이 있어서 빨리 가봐야 한다."며 빨리 끝내는 경우, 그것이 어쩌다 한 번 예외의 경우라면 있을 수 있지만 일정 기간 내에 반복해서 상담자가 치료를 일찍 끝내자고 할 일이 연거푸 생긴다면 문제가 될 수 있다. 즉, 상담자가 빨리 끝내자는 것이 내담자에게는 거절당했다는 느낌을 줄 수도 있고, 또 아무런 사전 설명 없이 상담자가 상담에 늦게 되면 내담자는 상담자가 나를 무시한다고 생각할 수도 있다. 그런 '변화' 자체를 통해서 내담자는 좌절을 경험한다. 그러니까 상담자가 일관성을 깨뜨리고 어떤 변화를 주는 것에 대해서는 늘 주의 깊게 신경을 써야만 할 것이다. 이런 상황에서 우선 할 일은 우연이라 해도 그런 상황이 반복되는 것에 대해 상담자 자신의 그 상담에 대한 감정을 진지하게 생각해 봐야 한다. 말하자면 '내가 자꾸 상담시간을 변경시키는 것이 정말 피치 못할 사정이 있어서인가? 정말 불가피한 것인가?' 혹은 '내가 이 내담자와 상담하는 것을 불편해하는 점은 없는가? 그래서 자꾸 상담을 피하는 것은 아닌가?' 하고 솔직하고 주의 깊게 돌아봐야만 한다. 그리고 물론 그런 일이 한 번일 경우에도 그에 대한 내담자의 느낌이 탐색되어야 하지만, 그것이 반복적인 것이라면 말할 것도 없이 확실하게 그런 상황에 대한 내담자의 감정반응이 탐색되고 표현될 수 있어야만 한다. 즉, 그 문제를 구체적인 화제로 끄집어내서 얘기해 본다는 것이다. 그러면 내담자는 그런 것을 통해서 자신의 감정적인 반응을 표현하게 되고 더 나아가서 그 핵심역동에 대한 통찰을 얻을 수 있다. 비록 상담자의 실수로 인해 문제가 있었다 할지라도, 그 문제에 따르는 내담자의 좌절 감정을 지금-여기의 방식으로 현장감 있게 다루어 주게 되면 그런 위기도 하나의 좋은 치료의 기회가 된다. 결국은 상담을 해 가면서 내담자의 반응을 민감하게 살피고 어떤 감정이 생겼을 때 상담자에게 편안하게 표현할 수 있도록 해 주는 것이 곧 치유이며 상담이라 하겠다.

덧붙여 설명하자면, 상담자가 심리치료 구조를 변경시킬 때, 비록 상담자는 그렇게 할 필요가 있어서 하는 당연한 일일지라도 내담자에게는 그것이 심각한 좌절로 느껴질 수 있다. 그러나 상담자가 내담자의 그런 감정의 변화를 잘 읽고 그것을 표현할 수 있도록 도와준다면 그 좌절은 반드시 나쁜 것이 아니고 오히려 거기서 치유를 경험하게 되는 기회가 될 수 있다. 그러므로 실수 없는 완벽한 심리치료를 하려고 전전긍긍할 것이 아니라 어떤 상황에서라도 내담자의 감정반응을 잘 다루어 줄 수 있도록 민감하면서도 수용적인 자세를 가지려고 노력하는 것이 절대적으로 필요하다. 왜냐하면 심리치료도 사람이 하는 일인지라 상담자가 아무리 노력해도 어쩔 수 없이 조금씩 실수를 하게 되는 것은 불가피하며, 동시에 사람(내담자)의 인격이 성숙하는 것은 그런 어쩔 수 없는 상황에서 맛보는 좌절을 경험하고 극복하는 것을 통해서이기 때문이다. 인간 자체의 불완전함 때문에 어린 시절에 부모가 아무리 잘 돌봐 줘도 아이의 욕구를 완벽하게 충족시켜 줄 수는 없다. 즉, 아이가 배고프거나 엄마를 필요로 할 때마다 매번 엄마가 옆에 있다가 그것을 바로 채워 주지 못한다. 엄마는 집안일을 하거나 외출할 수도 있다. 그때 아이는 울며 엄마를 찾는 신호를 보내게 된다. 설령 엄마가 곧 달려올지라도 그러한 간격은 아이에게 좌절을 맛보게 하며, 그런 경험들을 통해 아이는 자기의 존재감과 엄마와 분리되어 있다는 현실감을 깨달으면서 인격이 발달한다. 상담도 엄마가 아이를 키우는 것과 똑같다. 상담자는 내담자의 필요를 완전히 채워 주지 못한다. 특히, 전이감정이나 의존욕구가 생겼을 때에는 더욱 그렇다. 내담자의 증폭된 욕구와 그것의 불완전한 충족 사이의 간격을 경험하면서 내담자는 좌절을 느낀다. 그 좌절을 제대로 다루어 주지 않으면 그것은 어려서부터 반복해서 느껴 온 것과 같은 좌절로 끝나지만, 그 좌절의 고통을 잘 드러내고 극복할 수 있도록 도와주면 그것이 바로 치유를 위한 길이 된다. 그러므로 다시 강조하지만 상담자가 어쩔 수 없는 실수조차 피하려고 할 필요는 없다. 또 실수를 했을 경우 그 실수를 한 것이 문제가 아니고, 그 실수로 인해서 생긴 내담자의 좌절을 얼마만큼 잘 다루어 줄 수 있는가 하는 것이 더욱 중요하다.

또 다른 심리치료의 외적 조건인 상담비(치료비)에 대해 생각해 보자. 일반적인 만남과 분명히 구분되는 상담을 하려는 경우라면 가능한 한 유료상담을 할 것을 권한다. 즉, 비록 액수가 적다 할지라도 상담비를 받음으로써 분명한 계약관계를 맺는 것이 필요하다. 그 이유는 만약에 상담비라는 조건이 없다면 내담자와 상담자 사이의 치료적 거리를 지킬 수 있는 중요한 도구를 잃게 되는 것이기 때문이다. 내담자가 상담자를 향하여 무한정 의존욕구를 펼치며 경계를 넘어올 때, 상담비는 그런 내담자에게 이 관계가 상담자-내담자 관계며 일반적인 관계와는 다르다는 것을 현실적으로 깨닫게 하는 조건이 된다. 즉, 심리치료를 하고 상담비를 받는 것이 내담자의 지나친 의존욕구의 증폭을 제한하고 통제할 수 있는 직접적이고 현실적인 방법이 된다는 것이다. 이는 기독상담이라고 해도 예외가 아니다. 상담자가 기독교인이기 때문에 '저 사람이 나를 더 많이 무한정 받아 줄 것'이라는 예외적인 기대가 오히려 상담자와 내담자에게 상처를 주고 갈등을 조장할 우려가 있다. 그러므로 현대 사회를 살아가는 한 사도 바울의 말씀대로 자본주의 사회의 기본 규칙을 지켜야 한다. 그러나 굳이 기독상담이라는 특성상 이웃 사랑과 봉사의 의미를 중시하려고 한다면 상담비의 액수를 저렴하게 조정할 수는 있다. 그것은 '상담비를 내고 상담을 받는다'는 상징적인 의미가 더 중요하기 때문이다. 물론 기독상담에서도 통찰상담을 할 경우 액수를 너무 적게 하는 것은 별로 좋지 않다고 생각한다. 내담자의 상태가 많이 힘들어서 정상적인 경제 활동이 힘들거나 형편이 어려운 경우 지지상담을 해야 하고 그럴 경우는 무료상담을 할 수도 있다. 그런 경우를 제외하고 생각해 볼 때 통찰상담을 할 경우에는 상담자의 노력과 시간에 대한 충분한 보상이 있어야 한다. Freud는 초기에 "아무리 친한 친구가 와서 (치료비를) 깎아 달라고 해도 절대 깎아 주지 말아라."는 말을 했다. 그것은 맞는 말이다. 상담을 시작하면서 상담비 내는 것을 아까워하고 때로는 깎아 달라고 하는 경우가 있는데, 그래서 치료비를 적게 받거나 안 받는 경우에는 상담 진행 중에 문제가 생기곤 한다. 그런 내담자를 잘 탐색해 보면, 자신에게 상담이 필요하다는 것은 알지만 현실적으로 자신의 문제를 돌아보고 새롭게 하는 일에 진지하게 전폭적으로 뛰어들고 싶지 않은 마음이 강하며 그것이 그런 일에 돈을 들이고 싶지 않은 모습으로 보여지는 것을 알 수 있다. 그러므로 상담에서 정말 자신을 돌아봐야 하고 노력해야 할 시간이 오면 대개는 쉽게 저항에 걸려서 슬그머니 상담을 그만두려 한다. 물론 상담자는 열심히 그 저항을 드러내게 하고 직면시키고 극복해 보려 하지만, 그럴수록 내담자는 자신에게 다가오는 책임을 벗어 버리려고 안간힘을 쓰며 온갖 현실적인 이유를 대다가 상담을 중도에 그만두게 되는 것을 볼 수 있다. 그리고 이때 상담자는 자신이 하고 있는 노력에 대한 보상이 적당하지 않다는 것을 새삼 생각하며, 처음부터 그런 저항의 가능성을 간과했다는 사실을 깨닫게 된다. 그러므로 상담자가 역전이를 극복하고 상담자로서의 자신감과 전문성을 유지하기 위해서는 상담비를 정확히 받을 필요가 있다.

앞의 경우와 같지는 않지만 정말 피치 못해 적정 상담비를 일부 깎아 준 경우라 할지라도, 통찰상담에서 전이감정이 일어났을 때 상담비 문제는 치료적 거리와 직결되어 있기 때문에 상담관계가 혼란에 빠질 수 있다. 즉, 상담비를 깎아 주거나 면제해 준 것으로 인해 일정한 치료적인 거리를 놓쳐 버리면(일단은 너무 가까워지므로 나중에 일반적인 치료적 거리로 돌아가려는 것만으로도 문제의 감정을 가질 수 있다) 그 놓친 것을 통해서 내담자가 온갖 상상을 다하게 된다. '상담자가 시간이 다 됐다며 상담을 매정하게 끝내는 것이 내가 돈을 적게 내서 그런가?' '나를 문제 많은 사람으로 취급하는

데 내가 돈을 못 내고 상담을 해서 그런 건가?' 이렇게 내담자는 자신이 어렸을 때 제대로 사랑받지 못한 것을 상담에 투사하면서, 그것을 자신의 문제로 생각하지 않고 상담자가 비용을 적게 받거나 안 받는 것과 연결시켜 현실적으로 오해를 한다. 그러니까 오히려 안정된 상담관계를 맺기도 힘들고 또 쉽사리 통찰이 이루어지지도 않는다. 한편, 그런 경우 상담자는 그래도 내담자가 긍정적인 전이감정을 가졌을 때는 간접적인 만족을 할 수도 있다. '내가 죽으라면 죽는 시늉까지 하는데 그까짓 상담비 많이 안 받아도 괜찮다.' 며 자신의 자존감이 보상을 받는다고 생각하는 것이다. 그러나 나중에 그런 내담자의 긍정적 전이가 부정적으로 변하게 되면 문제는 달라진다. 부정적인 전이감정이 생기면 이유 없이 상담자를 원망하고 미워하고 꼬투리를 잡으려고 한다. 그러면 상담자도 인간인지라 이따금씩 미운 감정이 생길 수 있다. 거기에다 한 시간 내내 골치 썩이며 에너지를 다 쏟으면서도 비용을 얼마 못 받으면 은근히 갈등이 된다. '내가 이 시간과 에너지를 가지고 가볍게 상담할 수 있는 내담자들을 보면 훨씬 많은 수입을 올릴 수 있을 텐데…….' 일반 상담자에게 이것은 자연스러운 현상이다. 그래서 그것은 무시할 수 없으며 그만큼 중요하다.

그러면 교회에서의 상담은 어떻게 할까? 아무리 우리가 자본주의 사회에 살고 또 상담이론상 상담비를 받는 것이 옳다고 해도 교회에서 교인들 간에 '상담했으니 상담료를 내라.' 고 하는 것은 쉽지 않다. 그러므로 이런 경우에는 상담자가 '내가 내 시간을 저 사람을 위해 썼다.' 고 생각하기보다 이웃을 사랑하는 것으로 시간을 십일조 했다고 생각을 바꾸도록 해야 할 것이다. 그렇게 하나님께 바친 것으로 생각하고 되돌아오는 것을 기대하지 않도록 해야 한다. 그러나 교회에서 운영하는 상담실에서 상담을 하는 경우, 상담자에게는 교회 측에서 적정의 급여를 지급하고 내담자에게는 무료로 상담을 제공할 수도 있다. 이때 내담자에게 자신의 상담에 대한 책임을 갖게 하기 위해서는 교회에 적정액의 헌금을 하게 할 수 있다. 그렇게 하는 것이 무료로 상담을 받는 것보다 의미가 있다는 것을 상담 초기 과정에서 내담자에게 인식시키고 교육할 필요가 있다. 과거와는 달리 이제는 우리 사회에서도 상담이 일반화되고 있고, 상담을 받은 후 상담비를 내는 것이 당연하다는 인식이 확산되고 있다. 이런 상황에서 기독교인들에게도 심리적인 문제와 영적인 문제를 통합적으로 전문성 있게 다룰 수 있는 기독상담기관의 필요성이 절실하며, 그런 기관들이 따로 교회의 지원을 받지 않을 경우 전문 상담자들을 중심으로 일해 나가기 위해서 유료상담은 불가피하다.

지금까지 우리는 심리치료가 전체적으로 어떻게 진행되는가 하는 것과 그 진행되는 내용을 담아 줄 형식적인 구조의 틀에 대해 알아보았다. 앞서 설명했듯이 심리치료의 진행은 이런 내용과 형식의 조화가 어우러지면서 이루어지게 되며, 동시에 이런 구조화의 틀은 상담자와 내담자의 입장을 보호하고 결과적으로 심리치료를 성공적으로 해낼 수 있기 위해 반드시 갖추어져야 할 조건들이다. 이에 대해서는 이론적으로 알고 이해할 뿐만 아니라 심리치료의 실제 훈련과정에서 충분히 익히고 숙달할 수 있어야겠다.

제**5**장

내담자 평가

제5장

내담자 평가

　내담자의 문제를 해결하기 위해 통찰상담을 할 것이냐 지지상담을 할 것이냐의 결정은 상담 초기의 정확한 내담자 평가를 통해 이루어진다. 그 평가에 따라서 상담목표를 정하고 어떻게 그 목표에 접근하느냐 하는 방법론이 결정되므로 내담자 평가는 상담 초기의 중요한 과정이다. 아무리 좋은 상담목표를 정하고 그것을 이루기 위한 계획을 세워도 그것이 내담자에 대한 정확한 평가를 기초로 한 것이 아니라면 그 상담은 무의미하고 비현실적인 것이 될 수밖에 없다. 그러므로 내담자를 올바르게 잘 도와주기 위해서는 시도면담을 하는 상담 초기에 내담자에 대해 빠르고 정확한 평가를 하도록 해야 한다. 그렇지 못할 경우 상담의 중간단계가 힘들고 혼란을 겪을 수도 있다. 예를 들어, 초보 상담자가 어느 내담자를 상담하려 할 때 처음에는 왠지 통찰상담이 부담스러운 느낌이 들어 그저 지지상담을 해야겠다 싶었는데, 조금 상담을 하다 보니 약간씩 용기도 생기고 욕심이 생겨서 중간에 통찰상담 쪽으로 방향을 바꾸려 해도 그것이 잘 안 된다. 혹은 처음부터 통찰상담을 하려고 시도했는데 조금 해 보니까 상담이 잘 안 되고 어렵다는 생각이 들어서 중간에 지지상담으로 바꾸려 하니 내담자가 혼란스러워하고 상담관계가 힘들어진다. 물론 이렇게 상담을 하다가 도중에 기법을 바꾸거나 목표를 수정하는 일이 있을 수 있기는 하지만, 앞에서 말했듯이 그것은 불필요한 혼란과 노력을 많이 요구하는 작업이므로 가능하면 초기부터 내담자에 대한 정확한 평가를 한 후 상담의 방향을 결정하는 것이 좋다.

내담자를 평가하는 내용은 여러 가지가 있지만 크게 세 가지 범위로 나누어 임상적 평가, 역동적 평가, 상담치유적 평가를 한다.

임상적 평가

임상적인 평가는 내담자의 현재 모습에 대한 현상학적인 평가를 말한다. 즉, 정신병리적인 측면에서 내담자의 증상이나 능력의 손상을 알아보고, 그것이 정상 기준에서 얼마나 벗어나 있는가를 평가하는 것이라고 하겠다. 이런 평가를 위해서 먼저 생각해 봐야 하는 것은 심리적으로 '정상' 혹은 '건강' 의 기준은 무엇이며, 어디까지가 정신이 건강한 상태이고 어디부터 병리적인지를 나누는 분명한 경계선은 있는가 하는 것이다. 이에 대하여 Freud는 '정신건강' 의 개념을 '일하고 사랑할 수 있는 능력' 이라고 정의하면서, 정상과 신경증 및 정신증을 구분하는 명확한 경계선은 없고 다만 병리의 정도의 문제가 있을 뿐이라고 지적했다. 그러므로 한 사람의 정신적인 건강은 내면적인 정서의 적절한 성숙 정도와 함께 그가 처한 환경 내에서의 적절한 적응상태를 말한다. 이는 Hartmann이 말하는 '평균적으로 기대될 수 있는 환경' 이 주어진다는 조건을 전제로 한다.[20] 다시 말해서,

---

20) 이근후, 박영숙, 문홍세 공역(1999). 『인격형성에 미치는 아동기 감정양식』(Leon J. Saul 저). 서울: 하나의학사.

심리적으로 정상 혹은 비정상을 분명히 구분할 수 있는 구체적인 기준은 없으며, 또한 '정상'이란 완벽한 발달과 완전한 적응을 말하는 것도 아니다. 현실적으로 우리들에게 심리적으로나 정신적으로 완전히 이상적인 상태 혹은 문제가 없는 상태란 있을 수 없다. 그렇다고 '대다수의 사람들이 가진 심리상태'라고 해서 그것이 정상이라고 말할 수도 없다. 왜냐하면 우리 모두가 살다 보면 잠 못 이루는 밤도 있고, 우울증에 빠져 고민하는 때도 있으며, 다리를 건너다가 그 다리가 무너질까 봐 불안해지는 때도 있기 때문이다. 누구에게나 그런 증상들이 일시적으로 있을 수 있고, 어느 정도까지는 그러면서 넘어가고 문제로 삼지 않는다. 그래서 정상적이라는 개념을 잡기가 어렵다. 그러나 상담의 임상적인 평가에서 우리는 내담자의 증상을 보고 최소한 신경증이냐, 정신증이냐, 혹은 인격장애냐 하는 구분은 할 수 있어야 한다. 필자들은 이러한 진단분류의 개념에 대해 주로 미국의 『정신장애 진단 및 통계편람(Diagnostic and Statistical Manual: DSM)』의 기준을 따른다.

일반적으로 정신병(psychosis)이란 자아의 붕괴가 인격 전반에 걸쳐 일어나서 자아 경계가 상실된 상태로서 망상이나 환각, 비합리적인 현실 왜곡 및 괴상한 행동장애를 보인다. 반면, 신경증(neurosis)은 자아기능의 일부에 문제가 있어서 일상생활에 지장을 초래할 만큼 불안정한 정서와 생활태도를 보이기는 하지만 그 증상의 심한 정도가 정상 상태와 정신병의 중간에 해당되는 것이다. 최근의 DSM 제4판(DSM-IV, 1994)에서는 이러한 신경증의 개념을 배제하고 있기는 하지만, 아직도 ICD(International Classification of Disease, 국제질병분류)와 같은 다른 분류에는 그 개념이 남아 있고 또 일반인에게도 '신경성'이라는 말로 익숙한 개념이다.

정신병적인 내담자는 얘기하는 내용을 이해하기가 힘들고 공감이 잘 안 되며, 망상이나 환각 및 비합리적인 현실 왜곡과 괴상하게 보이는 행동장애를 보인다. 또한 자아기능의 손상이 심하고 퇴행되어 있으며 현실 검증

능력이 거의 없어서 자신의 증상을 괴로워하지 않고 스스로를 갈등 없이 용납한다. 즉, 정신병의 증상은 자신의 입장만을 생각하여 환경을 탓하며 그것을 변경시키고자 하는 환경 수식적(alloplastic) 반응의 결과로서 자아 동조적(ego-syntonic)인 특징이 있어서 치료하려 하지 않는 경향이 있다. 여기서 자아 동조적이라 함은 당면한 문제들이 자기 내면의 문제 때문이 아니라 남들 혹은 자신의 상황 때문이라고 탓하며 자기 문제로 인정하지 않는 것을 말한다. 그래서 자아 동조적인 사람들은 상당히 미숙하며 문제를 문제가 아니라고 부정하곤 한다. 이런 정신병에는 대표적으로 정신분열증과 조울증, 편집증 등이 있다. 한편, 신경증은 인격의 일부분에만 문제가 있는 것으로 비교적 더 흔히 볼 수 있고 증상이 이해가 가며 내담자의 감정을 공감할 수 있다. 또 현실 검증능력이 손상되지 않아서 자기의 증상이 뭔가 잘못되어 있다는 것을 알고 괴로워하며 거기서 벗어나려는 마음이 있어서 상담 및 정신과 치료를 받아서 증상을 해결하려고 스스로 노력하는 경우가 많다. 이렇게 한 사람의 인격(자아)의 일부분에 문제가 있고 그 자아의 나머지 건강한 부분인 관찰자아가 그 문제되는 부분을 객관적으로 바라보며 자신의 문제를 인정하고 이질적으로 보는 것을 '자아 이질적(ego-dystonic)'이라고 한다. 즉, 자아가 자신의 어떤 행동이나 생각 혹은 감정의 문제를 '나의 문제'라고 객관적으로 볼 수 있는 것을 말한다. 이런 신경증 증상은 성장과정에서 문제되는 환경에 대해 자신을 변화시켜 적응하려는 자기 수식적(autoplastic) 반응의 결과라고 할 수 있다. 대표적인 신경증으로는 강박장애, 각종 공포증, 신체형 장애 등이 있다.

한편, 정신병이나 신경증과는 달리 인격 전반의 광범위한 범위에서 일어나는 인격장애는 DSM-IV의 정의에 의하면 '지속적인 주관적 경험과 행동으로 문화적 표준에서 벗어나 있고, 전반적이고 완고하고 청소년기나 청년기에 시작되며, 생활에 불행과 장애를 초래하는 경우'다. 따라서 인격장애는 매우 독특한 대인관계 양상이나 사회생활이 깊이 체질화되어 있어서 나름대로 일관성이 있고 예측이 가능하기는 하지만 비적응적인 양상이 확고하고 융통성 없게 반복되므로 대체로 관계되는 사람을 힘들게 하거나 화나게 만들어 결국은 관계를 악화시키는 악순환을 되풀이하게 되는 경향이 있다. 인격장애자들은 자신에 맞추어 환경을 바꾸고자 하는 환경 수식적 (alloplastic)이며 자아동 조적인 특징이 있어서 상담이나 치료를 받으려 하지 않는다.

정신병의 특징에 대해서 좀 더 자세히 설명해 본다. 우선 현실 검증능력과 자신의 증상에 대한 인식의 결여를 들 수 있다. 이 경우 횡설수설하며 말에 조리가 없고 망상이나 환청과 같은 비현실적인 생각과 지각을 갖고 있으면서도 자신이 생각하는 것이 실제라고 믿으며 행동한다. 그러니까 정신병리적인 문제가 있을 때 자기에게 문제가 있다는 사실을 인정하는 사람일수록 오히려 건강한 사람이며, 문제가 없다고 생각하는 사람일수록 문제가 심각하다. 그리고 그렇게 자신에게 심리적인 문제가 있다고 인식하는 내담자만이 통찰상담이 가능하다. 그러므로 정신병적인 상태에 있는 내담자는 통찰상담이 힘들고 지지상담적인 접근이 필요하다. 그 사람이 과거에 학식이 높았고 성숙한 성격이었다 해도 이미 정신병적인 상태에 있다면 그와는 통찰상담을 할 수 없다는 전제를 해야 한다. 그런데 정신병으로 치료를 받은 적이 있는 사람이라 해도 항상 혼돈 가운데 사는 것은 아니고 초기 급성기에 잠깐 혼란이 있는 것이지 그때만 지나면 일상생활에서는 정상인과 거의 비슷하게 생활을 한다. 그런데 정신병이 있을 경우 단지 상담만으로는 일차적으로 그 증상을 해소시킬 수 없다. 이때는 항정신병 약물을 투여하는 약물치료가 우선적으로 중요하며 그렇게 해서 심각한 증상이 가라앉은 후에야 상담을 할 수 있다. 그러한 단계에서 상담을 하게 될 경우 병원과 잘 협조를 해서 내담자(환자)와 의사 간에 신뢰관계를 잘 맺을 수 있도록 도와주거나 정확하고 꾸준하게 약물을 복용하는지 돌보고 확인하는 것이 필요하다. 그렇게 항정신병 약물을 투여해서 정신분열증의 증상을 가라

앓히고 난 후 그 외의 엄청나게 많은 문제들—의욕상실, 자폐적인 경향, 사람 만나기를 두려워하는 것, 자신 없어 하는 것, 열등감 등—을 상담자가 구체적으로 다루어 줄 수 있다. 또한 정신분열증이 한번 생기면 자아 인식이 없는 환자들은 병원에 가고 치료받는 일을 싫어하고 피하려고 하다가 대개 반복해서 발병되는 만성적인 코스를 밟기 때문에 그 문제에 대해서도 상담자의 역할이 중요하다. 게다가 그런 만성화의 과정에서 많은 가족들이 불안해하고 힘들어하는 심각한 고통과 문제를 겪게 되는데, 이런 정신병 내담자의 가족들에게도 상담이 절실하게 필요하다. 그러므로 정신분열증을 가진 내담자는 상담이 안 된다고 무작정 피할 것이 아니라, 오히려 그 병을 가지고 있는 사람을 지지상담으로 돌봄으로써 우선적으로 필요한 병원치료를 받도록 도울 수 있으며, 최소한이나마 사회생활을 유지하게 하고 무엇보다 신앙생활을 잘 영위할 수 있도록 도와줘야 한다. 이런 사람이야말로 그리스도를 만나고 그의 사랑 안에 머물러야 하는 이스라엘의 잃어버린 양이라고 생각된다.

내담자의 증상이 신경증일 경우에는 사회적으로 혹은 기능적으로 장애가 심한 정신병과는 달리 인격의 일부분에만 증상이 나타나며, 불안정한 정서와 생활태도를 보이기는 하지만 일상생활과 사회생활 및 직장생활을 그런 대로 수행해 나가기도 한다. 그러나 그 부분적인 문제의 결과로 인해 강박증, 공포증, 우울증, 성기능 장애 등이 나타나며 그 증상들이 다양하고 광범위하다. 이런 신경증의 경우에 일반적으로 약물을 같이 쓸 수는 있지만 현재로서는 약물이 근본적인 치료는 되지 못하며 그것을 다룰 수 있는 주된 치료방법은 심리치료 혹은 상담이라고 하겠다. 이는 마치 열이 있을 때 해열제를 주거나 기침을 많이 하는 사람에게 진해제를 주는 것과 같은 대증요법을 쓰는 것이 일시적으로 그 증상을 가라앉히는 효과를 주려는 것이지 증상의 근원을 치료하는 것이라고는 할 수 없는 것과 같은 이치다. 게다가 앞에서도 설명했듯이 신경증의 증상은 현실 검증능력이 손상되어 있지 않아서 자신의 증상에 대해 고통스러워하며 그런 내담자들 중에 많은 사람은 문제를 통해서 자신이 성숙하고자 노력하려는 마음이 있기 때문에 통찰상담이나 신앙상담이 중요한 역할을 하게 된다.

그러면 인격장애와 신경증은 어떤 차이가 있을까? 앞에서 말했듯이 신경증이라는 것은 증상이 인격의 한 부분에만 국한되어 있는 반면, 인격장애는 그런 경향이 좀 약한 수준으로 인격 전체에 퍼져 있는 것을 말한다. 예를 들어, 신경증의 하나인 '강박신경증'은 다른 것은 별 문제가 없는데 유독 손을 지나치게 많이 닦는 것과 같은 어떤 하나의 강박적인 생각과 행동에 시달리는 증상을 말한다. 또 다른 예로 밖에 나가서 다른 사람을 대하기가 두려운 증상을 가진 내담자에게 그 이유를 물으니 사람을 대할 때마다 그 사람의 성적인 행위가 강박적으로 자꾸 상상되기 때문이라고 한다. 이런 환자의 경우 다른 생활은 비교적 원만하고 강박적인 경향이 없는데 어떤 하나의 것에 대한 강박적 사고가 있는 경우다. 이런 것을 신경증이라고 한다. 그런데 인격장애라는 것은 그런 증상으로 볼 수 있는 경향이 인격 전반에 퍼져 있는 것이다. 예를 들어, 강박적으로 깔끔한 것, 청결한 것이 어느 하나만 있는 것이 아니고 인격과 생활 전체에 퍼져 있어서 매사를 강박적으로 깐깐하고 꼼꼼하게 처리한다든지 너무 철저해서 대인관계에 장애를 가져올 정도라든지 하는 것이다. 이럴 경우는 그 사람이 강박적이기는 하지만 강박증이라 하지 않고 강박적인 인격의 문제가 있다고 한다. 인격장애의 경우에도 마찬가지로 통찰상담을 주로 한다. 물론 반사회성 인격장애나 경계성 인격장애 등 일부 인격장애의 경우 통찰상담이 거의 어렵지만, 일반적으로 다른 인격장애인 경우 일차적으로 통찰상담의 대상이 된다.

지금까지 설명한 세 가지 임상적인 평가 영역에 덧붙여서 특수문제에 해당하는 알코올이나 약물 등의 중독문제를 가진 내담자들은 좀 특별해서 통찰상담이 어렵다. 왜냐하면 이 내담자들은 중독으로부터 오는 행동의 반복적인 습관이 있거나 충동조절이 안 되는 경우이기 때문에 통찰상담을 통해 심층심리를 분석해서 역동적인 내용을 밝혀내고 통찰을 얻는다 할지라도 그것을 쉽사리 충동에 빠지는 내담자의 현실에 적용시키는 것이 힘들기 때문이다. 결국 중독의 문제를 가진 내담자의 경우에는 주로 지지적인 접근을 통해 습관이나 충동을 조절하는 힘을 얻도록 돕는다.

이렇게 임상적인 평가에서는 내담자의 병리적 증상들을 임상적으로 보아 정신병적 상태, 신경증적인 상태, 인격장애적인 상태, 혹은 특수문제에 국한된 것인가를 평가한다. 또한 이런 임상적 평가에 따라 지지상담을 할 것이냐 통찰상담을 할 것이냐를 결정하게 되므로 평가 이면에는 상담목표, 즉 통찰상담이냐 지지상담이냐를 늘 염두에 두어야 한다.

역동적 평가

두 번째로 역동적인 평가는 내담자의 문제를 구성하고 있는 것이 어떤 역동적인 내용인지를 평가하는 것이다. 즉, 내담자의 문제가 자존감이 너무 결여되어 있는 것인지, 마음속에 지나치게 많은 분노 때문인지, 혹은 의존욕구의 문제나 거부불안의 문제인지, 그리고 이런 것들은 인생주기의 어느 시기부터 어떤 관계들을 통해서 어떻게 형성된 것인지와 같은 평가를 내리는 것이 역동적인 평가다. 이러한 핵심역동, 즉 핵심감정과 방어기제에 관한 자세한 설명은 이 책의 제1, 2, 3장에서 기술한 바 있다.

상담치유적 평가

세 번째로 평가할 것은 상담치유적 평가, 즉 내담자의 자아기능 평가다. 내담자의 문제를 해결하기 위해 통찰상담을 할 것인가 지지상담을 할 것인

가 하는 것은 내담자의 자아기능이 얼만큼 성숙해 있느냐에 따라서 정해지
는 것이다. 만약 내담자의 자아기능이 성숙하지 못한 단계에 있으면 상담
자가 아무리 내담자 자신에 대한 통찰을 도와주고 싶은 욕심이 있다 해도
지지상담밖에는 할 수 없다. 반대로 상담자가 대강 지지상담만 해 주고 마
쳐야겠다고 생각해도 자아기능이 성숙한 사람은 상담자의 별 도움 없이도
자신의 문제점을 스스로 찾아가는 경우를 볼 수 있다.

그러면 자아기능을 어떻게 평가할 것인가? 이를 위해 크게 세 가지 조건
을 살펴본다. 첫째는 내담자의 대상관계(object relationship) 경험이 어떠
했느냐는 것이다. 내담자가 이제까지 살아오면서 인간관계가 어땠는지를
말하는 것인데 이를 위해서는 몇 가지 질문을 해 본다. 즉, 과거와 현재의
가족들과의 관계가 어떠했으며 학교 다닐 때 친구관계가 어땠는지를 물어
보면 그 사람의 대상관계가 어떤지 알 수 있다. 다시 말해서, 좋은 대상관
계에서 다른 사람을 신뢰하며 의미 있는 인간관계를 맺기 위해서는 어느
정도 자아 성숙이 이루어져야 한다. 그러니까 친구가 거의 없다거나 있다
가도 자꾸 떨어져 나간다든지, 관계에서 늘 배신감만을 안고 있다거나 만
족스럽지 못하다든지, 또는 가족들 간에도 서로 도움을 주지 못하고 있다
든지 하는 것을 보면 그 사람의 대상관계는 매우 좋지 않다고 할 수 있다.
대상관계가 좋지 않은 경우 자아도 성숙하지 못했다는 사실을 알 수 있다.
대상관계성이라는 자아능력은 상담이 진행되면서 상담자와 내담자 간에
좋은 상담관계를 맺고 치료동맹을 맺는 것에 절대로 필요한 기본 요소다.
하지만 대상관계의 정도와 자아기능 사이의 연관관계를 객관적으로 측정
할 수 있는 기준은 없다. 다만 상담자는 여러 차례의 경험을 통해서 그것을
파악할 수 있을 뿐이다. 상담 초기 상황에서 내담자의 대상관계 경험을 알
아보는 또 하나의 방법은 내담자가 이 상담에 오기 전에 다른 곳에서 상담
을 받은 적이 있는지를 물어보는 것이다. 혹시 받은 적이 있다면 어떤 문제
로 얼마 동안 상담을 받았으며 거기서 무엇을 알게 되었는지, 그리고 어떻

게 그 상담을 종결하게 되었는지를 반드시 물어봐야 한다. 특히, 지난번 상담자와의 관계를 잘 탐색해 보는 것이 중요하다(물론 내담자의 관점에서 보는 관계라는 것을 반드시 염두에 둬야 하겠지만). 이를 통해 이 내담자가 나와 어떤 종류의 관계를 맺어가게 될지, 이 상담을 깊이 있게 할 수 있을지 하는 것과 이 상담의 성공 여부까지도 예측해 볼 수 있다.

두 번째로 평가해야 하는 자아기능은 자기성찰(introspection) 능력이다. 이것은 자신의 문제를 돌아보며 통찰을 해 가는 능력으로서 자신의 문제가 자기에서 비롯된 것임을 인식할 수 있는 능력이라고도 할 수 있다. 인격적으로 성숙하다고 할 때 이러한 자기성찰 능력이 있는지의 여부가 중요하다. 특히, 상담심리에서는 자기성찰능력이 상담의 중요한 조건 중에 하나다. 왜냐하면 자기 자신이나 자신의 문제에 대해서 '나'를 돌이켜 볼 수 있는 것, 내가 잘되었는지 혹은 잘못되었는지를 스스로 생각하는 것이 곧 통찰을 의미하기 때문이다. 즉, 성숙한 자아를 가지려면 자신을 돌이켜 볼 줄 알아야 한다. '나는 옳다'고 생각하고 행동하는데 여러 사람들에게서 그것이 그렇지 않다는 지적을 받는다면, 혹시 내가 옳지 않을 수도 있다는 가능성을 언제나 고려해 볼 수 있어야 하며 그 문제를 바라보는 나의 시각을 수정해 보려고 노력해야 한다.

상담에 온 내담자가 초기부터 대단한 자기성찰 능력을 발휘할 수 있다고는 할 수 없지만, 통찰상담의 좋은 결과를 위해서는 그가 기본적으로 자기성찰을 할 수 있는 자아기능을 갖고 있는가를 반드시 평가해 봐야 한다. 예를 들어, 초반의 시도면담을 하면서 내담자가 자신의 문제를 실컷 하소연하고 난 후 "나는 내가 피해자라고 생각해서 상담에 왔는데 선생님이랑 얘기를 하다 보니 그게 아니고 내가 사람을 보는 시각을 좀 바꾸면 문제가 달라지겠다는 생각이 드네요."라고 하는 경우가 있다. 상담자는 그저 별다른 질문조차 안 하고 잘 들어주기만 했을 뿐인데도 내담자가 자신의 문제를 얘기하면서 스스로를 돌아보고 생각한 것이다. 이때 이 내담자에게는 적당한 자기성찰 능력이 있다고 평가할 수 있다. 결국 상담은 처음에 내 밖에 있다고 여기던 문제를 내 속에 있는 것으로 바꾸어서 바라보게 한다. 그래서 나중에는 다른 사람에 대해 그렇게 신경을 쓰지 않게 된다. '그 사람은 언제나 그런 사람이고, 이 사람은 언제나 이런 사람인걸. 내가 어떻게 극복하느냐는 나와의 싸움이지 그들의 문제가 아니다.'라는 식의 생각을 하게 되는 것이다. 이런 자기 성찰의 부분이 있어야 자신의 문제가 되는 역동을 집중적으로 깨닫고 고칠 수 있는 통찰상담이 가능하다. 간단히 말해서, 내담자가 '남 탓도 있고 환경 탓도 있지만 사실은 내 문제도 좀 있는 것 같다.'고 생각하는 사람일 때 통찰상담이 가능하고, 그렇지 않고 문제가 전부 남 탓이라고 생각하는 사람은 지지상담에 적합하다. 자기성찰 능력이 있고 어느 정도 자신을 성찰하는 부분이 있어야 통찰상담에 동기(motivation)가 생기게 된다. 즉, '내가 문제가 있다는 것을 조금은 알겠는데 그것을 어떻게 잘 들여다보고 이해할지 알 수 없기 때문에 당신의 도움을 필요로 한다.'는 상담에의 동기가 부여된다. 앞에서도 설명했듯이 내담자는 처음에는 그저 문제가 있어서 상담에 오지만 초기 상담을 하면서 스스로를 객관적으로 바라보게 되고 그런 자기 성찰이 많아질수록 상담에의 동기가 더욱더 확고히 생기게 된다고 할 수 있다. 그리고 이런 동기를 계속 유지하며 상담을 하려면 내담자의 관찰자아가 지속적으로 어느 정도 기능을 하고 있어야 한다. 그러므로 상담자가 통찰을 하게 해 준다는 말은 성립되지 않는다. 통찰이라는 것은 자기 성찰적인 것이기 때문에 내담자가 스스로 깨닫는 것만이 진정한 통찰이며 이를 위해서는 내담자의 성찰능력이 반드시 우선되어야 한다. 그런데 통찰상담을 한다고 하면서 상담자가 자꾸 내담자의 문제를 말해 주는 경우가 있다. 예를 들어, 상담자가 내담자에게 "당신은 의존욕구가 너무 강하다."는 식으로 통찰의 답을 주는 경우 외양으로는 통찰상담 같아 보이지만 사실은 통찰이 없는 일종의 지지상담을 하는 것이라고 하겠다.

한편, 기독교인들에게는 하나님 앞에서의 이런 자기 성찰이 필수적이고 자연스럽게 요구되는 덕목이다. 물론 이런 경우 하나님의 사랑을 체험하고 깨달은 자녀로 거듭나는 과정이 우선시되며, 사랑으로 부르심에 따르는 자기 성찰과 과도하게 자학적인 종교적 자기비판 사이의 차이를 반드시 구분해야 할 필요가 있기도 하다. 하나님의 자녀로서 이러한 자기 초월적인 자기 성찰의 길을 철저히 가는 이유로 인해 때로 기독교인의 자기 평가는 일반적이고 상식적인 것과 많이 다를 수도 있다. '남들은 다 A가 옳다고 하는데 하나님 앞에서 내 양심에 물어보니까 그것은 안 되겠다. 나는 남들이 뭐라 해도 B라고 생각한다.' 며 세상을 거슬러 갈 수도 있는 것이다.

또 하나 우리가 평가해야 할 자아기능의 중요한 요인은 고통에 대한 인내심(tolerance)이다. 즉, 좌절이나 고통의 힘든 것을 어느 정도 참을 수 있는 사람이어야 통찰상담이 가능하다. 자아기능의 한 측면은 본능을 절제하고 억제하는 것, 고통스러워도 인내하며 자기 조절을 하는 것이다. 고통에 대해서 절제를 할 수 있어야 자기 조절이 가능하고 그래야 힘들고 좌절의 고통이 따르는 통찰상담의 과정을 이겨낼 수 있다. 만약 어떤 사람이 너무 충동적이라 아무 때나 화를 내며 자신에게 조금이라도 손해가 되고 괴로우면 참지 못하고 바로 뛰쳐 나가거나 되는 대로 욕망을 충족시키려고 한다면, 그는 본능이 팽창되어 있고 자아는 굉장히 약한 사람이라고 평가할 수 있다. 이런 경우 통찰상담 과정에서 반드시 일어나는 자기 문제에의 직면이라든지 상담자의 중립적인 태도로 인한 자연스러운 좌절의 감정을 견디기가 힘들고 상담을 지속하지 못할 것이다. 그러므로 통찰상담보다는 그런 어려움을 적게 주는 지지적인 상담을 하는 것이 좋다.

그런데 이런 인내심을 평가할 때 한 가지 예외가 있다. 일반적으로 고통을 견디는 힘이 자아기능이 성숙한 것이라고 할 수 있지만 어떤 사람들은 무의식중에 고통을 필요로 하고 즐기기까지 한다. 그들은 자신을 비난받는 입장에 세워 놓고 상대방이 자기에게 비난하는 것을 통해 관심을 받는다고 생각하며 또 그렇게 불쌍한 처지에 빠진 자신에 대한 자기 연민을 즐긴다. 이런 사람을 피학적인 인격의 소유자라고 한다. 피학적인 사람은 지나치게 고통에 대한 인내가 많다. 그러나 결코 이런 사람이 자아기능이 높다고 할 수는 없다. 왜냐하면 그들 대부분이 자기 성찰적인 면이 없기 때문에 자기 자신의 피학성에 대한 통찰을 얻기 힘들다. 또한 그들 대부분은 초자아가 지나치게 강한 사람들이다. 어렸을 때 부모가 제시한 기준이 너무 높아서 항상 이렇게 해라 저렇게 살아라 하며 지시하는 식이었고, 아이는 아무리 최선을 다해서 노력해도 그런 부모의 기준을 좇아갈 수 없었다. 그래서 마음속에 죄책감이 많고 부정적인 자아상이 있다. 어렸을 때는 늘 부모의 꾸짖음을 들으며 자랐고 장성하고 난 후에는 부모가 그를 떠나도 누군가가 그 마음속에 항상 있어서 그에게 '너는 여전히 부족한 존재다. 너는 아직도 혼이 더 나야 한다. 더 고통을 당해야 한다.'는 식의 메시지를 자꾸 주기 때문에 성공을 향해 가기가 힘들다. 성공에 다가갈수록 굉장히 불안하고 힘들어진다. 그래서 오히려 자꾸만 실수하고 실패하는 것을 당연시하며 그때 듣는 실망의 말들을 관심받는 것으로 생각하곤 한다. 이런 내담자가 자신의 역동적인 면을 통찰하는 것이 불가능한 것은 아니지만 상담자는 내담자의 이런 성격에 대해서 주의 깊게 평가하고 접근해야 할 것이다.[21]

이상과 같은 자아능력의 세 가지 측면이 어느 정도 구색이 갖춰졌다고 평가될 때라야 통찰상담이 가능하다. 그것은 마치 "무릇 있는 자는 받아 넉넉하게 되되, 무릇 없는 자는 그 있는 것도 빼앗기리라."(마13:12)는 성경말씀처럼 먼저 어느 정도 자아능력이 마련되어 있을 때 더 많은 자아의 성숙을 위해 통찰해 갈 수 있는 기회가 주어지는 것이라고 할 수 있다.

---

21) 김기석 역(2000). 『정신치료의 이론과 실제』(제9판, Paul A. Dewald 저). 서울: 고려대학교 출판부. 이 책에서 내담자 평가의 더 자세한 설명을 참고하기 바란다.

제**6**장

감정의 표현과 공감

제6장

감정의 표현과 공감

공 감

내담자가 변화되는 힘은 어디서부터 오는 것일까? 연구자 혹은 학파마다 견해가 다를 수 있지만 가장 중요한 한 가지 요소를 꼽으라고 한다면 치료자의 공감(empathy)을 들 것이다. Freud 이래로 고전적인 정신분석에서는 오직 통찰만이 유일하고도 근본적인 치유인자라고 하여 통찰(insight gaining)을 통하지 않고 내담자가 변화되는 부분을 매우 가볍게 취급하여 왔다. 따라서 자아심리학(ego psychology)적 정신분석은 치료자가 매우 경직되고 중립적인 위치를 고수함으로써 가능한 한 치료자와의 감정적인 교류를 차단한 채 기계적인 분석에만 매달렸고, 이러한 자세에 대하여 이의를 제기하여 치료자의 적극성을 강조하는 초기의 학자들은 가차없이 파문을 당하였다. 그 대표적인 예가 바로 현재는 일반적으로 받아들여지고 있는 Franz Alexander의 교정적 정서 경험(corrective emotional experience)

의 개념이라고 할 수 있다. 이러한 경향 때문에 공감이라는 개념은 정신분석과 심리치료에서 오랫동안 도외시당하여 왔으며, 최근까지도 그 학문적인 개념이 연구되지 못한 채 모호한 상태였다고 하겠다. 그러다가 대상관계이론가들의 주장이 심리치료에 받아들여지면서 비로소 치료자와 내담자 간의 공감적 상황이 매우 중요하다는 사실을 더 이상 외면할 수가 없게 되었고, 결국은 공감이 치료에서 가장 중요한 요인이 된다는 사실을 인정하기 시작했다. 나아가서 Kohut을 위시로 하는 자기심리학(self psychology)에서는 공감이야말로 인간의 정신을 치유할 수 있는 가장 중요한 요인일 뿐만 아니라 어린아이부터 어른에 이르기까지 인간의 정신이 성숙하기 위하여서는 공감이 무엇보다도 중요한 요인이라는 주장을 하게 되었다. 이는 대상관계이론이나 자기심리학이 나오게 된 배경이 정신분열증이나 자기애적 인격장애 등과 같이 통찰을 중심으로 하는 심리치료로는 도저히 치유할 수 없는 심한 정신병리에 관한 연구가 바탕이 되었기 때문이기도 하지만, 현대 사회가 발전할수록 소외감 속에 병들어 가고 있는 인간 정신을 치유할 수 있는 유일한 조건은 공감일 수밖에 없다는 비극적 상황의 자연스러운 귀결이기도 하다. 인간은 죽음의 고통을 두려워하는 것이 아니라 죽은 후의 공감 없는 세계를 더욱 두려워한다는 Victor Frankle의 말처럼, 우리는 관계 안에서의 공감이 점점 더 절실해지는 시대를 살고 있는 것이다. 이렇게 변화된 입장에 서서 잘 생각해 보면, 과거 전통적인 정신분석이 주장했던 주요 치료요인으로서의 통찰을 깊이 있게 할 수 있도록 하기 위해서는 치료자의 공감이 필수적임은 두말할 필요가 없다. 공감이야말로 사람을 변화시키고 성숙시킬 수 있는 매우 중요한 정신현상이라고 할 수 있으며, 거의 유일한 인간 정신의 치유도구여서 공감이 없는 심리치료나 상담은 치유가 있을 수 없다고까지 단언할 수 있다. 특히, 기독교 상담에서의 공감은 불완전한 인간인 상담자가 단절된 인간 실존의 한계를 잠시나마 뛰어넘어 역시 불완전한 인간인 내담자를 사랑으로 만날 수 있는 하나님의 선물, 하나님께 배운 방법이라고 할 수 있다. 하늘 높은 보좌를 버리고 비천한 인간의 자리에 내려와서 우리들의 실존을 공감한 그 사실, 그래서 너무도 쉽게 우리들이 그분을 맞아들일 수 있는 길을 열어 준 것이 곧 복음이었듯이, 상담 현장에서의 공감이란 하나님 사랑모형의 좋은 실습이라고 할 수 있다.

그러면 공감이란 무엇인가? 어떻게 우리는 공감이라는 현상을 이해할 수 있을까? 일반적으로 공감이란 타인의 입장에서 어떤 상황이나 사건을 경험하는 것을 말한다. 이는 남의 일을 자신의 일처럼 체험하고 이해한다는 것을 뜻하지만 그 진정한 의미는 말로는 좀처럼 실감이 나지 않는다. 공감의 가장 근본적인 형태는 아마도 갓난아기를 돌보는 엄마의 자세를 연상하면 될 것이다. Winnicott은 이런 어머니의 상황을 유아의 모든 것을 수용할 수 있도록 안아 주는 환경(holding environment)으로서의 '충분히 좋은 어머니(good-enough mother)' 라고 불렀다. 또한 출산 전후의 거의 병리적이라 할 만큼 극대화된 엄마의 아기와의 동일시라는 생태적인 모성현상을 예로 들어 일차 모성적 관심(primary maternal concern)에 관하여 진지하게 묘사하고 있다. 즉, 공감은 어머니가 유아를 돌보듯이 아기의 모든 입장을 동일시하여, 마치 자기가 아기인 양 아기의 상태를 충분히('완벽하게' 라고는 할 수 없을지라도) 이해하고 받아 주고 만족시켜 주는 것이라고 할 수 있다.[22]

이론적으로 보면 상담과정에서 공감은 치료자의 경험자아와 내담자의 자아가 만나는 장이라고 할 수 있다. 이러한 만남은 치료자의 퇴행(regression)을 필수로 한다. 여기서 '퇴행한다' 는 것은 치료자가 잠시 자신의 관찰자아

---

[22] Winnicott이 주장한 '안아 주는 환경' 이나 '충분히 좋은 어머니' 개념은 유아의 발달과정뿐만 아니라 상담에서도 충분히 좋은 어머니로서의 상담자가 안아 주는 환경을 제공하므로, 내담자가 종종 경험하는 가장 깊은 불안이나 감정적인 문제를 상담자가 알고 있고 이해하고 있음을 적절한 순간에 말로 보여 줄 수 있는 것을 말한다. 더욱 자세한 이해를 위해서는 Winnicott, D. W. (1965). *The Maturational Process and The Facilitating Environment.* New York: Int. Univ. Press. 또는 이재훈 역(2000). 『성숙과정과 촉진적 환경』. 서울: 한국심리치료연구소를 보라.

의 작용을 유보시키고 자아의 경계를 허문 채 내담자가 하는 이야기에 빨려 들어가 온몸으로 느끼면서 귀 기울이는 것을 말한다. 즉, 상담자의 경험자아가 전면에 나서서 내담자의 입장이 되어 그의 생각과 느낌을 비판 없이 함께 느끼고 따라가는 것이다. 이런 상태가 될 때 비로소 공감은 제대로 이루어질 수 있다. 다시 말하자면, 상담자가 내담자의 수준으로 퇴행하여 마치 엄마가 사랑스러운 아기의 요구에 하나하나 귀를 기울이는 것처럼 그 입장에서 들어주는 것이다. 물론 상담자의 이러한 퇴행은 일시적이고 가변적이기 때문에 언제든지 거기서 빠져 나올 수 있다는 것이 병리적인 퇴행과는 다르다. 상담 중간이나 혹은 상담을 마쳐야 할 때 상담자는 필요에 따라 언제든지 경험자아를 거둬들이고 다시 관찰자아가 작용하여 그때까지 공감적으로 느끼고 이해한 것을 객관적으로 분석하고 평가할 수 있어야 한다. 내담자는 이러한 경험자아와 관찰자아의 원활한 교류 속에 이루어지는 상담자의 공감적 수용을 경험하면서 점차 그것을 배우게 되고, 마침내 상담자와 동일시하는 방식으로 스스로의 경험에 관하여 이해하는 능력을 갖게 된다.

내담자의 감정

여기서 한 가지 강조해야 할 것은 이러한 상담자의 공감과정에서 경험자아를 가지고 주로 다루게 되는 것은 바로 내담자의 감정이다. 즉, 상담자는 내담자의 이야기 안으로 퇴행되어 들어가서 그 내용의 전개를 듣지만 거기서 경험자아가 주로 하는 것은 내담자의 감정적 경험을 함께 느끼며 받아주는 것이라 할 수 있다. 그것은 그의 감정이 옳고 그름을 판단하지 않은 채 "아, 무척 화가 났었군요." 하는 식으로 감정을 있는 그대로 인정하는 것을 말한다. 예를 들어, 결혼한 지 얼마 안 된 주부인 내담자가 "어제 남편이랑 시댁에 갔는데 남편이 시댁 식구들 앞에서 내가 한 달 생활비를 많이 쓴다고 막 불평을 하는 거예요. 기가 막혀서……"라고 말했다. 이때 상담자는 '도대체 얼마나 쓰길래?' 하는 의문을 가질 수도 있고, 상담자 역시 그녀의 다른 이야기들을 통해 그녀가 정말 낭비벽이 있다고 생각했을 수도 있다. 그러나 상담자가 그 내담자에게 공감하려 한다면 "어이구, 시집 식구들 앞에서 곤란했겠네요. 어떤 기분이셨는지 좀 더 얘기해 보세요."라며 문제의 내용을 밝히기보다 내담자의 감정에 초점을 맞추고 그것을 그대로 수용해 주며 감정을 좀 더 쏟아놓을 수 있도록 도와주게 된다. 이는 Leon Saul의 말처럼 정신생활에서 유일하게 가치가 있는 것이 감정이기 때문이며, 자세히 알고 보면 그러한 감정이 우리들의 이성이 전개되는 내용의 방향을 결정하는 것이기 때문이다.[23] 또한 앞 장에서 말했듯이 상담에 가져온 내담자의 문제의 중심에 늘 자리하고 있는 것이 핵심감정이며, 거기에 계속해서 접근하여 그것을 의식화시키는 것이 역동상담의 궁극적인 목표이기 때문이다. 그러므로 우리가 내담자의 감정에 주의하지 않고 이야기의 내용만을 다룬다면, 표면적으로는 내담자의 문제를 파헤치는 것으로 보이지만 결국은 문제의 핵심으로 들어가지 못한 채 피상적인 것들만 다루는 것이 될 것이다.

상담에서 내담자를 공감(empathy)한다는 것은 내담자를 동정(sympathy)하거나 한편이 되어 주는 것과는 다르다. 공감이란 내담자의 감정적인 표출을 옳다 그르다 판단하지 않은 채 표현된 그대로 인정하고 받아 주는 것이며, 동정이란 그의 감정을 이해하고 동조한 나머지 자신과 내담자를 동일시하게 되는 것이라고 할 수 있다. 즉, 동정은 상담자가 내담자의 수준으로 퇴행하여 지속적으로 그의 자아상태에 남아 있는 것이므로 다시 관찰자아를

23) 이근후, 최종진, 박영숙 공역(1992). 『정신역동적 정신치료』(Leon J. Saul 저). 서울: 하나의학사, p. 120.

작동시켜서 자신과 내담자에 대한 지적인 성찰을 할 수가 없다. 앞에 제시한 젊은 주부의 예에서 내담자의 이야기에 대해 상담자가 "아니, 남편이 어떻게 그럴 수가 있어요, 자기네 집 식구들 앞에서. 그 사람 마마보이 아닌가요?"라며 내담자의 편을 든다면, 일시적으로 내담자에게 위안을 줄 수는 있어도 내담자의 내면적인 문제 또는 남편과의 사이에 얽힌 역동적인 문제의 성찰은 불가능하며 상담은 더 이상 진전되지 못할 것이다. 상담자의 자아가 건강치 못하여 경험자아와 관찰자아의 균형이 적절하지 못할 때, 상담자는 퇴행하여 내담자의 감정 수준으로 가는 것을 두려워해 계속 방어적인 상태에서 거리를 두게 되거나 역으로 내담자의 입장에 지나치게 깊이 빠져서 되돌아 나오지 못하는 경우가 생기기도 한다. 특히, 상담자가 자신의 문제에 깊이 사로잡혀 객관성을 찾지 못하고 있는 상황에서는 이런 일이 흔히 있을 수 있다. 앞의 예에서 상담자가 자기 역시 어머니로부터 분리를 이루지 못한 남편과 시어머니의 관계로 인해 엄청난 시집살이의 고통을 겪고 있는 피해자라는 생각이 많고, 그런 자신의 입장으로 인해 내담자의 문제를 분리시켜 볼 객관성을 갖지 못한다면 지나치게 내담자를 자기와 동일시해서 생각할 수 있다. 또는 내담자의 문제가 극심하여 아주 고통스럽거나 현실적인 해결점이 보이지 않는 불행을 겪고 있을 때, 상담과정이나 상담을 끝내고 나서도 상담자는 쉽사리 관찰적인 입장을 찾기가 힘들고 때로는 한동안 우울한 기분에 빠지게 되기도 한다. 이런 식의 동정은 상담에서 필요로 하는 공감과는 다르다. 오히려 그것은 내담자의 원활한 감정표출에 방해가 되는 요소다.

자유연상과 감정표현 돕기

상담이 시작되고 내담자가 자신의 문제를 자유롭게 말하기 시작하면 상담자는 그것을 잘 듣고 '네' '그렇죠' 등의 긍정(affirmation), 내담자 말을 그대로 반복하여 주는 반향(echoing) 또는 재언급(restatement) 등의 초기 반응을 하면서 내담자의 이야기를 따라간다. 그렇게 내담자가 자신의 문제를 자유롭게 표현하는 것을 공감적으로 경청하며 도와주면 내담자는 자연스럽게 자신의 근본문제를 드러내게 된다. 공감이 반드시 말로 표현되는 반응일 필요는 없다. 때로는 단지 마음으로 공감하고 있다는 것을 고개를 끄덕인다든지 눈빛을 통해서라든지 어떤 식으로든 전달하면 된다. 이것은 상담 초기의 내담자에게나 그 이후에도 매 회기에서 반복되는 단계라고 할 수 있다. 말하자면 내담자가 자유연상을 시작할 때 처음에는 무엇을 말할지 모르겠어서 머뭇거릴 수도 있지만, 상담자가 수용적으로 잘 듣고 공감적인 이해를 하고 있다고 표시해 주는 것이 곧 자연스럽게 내담자가 편안히 자신의 연상세계로 들어가서 근본적인 문제를 드러내도록 돕는 것이 된다. 자유연상을 위해서 상담자는 내담자에게 일체의 방향을 지시하지 말며 이야기할 주제를 정해 주지 말아야 한다. 대개는 "시작하세요."라는 말로 상담을 시작하게 되며, 내담자의 이야기를 최대한 편견 없이 빈 마음으로 듣다가 필요하다고 생각되면 개방적인 질문(open ended question)을 하여 세부사항을 구체적으로 이야기할 것을 요청한다. 개방적 질문이란 '무슨 이유로' '어떻게' '언제부터' 등의 설명으로 답할 수 있도록 유도하는 식의 질문을 말한다. 이때 한정된 답을 요구하는 듯한 '왜?' 라는 식의 접근은 되도록 하지 않는 게 좋다.[24] 이런 식으로 내담자가 하는 얘기의 흐름을 함께 따라가면서 이런저런 이야기들에 골고루 주의를 집중하는 것을 'free floating attention(자유롭게 떠도는 주의집중)' 혹은 'evenly hovering

---

24) 개방적인 질문에 반대되는 것은 폐쇄적인 질문(close ended question)으로 주로 '예' '아니요' 로 답할 수 있는 형식의 질문이다. 예를 들면, "그래서 화가 났나요?" "슬프지 않았나요?" 등의 상담자의 생각이나 상상을 적용시켜서 묻는 경우에 이렇게 되기 쉽다. 폐쇄적인 질문은 상담 진행에 유익하지 않으며 오히려 자유연상을 방해한다.

attention(고르게 분산시킨 주의집중)' [25]이라고 한다. 이것은 내담자가 그저 횡설수설하는 것을 그냥 듣는 것과는 근본적으로 다르다. 자유연상을 한다는 것은 감정을 자유롭게 표출시키면서 이야기의 진행이 점점 더 내적인 면, 즉 무의식 아래 가라앉았던 것을 떠올리는 쪽으로 가는 것을 말한다. 겉으로 보면 A에서 B로 주제가 옮겨간 것이지만 내적 혹은 감정적으로는 그것이 잘 연결된 것이라고 할 수 있다. 그 과정에서 내담자는 점점 더 퇴행되어 그동안 눌러두고 잊어버렸던 감정적인 진실을 기억해 내어 말하게 되는 것이며, 결국은 그것이 의식 수준으로 올라오게 하여 이해할 수 있게 되는 것이 통찰상담의 과정이다. 그러기 위해서는 상담자가 free floating attention을 하면서 A, B, C 등의 주제 안에 지속되는 무의식적인 감정의 흐름을 파악하고 내담자가 그것을 이해하도록 도울 필요가 있다. 상담자가 내담자의 감정의 흐름에 초점을 맞춘다는 것은 곧 느낌을 중시한다는 것이다. 이를 위해서 상담에서는 지적인 언어, 심리학적 전문용어(특히 외국어로 된), 혹은 세련되고 완전한 문장을 사용하기보다 일상적이고 편안히 이해될 수 있는 용어로 "그때 어떤 느낌이셨나요?" 정도의 간단히 느낌을 묻는 식의 접근을 하도록 한다.

부정적인 감정표현 다루기

내담자가 표현하는 감정들이 모두 중요하며 관심을 둬야 하지만, 특히 부정적인 감정을 표현하는 경우 구체적인 예를 물으며 자세히 표현하도록 돕는다. 여기서 부정적인 감정이란 부모 또는 권위자나 윗사람에 대한 분

---

25) 우리말로 적당한 번역을 하기가 여의치 않아서 영어를 그대로 집어넣고 그 의미는 괄호 안에 넣었다. 억지로 번역하여 외우는 것보다는 그 의미를 이해하는 것이 더욱 중요하다고 생각한다.

노, 동료 혹은 정서적으로 중요한 타인과의 갈등 등을 보여 주는 감정을 말한다. 그런데 특히 기독상담에서 부정적인 감정의 표현은 내담자 자신이 그런 감정을 가졌다는 사실만으로도 부담을 갖고 죄책감을 느끼기 때문에 자연스러운 표현이 쉽지 않다. 이런 경우 우선 상담자 스스로 그런 감정을 품는 것과 그것을 행동하는 것 사이의 차이점을 잘 인식하고 있어야 하며 필요에 따라서는 내담자에게 그것을 알려 줄 필요가 있다. 즉, 좋은 기독교 인일지라도 경우에 따라서 누군가에 대하여 화가 날 수도 있고 미워하거나 경쟁의 마음을 품을 수도 있으며, 그것은 그런 감정 때문에 상대방에게 해가 되는 행동을 하게 되는 것과는 전혀 다르다는 것을 알게 하는 것이다. 예를 들어, 30대 초반의 여성 내담자가 상담 초반에는 자신의 가족에 대해 사랑으로 가득한 모범적인 장로님과 권사님의 가정으로 소개를 했다. 특히, 자녀들을 위해 끝없는 희생과 봉사의 삶을 산 어머니에 대해 아무런 갈등의 감정도 없고 생각하면 그저 마음만 아프다고 했다. 그러나 상담이 진행되면서 그 집안에 팽배했던 남아 선호의 경향이 드러나고 어머니가 얼마나 철저히 아버지와 오빠에게 절대 복종을 했으며 상대적으로 자기에 대해서는 얼마나 무관심했는지, 그리고 그것이 유년기와 청소년기 시절에 얼마나 지속적으로 내담자를 괴롭히고 자존심 상하게 했는지가 드러나면서 내담자는 마음 깊숙한 곳에 숨겨 두었던 어머니에 대한 분노를 조금씩 표현하고 의식하기 시작했다. 그런데 상담자가 그것을 자세히 표현하게 하려고 조금만 접근해도 얘기의 주제가 엉뚱한 것으로 바뀌거나, 때로는 어머니에 대한 주제이기는 하지만 뭔가 겉도는 듯한 얘기가 계속되기도 했다. 상담자는 그런 상황이 몇 차례 반복되자 내담자의 그런 상황을 조심스럽게 직면시키며 어머니에 대한 부정적인 감정의 표현에 대한 어려움을 먼저 탐색했다. 내담자는 자기가 오랫동안 기독교인으로서 어머니에 대해 그런 분노의 감정을 품어 왔다는 것을 너무 인정하기 싫기도 했고, 설혹 인정한다고 해도 과연 그걸 상담에서 얘기하는 것이 회개기도를 하는 것보다 무슨 유익이 있는지 이해할 수 없다고 했다. 상담자는 어머니에 대해서 화를 내는 것은 내담자의 어머니에 대한 감정일 뿐 그것이 어머니가 나쁜 사람이라고 판단하는 것과는 다르다고 이해시키자, 내담자는 훨씬 안심하는 마음으로 자신의 분노 감정을 표현하기 시작했다. 그런 표현들을 공감적으로 잘 들은 후 상담자는 어머니에 대한 감정이 내담자의 과거나 현재 관계에 주고 있는 영향에 대해 구체적으로 생각해 볼 것을 권했다. 만약 이때 상담자가 내담자의 어머니에 대한 부정적인 감정(주로 핵심감정을 형성한 요소일 수 있는 중요한 감정)을 수용적으로 받아들이지 못하고 "어떻게 자녀가 부모에 대해 그런 나쁜 감정을 품을 수 있나요? 되도록 빨리 회개하세요!" 하는 태도를 취했다면 내담자의 현재 관계의 문제들 역시 다룰 수 없었을 것이다.

이런 식의 권위자나 윗사람에 대한 분노는 상담 상황에서 상담자에 대한 부정적인 감정으로 직접 표현될 때가 있다. 그런 경우 우선은 그런 내담자의 감정이 현실적인 것인지, 아니면 과거 누군가 정서적으로 중요한 타인에게 품었던 감정이 단지 상담자에게 전치되어 표현되는 것인지를 먼저 생각해 봐야 한다. 이때 상담자는 되도록 자기 방어를 하지 않는 가운데 자신의 행동을 잘 돌아보아야 한다. 이때 그것이 정말 상담자의 어떤 실수나 행동의 문제에 대한 내담자의 반응이라고 판단될 때, 통찰상담의 경우는 우선 내담자의 부정적인 감정표현을 구체적으로 충분히 표현하게 하고 공감적으로 경청한 후 사과를 분명히 하도록 해야 할 것이다. 그리고 지지상담의 경우에는 우선 상담자의 실수나 잘못된 점을 사과하여 내담자의 감정적인 불편함을 잘 다독인 후 부정적인 감정이 어떻게 얼마만큼 힘들었는지를 구체적으로 묻도록 한다. 때로는 상황이 불명확하여 그런 판단조차 내리기 힘들 때가 있는데, 이때에도 일단은 상담자가 자신의 입장을 방어하기보다는 내담자의 감정표현을 우선적으로 생각하는 것이 중요한다. 다음의 예를 보자.

정신분열증으로 지지상담을 주로 하고 있는 내담자가 약속시간보다 1시간 일찍 상담실에 왔다. 그래서 약속한 시간은 아직 1시간이나 남아 있는데 어찌된 일이냐고 하자 자기는 지금 시간으로 알고 있었다며 약간 신경질적인 반응을 보였다. 상담자는 얼핏 지난주 상담 끝에 이번 주 만날 시간을 정하면서 상황이 좀 복잡했던 것이 기억났다. 그래서 일단 내담자에게 잠시 기다려 달라고 양해를 구한 후 먼저 하던 상담을 마치고 나서 다시 그 내담자와 상담을 시작하였다.

상담자: 상담실에 오셨는데 제가 다른 내담자와 상담을 하고 있어서 정말 황당하셨겠어요. 미안합니다. 나는 상담이 오후 1시라고 알고 있었는데 아마 제가 착각했던 모양이에요. (사실은 상담 시간표의 기록으로는 오후 1시가 맞는 거였지만 그걸 주장할 필요는 없어 보였다.)

내담자: (얼굴 표정이 좀 누그러지면서) 제가 시간을 잘못 안 거라면서 책임을 회피하시는 거 같았는데 그렇지 않아서 좀 낫네요.

상담자: 제가 책임을 회피하는 거 같으니까 기분이 어떠셨어요?

내담자: 우리 엄마는 뭐든지 내가 잘못했다고 했거든요.

이어서 내담자는 늘 자기를 탓하며 나쁜 아이로 만들던 어머니에 대한 부정적인 감정을 얘기하기 시작했다. 이러한 어머니의 방어적인 양육 방식은 내담자의 핵심감정을 심각한 피해의식으로 가득 차게 했지만 여간해서는 쉽게 표현되지 않는 것이었다.

이렇듯 상담 상황은 일반 상황에서처럼 상담자와 내담자의 의견 중 누가 옳고 그르냐를 밝히는 것이 중요한 것이 아니라 주어진 상황을 통해서 어떻게 내담자의 감정을 표현하게 하고 그 내면의 얘기를 끄집어내게 하느냐가 더욱 중요하다고 하겠다. 즉, 무슨 일이던지 내담자의 치료적인 유익을 위한 방향으로 선택을 하는 것이 우선적이라고 할 수 있다.

만일 내담자의 부정적인 감정이 상담자의 현실적인 실수에 의한 것이 아니라 내담자가 과거의 관계에서 비롯된 감정을 상담자에게 전치하는 것일 경우에도 통찰상담을 하는 중이라면 우선은 그 감정을 충분히 표현하게 하면서 과거 어느 때에 그런 감정을 또 느낀 적이 있는지를 묻도록 한다. 자신의 문제를 자아 이질적으로 볼 수 있다거나 내성(introspective)의 능력을 가진 내담자는 상담자가 그 부정적인 감정의 존재를 예리하게 파악하고 내담자로 하여금 충분히 표현할 수 있도록 할 때, 자신이 상담자에게 품은 감정이 현실에서의 상담자에 대한 감정이라기보다는 자신이 종종 가까운 혹은 중요한 누군가에게 품곤 했던 감정이라는 것을 깨달을 수 있을 것이다. 그러므로 이는 내담자의 핵심역동을 상담자-내담자 관계에서 현실적으로 다뤄 볼 수 있는 아주 중요한 기회가 될 수 있다.

28세의 여성 내담자가 상담에 와서는 말을 시작하지 못하고 우물쭈물하는 듯이 보였다. 상담 초기에는 당연히 처음 만난 상담자에게 선뜻 말을 하기 힘들어서 그러겠거니 했는데, 회가 거듭되어도 언제나 상담에 오면 처음 얼마 동안은 가끔 어색한 듯 웃으면서 주저하다가 거의 중얼거리듯 혼자 우물거리며 얘기를 시작하거나 뭘 말할지 모르겠다며 힘들어했다. 그러다가도 막상 얘기가 시작되면 이런저런 얘기들을 또박또박 잘하곤 했다. 몇 회를 그렇게 보낸 후 상담자는 그 점을 지적하였다.

> **상담자**: 처음에 오시면 얘기 시작하시기가 많이 힘드신 모양이에요? 무슨 이유가 있는 건가요?
>
> **내담자**: 상담실이 점점 가까워지면 가슴이 두근거려요.
>
> **상담자**: 그랬군요. 그런데 뭐 때문에 그런 거 같으세요? 상담실에 두려운 뭐라도 있는 기분이신가 봐요?
>
> **내담자**: (한참을 주저하다가) 선생님이 굉장히 무섭게 느껴져요. 그런데 와서 좀 있으면 괜찮아지면서 선생님은 그런 분이 아닌데 내가 왜 그렇게 힘들게 생각할까 하지요. 저도 모르겠어요, 왜 그러는지는.

상담자: 네, 그런 기분이셨군요. 그에 대해 좀 자세히 얘기해 보세요. 구체적으로 저의 어떤 점이 두려운 걸까요?

내담자: 아니요, 그런 점은 없어요. 그냥 선생님을 만난다는 것이……(말 꼬리를 흐리면서 뭔가를 생각하는 것으로 보였다.)

상담자: (좀 기다린 후) 다른 상황에서도 이런 감정을 느껴 본 적이 있었나요?

내담자: 어려서 부모님, 특히 아버지가 장사하시고 집으로 돌아오실 때쯤의 느낌과 같아요.

내담자는 이어서 상황을 설명하기 시작했다. 5남매 중에 장녀인 내담자는 새벽에 장사 나가서 밤에 들어오시는 부모님을 대신해서 동생들을 돌보고 집안일을 했다. 아버지는 엄청나게 엄격하고 깐깐해서 저녁에 오시면 요구한 모든 상황이 다 되어 있는지 점검했고, 잘 안 되어 있는 것이 하나라도 눈에 띄면 내담자에게 벌을 주고 매질을 하곤 했다. 그러니까 저녁이 되고 부모님이 돌아오실 시간이 다가오면 가슴이 뛰고 다리에 힘이 빠지는 느낌이 들었고, 아버지가 오셔서 이것저것 점검하고 질문을 하면 대답을 잘 못하고 때로는 눈물부터 쏟아지곤 했다. 그러나 그녀가 그럴수록 아버지는 더 심하게 야단을 치시곤 했는데, 지금도 누구든지 권위적인 인물이 앞에 있으면 머릿속이 하얗게 되면서 가슴이 뛰고 다리에 힘이 빠지며 목소리가 기어 들어가게 된다는 것이다. 이는 상담자를 만나도 마찬가지인데 시간이 지나면 분명히 상담자는 편안하고 뭐든지 이해해 주는 사람이라는 것을 알게 되는데도 다시 만날 때면 여지없이 그런 상태가 되곤 한다. 내담자는 눈물과 함께 그런 얘기들을 모두 쏟아놓았다.

내담자: 그런데 그러고 보니까 제가 회사에서 왜 부하 직원들에게 그렇게 깐깐하게 굴었는지, 걔네들이 나를 멀리하고 싫어하게 된 이유를 이제 알 거 같아요.

상담자: 왜 그런 거 같으세요?

내담자: 회사에서는 제가 우리 아버지가 저한테 하듯이 한 거죠. 애들을 꼼짝

못하게 하고 좀 실수하면 막 몰아세우고 그랬거든요.

그것은 내담자를 상담에 오게 한 몇 가지 문제 중의 하나로, 직장에서 일에 대해서는 인정을 받는데 다른 직원들과의 관계가 나쁘고 너무 경직된 것 같다는 비난을 많이 듣는 것에 대한 이해와 통찰의 순간이 온 것이었다.

이렇듯 상담자에 대한 내담자의 감정에는 중요한 요소가 많이 들어 있다는 것을 잊지 말아야 하겠다.

부정적인 감정이 대부분 자기 자신을 향하는 경우는 우울증 내담자에게서 흔히 볼 수 있다. 모든 일을 자기 탓으로 돌리며 완벽하지 못한 자신에 대해 원망하고 화를 내는 것이다. 이는 어떤 기독교인들에게는 미덕처럼 행해지는 일이기도 하다. 그러나 잘 생각해 보면 이러한 생각의 근본에는 자신이 모든 것을 완전히 해내야만 한다는 잘못된 기대가 있다고 할 수 있다. '내가 이렇게 저렇게 했어야 했는데……' 혹은 '내가 그렇게만 했어도 일은 이렇게 되지 않았을 텐데. 나는 어쩔 수 없어.' 라는 식의 생각들은 자신을 비하하게 하고 스스로에 대해 화를 내게 하여 우울한 감정을 갖게 한다. 이런 사람들은 남 보기에는 별 문제없는 일에서도 자신의 잘못된 부분을 찾아내어 '모든 게 내 탓이다.' 라고 후회하며 자신에게 화를 내는 것을 반복하곤 한다. 그러나 문제는 그들이 자신이 요구했던 기준에 도달했을 때조차도 거기에 만족하는 시간은 아주 짧고 다시 더 높은 기준을 설정하여 자신에게 그 새로운 기준을 쫓아가도록 채찍질한다는 것이다. 그들 대부분은 어려서 엄격한 요구만을 주로 했던 부모님을 가졌고, 불행히도 현재는 다시 그런 엄중한 요구를 자녀들에게 강요하는 부모 자신일 수 있다. 물론 그들의 하나님 역시 날카로운 눈으로 자신들을 평가하며 그에 따라 무서운 형벌을 내리는 용서를 모르는 절대자의 이미지를 가졌다. 상담자는 세상의 누구도 그렇게 완전한 사람은 없다는 것을 이해시키며 내담자가 스스로를 수용하고 용납할 수 있도록 잘 도울 필요가 있다. 동시에 그가 자신에 대해서 그렇게 쫓아가기 힘든 높은 기준을 갖도록 만든 양육 환경과 그에 대한 억압된 부정적 감정을 다시 점검해 보아야 한다. 그런데 이런 내담자들의 지나치게 완전히 선하려고 하거나 스스로 생각하는 '옳은 방식'을 고집스럽게 추구하는 태도는 종종 상담자에게 알 수 없는 답답한 기분을 일으키게 된다. 그리고 그런 자신의 감정을 잘 이해하지 못하는 상담자는 자기도 모르게 내담자에게 짜증스러운 반응을 하게 되거나, 혹은 그런 태도에 동조하며 정서적인 접근을 포기한 채 겉도는 상담만을 반복하게 되기도 한다. 말하자면 이것은 내담자의 태도가 다시 상담자로 하여금 내담자 자신의 부모나 주변의 다른 사람들과 같은 방식으로 내담자를 대하게 만드는 역동이라고 할 수 있다. 상담자는 이런 종류의 내담자들을 대할 때면 이점에 대해서 유의하며 조금 여유를 갖고 자신과 내담자의 감정을 동시에 바라보며 다루어 나가도록 해야 한다.

　이렇듯 심리치료 상황에서 내담자의 부정적인 감정의 출현은 오히려 긍정적인 감정의 표현보다 더 깊은 의미를 갖는 경우가 많다. 왜냐하면 많은 경우 내담자들은 살아오면서 누구에게도 맘 편히 자신의 부정적인 감정을 직접 표현하고 이해받을 수 없었을 것이기 때문이다. 그리고 지금 상담자에게 그것을 표현한다는 것은 어쩌면 그만큼 상담자를 신뢰하며 그것을 함께 해결해 볼 수 있는 사람으로 인정한다는 뜻으로 해석할 수 있다. 그러므로 상담자는 어떤 방식으로든지 내담자의 부정적인 감정을 접하게 될 때 조금 여유를 가질 수 있도록 훈련해야 하며, 내담자의 감정을 있는 그대로 인정하고 수용적으로 다뤄 가는 방법을 배우도록 해야 할 것이다.

감정의 표현과 통찰

　심리치료에서 주로 다루는 것이 감정이며 또 내담자의 감정표현을 잘 다

룸으로써 통찰을 이끌어 내게 된다는 것을 배우고 난 후 초보 상담자들에게서 자주 보이는 현상은, 집중적으로 내담자의 감정표현을 이끌어 내기 위해 노력하며 거기에 너무 지나친 반응을 하게 되기 쉽다는 것이다. 즉, 감정의 표현이 중요하고 의미가 있지만 그 자체만을 지나치게 칭찬하고 권장하는 것은 삼가는 것이 좋다. 다시 말해서, 역동상담에서의 감정표현은 그것이 단지 카타르시스(catharsis)나 제반응(abreaction)으로서의 의미[26]를 갖는 것과는 차이가 있음을 알아야 한다. 물론 그런 점도 중요하기는 하나, 내담자는 감정의 표현을 함으로써 자신의 역동을 더 구체적으로 되돌아 볼 수 있게 되고 이해하게 된다는 것이 더욱 중요한 사실이다. 그러므로 상담자는 내담자의 감정표현 자체에 대해 지나치게 빨리 지지하고 안심하는 모습을 보이기 보다는 그것이 자기를 돌이켜보는 단계로 이어질 때까지 기다린 후 칭찬을 하며 확실한 지지를 하도록 해야 한다. 왜냐하면 상담자의 지나친 지지적 태도는 치료적 거리를 변경시키게 되어 의존을 증폭시킬 수 있기 때문이다. 그럴 경우 내담자는 상담자가 주는 칭찬을 또다시 기대하게 되며 자기 이해나 자기 성찰보다는 감정의 표현만을 노력하게 될지도 모른다.

앞서 언급한 대로 상담자는 내담자의 얘기를 방향 지시 없이 자유롭게 표현할 수 있도록 격려하며 진지한 관심을 가지고 경청하다가, 감정적인 요소가 포함된 내용이 나올 때 "그때 어떤 느낌이 드셨어요?" "조금 더 자세히 얘기해 주시겠어요?" 하며 세부 묘사를 격려하게 된다. 그런데 계속 열심히 들어도 뭔가 얘기가 산만하게 진행된다거나 계속 겉돌고 감정적인 측면의 접근이 힘든 경우가 있을 수 있다. 혹은 세부 묘사를 격려해도 구체

---

26) '카타르시스' 란 어떤 일에 대한 감정발산을 통한 환기작용이다. 그렇게 하여 그 사건으로 인해 생긴 나머지 심리적인 문제들을 다뤄갈 수 있도록 해 주기 위해 필요하다. 이에 비해 '제반응' 이란 상담과정에서 고통스러웠던 과거의 기억과 감정을 생각하고 표현한 후 그에 대한 심리적인 부담을 정리하게 되는 것이다. 그런데 이런 과정들은 주의 깊게 제시되어야 하며, 내담자들로 하여금 무분별하게 '모든 느낌을 표현하는' 식으로 인식하게 해서는 안 된다.

적인 내용이나 자신의 감정을 드러내지 않으려고 다시 겉도는 쪽으로 은근히 빠져 나가기도 한다. 그것을 알 수 있는 가장 흔한 예는 왠지 상담이 지루해지고 심지어는 상담자가 졸음이 오기까지 하는 것이다. 열심히 들으려 하지만 이런 현상이 보일 때 상담자는 지금 얘기되는 것이 겉도는 내용이어서 그러는 것은 아닌지 점검해 봐야 한다. 왜냐하면 상담자가 아무리 피곤해도 잘 들으려는 의도가 있고 내담자의 얘기가 진지한 감정의 내용을 점점 더 깊이 드러내며 진행되는 경우에는 여간해서 지루하지 않은 법이기 때문이다. 그런데 구체화할 수 없는 내담자의 문제란 뭔지 모르게 말하기를 피하고 싶고 비밀을 지키고 싶은 내용이거나 사적인 내용일 수가 있다. 이는 상담자와의 사이에 아직 그것을 드러낼 만큼의 신뢰가 쌓이지 않았다는 것의 다른 표현이라고 할 수도 있겠으나 대개는 제8장에서 공부하게 될 내담자의 저항(resistance)에 관련된 경우다. 그러므로 이 경우 얘기를 잠시 중단시키고 그 진행과정(process)을 먼저 다뤄 주는 것이 필요하다. "제 느낌에는 오늘 얘기가 좀 겉도는 기분이 드는데 어떻게 생각하세요?" "지금 얘기하시는 기분이 어떠세요? 저는 왠지 좀 겉도는 기분이 드는데, 주제가 산만한 거 같기도 하구." 그러면 대부분의 경우 내담자도 그것을 시인하며 "사실은 얘기하고 싶지 않은 것이 있어서요."라거나 "저도 그렇게 생각하고 있었습니다. 뭐 하나에 집중이 안 되고 왔다갔다 하고 있죠."라고 대답하곤 한다. 다시 말해서, 내담자의 얘기들은 하나하나 구체적이고 세부적인 감정들이 거론되면서 진행되어야 하며, 화제의 변경은 자유연상 작용의 결과이기는 하지만 어떤 식으로든지 진행이 서로 연결되게 되어 있다. 그런데 화제가 이리저리 옮겨다니며 산만해지는 것은 주로 내담자가 뭔가 얘기하고 싶지 않은 것을 감추기 위한 방어작용의 일부일 수가 있다. 여기서 쉽게 밝히고 싶지 않는 내용이란 주로 성적인 내용, 가정사, 자살 의도 등 선뜻 얘기하기 힘든 것들이기가 쉽다. 그러나 상담자가 상담의 진행과정 자체를 다루게 되면 대부분 털어놓게 된다. 만약 내담자가 아직 얘기하고 싫지 않다고 할 경우, 그 의견을 존중하며 "꼭 지금 얘기하지 않으셔도 됩니다. 언제라도 얘기하고 싶을 때 하시면 되지요."라고 여유를 주는 것이 좋다. 그렇게 내담자를 개인으로서 존중하며 대할 때 내담자는 상담자를 더욱 신뢰하게 되며, 그런 후에야 마음을 열고 자신의 비밀스러운 문제까지 얘기하게 되는 것이다. 그런데 때로는 얘기가 진행되면서 내담자가 표현하지 않은 것을 상담자가 마음속으로 추측하는 경우가 생길 수 있다. 그것이 아무리 명백하다 할지라도 상담자는 결코 내담자의 문제를 앞질러 언급하거나 넘겨짚는 등의 반응을 하지 않도록 해야 한다. 그렇지 않는 경우 내담자의 자유스러운 표현을 방해할 뿐만 아니라 오히려 내담자로 하여금 더욱 자기 속으로 숨게 하며 상담자와 내담자 사이의 신뢰 형성에 방해가 된다. 또한 덧붙여서 얘기하고 싶은 것은 내담자가 자신의 문제를 얘기하면서 은근히 혹은 드러내 놓고 그 문제의 해결방법을 상담자에게 요구하는 경우가 있는데, 분명한 것은 형식은 그렇다 할지라도 내담자는 결코 상담자의 해답을 요구하는 것이 아니라 오히려 자신의 의견에 상담자를 끌어들여서 원하는 답을 얻어내고 지지받기를 원하는 의도가 있다는 것이다. 많은 경우 초보 상담자들은 그런 암시나 요구를 받을 때, 혹은 내담자의 문제에 대한 힘든 감정표현이 있은 후, 선뜻 자신의 경험이나 입장을 얘기해 주며 위로하려 하기도 한다. 이 역시 서투르게 넘겨짚거나 추측하여 결론을 내리는 것과 마찬가지로 무의미하고 오히려 상담 진행에 방해가 되며, 때로는 자신이 제시한 해답을 행동으로 옮기지 않는 내담자에 대해 공연한 역전이감정만 갖게 되는 불필요한 일이 될 것이다. 그러므로 그런 경우에 상담자는 한 발 물러서서 내담자가 주도적으로 자신의 문제를 분석하고 해결점을 찾아볼 수 있도록 같은 입장에서 함께 생각하며 따라가 주는 것이 좋다. 예를 들면, "글쎄요, 그렇게 척척 답을 드릴 수가 없어서 아쉽네요. 혹시 본인이 생각하시는 무슨 해결방법은 없으신가요?"와 같이 묻고, 그 대답을 듣고 난 후 "아, 그거 좋은 방법이네요. 그런데 그럴 경우 이러이러한 문제점이 생길 염려는 없을까요?" 하는 식으로 도와주는 태도가 더 바람직하다고 볼 수 있다.

상담과정에서 상담자는 주로 침묵하는 가운데 내담자의 얘기를 경청하면서 그 흐름의 연결과정과 거기서 나오는 여러 내용의 감정적인 측면 등에 골고루 주의를 집중(evenly hovering attention)해야 한다. 그러다가 필요에 따라서는 구체적인 세부 묘사를 격려하기도 하고 때로는 상담의 진행과정 자체를 다루기도 하면서 점점 더 내담자의 중심 혹은 핵심을 이루는 감정이 편안하고 전반적으로 드러나도록 돕게 된다. 더불어 그런 감정이 과거로부터 내담자를 철저히 지배해 왔고 또 현재의 문제들 속에 어떤 식으로든 지속적인 영향을 주고 있다는 것을 내담자가 통찰하도록 내담자의 옆에서 함께 도모해 가야 한다. 그런데 이런 감정표현의 과정이 처음부터 끝까지 거침없이 단번에 흘러가서 통찰에 이르고 내담자의 역동적인 문제가 해결되는 것이 아니라는 데 문제가 있다. 다시 말하자면, 내담자가 열심히 자신의 문제를 돌아보려고 감정표현에 노력하며 상담자 역시 최선을 다해 그 과정에 동참해서 노력을 하지만, 핵심감정을 바로 드러내지 못하도록 방해하는 여러 가지 무의식적인 요소들이 감정표현의 각 단계에서 나타나게 된다. 잘 연구해 보면 그것은 방해물인 동시에 내담자 문제의 본질을 드러내 보여 주는 더욱 중요한 요소들이라는 것을 알 수 있다. 즉, 그것은 마음 한가운데 자리 잡은 핵심감정이 쉽사리 의식으로 떠올라 와서 내담자를 괴롭히지 못하도록 그동안 복잡하게 발전시켜 온 어떤 장치들이다. 다시 말하면, 그것은 한때 절실한 필요에 의해서 고안된 것이지만 결국에는 내담자와 다른 사람들 간의 관계를 힘들게 하고 내담자를 소외시키게 한 이제는 짐스러워지고 불필요해진 어떤 장치들이다. 우리들은 그것을 방어기제라고 부르며 상담 상황에서 나타날 때는 저항이라는 이름으로 부른다. 그것을 적절히 다뤄 가는 것은 감정의 표현과 함께 역동상담의 본질적인 측면이라고 할 수 있다.

제**7**장

저 항

제7장

저 항

일반적으로 내담자들은 자신의 문제로 힘들어하던 중 상담에 오게 되고 상담자와 이야기를 나누면서 곧 그 문제를 찾아내어 해결하기를 기대한다. 그러나 막상 상담이 시작되고 자신의 문제를 구체적으로 다루어야 하는 상황이 전개될 때 그것을 하나의 문제로 받아들이기는 생각처럼 쉬운 일이 아니라는 것을 느끼며 무의식중에 그런 과정을 피하려는 반응을 보이게 된다. 왜냐하면 내담자의 문제라는 것이 그가 그동안의 삶을 유지하기 위해 그 나름대로 최선을 다해 자신의 갈등에 적응해 온 삶의 방식이었을 것이며, 비록 지금 그것이 문제가 되어 상담에 오기는 하였지만 막상 그동안 익숙했던 적응방식의 문제점을 직면하고 변화시킨다는 것은 쉬운 일이 아니기 때문이다.

이렇게 의식적으로는 자신의 문제를 해결하기 원하면서도 해결하는 과정에서 일어나는 부담감으로 인해 무의식중에 상담의 진행과 문제해결에 대한 노력을 피하려는 행동을 저항이라고 한다. 내담자의 저항은 초기 상

제7장 저항

담의 시작부터 상담의 목표를 달성하여 종결하는 단계까지 언제든지 나타
날 수 있다. 상담자는 이러한 저항을 인식하고 내담자가 그것을 잘 극복하
면서 상담이 진행되어 갈 수 있도록 시종일관 그에 대해 각별한 관심을 가
져야 한다.

방어기제와 저항

이제까지 우리가 초점을 맞추어 공부한 부분은 내면에 있는 역동이 무엇
인가, 어린 시절에 부모와의 관계에서 겪었던 핵심적인 갈등과 내 마음속
에 좌절감을 불러일으키는 핵심적인 감정이 무엇인가 하는 것을 밝혀내기
위한 노력이었다. 그런데 그런 지배적인 감정이 있는 한편, 우리의 내면에
는 그 감정이 나를 완전히 지배하지 못하도록 억압하고 있는 또 다른 마음
의 한 부분이 있다. 그 역시 나 자신의 일부로서 핵심적이고 중요한 역동의
한 부분이다. 즉, 어린 시절 부모와의 반복적인 관계에서 생긴 어떤 응어리
지고 아픈 감정이 나의 마음 한가운데 자리 잡고 나를 지배하고 있다고 할
때, 나 자신의 또 다른 부분에서는 어떻게든지 그 감정을 벗어나거나 간접
적이나마 그 감정을 충족시키려는 노력을 하게 된다는 것이다.[27] 그러나
그런 힘든 감정으로 이미 고통당하고 있는 나는 그 감정을 다루기 위해 정
말 건강하고 궁극적으로 유익한 방법을 생각하고 발달시키기보다는 일시
적이고 살짝 눈가림을 할 수밖에 없는 나약한 방편을 마련하게 되기가 쉽
다. 그래서 때로는 자기 안에 느껴지는 어떤 부족한 점을 남에게 투사시켜
자기 대신 그를 미워하고 욕한다든지, 무슨 일에든 얄미운 변명을 계속하

---

27) Teyber, E. (2000). *Interpersonal Process in Psychotherapy: A Relational Approach*. CA.
   Brooks/Cole, p. 124.

며 자신의 나약함을 합리화시킨다든지, 때로는 당연한 감정을 마치 전혀 없던 것처럼 부정해 버린다던지 하는 식의 방어를 하게 되는 것이다. 이것이 우리가 앞에서 공부한 방어기제다. 이는 상담에 온 내담자의 문제를 역동적으로 다루려 할 때 핵심감정과 함께 반드시 관심을 집중시켜야만 하는 부분이다. 이번 장에서 우리가 공부하고자 하는 것은 방어기제가 심리치료 과정에서는 어떻게 작용하며 또 어떻게 다루어 가야 하는가 하는 것이다. 그런데 일반적인 상담에서는 핵심적인 감정을 찾고 해소하는 일에만 관심을 기울이기가 쉽고 그 감정을 억압하고 느끼지 않으려고 끊임없이 작동하고 있는 이런 방어의 부분에는 관심을 두지 않는 경우가 많다. Freud도 처음에는 억압된 감정 자체에 관심을 더 많이 쏟았다. 그러나 그 이후 정신분석의 반 정도의 역사는 핵심감정을 다루어 나가는 방어기제의 존재를 밝혀내는 데 있었다고 할 수 있다. 실제 상담에서 상담자가 내담자의 핵심감정을 찾는 일은 어느 정도의 훈련을 받으면 누구나 할 수 있고 어려울 것이 별로 없다. 그러나 앞에서 여러 차례 강조하였듯이 상담은 상담자가 주체가 되어 내담자의 문제를 찾아내고 고쳐 주는 것이 아니라 내담자 스스로가 자신의 문제를 인정하고 그 근본에 대한 통찰을 하도록 하는 것이다. 이렇듯 상담자의 눈에는 쉽사리 보여지는 핵심감정이 내담자에게는 무의식화되어 있어서 그것을 의식화시키고 자기 것으로 인정하는 것 자체가 하나의 상담 과정이 된다. 왜냐하면 그 감정이 아프고 힘든 것일수록 오랜 세월에 걸쳐 첩첩이 그것을 가둬 둘 수 있는 어떤 장치를 발달시켜 왔기 때문이다. 그리고 이제 와서 정작 문제가 되는 것은 그 아프고 괴로운 감정이라기보다 그것을 가둬 두려고 만들어 낸 바로 그 장치, 즉 방어기제다. 그것은 내담자를 상담에 오게 만든 '증상'으로서 밖에서의 대인관계에서 문제를 일으킨 것이고, 막상 상담에 와서 자신의 문제를 해결해 보려고 시도하는 그 자리에서조차 진정한 핵심감정의 표현을 가로막으며 상담을 방해하고 회피하게 만드는 작용을 한다. 상담에서 나타나는 이러한 현상을 저항(resistance)이라고 한다. 역동상담을 한다는 것은 사실상 그런 저항을 찾아내고 적절히 다루어서 내담자가 그것을 극복하고 좀 더 긍정적이고 건강한 방식의 방어기제를 만들어 가도록 돕는 것이라고 하겠다.

저항과 무의식

"문제를 해결하러 상담에 왔지만, 상담자 앞에서 그 문제에 대해 좀 더 자세히 얘기하기 시작하자 자꾸만 생각하기조차 싫은 다른 감정들이 연이어 떠오르고, 그러다 보니 이러고 있는 나 자신의 초라하고 나약한 모습만 드러나게 되는 거 같다." "원래는 그저 당면한 문제만 뚝 떼어서 상담자의 도움을 받으면서 그것을 객관적으로 보아 답만 얻으면 될 것 같았는데 왠지 의외의 문제점들이 더 드러나는 거 같아서 갑자기 부담감이 느껴진다." 이는 상담자가 새로 내담자를 맞이하고 훈련받은 대로 적절히 내담자의 감정을 공감하며 라포 형성에 정성을 쏟을 즈음에 내담자 마음 안에 슬그머니 찾아드는 생각들이다. 그래서 상담이 진행될수록 내담자가 상담에 와서 자신의 문제를 잘 드러내어 밝히고 문제가 무엇인지 이해하고 정리하고 싶은 마음이 있으면서도 한편으로는 그러고 싶지 않은 마음이 동시에 존재하게 된다. 이렇게 저항하는 마음들에 대해 내담자는 어떤 부분은 의식할 수 있고 어떤 부분은 무의식적이어서 의식할 수 없다. 의식하는 부분은 상담자의 도움을 받으며 내담자가 조금만 노력을 하면 처리하기가 쉽다. 문제는 무의식적으로 저항하는 부분이다. 저항의 거의 대부분을 차지하는 이 무의식적인 부분은 상담에 더욱 많은 영향을 주게 되고 중요하지만 밝혀내려고 애를 써도 쉽사리 전체 모습을 드러내지 않으므로 시간과 인내의 노력을 요구한다. 그러므로 무엇보다 상담훈련자들에게 그 개념에 대한 분명한 이해와 그것을 다루기 위한 훈련이 절실히 필요하다고 하겠다.

　저항이 무의식적이라는 말은 내담자가 자신이 저항하고 있다는 사실을 모른다는 것이다. 상담에 오지만 상담으로 인해 변화되기 싫은 마음이 자기에게 있다는 것을 막연히 느낄 뿐 분명하게는 모르고 있다. 그러므로 의식에 떠오르는 것을 열심히 꺼내 놓지만 그것은 중요한 것이 아니고 사실은 별 의미가 없는 것일 수 있다. 예를 들어, 한 청년이 자신의 가족들과의 관계, 특히 항상 증오해 오던 아버지와 누나하고의 관계를 적나라하게 털어놓고 충분히 미워하고 용서하며 다 정리되었다고 생각하고 있었다. 그런데 어느 순간에 갑자기 그가 의식하지 못하던 형과의 관계가 어디서부터인가 밀려 올라와 강렬하게 노출되었다. 여기서 중요한 점은 내담자가 몰랐던 부분을 노출하게 되었다는 사실이 아니고 그동안 그 안에 또 다른 그가 있어서 그런 강렬한 감정을 억압하고 있었던 것을 모르고 있었다는 사실이다. 마치 형과는 아무런 문제가 없는 관계인 것처럼 무심하게 지내왔지만 그 감정을 억압하기 위해 밖에 나가 문제를 일으키고 불량아처럼 행동했던 것, 그리고 유난히 형을 두둔하는 아버지와 누나에게 반항하고 못되게 군 것이 모두 그렇게 억압한 감정의 압력 때문이었음을 지금껏 전혀 몰랐다는 사실이다. 의식적으로는 아버지와 누나를 엄청나게 미워하면서 그 분노의 감정을 끝없이 길게 얘기했던 것이 바로 형과의 힘든 감정을 가리기 위한 저항이었다고 할 수 있다. 상담은 바로 이런 것을 의식하게 해 주므로 그동안의 자신의 감정과 행동을 이해할 수 있도록 도와준다. 이 사례에서 보듯이 아버지나 누나에 대한 감정적인 이야기를 쉽게 하면 그것은 그들과의 관계의 문제가 심각하지 않다는 것을 의미한다. 실제로 문제가 되는 감정의 영역에는 온 전력을 다해 막강한 힘으로 방어막을 많이 치고 있으며 바로 거기에 적의 사령부인 핵심역동, 즉 핵심감정과 방어기제가 있다. 그래서 "저항이 있는 곳에 본능(핵심역동)이 있다."고 이야기하는 것이다. 이러한 저항을 다루는 방법을 이솝 우화 「해님과 북풍」에 비유해서 설명해 볼 수 있다. 해님과 북풍이 나그네의 외투를 벗기는 시합을 벌였다. 북풍이 강하게 휘몰아칠수록 나그네가 오히려 외투를 더욱 단단히 여미며 벗으려 하지 않았지만, 해님이 햇볕을 따뜻하게 쪼여 주니까 나그네는 스스로 옷을 벗었다. 이 이야기가 주는 지혜처럼 저항을 해결하기 위해서는 강제로 저항의 옷을 벗기려 하지 말고 그저 옷을 벗어도 되는 조건만 제시하면 된다. 즉, 상담 중에 저항의 모습이 보인다고 그것을 억지로 파고 들어가서 자꾸 과거를 캐묻고 하면 내담자는 더욱 도망을 가고 결국 상담이 끊어지기도 한다. 그 대신에 우리가 취해야 하는 중요한 방식은 우리 안에 또 다른 내가 있어서 항상 상담의 진행을 거부하게 만든다는 사실을 내담자로 하여금 알게 해 주면 된다. 앞에 든 예에서 내담자는 지난 시간에 충분히 원망의 감정을 표현하고 용서의 눈물까지 흘렸던 아버지와 누나 얘기를 이번 상담에서도 계속한다. 이렇게 상담자가 들었을 때 왠지 얘기가 겉돌고 있는 듯한 느낌이 든다면 다음과 같이 진행할 수 있다.

> **상담자**: 그래요, 그 두 분 때문에 여전히 많이 힘들고 그게 그렇게 쉽사리 정리되지 않는다는 것은 알겠습니다. 그런데 왠지 오늘 얘기는 지난번과는 달리 좀 뭔가…… (고개를 갸웃거리며) 뭔가 빠진 듯하고 겉도는 듯한 기분이 드네요.
>
> **내담자**: 아, 네 그러세요? …… (좀 생각을 하는 듯) 오늘 오면서 '오늘은 가서 뭘 얘기해야 하나.' 하는 생각을 했거든요. 더 이상은 할 얘기가 없는 거 같아서……
>
> **상담자**: 아, 그러세요. 할 얘기가 없는 기분이었군요?
>
> **내담자**: 네.
>
> **상담자**: 할 얘기가 없자 아버지와 누나 얘기를 시작하신 거네요?
>
> **내담자**: 네, 그게 항상 제일 힘든 거니까요.
>
> **상담자**: 그렇긴 하죠. 그런데 다른 식구들하고는 어때요? 어머니는 일찍 돌아

가셨고 형하고는 어때요? 그러고 보니 형 얘기는 별로 안 하셨죠? (상
담자는 이 점을 계속 생각해 오고 있었다.)

내담자: 형은…… (머뭇거리며) 저만 잘났다고 해요.

상담자: 그래요? 어떻게 잘난 척을 하는데요?

내담자: 하긴 뭐든지 잘하긴 해요. 나보다 공부도 잘하고 얼굴도 잘생기고 계
집애 같죠. 맨날 누나한테 붙어서 아양 떨구, 아버지도 형만 챙기고.
진짜 얌체라서 상대하기도 싫어요. 그거 안 마주치려고 늦게까지 있
다가 가는 거예요. (점점 말이 빨라지고 분노가 표현된다.)

상담자: 진짜 미운 사람은 형인 거 같네요. 누나랑 아버지도 형 편만 들고.

내담자: 어떤 때는 죽여 버리고 싶어요. (눈빛까지 달라지면서 이를 꽉 문다.)

상담자: 그럴 정도로 밉군요. 좀 자세히 얘기해 주세요.

　이 사례에서 내담자는 정작 미운 형 얘기는 뒷전에 두고 한동안 아버지
와 누나에 대한 불만만 쏟아놓았다. 그러나 얘기가 진행되면서 자기가 생
각했던 것보다 형이 훨씬 밉고 생각만 해도 화가 치밀어오르는 자신을 보
며 스스로도 놀라는 것 같았다. 내담자는 형과의 경쟁에서 자신이 늘 뒤로
밀리는 사실이 싫었고 그 사실을 드러내놓고 얘기하게 되면 그 현실을 인
정해야 하는 것도 싫어서 아예 형에 관한 이야기를 피했던 거였다. 상담자
는 그런 사실을 곧 눈치챌 수 있었는데, 그것을 상담자만 알고 있을 것이
아니라 내담자가 알게 하여 자기 자신을 이해하도록 도와줘야 한다.

상담자: 그러니까 매사에 형이 ○○씨 앞을 가로막았다는 느낌이 드네요.

내담자: 가로막았다기보다는 가로챘지요. 뺏긴 내가 잘못이겠지만…….

상담자: 그래요, 그렇지만 형인데 안 줄 수 있나요. ○○씨보다 힘도 셌을 거
구, 그러다 보니 뭐든지 먼저 할 수밖에. 그런데 속상하긴 했겠다. 그
거 참 힘든 기분이거든요. 누군가에게 늘 뒤로 밀린다는 거.

내담자: (머리를 긁으며) 그게 힘든 건가요?

> **상담자**: 그럼요, 진짜 기분 더러운 거죠. 얘기하시니까 어때요?
>
> **내담자**: 형한테 이런 더러운 기분을 느끼고 있다는 거 정말 몰랐어요. 그런데 진짜 싫어요.
>
> **상담자**: 그런 기분 갖는 걸 누가 좋아하겠어요? 하지만 벌써 생긴 기분인 걸 어쩌겠어요. 그렇게 꾹꾹 눌러두자면 힘만 들지.
>
> **내담자**: 그래요, '벌써 있는 기분'인데 생각하기가 싫었던 거 같아요.
>
> **상담자**: 그러자니 애꿎게 누나랑 아버지한테 그 화가 다 갔던 거 같네요.
>
> **내담자**: (피식 웃으며) 그러게요. 진짜 더 미운 건 형인데 그건 생각 안 하고…….
>
> **상담자**: 우리 마음이 그래요, 더 기분 나쁘고 힘든 것일수록 오히려 더 깊이 집어넣어 두려 하지요. 사실은 그게 나오는 게 더 유익한데.

이렇게 되면 내담자는 '아, 내가 상담을 받으러 왔는데 이제 보니까 나도 모르게 과거의 내 문제를 잘 드러내지 않으려는 또 다른 내가 있구나. 그것부터 좀 고쳐야겠다.'고 생각하게 된다. 이 점을 의식하게 되면 내담자 스스로 그런 문제를 고쳐 나갈 수 있게 된다. 이른바 물고기를 잡아 주는 것이 아니라 물고기 잡는 방법을 가르쳐 주는 것이다. 그래서 깊이 있게 통찰 상담을 할 때 상담의 전체 기간의 반 정도는 이런 식으로 내담자가 자신의 저항을 이해하고 스스로 알게 하여 그 저항에서 벗어날 수 있도록 도와주는 작업에 집중되어 있다. 이것은 굉장히 중요하다. 그런데 이런 저항에 대한 개념이 없거나 배웠어도 잘 이해하지 못하는 사람은 이를 무시하고 자꾸 건너뛰려고 하다가 문제가 생긴다. 다시 말해서, 자신의 문제를 드러내지 않으려는 내담자의 무의식적 저항이란 한때 내담자가 자기 자신을 보호하기 위해 마련했던 장치인데, 상담에 와서 그것이 드러나야 할 필요가 있을 때조차도 무의식중에 그러기를 주저한다는 것이다. 이때 상담자는 내담자가 자발적으로 그것을 제거하도록 공감적이고 수용적인 입장에서(비록

상담자의 직면이 필요한 상황에서도) 그 과정을 도와줘야 한다. 왜냐하면 내
담자가 지금까지 보호장치로 사용하던 것을 그냥 와락 벗길 수도 없고 또
절대 그래서도 안 되기 때문이다. 이것이 흔히 내적 치유라고 불리는 치유
사역과 상담의 차이점이기도 하다. 지금껏 설명한 저항의 개념을 갖고 있
는 역동상담 이론의 측면에서는 어릴 적 상처를 한꺼번에 드러내어 치유받
게 하는 방법이 위험천만하게 보인다. 물론 성령의 은혜가 그곳에도 임하
여서 그 고통을 어루만진다는 사실을 알고 있기는 하지만, 준비 안 된 내담
자의 방어를 갑자기 벗기는 것에 대한 고통이 사람에 따라서는 얼마나 엄
청난지를 알기 때문이다. 이것은 또한 지지상담에서 나타나는 저항을 그냥
다독이면서 덮고 넘어가는 이유이기도 하다. 즉, 내담자 평가를 통해 덮어
주는 식의 상담(covering-up psychotherapy)인 지지상담을 해야 할 내담자
라는 판단이 내려진 경우, 상담과정에서 나타나는 저항인 방어의 모습은
직면이나 해석 없이 오히려 그 상태를 안정적으로 유지하도록 강화하면서
지나가야 한다.[28] 반면, 벗기는 식의 상담(uncovering psychotherapy)인
통찰상담 과정에서는 내담자가 저항의 문제를 스스로 잘 이해하고 깨닫게
해 주는 것이 중요하고, 그것만 해 주면 더욱 깊은 문제를 알아서 내놓을
수 있는 길이 생기고 통로가 생긴다. 말하자면 자신이 어떤 식으로 그 통로
를 가로막고 있는지를 의식하게 도와주면 내담자 스스로가 그 방해물을 거
두고(저항을 그치고), 그 통로를 통해서 핵심감정이 자연스럽게 드러나게
된다. 그리고 이런 작업은 상담과정 내내 한 겹씩 저항을 거두고 통로를 만
드는 식으로 계속되게 된다.

---

28) 김기석 역(2000). 『정신치료의 이론과 실제』(제9판, Paul A. Dewald 저). 서울: 고려대학교 출
    판부, p. 205.

저항의 표현

상담 상황에서 표현되는 저항에는 여러 가지가 있다. 가장 흔하고도 중요한 것은 내담자의 침묵(silence)이다. 말을 잘하던 내담자가 어떤 부분에 가서 말이 없고 침묵을 한다. 물론 대부분의 내담자들이 상담 초기에 자주 침묵을 하기도 한다. 의식 속에 있던 부분에 대해서는 이야기를 잘했는데 어느 정도 시간이 지난 다음부터는 할 말이 없다고 한다. 경험이 많지 않은 상담자의 경우 그 말이 그럴듯하게 들리기도 한다. 특히, 첫 상담에서 눈물을 쏟으며 힘들었던 과거 얘기를 실컷 쏟아놓은 내담자가 그 다음 회기에 와서 "지난 시간에 많은 얘기를 한 거 같아요. 오늘은 뭘 얘기해야 할지 모르겠네요."라고 하면 초보 상담자의 말문도 동시에 막혀 버리기도 한다. 그런데 내담자가 살아온 20 혹은 30여 년간의 문제가 과연 몇 시간 얘기로 다 말해질 수 있을까? 사실은 표면적인 문제들에 관해 얘기하고 나서 이제 좀 더 내면적인 문제들이 표현되어야 하는 시간이 왔는데, 내담자는 "내가 내 문제를 다 이야기했으니 이제 당신이 나한테 지혜로운 충고를 해 주세요. 문제해결의 답을 줄 차례입니다."와 같이 요구한다. 이럴 때 상담자가 "그래, 당신 문제는 이거니까 이렇게 해결해 보시오."라고 이야기해 봤자 소용이 없다. 그런 문제는 내담자가 이미 오랫동안 알아왔던 것이 대부분이고 때로는 그 해결방법도 잘 알고 있다. 그럼에도 불구하고 도저히 그게 잘 되지 않아서 고민하다가 상담에 오게 된 것이다. 그리고 상담자 앞에서 다시 한 번 문제를 얘기하면서 어떤 부분은 그 자리에서 해소가 되기도 하지만 더욱 뚜렷해지는 것은 결국 내담자가 스스로 문제를 해결해야 한다는 것이다. 게다가 그 문제를 듣고 있던 상담자가 세부적인 접근을 위해 간단한 질문을 던졌는데 그에 대해서 적당한 답은 생각이 안 나고 오히려 전혀 생각지 못했던 감정이 솟구치기도 한다고 할 때, 내담자는 갑자기 문제해결을 위한 상담이 결코 쉬운 일은 아니라는 느낌이 들게 된다. 이럴 때 많은 경우에 침묵이 계속되거나 생각이 잘 떠오르지 않는다고 한다. 예를 들면, 내담자가 어머니에 관한 얘기를 하다가 침묵을 해서 왜 그러는가 물으면, "내가 엄마 이야기를 하면 불안하기 때문에 엄마 이야기를 더 이상 할 수 없다."라고 의식적으로 생각하는 것이 아니라 그저 "엄마 이야기를 하려고 하는데 기억나는 것이 없다. 갑자기 할 말을 잃고 머릿속이 텅 빈 것 같다."고 이야기한다.

또 다른 저항의 예는 이야기 내용을 편집(editing)하는 것이다. 내담자가 자기 자신에 관한 이야기를 논리적으로 아주 조리 있게 이야기한다. 그래서 상담자가 좀 더 구체적인 내용으로 접근하려 하면 갑자기 화제를 바꾼다. 진지한 이야기를 하다가 갑자기 영화관에 간 이야기를 하거나 친구 만난 이야기를 하는 등 하기 편한 이야기만 편집해서 이야기한다. 이런 경우 한 시간 동안 열심히 이야기를 들었는데 장황한 설명만 있고 별 내용이 없다고 느껴진다. 즉, 정서적으로 구체적인 내담자 내면에 대한 설명이 없다면 그것도 일종의 저항이다.

또한 이지화(intellectualization)라는 것이 있다. 예를 들어, 내담자가 이제야 자신의 문제를 깨달았다며 "내 핵심감정은 어린 시절의 인정욕구가 잘 충족되지 않은 것인데 그것이 자주 양가감정으로 표출되는 것이다."라는 식으로 표현하는 것이다. 이는 자신의 내면의 역동을 정말 감정적으로 깊이 느끼고 깨달았다기보다는 단지 지적으로 설명해 보는 것으로서 하나의 저항이라고 볼 수 있다. 특히, 상담을 하고 가서 책을 읽던지 상담 세미나를 들으면서 얻은 지식이 자신에 대한 지적인 이해를 도운 경우 '내가 통찰을 얻었다'는 식으로 생각하는 것은 일종의 저항이다. 때로는 심리검사를 하고 성격유형을 알게 되어 자신의 역동을 지속적으로 특정 성격유형에 맞춰 설명하려는 것이 하나의 저항으로 작용하기도 한다. 즉, '내가 이러이러한 유형이므로 이렇게 행동하는 것이다.'라는 것은 자신의 문제를 되돌아보고 변화하려는 노력을 할 필요성을 축소시키는 현상이라는 것이다. 그래서 상담 중 심리검사 결과를 가르쳐 주는 것은 별로 도움이 되지 않는다. 경우에 따라서 조금 아는 것이 문제의 인식에 좋을 수도 있지만, 그것이 자신에 대한 구체적인 통찰로 이어지지 않는다면 의미가 없고 오히려 저항으로 작용하게 되기 쉽다.

내담자가 사용하는 용어가 감정을 표현하는 것이 아니라 감정을 막연한 전문용어로 뭉뚱그리는 경우도 저항에 속한다. 예를 들면, "아버지가 그런 행동을 할 때마다 내 마음에서 분노가 느껴진다."고 이야기하는 경우다. 이렇게 표현함으로써 진짜 마음속에 있는 갈등이나 힘든 감정을 완화하거나 희석시켜 보려고 하는 것이다. 그럴 때 상담자가 "분노가 느껴진다는 것은 너무 막연하다. 좀 더 구체적으로 그때의 감정을 이야기해 보라."고 하면, "아버지를 죽이고 싶었다." 라든지 "꼴도 보기 싫었다."라는 식으로 감정이 드러나는 표현을 하게 된다. 현실적으로는 지나친 표현으로 보이겠지만 이런 표현을 유도하는 것이 상담에서는 분명한 감정표현을 위해 더 정확하고 좋다.

그 다음에 특정 주제에만 심각하게 치우쳐서 아주 지루하게 이야기하는 경우가 있다. 혹은 과거나 현재의 어느 시점에 고정된 이야기를 계속하는 것도 저항이다. 왜냐하면 자연스럽게 이야기가 진행되는 경우 과거나 현재에 관한 내용이 어느 정도는 왔다갔다 하게 되며 그것은 주제에서도 마찬가지인데, 어느 하나에 고정된다면 그것은 다른 무엇인가를 피하기 위한 저항을 하고 있다는 것이다.

마찬가지로 지나치게 많이 우는 것이나 상담 중에 과장된 감정을 표현하는 것도 저항으로 볼 수 있다. 어떤 사람은 상담을 시작하면 처음부터 손수건이나 휴지를 준비해 놓고 상담 내내 계속 울다가 볼일을 못 본다. 이럴 때 상담자는 내담자가 감정표현을 잘한다고 생각할 것이 아니라 지나치게 넘쳐나는 감정 뒤에 정말로 표현되어야 하는 감정이 가려져 있는 것은 없는지 생각해 보도록 한다. 왜냐하면 상담에서는 감정을 표현하는 것도 중요하지만 그 이후 자신을 돌이켜 보는 것이 더 중요한데 이런 경우 그 작업을 하지 않기 때문이다. 즉, 특정 감정을 자꾸 반복하여 더 이상의 감정 탐색을 할 수 없게 하는 것도 상담의 진행을 방해하는 저항으로 작용한다. 이럴 때는 "요 서너 번은 계속 앉자마자 상담이 끝날 때까지 우시는데 어떤 느낌이 있어서 그러시는 건가요?"라고 질문을 한다. 물론 우는 사람에게 이렇게 질문하는 것이 야박해 보일 수 있다. 그러나 그렇게 해야 내담자로 하여금 자기 감정을 말로 표현할 수 있도록 도와주게 된다. 적절한 감정의 표현과 함께 그것을 말로 표현하게 하는 것은 내담자가 자신의 감정을 객관적으로 관찰하며 이해할 수 있도록 하기 위해 반드시 필요한 과정이다.

이와 비슷한 저항의 하나가 행동화하는 것이다. 이는 상담 안에서 행동화(acting in)하는 것이 있고, 상담 밖에서 행동화(acting out)하는 것이 있다. 상담 안에서 행동화하는 것은 상담자에게 자신의 감정을 말로 표현하지 않고 직접 폭발시키는 것이다. 예를 들어, 청소년들이 자신의 문제에 대해서 상담자 앞에서 화를 많이 내거나 갑자기 심한 분노를 표현하는 것 등이다. 이때 상담자는 겁도 나고 많이 당황하게 되기도 하는데, 그럴 때일수록 차분한 목소리로 "지금 화가 많이 나는 모양인데 좀 진정을 하고 어떻게 돼서 그러는 건지 얘기해 주겠어요?"라고 요구하여 그런 감정 역시 "이러저러해서 너무나 화가 났다."는 식의 말로 표현하도록 돕는다. 상담 밖에서의 행동화로는 상담자와의 관계에서 느껴진 감정들을 상담자에게 직접 표출하지 않고 밖에 나가서 다른 대상에게 표출하는 경우가 있다. 예를 들어, 청소년들은 상담을 하다가 분노가 끓어올랐는데 그것을 잘 다루어 주지 않고 끝내면 집이나 밖에 가서 다른 대상을 향해 폭발한다. 또 때로는 상담자에게 표현해야 하는 어린 시절의 아버지에 대한 분노를 제대로 표현하지 못하면 집에 돌아가서 남편이나 아내에게 폭발하는 경우가 있다. 상담이 잘 진행되고 무의식적이었던 감정이 올라오면 이런 경우가 가끔 있는데 이런 것이 또 저항이 될 수 있다.

그 다음에 흔한 것들로는 상담 약속시간을 자주 변경하는 것, 시간에 늦게 도착하거나 때로는 약속을 까마득하게 잊어버리는 것, 혹은 상담이 불가능한 시간(예: 주일 오전이나 평일 늦은 밤 등)으로 상담을 변경하고 싶다고 하는 것이다. 또한 상담비를 내는 경우 상담비 지불하는 것을 잊어버리는 행동도 저항의 하나다. 상담자와 내담자가 이성 간의 상담일 경우 내담자가 유혹하는 행위를 하는 것은 내가 더 이상 나를 돌이켜 보고 싶지 않고 다만 욕망만을 충족받고 싶다는 저항이며, 마찬가지로 상담자와 사적인 교제를 원하는 것도 저항이다. "나의 이런 힘든 이야기를 들어 주셨는데 오늘 식사 대접을 하면서 풍성한 교제를 나누고 싶어요. 같이 나가요."와 같은 경우는 어찌 보면 자연스럽다고 생각할 수도 있다. 그러나 잘 생각해 보면 상담자-내담자의 치료적 거리를 갖는 것보다는 이런 식으로 거리가 가까운 일반관계로 바꾸는 것이 더욱 편하겠다는 의미의 저항이라고 할 수 있다.

그 외에도 다양한 저항을 나타내는 행동들이 있다. 어떤 경우에는 상담을 시작해서 3~4회 하고는 더 나빠졌다고 한다. "상담을 하면 왜 이렇게 머리가 아픈지 정말 죽겠다."고 말한다. 실제로 생각하기 싫은 괴로운 것을 끌어올리려고 하니까 머리가 아프고 상담하고 싶지 않은 생각이 자꾸 드는 것이다. '난 아무래도 안 되겠다. 꼭 이렇게 괴로움을 당해야 하나. 마치 돈 내고 고문받는 것 같다.'는 생각도 한다. 이렇게 상담과정에 나타나는 여러 가지 모습의 저항이 있으므로 상담자는 이러한 저항들을 예리하게 인식하도록 해야 한다. 이것을 잘 다루고 해결하느냐 그렇지 않느냐에 상담의 성패가 좌우된다고 할 수 있다.

상담과정 중에는 별다른 저항의 표현이 없었다고 생각하던 중에 내담자가 갑자기 떨어져 나가는 수가 있다. 아무런 설명도 없이 약속시간에 나타나지 않거나 혹은 전화해서 더 이상 상담받을 필요가 없다거나 문제가 해결되었다고 하기도 한다. 이것은 교묘히 표현되고 있는 저항을 눈치 채지 못하고 있는 동안 점점 저항이 더 많이 증폭된 경우라고 할 수 있다. 이는 초보 상담자를 좌절하게 하는 일이기도 하다. 어떤 경우에는 통찰을 얻는 것도 저항이 될 수 있다. 문제에 대한 피상적인 통찰만을 얻고 끝내려고 하는 것이다. 더 깊이 들어가게 되면 괴로운 문제가 건드려지는 것이 무의식 중에 두렵기 때문인데, 경험이 적은 초보 상담자의 경우 상담한 지 얼마 지나지 않아 통찰을 얻고 삶이 변화되었다며 기쁜 얼굴로 상담을 그만두겠다고 하는 내담자가 저항을 하고 있다는 것을 인식하기란 쉽지 않다.

내담자가 이런 이유들로 인하여 상담에 오는 것을 갑자기 중단하게 되었을 때, 한 번쯤은 반드시 전화를 해서 다시 와서 의논하고 상담을 정리하자고 요청한다. 그리고 내담자가 오게 되면 "아무래도 상담을 마칠 것 같으니까 그동안의 상담과정에 대해서 솔직하게 이야기해 보자."고 이야기한다. 그러면 대개의 경우 내담자가 처음에는 형식적인 이야기를 하지만 상담자가 진지하게 몇 번 물으면, "사실은 그렇다. 상담자가 지난번에 하루 전에 상담시간 변경을 했는데 좀 무성의하다는 생각이 들었다. 나의 이렇게 괴로운 마음을 저렇게 무성의한 상담자에게 맡길 수 있을까 하는 의심이 들어서 그랬다."라는 식으로 솔직한 감정을 이야기한다. 혹은 교역자와 상담을 하는 경우, "지난번에 설교하는 것을 가만히 들으니까 내 이야기를 하는 것 같아서 갑자기 두려워졌다. 내가 누구한테도 고백하지 못하는 부끄러운 것을 목사님께(혹은 사모님께) 고백했다가 그것을 가지고 교인들에게 이야기하면 나만 망신당하는 것이 아닌가 하는 두려운 마음이 들었다."고 말한다. 이때 상담자가 이런 감정들을 공감적으로 수용하면서(예: "아, 그러셨군요." "그런 의심이 드셨군요.") 그런데 그것이 과연 현실적으로 그랬던 것 같은가, 어쩌면 그럴지도 모른다는 내담자의 느낌들은 아니었을까에 관하여 서로 자세히 얘기하도록 한다. 이때 상담자가 내담자의 피해의식적인 생각에도 화내거나 불편해하지 않고 수용적으로 그것을 편안하게 표현하도록 기회를 주게 되면, 내담자는 그것만으로도 좋은 교정적인 정서 경험

(corrective emotional experience)을 하게 된다. 때로는 자신의 그런 피해의식적인 생각이 어린 시절 아버지에 대한 불신의 감정에서 온 것이라는 등의 중요한 통찰 경험을 하게 되기도 한다.

　이렇듯 저항으로 인해 조기에 종결되려는 상담에서도 그 과정 자체를 잘 다루어 주면 오히려 저항을 넘어서서 치료동맹을 맺고 더욱 의미 있는 단계로 넘어가기도 한다. 그러므로 저항 때문에 상담이 조기 종결되려는 경우 반드시 한 번 정도는 내담자를 만나서 그렇게 된 이유를 잘 물어보고 극복하도록 도와야 한다.

저항 다루기

　저항이란 상담과정에 방해되는 내담자의 역동적인 힘을 총칭하는 것이다. 앞서 기술한 대로 저항에는 의식할 수 있는 의식적인 부분과 의식하지 못하는 무의식적인 부분이 있는데, 처음에는 무의식적인 부분이 굉장히 많고 의식하는 부분이 약간 있을 뿐이다. 상담이 잘 진행되어 간다는 것은 이 무의식적인 저항의 부분을 점점 더 많이 의식하게 되는 것을 의미한다. 이론적으로만 상담을 공부한다면 이런 개념을 구체적으로 이해하는 것이 상당히 어려울 듯하다. 또한 많은 경우 초보 상담자들이 내담자 문제의 무의식적인 부분을 이해하기 위해 성급히 내담자의 어린 시절 경험을 자꾸 들추어 내려고 하기 쉬운데, 이런 경우 오히려 그 부작용으로 저항이 아주 강해져서 자칫 잘못하면 상담이 실패로 끝나게 된다. 다시 말해서, 무의식을 이해하기 위해서 반드시 어린 시절의 경험을 들어봐야만 하는 것은 아니다. 저항을 해결하여 길만 잘 열어 주면 그런 것은 언제라도 자연스럽게 의식으로 올라올 수 있다. 여기서 저항을 해결하는 방법에 대해 Freud는 "내용은 나중에 다루고 우선은 과정을 잘 관찰하고 다루어야 한다(Process first, content later)."고 말했다. 즉, 이야기의 내용보다는 그 이야기가 전개되어 나가는 과정에 어떤 문제가 없는지를 잘 살피고 그것을 해결한다면 저항이 줄어들고 더욱 의미 있는 내용이 점점 더 드러나게 될 것이라는 것이다.

상담에서 과정을 다루는 예를 들어 보자. 성폭행을 당한 위기의 내담자를 상담하는데 처음에는 대개 너무 엄청난 일을 당한 사람들이 그렇듯이 내담자가 감정을 억압하느라 차분하게 이야기를 하게 된다. 그래서 상담자가 성폭행을 당한 장면을 구체적으로 묻자, 내담자는 그 전 과정을 죽 이야기하다가 "바로 강도가 칼을 들이대고 옷을 벗으라고 명령하는데……"라며 말을 중단하고 갑자기 울음을 확 터뜨린다. 그러면 어떻게 해야 할까? 보통은 좀 기다려서 내담자가 울음이 그친 후에 "참 힘들겠지만 어떻게 되었는지 다시 이야기를 해 보자."며 내용을 쫓아가야 할 것 같다. 그러나 이때도 내용을 쫓아가지 말고 "아까 이야기하다가 울음을 터뜨렸는데 그 순간에 어떤 마음이 들었느냐?"고 물어보는 것이 바로 과정을 다루는 것이다. 즉, 과정을 다룬다는 것은 내용을 얘기하고 있는 내담자의 현재 감정을 다루는 것이라고 할 수 있다. 사실 상담자가 할 일은 사건의 내용을 밝히는 것보다는 그 사건으로 인한 내담자의 감정적 고통을 충분히 표현하게 하고 그가 스스로 그것을 극복할 수 있을 때까지 그 아픔의 자리에 함께해 주는 것이어야 하므로 이렇게 과정을 다루어 가는 것이 더욱 의미가 있다. 다른 예로 어떤 내담자가 상담에 와서 처음에는 아버지와의 갈등에 관한 이야기를 오랫동안 했다. 그리고 오빠와 언니 이야기를 자세히 한참을 하는데, 몇 회기 동안 잘 들어보니 모든 가족들의 이야기 중에서 어머니에 대한 이야기는 빠져 있다. 물론 이런 과정의 문제는 내담자가 의식적으로 그러는 것이 아니라 무의식적으로 그러는 것이다. 즉, 내담자는 정서적으로 더 중요한 문제일수록 무의식적으로 드러내려 하지 않는 경향이 있다. 이 내담자의 경우 그것은 어머니에 대한 이야기를 하지 않는 것이었다.

> **상담자**: 이제까지 가족들 얘기를 다 하셨는데 어머니 이야기가 나오지 않은 것 같네요?
>
> **내담자**: 아, 그렇군요. 정말 (약간 놀란 듯한 표정으로) 엄마는…… (이야기를 꺼내더니 긴장되는 표정으로 말을 멈추고 한참을 침묵한다.) 저, 선생님, 가슴이 너무 뛰고 숨이 차서 말을 계속할 수가 없네요. 바깥 공기를 좀 마시고 와야겠어요.
>
> **상담자**: 네, 그러세요? 그럼 좀 쉬죠. (상담이 10분 정도 중단된다.)

이 경우 앞서 제시한 대로 내용보다 과정을 다루려 한다면 상담자는 상담을 어떻게 이끌어야 할까? 어떤 작업을 해야 할까? 일반적으로 생각하면 좀 기다리다가 내담자의 상태가 가라앉았다고 생각될 때 어머니에 대한 이야기를 다시 꺼내야 한다고 생각할 수도 있을 것이다. 그러나 이제 상담자가 분명하게 그 부분에 뭔가 심각한 문제가 있다는 것을 알게 되었다. 처음에는 아버지나 다른 가족들의 이야기를 한참 해서 그런 관계에 문제가 있을 것이라 생각했는데, 가만히 듣다 보니 뭔가 빠져 있는 부분이 있었고 그것을 지적했더니 갑자기 숨이 차고 힘들어한다. 이것은 내담자가 비록 아버지 이야기를 많이 하더라도 사실은 어머니와의 관계에 문제가 있고 거기에 핵심역동이 연결되어 있다는 사실을 나타내는 것이다. 여기서 내용은 어머니에 대한 얘기며, 과정은 중요한 어머니 얘기를 빼놓고 하지 않았던 것과 그것을 얘기하려고 하자 많이 힘들게 느껴진다는 사실이다. 그러므로 내용보다 과정을 다룬다는 것은 그동안 어머니와 어떤 관계로 어떻게 지냈는지에 관심을 두기보다, 그 이야기를 하려 할 때 조금 다르게 반응을 했는데 그때 어떤 느낌이 들었는지를 알아보는 것이다.

> **상담자**: 아까 어머니 이야기를 꺼냈을 때에 갑자기 힘들어지셨는데, 그때 어떤 느낌이 들었어요? 무슨 생각이나 느낌이 머릿속을 지나갔을 텐데 그것에 대해 좀 다시 잘 표현해 보실 수 있겠어요?

내담자: 아니, 뭐 특별한 생각은 없었는데요.

상담자: 잘 생각해 보세요. 조금 전 ○○씨가 어머니 이야기를 조금 하다가 갑자기 숨이 차고 힘들어하셨는데 그럴 때는 어떤 생각이나 느낌이 있었을 거예요. 그것을 잘 돌이켜 생각해 보세요.

내담자: (주저하며) 엄마 이야기를 조금 하려니까 엄마가 나를 야단치는 것이 생각나면서, 내가 이제까지 너를 키워 줬는데 네가 밖에 나가서 엄마를 비난하고 그러는 것이 말이나 되냐고 혼내는 것만 같아서 갑자기 불안한 생각이 들었어요.

상담자: 아, 그래요, 그렇죠. 그러니까 어머니 얘기 하는 것이 뭔가 옳지 않고 불편하다는 느낌이 드신 모양이네요. 아마 어머니 얘기라는 게 어머니에 대한 나빴던 기억인가 봐요?

내담자: 네, 그렇죠.

상담자: 그런 중요한 얘기를 하자면 자기 마음 한쪽에서는 그 이야기를 끄집어내고 싶어 하지만 다른 한쪽에서는 그것을 방해하는 또 다른 내가 있는 것이니까요. ○○씨가 그것을 잘 극복할 수 있어야 상담이 성공할 수 있는 거랍니다.

상담자는 이와 같이 저항에 대해 이야기를 해 준다. 또한 과정을 잘 분석해서 "○○씨가 잘 이야기하다가 어머니에 대한 이야기를 할 때 중단이 된 것은 어머니에 대한 죄책감이 들었고 그래서 숨이 차고 불안하게 된 것입니다."라고 내담자 스스로 이해하도록 해석을 해 준다. 그러면 내담자는 다음에 또다시 그런 기분이 들 때 자기 스스로 그것을 분석하게 된다. 예를 들어, 그 이후 내담자가 어머니 이야기를 조금 꺼내다가 다른 곳으로 화제를 돌리는 경우의 과정 다루기를 다시 생각해 보자. 물론 이 역시 내담자의 무의식적인 행동임을 잊지 말기 바란다.

상담자: 잠깐만, 지금 어머니 이야기를 잠시 하다가 다른 이야기로 넘어갔는

데 그걸 어떻게 생각하세요? 무슨 이유라도……?

내담자: 아, 제가 지난번처럼 엄마 이야기를 하려고 하니까 다시 마음이 불편해진 거 같아요. 아직도 여전히 그러네요.

상담자: 그래요, 그렇지만 이젠 그걸 스스로 알아낼 수 있으니까 그때랑은 전혀 다르죠. 그게 중요한 거거든요.

내담자가 이렇게 자신을 돌아보고 표현하면서 그것을 극복해야겠다고 느끼는 상황에서 상담자의 충분한 지지는 그런 내성의 능력(관찰자아의 능력)을 강화하는 중요한 요인이다. 이렇게 되면 다음부터 이 문제에 대해서는 상담자가 다시 설명하지 않아도 된다. 내담자는 엄마 이야기를 하고 싶은 부분과 하고 싶지 않은 부분들을 의식하고 구분하게 되며, 말할 부분은 하고 말하고 싶지 않은 부분은 적당한 때에 자진하여 말하고 싶어질 때까지 억제하며 자기 스스로 끌고 나간다. 이렇게 내용보다는 과정을 먼저 다루어 준다는 개념은 간단하지만 상담에서의 적용을 위해서는 '과정'에 대한 개념의 이해와 함께 적절한 훈련이 필요하다. 다시 한 번 정리하면, 상담자는 내담자가 이야기하는 내용(예: 어머니와 있었던 일들)은 듣고 공감해 주면서 따라가지만, 더욱 중요한 것은 내담자가 현재 상담자에게 얘기하는 태도의 어떤 미묘한 변화—이야기 주제나 형식에서의 어떤 변화—를 추적하고 그런 현상 자체와 그 의미와 목적이 내담자에게 분명히 이해되도록 도와주는 것이다.

또 다른 예를 들어 보자. 내담자가 아버지에 대한 원망스러운 기억을 얘기했다. 어린 시절에 자신을 잘 돌보지 않았고 늘 너무 삭막하게 대했으며 자식에게는 무관심하게 밖으로만 나돌아다녔다고 한참을 이야기했다. 그렇게 아버지에 대한 비난을 실컷 하더니 갑자기 "엄마가 나한테 잘 대해 줬으면 아버지한테 이렇게 매달릴 필요가 없었겠죠."라고 한마디 툭 던지고는 말을 뚝 그쳤다. 그런데 상담자는 이 내담자가 평소에 엄마 이야기하는 것을 교묘히 피한다는 사실을 알고 있었고, 안 나오던 엄마 이야기가 갑자기 튀어나왔기 때문에 이것이 중요한 주제라는 것을 그 순간에 금방 눈치챘다. 더군다나 그 말 이후 침묵이 생기고 상담이 진행되지 못한 채 어색하게 중단되었기 때문에 과정을 다루어야겠다고 생각했다. 상담자는 조금 기다린 후에 "이제까지는 어머니가 잘해 줬다고 그랬는데 어머니가 그렇지 않으셨던 모양이네요?"라고 묻는다. 그러자 내담자는 한참을 더 침묵을 지키더니 "아니, 뭐 꼭 그렇다는 것은 아니고……"라며 우물쭈물 얼버무리다가 다시 아버지에 대한 주제로 넘어가서는 아버지 문제를 한참 이야기한다. 그런데 그 전과는 목소리 톤이 다르다. 아버지와의 갈등을 이야기하면서도 괴로운 빛이 보이지 않고 아주 빠른 속도로 재미있게 이야기한다. 그것을 들으면서 상담자는 분명하게 '아, 이것이 중요한 얘기가 아니구나.' 하는 것을 느낄 수 있었다. 즉, 내담자가 회피를 하며 저항하고 있음을 안 것이다. 이런 경우에는 어떻게 해야 할까? 자신도 모르게 엄마 이야기가 튀어나오자 내담자가 놀라며 피하는 것은 의식적으로 피하는 것이 아니기 때문에 뭔지 모르게 막연히 불편한 것이 무엇 때문인지 자기 마음속에서도 확실치 않다. 또한 그 이후 침묵이 있었을 때 그 역시 내담자가 고의로 얘기를 중단한 것이 아니다. 자신도 왜 그런지 모른다. 그런 것이 무의식이다. 아버지 이야기를 한참 하다가 엄마 이야기를 자기도 모르게 툭 했는데 그 순간에 갑자기 답답하고 불편했다. 그래서 침묵을 하게 되었다. 그런데 내담자는 자신이 왜 침묵을 했는지 모른다. 침묵했다는 사실도 모르고 잠시 거기에 몰두해 있다가 다시 아버지 이야기로 자기도 모르게 돌아간다. 그래서 나중에 물으면 별 생각 없는 중에 그냥 그렇게 되었다고 대답할 것이다. 이런 경우 저항의 과정을 다루기 위해서는 상담자가 먼저 그런 변화 상황을 확실히 인식해야 한다. 그러기 위해서는 저항의 출현이 분명해질 때까지 별다른 개입 없이 침묵하면서 공감적 경청을 한다. 그러노라면 이야기의 어떤 과정에서 갑작스러운 얘기가 나오고 어느 때 침묵이 흘렀으며, 어떻게 다시 아버지 이야기로 돌아갔는지가 분명해진다. 그때 상담자는 아직 그것을 의식하지 못하는 내담자에게 그런 무의식적인 반응들을 알 수 있도록 해 주어야 한다. 그것을 복잡하게 설명해 주는 것이 아니고 그저 있는 그대로를 간단히 얘기해 준다. "○○씨가 아까 아버지 이야기를 하다가 어머니 이야기를 툭 하고 나더니 침묵이 흘렀죠?" 그리고는 가만히 기다리면서 내담자가 어떻게 설명하는지 잘 들어본다. 물론 이때 또다시 다른 이야기로 넘어갈 수 있다. 그러면 저항은 점점 더 분명해지는 것이다. "○○씨가 갑자기 어머니 이야기를 한 후 침묵한 것에 대해 제가 질문을 했는데 그에 대해 설명을 안 하고 그냥 넘어가시네요."라고 말해 준다. 보통은 이럴 때 내담자가 처음에는 자신의 무의식적 행동을 잘 인식하지 못한다. 그런데 이런 상황이 반복되면 내담자 자신도 깨닫게 된다. '아, 내가 엄마 이야기만 하게 되면 침묵이 흐르거나 다른 이야기로 빠지는 것을 보니 아마 내가 엄마에 대해 말하기 싫은 모양이구나.' 라고 생각하게 되고, 더 나아가서 '내가 왜 그러는 걸까?' 라는 의문을 품게 된다. 그런 의문은 자신의 무의식적 행동의 원인이나 양상에 대한 이해로 이어지게 되는데, 그 의문에 대해서 내담자가 스스로 답을 찾기도 하고 때로는 상담자의 도움이 필요하기도 하다. 이때 상담자가 인식하고 있는 것을 바로 설명해 주는 것은 아니며, 내담자가 자신의 행동에 연관된 무의식적인 원인에 대해 이해할 수 있는 가능성이 있다고 생각될 때 설명해 줘야 한다. "○○씨가 어머니에 대한 어떤 감정 때문에 어머니 이야기만 하면 마음속에 무엇인가 불편해져서 그런 겁니다." 그러나 내담자가 그런 설명을 아직 이해할 수 없다고 생각되면 그냥 넘어가야 한다. 무의식을 의식화시키는 작업은 상담 진행에서 매우 중요한 일이지만, 간단해 보이면서도 훈련 경험이 없이는 쉽지 않은 일이라고 할 수 있다.

저항의 양면성

　저항의 개념에는 두 가지 측면, 즉 긍정적인 측면과 부정적인 측면이 있다. 부정적인 측면에서 보면 저항이란 상담의 흐름을 방해하고 보다 많은 통찰을 얻는 것을 방해하는 마음의 작용이다. 이런 의미의 저항은 상담이 전개되어 나가는 동안 언제나 깔려 있다고 할 수 있다. 즉, 앞서 설명한 대로 내담자는 상담을 통해 변화를 추구하면서 동시에 자연스럽게 그런 변화에 대한 거부감을 늘 함께 갖는다는 것이다. 이러한 저항의 부정적인 측면을 다른 방향에서 보면 내담자가 한 사람으로서의 인격을 유지하면서 살아갈 수 있도록 만드는 긍정적인 심리기제의 표출이라고 할 수 있다. 만약 이러한 방어작용이 없다면 우리는—인간 누구나는—우리 자신의 인격을 유지하고 살아갈 수 없다. 다시 말해서, 우리들이 이러한 심리기제를 형성하는 이유는 내면 깊은 곳의 취약한 부분이 함부로 드러나거나 누군가로부터 침범당하지 않도록 늘 보호하고 평형을 유지시켜 주는 무의식적인 면역체계의 기능을 하기 위한 것이었으며, 한편으로는 간접적이나마 자신의 내면 중심에 크게 자리 잡은 핵심감정을 충족시키기 위한 것이었다. 문제가 되는 것은 그런 방어기능이 너무 지나치거나 비뚤어져서[29] 내면의 연약한 부분을 방어하기는 해도 그 때문에 다른 대인관계가 힘들어졌고 그로 인해 상담에 오게까지 되었다는 사실이다. 그런데 이러한 방어체계에는 두 가지 유형이 있다. 하나는 평상시 인격의 일부분을 구성하고 있는 성격 방어체계다. 내담자는 이 부분에 대해 대부분 자아 동조적이며 습관이 되어 있어서 갈등 없이 살아간다. 즉, 개인의 특성을 결정하고 그렇게 살아가도록 하는 방어다.[30] 다른 하나는 특별히 상담과정 중에 상담이 진행되지 않도록

---

29) 방어기제에 대해서는 제2장에 자세히 설명되어 있다.

방해하는 특수한 방어다. 상담자들이 일반적인 역동상담에서 나타나는 저항으로 다루게 되는 부분은 주로 이 단계의 방어들이다. 앞서 기술한 이런 성격적인 방어를 다루기 위해서는 좀 더 많은 기술적인 훈련과 연구가 필요하다. 그런데 이러한 방어기제는 그것이 형성되는 과정에서 반복적인 방어의 기능을 하는 동안 그 작용이 무의식적인 것이 되었다. 상담과정에서 저항으로 나타나는 이런 방어기제가 의식적인 것이 아니고 무의식적이라는 사실을 아는 것은 굉장히 중요하다. 저항 또는 방어가 무의식적이라는 개념을 잘 이해하지 못할 경우 간혹 오해를 하기도 한다. 내담자가 상담에 왔지만 상담이 진행되면서 얘기하기를 힘들어하고(마치 하기 싫은 것을 억지로 하는 듯하고) 중요해 보이는 사실을 더 자세히 얘기해 보라고 하면 우물쭈물한다든지 충분히 이야기하지 않고 다른 이야기로 돌리는 것으로 보일 때, 어떤 상담자들은 내담자가 거짓말을 하는 것이 아니냐고 오해를 하기도 하고 상담하기 싫은 것을 억지로 붙잡고 있는 것은 아닌가 하며 갈등을 하기도 한다. 그래서 상담자가 은연중에 그런 감정을 내비치게 될 때 내담자는 자신도 이해할 수 없는 자신의 반응에 대해 오해받는 느낌을 받아 상담이 그냥 중단되기도 한다. 그러나 저항으로 나타나는 내담자의 행동은 무의식적이기 때문에 자기도 의식하지 못하는 자신의 두 마음—즉, 문제가 있으므로 자신을 고치려는 마음과 원래의 자신을 지켜내려는 방어적인 마음—이 자기 속에서 싸우는 것이다. 상담자는 이런 갈등을 최대한 공감적인 입장에서 잘 수용해야 한다. 그리고 자신의 문제를 고치겠다는 내담자의 건강한 자아와 신뢰적인 관계를 수립하고 치료동맹을 맺어, 그 약속을 바탕으로 내담자의 저항에 흔들리거나 포기하지 않은 채 끝까지 그 동맹 편에 서 있어 줄 수 있어야 한다. 이렇게 그 입장에 함께 선다는 것은 내

---

30) Greenson, R. (1967). *The Technique and Practice of Psychoanalysis*, Volume I. International Universities Press, INC, p. 92. 이만홍, 현용호 외 공역(2001). 『정통 정신분석의 기법과 실제 I』. 서울: 하나의학사, p. 105.

담자가 저항을 극복하고 드러난 방어기제를 좀 더 긍정적이고 적응적인 것으로 변경시킬 수 있도록 돕는 것을 말한다. 그러기 위해서 상담자는 내담자의 저항을 통해서 드러나는 방어기제의 양상과 목적을 잘 파악하고 그것을 내담자 스스로 다룰 수 있을 만큼씩 인식하게 하여, 병적이고 힘이 많이 드는 방어를 버리고 보다 건전하고 경제적인 방어로 바꿀 수 있도록 돕는 것이다. 이렇게 방어기제를 유익한 쪽으로 변화를 주는 것은 결과적으로 내담자의 인격이 성숙하게 되며 원래 상담을 시작한 문제해결의 목표를 이루는 것이라고 하겠다.

저항의 종류[31]

저항에는 여러 가지 종류가 있지만 상담에서 주로 나타나는 저항으로는 우선 억압저항(repression resistance)을 들 수 있다. 억압저항이라는 것은 상담을 방해하는 저항의 내용이 억압이라는 방어기제를 사용하는 경우를 말한다. 즉, 자신의 내면에 있는 갈등, 좌절의 감정이 의식되면 괴롭기 때문에 무의식중에 억압하여 잊어버리는 것이다. 앞서 제시한 예들에서 얘기 중 누군가에 대한 것(예: 어머니, 형)을 빼먹고 얘기한다거나 상담 약속을 깜빡 잊어버린다거나 하는 것이다. 두 번째로 또 하나 자주 볼 수 있는 저항은 전이저항(transference resistance)이다. 이 개념에 대하여는 앞 장에서 의존욕구를 설명하며 이미 언급한 적이 있다. 내담자에게 일단 전이가 생기면 의존욕구만을 충족받으려 애쓰기 때문에, 상담을 해서 자신의 내면을 돌이켜 보고 그 속에 있는 유아기적인 욕구를 이해하고 그것을 포기하며

---

31) 저항의 종류에 대해 더욱 자세히 공부하려면 이만홍, 현용호 외 공역(2001). 『정통 정신분석의 기법과 실제 I』(Ralph R. Greenson 저). 서울: 하나의학사를 보기 바란다.

성숙을 향해서 나가려 하지 않고 그 미성숙한 욕구를 무작정 상담자한테서 충족받으려 한다. 그러므로 그런 욕구를 상담자가 따뜻하게 받아 줘서 엄마처럼 나의 말을 이해하고 나를 편안하게 해 주기를 바라는 욕구충족에만 매달리려 한다. 또는 반대로 그런 전이감정이 들키는 것을 피하기 위해 상담자와 유난히 거리를 두거나 감정을 부정하며 돌아보려 하지 않는 것이다. 이것이 전이저항으로 다음 장에서 전이에 대한 개념 설명과 함께 다시 다루게 될 것이다. 마지막으로 이차 이득저항(secondary gain resistance)이라는 것이 있다. 이것은 다른 말로 환자 역할(sick role)의 이득이라고 이야기한다. 아이는 뭔지 학교생활에 흥미를 잃고 힘들어졌을 때—예를 들어, 도저히 공부를 따라가지 못하겠다고 생각하지만 그래서 학교에 가기 싫다고 하면 집에서 야단을 맞을 것 같은 갈등을 도저히 해결할 수 없을 경우—그냥 아파 버린다. 그리고 무의식적으로 정말 배가 아파진다. 부모가 가만히 보니까 수학이 있는 날만 아프다고 한다. 꾀병이라 생각하고 그냥 가라고 하지만 진짜 아파서 떼굴떼굴 구른다. 물론 아이도 처음에는 자기가 왜 아픈지 모른다. 그냥 아프니까 아프다. 아픈 것 때문에 처음에는 엄마가 이해해 주고 학교를 안 가게 해 주니까 편하다. 그런 경험을 하며 자란 아이들은 어떤 정신적인 갈등만 있으면 아픈 것으로 해결을 한다. 병원에 가서 검진해 보면 아무 이상이 없는데 환자 역할을 하면서 갈등을 해결하려는 것이다. 이 역시 무의식적인 행동이며 저항이다. 갈등에 직면해서 자신이 무엇이 문제인지 돌아보지 않고 계속 아픈 역할을 하면서 갈등은 피한 채 상담자의 도움을 받으려는 것이다. 특히, 우울증을 가진 사람들 중에 이런 경우가 많다. 그저 상담자의 관심과 돌봄을 받고 그것으로 만족하려고 한다.

영적 성숙과 저항

상담 중에 저항을 다룬 예를 성경에서도 찾아볼 수 있다. 바로 누가복음 18장에 나오는 부자 청년이 예수님을 찾아와 대화를 나누는 장면이 그것이다. 이것을 상담의 한 현장이라고 생각하면서 다시 읽어 보자.

> 어떤 관원이 물어 가로되 선한 선생님이여 내가 무엇을 하여야 영생을 얻으리이까. 예수께서 이르시되 네가 어찌 하여 나를 선하다 일컫느냐. 하나님 한 분 외에는 선한 이가 없느니라. 네가 계명을 아나니 간음하지 말라, 살인하지 말라, 도적질하지 말라, 거짓 증거 하지 말라, 네 부모를 공경하라 하였느니라. 여짜오되 그것은 내가 어려서부터 다 지키었나이다. 예수께서 이 말을 들으시고 이르시되 네가 오히려 한 가지 부족한 것이 있으니 네게 있는 것을 다 팔아 가난한 자들을 나눠 주라. 그리하면 하늘에서 보화가 네게 있으리라. 그리고 와서 나를 좇으라 하시니 그 사람이 큰 부자인고로 이 말씀을 듣고 심히 근심하더라. 예수께서 저를 보시고 가라사대 재물이 있는 자는 하나님의 나라에 들어가기가 어떻게 어려운지 약대가 바늘귀로 들어가는 것이 부자가 하나님의 나라에 들어가는 것보다 쉬우니라 하신대(눅18:18-25).

이 말씀의 주제는 부자가 하나님 나라에 들어가는 것이 대단히 어렵다는 것인데, 상담자의 입장에서 볼 때 예수님이 상담에 실패한 것과 같은 대목을 왜 성경에 기록해 놓았을까 하는 의문이 생긴다. 그런데 여기서 예수님의 치유는 설득이나 권면을 통해 인위적으로 마음을 바꿔 놓는 것이 아니라 상대로 하여금 스스로 생각하고 깨닫게 하려는 것임을 볼 수 있다. 육체의 병을 초자연적인 능력으로 고쳐 주신 것과는 달리 영적인 변화의 추구에서는 예수님께서 전혀 다른 모습을 보이신다. 즉, 초자연적으로 육체를 고치셨듯이 영적인 부분도 몽롱하게 최면술을 걸든지 사람을 죽었다 깨어나게 하든지 해서 하나님을 찬양하는 사람으로 그냥 바꿔 버리시면 간단할 텐데 왠지 그렇게 하지 않으신다. 그 자신으로 하여금 스스로 깨닫는 것을 중요하게 여기시는 것 같다. 우리가 신앙적으로 성숙해 간다는 것은 결국 내 문제를 다른 곳으로 투사하여 남의 문제인 양 바라보지 않고 나 자신의 마음속에 있는 문제로 깨닫고 또 반성하며 끊임없이 내면을 새롭게 하는 것, 즉 회개하는 것이라 말할 수 있다. 동시에 어떤 초자연적인 힘에 의해 이끌림을 받거나 신비적인 체험을 통해 변화하는 것이 기독교의 신앙 성숙의 방법은 아니라고 생각한다. 그런데 상담의 한 토막이라고 생각하면서 누가복음의 이 대목을 보면 예수님이 제시한 영생을 얻는 방법이란 분명히 그런 손쉬운 방법이 아닌 뭔지 의미 깊은 요청을 하시고, 내담자라고 할 수 있는 그 관원은 그 말씀을 듣고 뭔지 찜찜하고 석연치 않은 듯한 모습으로 돌아가는 것을 볼 수 있다. 그렇다면 이 상담은 과연 실패한 상담이었을까?

이것을 저항의 개념을 가지고 생각해 보면 깨달음을 위한 이 만남이 결코 실패한 것이 아니라는 중요한 사실을 발견할 수 있다. 내용을 다시 보면 부자 관원은 율법적인 의를 잘 행한 사람이었다. '내가 어려서부터 하나님 앞에서 부끄러운 것이나 회개치 않은 것이나 잘못된 것이 없다.'고 생각하고 있으며 자신에게 문제가 있다는 사실을 모른다. 그런데 예수님과의 대화를 통해서 얻게 된 것은 영생을 얻으려다 보니 자신에게 어떤 문제가 있다는 것을 깨달은 것이다. 그래서 근심을 하고 돌아갈 수밖에 없었다. 물론 그 근심이 앞으로 구원에 이르게 하는 관문이 될 수 있다는 것도 몰랐을 것이다. 어쩌면 부자 관원이 예수님께 처음 질문을 하던 마음속에는 예수님으로부터 칭찬을 받고 지지를 받고 싶은 마음이 있었는지도 모른다. 그런데 예수님과 대화를 하고 보니 영생이라는 귀중한 것을 얻기 위해서는 지금의 자신 그대로가 아닌 어떤 변화가 필요하다는 것을 듣게 되었고, 그렇게 지금까지 해 오던 방식을 포기해야 얻을 수 있다는 새로운 사실이 마음을 무겁게 한 것이다. 그래서 그는 근심하며 돌아갔다. 지금보다 한 단계

더 높이 성숙하려 할 때 우리는 지금까지의 자신을 벗어나야 하는 어떤 필요를 절실히 느끼지만 그것은 결코 유쾌한 것이 아닌 경우가 대부분이다. 확실하지도 않은 미래를 위해 지금의 익숙함을 포기한다는 것이 어찌 쉬울 수 있겠는가? 그러므로 그렇게 근심을 하게 된 것은 예수님의 말씀이 그에게 어떤 변화를 요구하는 것이었고 그것은 커다란 부담의 감정, 즉 저항의 반응을 불러일으켰다고 볼 수 있다. 그러므로 아마도 그 청년은 돌아가면서 '영생을 얻기 위해 내가 전심을 기울여 모아놓은 재산을 다른 사람들을 위해 포기해야 한다는 건 정말 생각지 못했던 일이야.' 그러면서 점점 '아, 내가 이제까지 누구보다 율법을 잘 지키고 의롭게 지냈다고 생각했는데 알고 보니 내 마음속에 나도 모르는 거대한 돈을 향한 욕심이 있었구나.' 하는 것을 생각하게 되었을 것이다. 그리고 이렇게 자신의 내면적인 진실을 깨닫게 되었기 때문에 이제 그 문제에 대해 어떤 식으로든지 스스로 변화의 작업을 하게 될 것이다. 그래서 결과적으로 그 문제를 통해 그의 영생—온전한 영적 성숙함—에 관심을 가졌던 관원이 진정한 하나님에 대한 사랑을 깨달은 사람이 되어 나중에 예수님의 열렬한 제자가 되었을지도 모르겠다.

이렇듯 상담에서의 저항은 우리들의 치유와 성숙의 과정에 방해물로 나타나지만 그런 방해의 의미를 잘 들여다보고 이해하고 극복하는 단계를 거치면서 마침내 성숙에 이르는 귀한 계기로 변하게 된다. 그러므로 처음에 저항의 개념을 배울 때는 그것이 상담과정에 나타나는 것이 부정적이고 반갑지 않은 현상이라고 생각할지 모르나, 그 진정한 의미와 역할을 이해하게 되면 상담자의 입장에서 저항이란 오히려 나타나 주고 반가워해야 할 대상이라고 할 수 있다. 그리고 그것을 그렇게 유익한 과정으로 만들기 위해서 상담자는 그것들을 인식하고 다루는 데 필요한 여러 가지 훈련을 게을리 하지 말아야 하겠다.

제8장

전 이

제8장

전 이

전이란 무엇인가

상담자와 내담자 사이에 이루어지는 관계는 두 가지 측면을 갖는다. 하나는 상담자와 내담자라는 현실적인 상황이 주는 현실적인 관계다. 여기서 내담자는 자신의 문제를 혼자 해결하기 힘들어서 도움을 받으러 온 개인이며, 상담자는 그런 문제를 기꺼이 내담자와 함께 해결하는 과정에 참여하려는 의도를 가진 전문가다. 그런데 그 상담을 깊이 있게 해 나가다 보면 내담자는 상담자를 점점 현실적인 대상이 아닌 자신의 상상 속의 인물로 왜곡해서 생각하고 대하게 되며, 때로는 그 범위나 정도가 상당히 지나치게 현실을 벗어나서 부적절한 반응을 보이기도 한다. 이런 현상을 전이 반응이라 한다. 전이(transference)는 내담자가 어린 시절 자신에게 정서적으로 중요했던 인물과의 관계에서 가졌던 감정반응을 상담자에게 전치(displacement)시켜서 표현하는 것으로, 과거에는 타당했을지 모르나 지금

218   제8장 전이

의 상황이나 나이에는 적절하지 않은 퇴행된 반응이라고 할 수 있다. 그러 므로 상담자와 내담자라는 현실적인 관계 안에서 형성된 현실적 관계와는 달리, 전이관계는 내담자가 상담자를 애정을 주는 사람, 강력한 권위자, 이 상적인 전능자, 경쟁자 등으로 왜곡되게 느끼고 반응하도록 한다. 전이반 응으로서 상담자를 애정을 주는 사람으로 생각한다는 것은 꼭 성적이라기 보다는 내담자의 의존욕구를 충족시켜 주고 사랑으로 돌봐 주는 사람이라 고 생각하는 것이다. 그래서 상담자가 미소만 지어도 행복해하고, 격려해 주면 아주 기뻐하고 행복감에 젖어들며, 상담자가 말이 없거나 침묵만 해 도 자신을 거부하는 것이라고 받아들여서 불안해한다. 이러한 애정에 대한 욕구가 심하게 증폭될 경우, 때로는 상담자를 성적으로 유혹하기도 하고, 모든 문제를 가지고 와서 해결을 받고자 하며, 과도한 선물을 사오기도 한 다. 심지어는 상담에서 이야기하는 것 자체도 상담자가 어떤 자료를 원하 느냐에 따라(물론 내담자의 추측에 따른 것이지만) 이야기를 하고 싶어 하고, 자신에게 절실한 문제가 있는데도 그 문제는 미뤄 두고 상담자가 원한다고 생각하는 것을 이야기하기도 한다. 또는 상담자를 권위자로 생각하기 때문 에 상벌을 주는 사람이라 생각하면서 혹시 실수하거나 잘못할까 봐 전전긍 긍하며, 상담자의 인정을 받기 위해 애를 쓰고 상담자가 하는 말에 공손히 복종하며 상담자의 견해를 비판 없이 그대로 받아들인다. 그리고 이상적인 본보기로 생각하기 때문에 상담자를 동일시하여 상담자와 똑같이 행동하 려고 한다. 그래서 '이럴 때 상담자는 문제해결을 어떻게 했더라?' '이럴 때 상담자가 내게 뭐라고 했더라.' 하는 생각을 하면서 현실을 대처해 나가 려고 한다.

이렇게 전이란 과거에 가진 정서적인 경험들을 현재의 상담자에게서 충 족하려 하거나 과거의 갈등 상황을 상담자와의 관계에서 늦게나마 극복하 고 숙달하려고 반복하는 것을 말한다.[32] 전이는 역동상담 중에 가장 중요 한 개념으로서 상담자는 내담자가 가지고 온 문제 자체만을 다루는 것이 아니고 상담 중의 어떤 현상도 내담자와 상담자 사이의 관계에 초점을 맞춰서 다루므로, 내담자가 가져온 문제의 근본에 놓인 역동적인 측면을 해결하려고 한다. 이때 전이반응은 그러한 내담자의 역동을 보여 주고 해결할 수 있는 가장 중요한 통로가 되는 현상이다. 왜냐하면 전이는 내담자의 역동이 형성되던 어린 시절의 재현이며, 특히 어린 시절에 부모에게 느꼈던 좌절, 분노, 원망 같은 것을 상담시간에 상담자에게 그대로 반복하기 때문이다. 그러므로 전이반응을 잘 살펴보게 되면 내담자의 좌절이나 상처 혹은 핵심적인 문제가 무엇인가를 현실적으로 분명하게 이해하게 된다. 즉, 내담자가 "어린 시절에 엄마한테 상처를 많이 받았다." "아버지가 우리를 떠날 때 내 마음이 쓰라렸다."와 같이 말로 하는 것은 별로 와닿지가 않는다. 그런데 상담자가 휴가를 떠남으로 인해 내담자가 실제로 버림받는다고 느끼며 쓰라린 마음과 분노가 치밀어오르는 등의 감정을 품는 것을 현실적으로 경험하게 될 때 내담자의 감정적인 반응에 대해 정확하게 이해하게 된다. 또한 전이를 다루는 과정에서 알게 되는 분명한 사실은 그것이 영원히 채워지지 않는 욕구라는 것이다. 그 내적인 만족을 위해 반복해서 갈망을 품지만 궁극적으로는 채워질 수 없는 욕망이다.

일상생활에서의 전이반응

여기서 말하는 '전이'라는 개념은 상담관계 안에서 내담자가 상담자에 대하여 무의식중에 갖게 되는 감정에 한정된다. 그러나 이러한 전이감정의 예는 상담과정뿐만 아니라 일상생활에서도 보편적으로 많이 볼 수 있다.

---

32) 김기석 역(2000). 『정신치료의 이론과 실제』(제9판, Paul A. Dewald 저). 서울: 고려대학교 출판부.

예를 들면, 인간관계에서 흔히 경험하는 인상(impression)이 그것을 말해 준다. 어떤 사람을 처음 만난 후 그 사람에 대해 느낀 인상을 말하면서 '나도 모르게'라거나 '왠지'라는 표현을 쓰게 되는 경우가 있다. "왠지 그 사람 참 인상이 좋더라." 또는 "처음 보는데 나도 모르게 얄밉다고 생각하게 되었다."는 식의 반응들이 그렇다. 즉, 새로 만난 사람에 대한 인상이 우리 마음속에 가라앉아 있던 어떤 느낌을 되살아나게 하여 그가 마치 예전의 그런 느낌을 주던 그 사람인 것처럼 반응하게 되는 것이다. 이러한 현상은 그것을 잘 생각해 보지 않으면 의식하기가 힘들며, 자칫하면 인간관계에서 그런 선입견을 갖고 행동하게 되기가 쉽다. 현실적으로는 전혀 다른 사람에게 현실의 객관적인 평가대로 그를 대하지 않고 그냥 무의식 속에서 튀어 올라오는 과거에 형성된 어떤 감정들로 평가하고 관계하게 되는 것이다. 물론 '인상'은 그 사람과 실제적인 관계를 갖기 시작하면 현실적으로 바뀌게 되어 곧 사라진다. 그렇지만 어떤 강한 인상은 한동안 작용하기도 하는데 그 대표적인 예가 첫사랑이다. 첫사랑이란 어느 대상에게 첫눈에 반하면서 시작되곤 한다. 그 과정에서 상대방이 어떤 사람이냐 하는 것과는 아무 상관없이, 갑자기 그가 특별하게 느껴지고 그에게 마음속에 있는 기대와 환상을 모두 쏟아내어 투사하게 된다. 흔히 이를 '콩깍지가 씌웠다' 혹은 '열병을 앓는다'고 표현한다. 어떻게 보면 그 대상이란 실제 인물이라기보다 가장 이상적인 인물에 대한 이미지를 그에게 입혀 놓은 것이며, 그런 사랑에 빠졌다는 것은 그 허상에 온갖 사랑을 쏟는 환상과의 관계다. 그러나 때로는 그 사랑이 너무 강렬해서 그 사람이 없으면 내 존재가 없어질 것만 같다는 생각을 하기도 한다. 세월이 지나 그 환상이 깨어지고 나면 그때 일이 우스꽝스럽고 어리석었다고 생각하게 될 수도 있으나 당시에는 너무나 절실하고 절대적이다. 이렇게 첫사랑이 형성되고 전개되는 과정이 바로 일상생활에서 경험하게 되는 전이반응의 모습이라고 할 수 있다. 그 밖에도 일반적인 관계에서의 전이감정으로는 초등학교 때 선생님과

의 관계에서, 자주 동일시하는 대상으로서 중·고등학교 때 선배와의 관계
에서 갖던 감정 등이 있다. 또한 청소년들이 연예인이나 운동선수를 이상
화하고 동일시하는 것도 같은 반응이다. 이런 식으로 전이는 상담관계 안
에서만이 아니라 일반적인 관계에서도 드물지 않게 볼 수 있는 감정현상으
로서, 어떻게 보면 정서적으로 중요한 관계의 핵심에 언제나 존재하는 감
정반응이라고 할 수 있다.

전이와 핵심역동

전이란 상담자와의 관계에서 내담자의 비현실적이고 유아기적인 감정이
튀어 올라오는 것이다. 실제의 상담자가 어떠하다는 것과는 아무 관계없이
내담자가 상상하고 상담자를 이상화하여 완벽한 사람일 것이라고 생각하
며 거기에 기대를 투사한다. 그러나 그 기대는 유아적인 것이기에 이 세상
에서는 도저히 채워질 수 없는 것이고 결국은 좌절될 수밖에 없는 환상이
다. 그것이 너무나 강렬한 감정이기 때문에 상담을 시작해서 전이가 일어
나면 원래 갖고 왔던 문제는 더 이상 아무런 문제가 되지 않는다. 부부 사
이의 갈등이 심했다가도 전이가 일어나면 내담자가 상담자의 사랑과 인정
을 받기 위해 매달리게 되니까 더 이상 배우자와의 관계가 문제가 되지 않
는다. 이렇게 상담자에 대한 기대와 환상에 매달리게 되어 자기와 자신의
문제를 돌이켜 보려 하지 않는 것은 결과적으로 상담에서 저항으로 작용하
게 된다. 이를 전이저항이라고 한다. 전이가 저항으로 작용하는지 알아보
려면 전이의 진행을 조금 두고 보면서 저항적인 요소가 확실히 나타나기를
기다려 봐야 한다.[33]

33) '저항적인 요소'에 관한 것은 제7장 '저항'을 참고하기 바란다.

역동적인 의미에서 전이를 다시 정의하면, Freud의 말대로 인간은 누구나 평생을 반복적으로 잃어버린 부모를 찾아 헤매는 존재며, 그런 식으로 우리 마음 깊은 곳에 잠재되어 있던 이상화된 부모상(idealized parent image)이 상담관계라는 특수한 관계를 통해서 갑자기 증폭되어 느껴지는 것이라고 할 수 있다. 이상화되었다는 말은 어떤 면에서 '과장되었다' '증폭되었다'고 말할 수 있다. 그것은 어린 시절에 부모가 아이를 이상적으로 대했기 때문에 이상화된 것이 아니다. 오히려 지나치게 좌절시키고 상처를 주었기 때문에 어린아이 스스로가 그 상처를 극복하고 간접적이나마 욕구를 충족시키기 위해 마음속에 현실적이 아닌 이상화된 상상 속의 부모상을 갖게 된 것이다. 그리고는 어딘가에 그 부모상을 충족시켜 줄 실제 대상이 있을 거라는 기대에 잔뜩 부풀어 있다가 그 대상이라고 생각되는 상담자를 향해서 한층 더 증폭된 감정을 투사하는 것이라 말할 수 있다. 이것을 넓은 의미에서 다시 생각해 보면, 핵심역동이란 결국 과거에 추구했던 욕구의 충족을 이상화된 부모상을 통해 찾고자 하는 기대와 좌절, 원망 같은 것들이라고 할 수 있다. 또한 통찰을 얻는다는 것은 자신에게 이상화된 부모상에 대한 지나친 열망이 있다는 인식을 갖게 되고 깨닫는 것이라고 할 수 있다.

앞에서 언급했듯이 핵심역동은 반복 강박적인(repetition compulsion) 경향이 있다. 그러므로 모든 인간이 마음속에서 이상화된 부모상을 찾아 헤매는 일도 강박적으로 반복하는 것이라고 할 수 있다. 인간관계에서 이상화된 부모상을 자꾸 바라고 기대하다가 좌절하고, 또다시 기대하며 바라고 좌절하다가 결국은 상담자에게까지 와서 그것을 반복한다. 다시 말해서, 내담자는 그런 이상화된 부모상에 대한 기대가 남다르고, 그래서 가깝거나 중요한 사람들과의 관계에서 역시 기대하고 바라는 것이 많아서 좌절도 클 수밖에 없었다. 그런 아픔과 고통을 더 이상은 느끼지 않으려고 상담에 왔지만 상담이 계속되고 상담자와 안정된 관계를 맺게 되면 상담자에게 또다시 그 열망을 투사하기 시작한다. 물론 여기서 다른 점은 상담자는 다른 일반 관계에서의 중요한 타인들과는 달리 내담자가 다룰 수 있을 만큼씩 적절히 그 기대를 좌절시킬 것이며, 그 좌절의 아픔을 표현하게 하고 수용하는 자리에 함께 있어 줄 수 있다는 것이다.

일반적으로 전이는 처음에 상담자에 대한 의존욕구에서 시작된다. 의존욕구란 보편적인 욕구로서 인간이라면 누구나 누군가에게 의지하고자 하며 의지해야만 하는 욕구가 있다. 한편, 전이는 그런 의존욕구에서 시작되었지만 아주 특수한 감정반응이라고 하겠다. 말하자면 누구에게나 보편적으로 있는 의존욕구가 어린 시절 부모에 의해서 다루어진 독특한 양상에 따라 우리들은 서로 다른 행동반응을 하게 되고 그것이 결국은 전이로 나타난다는 것이다. 예를 들어, 어떤 사람은 다른 대상을 향해서 의지하고자 하지만 그 다음에 올 상처가 두려워서 의지하려던 욕구를 감추고 멀리 바깥으로 빙빙 맴돌면서 다른 사람과 접촉을 피하며 산다. 반면, 어떤 사람은 저돌적으로 달려들어서 상대방에게 사랑과 인정을 요구하고 이에 응하지 않으면 공격하는 양상을 보인다. 각각의 그런 대인관계의 모습들은 어린 시절 부모와의 관계에게 그렇게 반응하였던 것을 재현하는 것이다. 즉, 보편적으로 의지하고 싶은 욕구는 누구에게나 있지만 그것이 어떤 양상으로 그리고 어떤 강도로 나타나느냐 하는 것은 개인마다 다르며, 상담에서의 전이반응을 통해서 내담자의 그러한 내적인 욕구의 모습을 더욱 구체적으로 접해 볼 수 있고 다룰 수 있다.

전이에 부정적인 요소만 있는 것은 아니다. 전이반응이 어느 정도 일어나야 내담자가 상담자에게 마음의 문을 열고 자신을 내어 놓으며 상담자와의 동일시를 통해 관찰자아의 능력을 배우기도 하고 그 관계를 내면화시킬 수도 있다. 즉, 깊이 있는 상담을 하기 위해서는 전이반응이 반드시 일어나야 한다. 그것이 없으면 변화가 안 된다. 다시 말하면, 전이감정을 따라 어린 시절로 되돌아가서 다시 한 번 중요한 대상과의 관계를 통해 좌절되었던 부분을 상담자와 함께 새롭게 바라보며 극복해 간다는 의미다. 따라서 전이감정은 상담 전개에서 필수적이다. 이를 통해야 진정한 치유가 일어나고 깊은 통찰을 얻을 수 있다. 바로 이 전이관계를 다루어 주고 그 개념을 이해하고 접근하는 상담자를 역동적으로 접근한다고 말할 수 있고, 이 전이 개념이 없는 상담자는 역동상담을 한다고 말할 수 없다. 인지상담이라든지 행동주의 상담을 역동상담과 구분하는 것은 바로 전이에 대한 개념을 다루지 않기 때문이다.

전이감정의 표현

앞에서 언급했듯이 대부분의 전이는 상담자에 대한 비현실적이고 부적합한 기대로 표현되며, 상담자는 이상화된 부모로서 마치 그런 유아기적인 갈망을 채워 줄 수 있는 유일한 대상으로 여겨지곤 한다. 그러나 전이반응이 늘 이렇게 긍정적이기만 한 것은 아니며, 때로는 상담자에게 자신을 심각하게 좌절시킨 어떤 대상에 대한 감정을 투사함으로써 자기를 깎아내리고 혼내 주는 사람, 공격하는 사람, 혹은 경쟁의 대상으로 느끼기도 한다. 이렇게 상담자에 대한 전이감정이 부정적으로 치우친 것을 부정적 전이라고 한다. Ralph Greenson은 전이반응이란 양가감정적인 것이 특징이라고 했다.[34] 이 말은 내담자가 상담자에게 어린아이처럼 지나치게 의존하고 부적절한 애정을 표현하며 상담자의 마음을 얻으려고 안간힘을 쓰는 그 상황에서도 내담자의 무의식 어디엔가는 언제나 상담자에 대한 원망이 서린 부정적인 감정이 숨겨져 있다는 뜻이다. 그래서 퇴행이 심하고 병리적인 내담자일수록 한순간에 그런 유난히 긍정적이던 애정이 원망과 비난으로 변화되어 상

---

34) 이만홍, 현용호 외 공역(2001). 『정통 정신분석의 기법과 실제 I』(Ralph R. Greenson 저). 서울: 하나의학사, p. 168.

담자에게 퍼부어질 수도 있다는 것을 잊어서는 안 되겠다. 이것은 어린 시절에 우리가 부모님을 향해 그 두 가지 감정을 함께 가지고 있었던 것의 재현으로서, 보통 사람들은 성장하면서 두 가지 감정이 적절히 통합되지만 그 시기에 심한 좌절이나 상실을 경험한 사람은 양가적인 감정이 분리된 채 하나는 의식에 하나는 무의식에 존재하게 된다. 그러다 상담에 와서 전이반응을 보이게 되는 상황에서도 두 가지 감정이 나뉜 채 상담자가 '거의 완벽하게 너무 좋은 사람'으로 느껴지다가, 그것이 좌절되게 되면 극단적인 감정상태로 '철저하게 너무 나쁜 사람'으로 느껴지게 된다. 대개의 경우 상담 초기에는 긍정적인 전이가 먼저 나타나며, 상담이 진행되면서 그러한 긍정적인 전이의 기대가 심하게 어그러지는 순간 부정적인 전이가 일어난다. 또는 워낙 부정적인 감정이 많은 사람은 상담에서도 처음부터 상담자를 부정적으로만 바라보며 원망하기도 한다. 그러나 일반적으로는 상담이 시작되면 우선은 상담자를 긍정적으로 바라보고 상담자의 사랑을 받기 위해 애를 쓰고 상담자에게 인정을 얻으려 하는 등의 긍정적인 전이가 먼저 표현되고 관계가 안정적인 상태로 진행이 될 때 부정적인 전이가 나오기 시작한다. 즉, 상담자를 신뢰할 수 있을 때에야 내담자는 진정으로 부정적인 감정을 내놓을 수 있게 된다. 그렇게 되면 갑자기 화를 내기도 하고 아주 사소한 것을 가지고 상담자에게 심하게 실망을 하기도 한다. 예를 들어, 상담자가 상담 도중에 전화를 받거나 다른 내담자와 친절하게 대화하는 것을 보면서, '아, 상담자가 나보다 저 내담자를 더 좋아하는구나! 그러면 나는 뭔가, 나는 그를 최고로 생각하고 최선으로 여기고 있는데 그는 날 그렇게 여기지 않는구나.' 라고 생각하며 어린 시절의 형제간의 경쟁심(sibling rivalry)이 다시 되살아난다. 무의식중에 어린 시절에 언니를 자신보다 더 사랑했던 아버지(혹은 어머니)에 대한 분노의 감정이 확 일어나면서 '저런 사람에게 내가 어떻게 모든 것을 맡기고 의지할 수 있을까?' 하는 감정이 생겨 몹시 고민하고 상담을 그만둘까 생각하기도 한다. 그런데 이런 부정적인 전이감정에 대한 얘기를 꺼내기가 쉽지 않다. 자기 스스로 오랫동안 억압하고 있던 것이라 그렇기도 하지만, 상담자에게 그것을 표현하게 될 경우 어떤 결과가 올 것인지 예측하기 힘들기 때문이다. 그래서 안정적인 신뢰가 형성되기 전에는 상담자에 대한 부정적인 감정을 확실하고 분명하게 드러내기가 힘들다. 특히, 일반적으로 내담자는 성장과정 중 문제가 되는 역동의 형성과정에서 부모에게서 충분한 수용과 공감을 경험하지 못한 경우가 많으므로, 현재 상황에서 상담자에게 직접적으로 부정적인 감정을 표현하는 것이 과연 받아들여지고 공감을 얻을 수 있을 것인가에 대한 신뢰가 부족하다고 하겠다. 그러나 앞 장에서 기술한 대로 상담자가 지속적으로 비판적이지 않은 수용적이며 공감적인 경청을 하면서 안아 주는 환경을 제공할 경우 내담자는 상담자에 대한 사소한 실망부터 극심하게 부정적인 전이반응에 이르기까지 다양한 부정적 감정들을 표현하게 된다. 예를 들어, 상담이 1시간에 딱 끝나는 것에 대해 "왜 이렇게 나를 전폭적으로 봐 주지 않나요?" "꼭 선생님은 내가 상담비를 내야만 상담을 해 줍니까?"와 같이 말하기도 하고, 심지어 "지난 시간에 해 주신 이러저러한 얘기를 곰곰이 생각해 보니 나만 잘못했다는 거 같더군요." "나는 우울해서 왔는데 선생님은 웃으면서 나를 맞이하는 것이 굉장히 낯설었어요."와 같이 불합리하게 들리는 원망과 불평을 쏟아놓게 된다. 그런데 상담자에게 그렇게 화를 내고 괴롭힐 때 상담자는 그것을 현실적인 불만으로 받아들여서 불편해할 것이 아니라 오히려 반가워하며 즐거워해야 한다. 왜냐하면 그것은 치유가 가까워졌다는 것을 말해 주기 때문이다. 다시 말해서, 근본적으로 내담자가 가지고 있는 상처는 긍정적인 것이 아니고 부정적인 감정이기 때문이며, 그 부정적인 감정을 상담자에 대한 전이반응을 통해서 재경험할 수 있을 때야말로 진정한 치유가 이루어질 수 있기 때문이다. 말하자면 내담자가 상담자를 마치 어린 시절의 어머니 혹은 아버지와 같이 생각하며 현재 경험하는 거절감이나 좌절 등의 감정을 상담자에게 솔직히 표현하게 하고, 상담자가 그것을 초기 아동기의 그의 부모와는 달리 수용하고 공감하며 내담자와 함께 객관적으로 그 감정에 대해 더 자세히 알아볼 수 있을 때라야 내담자가 그 감정을 극복할 수 있게 된다는 것이다.[35] 그러므로 내담자가 부정적인 전이감정을 표현할수록 상담자는 그에 대해 긍정적인 자세를 갖고 다루어 가도록 해야 할 것이다.

전이감정 다루기

상담이 진행되면서 상담자가 주로 침묵하며 내담자의 얘기를 경청하게 되면, 내담자는 자신의 얘기들을 공감하며 들어주는 상담자에 대한 여러 가지 감정을 느끼게 된다. 그것은 곧 내담자의 어린 시절의 중요한 인물에 대해 가졌던 정서반응이 전치된 전이감정으로 나타나는 것이다. 이때 내담자는 자신의 그런 감정이 상담자와의 현실적인 관계 이상의 어떤 특별한 감정이라는 것을 어렴풋이 느끼면서도 동시에 퇴행된 상태로 그 감정에 매달리게 된다. 만약 자신의 그렇게 퇴행된 상태의 전이감정을 현실과 구분할 수 없거나 그런 일시적인 퇴행이 너무 두려운 나머지 상담자에 대한 전이감정을 제대로 가질 수 없는 내담자라면 통찰상담에 적합하지 않다고 하겠다. Freud는 상담 상황에서 상담자에 대해 전이를 충분히 일으키고 잘 유지해 가면서도 현실적인 상황이나 삶에서의 기능을 계속해 갈 수 있는 상태를 '전이신경증(transference neurosis)'이라고 했다. 정신분석에서는 바로 이러한 전이신경증을 최대한 발달하게 하여 그것을 체계적으로 철저히 분석함으로써 전이를 해소하고 내담자 문제를 해결하게 된다.[36] 그렇

---

35) 이 과정에 대해 더욱 자세히 공부하기를 원할 경우 이재훈 역(2000). 『성숙과정과 촉진적 환경』 (Donald Winnicott 저). 서울: 한국심리치료연구소, pp. 298-317을 보라.

36) 이만홍, 현용호 외 공역(2001). 『정통 정신분석의 기법과 실제 1』(Ralph R. Greenson 저). 서울: 하나의학사, p. 52.

지만 우리가 공부하고 있는 역동상담(심리치료)에서는 정신분석에 비해 전
이신경증의 발달을 적절한 정도까지로 제한하며 분석, 즉 통찰의 깊이 역
시 정신분석만큼 철저한 정도까지 요구하지 않는다. 왜냐하면 주 4~5회씩
만나며 몇 년씩 계속해서 전이를 분석하는 전통적인 정신분석에 비해 주로
주 1~2회 상담을 하며 비교적 짧은 기간을 지속하는 역동상담에서 다룰
수 있는 전이의 발달과 분석의 정도는 한정되어 있을 수밖에 없기 때문이
다. 더욱이 역동상담 자체의 목적이 내담자의 심리적인 고통을 감소시키고
주된 어려움을 만드는 성격 부분만을 치료하는 것이므로[37] 그런 정도의 철
저한 분석이 요구되지 않기 때문이다.

　역동상담에서 전이반응을 어떻게 다루어 주느냐 하는 것은 그 상담이 통
찰상담이냐 지지상담이냐에 따라 다르다. 지지상담에서는 기본적으로 내
담자의 전이반응을 내담자가 전이로서 의식하게 하지 않으면서 자연스러
운 표현을 받아 주며, 상담자는 다만 내담자의 문제에 대한 현실적인 조언
을 하는 등의 반응을 하므로 전이가 활성화되는 것을 최소한으로 제한한
다. 즉, 지지상담에서는 전이반응을 통해서 내담자가 자신의 내면세계를
직면하거나 통찰하게 하기보다는 상담자가 보조자아 역할을 하므로 내담
자 문제에 대한 현실적이고 구체적인 교정을 하도록 돕는다. 이러한 지지
상담과는 달리 통찰상담에서의 전이반응은 내담자의 문제를 구체적으로
이해하고 치료하는 데 필수적인 수단이다. 그러므로 상담자는 내담자에게
전이감정이 형성되고 그 반응을 통해서 내담자의 내면세계를 직면하여 의
식화하는 과정이 잘 전개되도록 돕는다.

　전이를 잘 다루기 위해서는 그 개념에 대한 구체적인 이해뿐만 아니라
실제적인 기법들에 대해서도 이해하고 적용하는 훈련이 필요하다. 전이 다
루기 기법의 첫째라고 할 수 있는 것은 전이의 적절한 정도 이상의 증폭을

---

37) 홍성화, 안향림 공역(2003). 『정신치료입문』(Kenneth Mark Colby 저). 서울: 성원사, pp. 3-4.

조장하지 않는 것이다. 여기서 '적절한 정도'란 전이반응을 하면서 동시에 내담자가 자기 감정의 왜곡을 충분히 경험하고 통찰할 수 있는 정도를 말한다. 즉, 깊이 있는 통찰상담을 하기 위해서 전이감정이 생겨야 하는 것이 필수적이기는 하지만, 지나치게 증폭되면 내담자가 그것에 사로잡혀서 자신의 감정을 객관적으로 보지 못하게 되므로 전이감정을 조절하지 못하게 되어 또다시 큰 상처를 받게 되는 이중적인 요소가 있다. 앞 장에서 의존욕구에 대한 것을 이런 관점에서 이야기했는데, 그 관점이 더 구체적으로 나타나는 부분이 전이현상이라고 하겠다. 즉, 전이반응에는 긍정적인 측면이 있고 부정적인 측면이 있기 때문에 의존욕구와 마찬가지로 필요 이상으로 지나치게 증폭시켜서는 안 된다. 그러므로 우선은 전이를 고의로 일으키거나 지나친 정도까지 증폭시키지 않도록 하며, 오히려 조금 부족한 상태를 유지해 가도록 노력한다. 이는 앞에서 언급했듯이 역동상담의 특성상 내담자의 전이신경증이 지나치게 증폭될 경우 그것을 충분히 분석하고 다루어 갈 수 있는 여건이 되지 않기 때문이며, 그렇게 해결되지 않은 전이는 내담자에게 고통스러운 또 하나의 좌절을 주거나 그로 인한 증상을 일으킬 염려가 있기 때문이다. 이런 이유들을 생각할 때 내담자의 전이는 그가 상담자를 그의 삶이나 대인관계에서 중요시하는 사람들 중 한 사람이 되게 하는 정도를 넘어서지 않도록 하는 것이 좋을 것이다.[38] 상담을 하는 것이 이런 문제 때문에 복잡해질 수 있으며, 또 상담이 실패하는 이유 중 대부분이 이 부분을 잘 다루지 못해서 그렇다.

두 번째로 전이를 잘 다루기 위해서는 전이가 오염되지 않도록 철저히 주의해야 한다. 전이가 오염된다는 것은 내담자가 상담자에 대해서 갖는 전이반응이 관계에 대한 내담자만의 왜곡된 심리 내적 갈등의 전치로서가

---

38) 김기석 역(2000). 『정신치료의 이론과 실제』(제9판, Paul A. Dewald 저). 서울: 고려대학교 출판부, p. 198.

아니라 뭔지 모르게 현실적으로 상담자의 행동으로부터 영향을 받은 것이라는 뜻이다. 즉, 상담자가 상담자로서의 중립성을 잘 지키지 못할 경우 내담자의 전이반응은 그런 상담자에 대한 현실적 반응을 포함하게 된다. 그리하여 결국 내담자는 자신의 상황이나 관계의 왜곡에 대한 통찰을 할 수가 없게 된다. 전이를 오염시키지 않기 위해서는 상담 시간이나 장소를 엄수하는 것이 중요하며, 내담자에 대한 필요 이상의 지지를 자제해야 한다. 물론 이것이 내담자에 대한 공감적 수용 자체를 절제하라는 의미는 아니다. 그러나 지나친 기대에는 항상 실망이 따르게 되므로 내담자의 감정을 있는 그대로 수용하고 이해하는 정도 이상의 불필요한 기대를 갖게 만드는 행동은 절제해야만 하겠다. 때로는 그것이 너무 냉정하게 보이기도 하겠지만 그런 것이 차라리 내담자의 전이감정을 오염시키는 것보다는 낫다. 전이란 내담자의 과거로부터의 관계에 대한 왜곡된 감정을 반복적으로 드러내는 것이기는 하지만 관계란 항상 상호적인 것이다. 그러므로 객관성을 갖기 힘들 만큼 상담자에 대한 내담자의 전이반응이 왜곡되었다면 거기에는 그런 오염을 일찍이 알아보지 못한 상담자의 실수나 혹은 자신도 모르는 사이에 내담자에게 필요 이상의 관심을 불러일으킨 상담자의 문제가 있음을 인정해야만 한다. 예를 들어, 상담자가 내담자를 사랑으로 돌본다는 생각에만 사로잡혀서 객관적인 내담자의 증상에 대한 배려를 넘어서 과잉 친절을 베풀 경우, 내담자는 상담이나 상담자에 대해 치료에 필요한 정도 이상의 관심과 기대를 갖게 될 것이다. 이 경우 상담자의 지나친 친절의 무의식적인 동기가 어떤 것이었든지 결국은 그것이 내담자에 대한 평가나 배려보다 상담자 자신의 욕구를 충족시키려는 측면이 더욱 강했던 것임을 알 수 있다. 이것은 진정한 의미에서의 돌봄이자 사랑이라고 할 수는 없는 것이다.

내담자의 전이반응은 상담 상황에서 여러 가지 표현으로 나타난다. 예를 들면, 약속시간보다 굉장히 일찍 온다거나 상담자의 눈치를 보며 상담자가 중요하게 생각한다고 여기는 부분만 이야기하기도 한다. 또한 기회가 있을 때마다 상담자를 칭찬하고 아주 비싼 선물을 가져오기도 하는 등 때로는 분명하게 혹은 미묘한 방식으로 상담자에게 모든 신경이 집중되어 있으며, 동시에 그런 관심과 집중에 따르는 상담자의 응답을 기대하거나 요구한다. 이에 대해 상담자는 그런 표현들의 의미를 빨리 알아차리고 그에 적절히 직면시키며, 그런 내담자의 전이감정 자체를 적절히 수용하고 공감해 주도록 한다. 왜냐하면 그런 감정이 생기는 것이 자연스러운 것이기는 하지만 내담자에게는 상담을 시작할 때는 생각지 못했던 의외의 반응이라 불편하고 곤란한 느낌을 주게 되기 때문이다. 상담자의 공감은 그에 대한 더욱 자세한 표현을 도울 뿐 아니라 전이감정에 대한 해석을 받아들일 수 있게 한다. 직면과 수용적인 공감 다음 단계로 해석을 해 주는 것은 내담자의 핵심감정의 의식화를 도우면서 동시에 전이의 증폭을 조절하는 기능을 한다. 그러므로 상담자는 전이가 크게 증폭되기 전에 미리 조금씩 해석을 해 준다.

전이반응이 좀 더 복잡해질 수 있는 경우는 특히 내담자-상담자 사이가 이성 간일 때다. 이런 관계에서는 전이에 성적인 감정이 스며들기 쉽다. 그래서 내담자가 상담자를 '사랑한다'고 착각하게 된다. 그러나 그때의 '사랑'이라는 감정을 잘 들여다보면 그 근원은 우리가 흔히 알고 있는 남녀 간에 느낄 수 있는 사랑이 아니고, 원래는 어린 시절의 아버지 혹은 어머니—어려서 정서적으로 중요했던 타인—를 향했던 강렬한 감정이 상담자에게 전치된 것임을 알 수 있다. 특히, 그것은 제대로 충족되지 못한 애정에 대한 갈망인 경우가 많으므로 내담자는 상담자가 마치 어린 시절의 부모처럼 자신을 돌보아 줄 수 있는 사람으로 착각을 한다. 그런 의미에서 생각할 때 그 감정은 결코 성숙한 남녀 간에 주고받는 진정한 사랑일 수 없다. 만일 상담자가 이러한 개념에 대해서 분명하게 이해하고 있지 못할 경우, 내담자의 그런 의존에 대해 지나치게 부담스러워하게 되거나 그것을 일시적이나마 충족시켜 주고 싶은 욕구에 사로잡히게 될 수도 있다. 그러나 이렇게 이성에게 느끼는 성적인 감정과 의존적인 감정이 혼재되어 있는 전이감정을 대할 때는 명쾌하고 분명하게 항상 객관적인 입장을 취해야 한다. 흔히 있는 예로 상담 중인 내담자가 "그동안 선생님이 날 참 많이 돌보아 주고 사랑해 주셔서 제가 저녁을 한 번 대접하고 싶은데요. 시간 좀 내주세요. 밖에서 만날 약속을 하고 싶어요."라고 할 때 어떻게 해야 할까? 만약 상담자가 그 요구에 응해서 분위기 좋은 음식점에서 식사도 하고 상담 이외의 일반적인 이야기를 나누거나 할 경우 결과적으로 치료적 거리가 너무 가까워지고 상담자가 자꾸 부담스러워지게 된다. 그러면 점점 곤란해진 상담자는 그 거리를 조절하기 위해 내담자에게 냉정해지기 시작하고, 그럴수록 내담자는 전이가 자꾸 증폭되어 더 많은 요구를 하며 감정을 표현한다. 이 경우 상담자가 그것을 전이반응으로 직면시키면서 그런 감정은 내담자가 상담자에게 항상 느낄 수 있는 감정이기 때문에 자제하는 것이 좋겠다고 이야기한다면, 상담자에 대해 지나친 기대를 하고 있던 내담자는 언제는 자기 요구를 들어주고 언제는 안 들어준다며 화를 낼 것이다. 그러므로 그 부분에 대해서 상담자는 명확한 일관성을 가지고 있어야 한다. 그렇게 상담자로서의 객관성을 일관되게 유지할 때, 점점 더 드러나는 내담자의 왜곡된 전이감정에 대해서 "당신이 그런 감정을 가지고 있는 것은 어린 시절 아버지(혹은 어머니)에 대해 가졌던 감정을 나한테 표출하는 것일 수 있다."와 같이 더욱 핵심에 가까운 해석을 해 줄 수 있다. 그런 해석을 들으면서 내담자는 한참 끓어오르던 감정을 객관적으로 보게 된다. '맞아, 선생님은 항상 저기 저 자리에 앉아 계셨는데 내가 괜히 이런 감정도 가졌다가 저런 감정도 가졌다 하는구나. 이게 바로 내가 해결해야 하는 문제구나.' 하며 자기 자신을 돌이켜 보게 된다. 다음은 내담자가 상담자에 대한 전이반응을 직면해서 상담자가 아버지같이 느껴졌다고 말한 후의 과정에 대한 예다.

상담자: 그렇군요, 나를 아버지처럼 생각했다고 했는데…… 그에 대해 좀 더 자세히 얘기해 줄 수 있겠습니까?

내담자: 저기…… (주저하는 듯 머뭇거리며) 저는 상담에 오면서 선생님이 나를 딸처럼 사랑해 줄 것이다, 나를 언젠가는 받아 주실 것이다 하면서 때로는 선생님과 같이 사는 것을 상상하지요. 선생님을 위해 밥도 하고 빨래도 해 드리고 그러면서…….

상담자: 아, 그래요, 그런 마음이 드셨군요. 그런데 아까 굉장히 좌절되었다고 했는데 그게 어떤 감정인가요?

내담자: 아주 굉장히 화가 끓어오르고 죽이고 싶고 왜 나를 이렇게 따돌리나, 내가 저런 상담자를 어떻게 믿고 상담하겠나, 차라리 여기서 그만둬야 하지 않을까 하는 생각이 나면서 뭔지 모르게 확 치밀어 올랐죠.

상담자: 저에 대해서 대단히 화가 나셨군요. 그래도 그걸 얘기해 주실 수 있어서 다행입니다. (좀 사이를 둔 후) 그런데 잘 생각해 보세요. 그런 감정을 언제 또 느낀 적이 있었나요?

내담자: (잠시 생각한 후) 어려서 지방에 살았는데 열 살 때 아버지가 나를 서울의 친척집에 데려다 놓고 혼자서 가는데……. 그러기 전에 아버지가 놀이공원에 나를 데리고 가서 재미있게 한 나절을 보낸 후, 아버지는 화장실에 간다고 걸어가시고 내 옆에는 고모가 있었어요. 뭔가 감이 이상해서 쫓아가려고 하는데 고모가 붙잡더라고요. 그런데 아버지가 순식간에 사람들 사이로 없어져 버린 거예요. 나는 막 울면서 이리저리 헤맸죠. 고모가 억지로 붙들어서 돌아왔는데 그날 너무 심하게 충격을 받았는지 그 후로 한참 동안 심하게 앓았어요. 아버지가 나를 버렸다고 생각했지요.

이렇게 이야기할 정도면 마음속의 과거와 현재가 대략은 꿰뚫어진 것이다. 그럴 때 이를 통해 내담자가 자신의 문제에 대한 깊은 통찰을 할 수도 있다.

내담자: 이제 생각해 보니 내가 그렇게 버림받는 것 같은 감정 때문에 늘 남편 하고도 다투고, 교회에서도 목사님이 원망스럽고 자꾸 그랬던 것 같아요. (조금 생각한 후) 그래요, 바로 그거였어요. 내가 어린 시절에 아버지한테 받은 그 상처 난 감정을 버려야 하는데 버리지 못하고 자꾸 되새기며 괴로워하게 되는 거죠.

다시 한 번 강조하지만, 이렇게 내담자가 자신에 관하여 진지한 통찰을 얻게 하기 위해 상담자는 내담자와의 관계에서 늘 흔들리지 않는 객관성을 유지해야 한다. 통찰을 지향하는 상담일수록 상담자는 객관성을 유지하고 전이를 오염시키지 않도록 노력해야 한다.

그런데 초보자에게는 전이반응을 알아차리는 것 자체가 어려운 일이다. 우선 이론적인 것을 이해하고 난 후 상담을 계속하면서 전이에 대해 점차 실제적으로 깨닫게 된다. 전이란 어떤 것인지 배워서 잘 알고 있다 해도 처음에 그것을 경험하게 되면 부담스러워서 내담자를 그냥 떼어내 버리기도 하고, 그러면서 그 다음 경험에서는 어렴풋이 감을 잡고 서너 번째쯤에 가서야 그것이 전이라는 것을 분명히 이해하게 되는 것이다. 왜냐하면 전이는 단순히 내담자의 문제만으로 나타나는 것이 아니라 많은 경우 상담자의 문제와 맞물려서 크게 일어나게 되며, 이는 경험을 통해서야 더욱 잘 이해할 수 있고 다루는 것을 배우게 되기 때문이다. 특히, 상담자가 자신의 역동적인 문제에 대해서 자아 동조적인 경우에는 내담자에게 일어난 전이를 알아채지 못하는 가운데 감정의 증폭이 진행되기도 한다. 다음 예는 그런 문제를 잘 보여 주고 있다.

훈련 중인 상담자가 자신의 의존적인 문제를 의식하지 못하면서 의존적인 내담자의 문제를 통찰상담으로 다루는 과정에서, 슈퍼비전을 통해 오랫동안 상담이 지지부진한 상태로 계속되고 있는데 무엇이 문제인지 모르는 채로 상담을 진행하고 있다는 사실을 알았다. 그래서 여러모로 생각해 보아도 뭐가 문제인지 알 수 없다는 생각이 들자 내담자에게도 그런 사실을 솔직히 얘기해 보기로 했다. 그 얘기를 들은 내담자는 우리 사이에 그게 뭐가 문제냐, 자신은 이 상담에 오는 것만으로도 얻는 것이 많다며 자기 느낌으로는 상담자도 이 상담을 기다리는 것 같았다고 한다. 상담자가 그런 느낌을 갖게 된 경위를 자세히 묻자 내담자는 자신의 요구에 따라 번번이 약속시간을 넘기며 길어졌던 상담시간들과 가끔 있었던 상담자의 빡빡한 스케줄에 대한 개인적인 하소연을 들어주던 상황들에 대해 얘기했다. 상담자는 그 말을 들으면서 한 번도 빠짐없이 꼬박꼬박 제 시간에 상담에 오던 내담자를 은근히 의지하며 기다리던 자신의 마음을 들킨 듯하여 좀 불쾌하기도 하였다. 그러나 한편으로는 그러한 자신의 의존욕구 때문에 어느 때부터인지 내담자가 자신을 돌아보는 것을 그만두고 상담시간이 피상적인 대화시간으로 바뀐 것을 알아보지 못했던 사실을 깨달을 수 있었다. 그런 생각이 들자 막다른 골목에서 어디론가 나갈 길을 찾은 듯한 약간의 안도감을 함께 느꼈다.

그러므로 상담자가 상담과정에서 시간을 지키는 문제와 상담자의 자기노출이 치료적 거리에 미치는 영향에 대해서 이론적으로 잘 알고 있다 해도, 의존욕구에 대한 그 자신의 문제를 의식하지 못한 채 상담을 진행하면서 의존욕구가 많은 내담자의 문제와 같이 맞물릴 때는 대개 그것이 내담자의 마음에서 전이를 크게 증폭시킨다. 그렇게 되면 상담이 진전 없이 미궁에 빠지게 되어[39] 내담자와 상담자 모두 힘든 시간을 보내게 된다. 상담훈련을 시작하는 초보 상담자[40]의 경우 이런 식으로 상담이 어려움에 빠지게 되면 처음에는 그게 무엇 때문인지 얼른 알아차리기 힘들지만, 역동은 자꾸 반복되기 때문에 몇 차례 어려움에 부딪히면서 나중에는 분명히 이해하게 된다. 그렇게 한 십여 차례쯤 경험하고 나면 부담 없이 자신의 역

---

39) 이렇게 상담자의 역전이와 내담자의 전이가 얽혀서 상담이 진전되지 못하고 막다른 골목에 이른 것과 같이 되는 현상을 'transference impasse'라고 한다.
40) '상담훈련'이란 상담의 지도감독을 받는 동안을 말한다.

전이[41]와 내담자의 전이를 구분하여 다룰 수 있게 된다. 물론 이 과정이 쉬운 것은 아니지만 전문적인 상담자가 되기를 원한다면 훈련기간 중에 반드시 알아둬야 하는 부분이라고 할 수 있으므로, 전이를 한두 번 경험하고 나서 상담을 못하겠다고 생각하는 것은 너무 참을성이 없는 것이다.

시종일관 상담자가 치료적 거리를 적절히 지키고 객관성을 유지하며 주의 깊게 상담을 진행하는 가운데 내담자에게 서서히 전이가 일어나면, 우선은 무엇보다 그것이 정도 이상 증가되지 않도록 주의하면서 시간을 두고 기다리며 인내하는 것이 필요하다. 하지만 일단 전이반응이 일어나면 일반적으로 초보 상담자에게 드는 첫 번째 감정은 '부담스럽다'는 것이다. 비록 그것이 내담자의 내적인 기대나 환상이 투사된 것임을 알고 있어도 막상 본인에게 현실과는 동떨어진 어떤 모습을 기대하며 요구해 오는 내담자 앞에서 상담자는 상당히 어색하기도 하고 곤란한 감정을 느낄 수도 있다. 그러나 앞에서 언급했듯이 전이반응은 정상적인 상담과정에서 반드시 생겨나게 되며 그것을 통해서 내담자의 문제가 드러나고 해결된다. 그러므로 이러한 사실을 되새기면서 그런 부담스러운 감정을 극복하고 전이를 잘 탐색하며 진행해 가야 하겠다. 그러다 보면 6개월이고 1년이고 시간이 흐르게 되고 그동안에도 변함없이 상담이 계속되어야 하는데, 여기서 '변함이 없다'는 말은 상담자가 치료적 거리를 잘 지키며 안정된 모습으로 계속 있어 줄 수 있다는 뜻이다. 즉, 그 사이에 내담자는 끊임없이 상담자에 대해서 기대하고 꿈을 꾸고 실망하고 좌절하지만 그런 모든 상황에 대해서도 상담자는 변함없는 모습으로 그 자리에 남아 있어야 한다. 이것이 쉽지 않은 것은 내담자의 기대가 대부분 현실적이지 않으며 이상화된 부모의 모습을 상담자에게 그대로 전치시키는 경우가 많아서 현실적이고 객관적인 상담자의 태도나 모습을 대할 때 유난히 더 많이 실망하고 좌절하기 때문이다.

---

41) 역전이에 관한 것은 제12장을 참고한다.

때로는 그것이 분노로 분출되거나 상담자에 대한 부정적인 전이로 변화되기도 한다. 물론 이런 상황에서도 상담자는 자신의 위치를 잘 지키도록 노력하면서 동시에 내담자의 감정을 수용적으로 공감하는 것을 잊어서는 안될 것이다. 다음의 예에서 그것을 볼 수 있다.

> 통찰상담 중인 내담자가 어떤 문제에 대한 해결책을 물었는데, 상담자가 그렇게 질문하는 내담자의 의도를 물은 후 그 스스로 그것을 결정하는 것이 더욱 의미가 있다고 하자 내담자는 상담자의 냉정함이 얼음장 같다며 화를 냈다.

상담자: 지금 저한테 그렇게 화를 내는 것이 이해는 되지만 잘 생각해 보세요. 그것이 객관적으로 합당한 것인가요?

내담자: 그럼 지금 제가 잘못했다는 건가요?

상담자: 잘못했다는 뜻이 아니라 이미 다 알고 있는 사실에 대해서 지나치게 많이 화를 내시는 거 같아서요.

내담자: 하긴 선생님도 참 힘드시겠죠, 내가 올 때마다 이렇게 투정을 부려대니 싫기도 하시죠? 나도 참 어이없어요, 내 감정에 못 이겨 붉으락푸르락 하는 게…….

상담자: 바로 그거에요. ○○씨 마음속에 기대감이 있고 그런 기대가 좌절되어서 화가 나는 겁니다.

내담자: 그래요, 저는 선생님이 좀 더 제 일에 관심을 가져 주셨으면 해요. 만약 제가 선생님 딸이었다면 과연 그렇게 대답하셨겠어요? 물론 말도 안 되는 기대죠. 그걸 알면서도 왜 이렇게 화가 나죠? 그냥 저한테 좀 맞춰 주시면 안 되나요?

여기서 상담자는 내담자의 기대대로 그의 욕구를 채워 주지는 않지만 내담자의 좌절을 공감하면서도 그 이유에 대해서 내담자가 받아들이게끔 설명을 해 준다. 그러면 그 좌절이 내담자의 마음속에서 받아들일 수 있을 만한 크기로 변화되며 아주 조금씩 상황을 객관적으로 이해할 수 있는 능력이 생기게 된다. 그리고는 마침내 상담자를 바로 바라보면서 '아, 인간과 인간 사이에는 무조건적인 사랑과 의존이 불가능한 거구나. 상담자를 원망할 필요가 없지. 이 사람도 한계가 많은 인간인 걸.' 하는 생각을 갖게 된다. 이렇게 내담자가 자신의 내적인 욕구와 현실을 분명히 구분하게 되는 것은 성숙해지는 것이라고 할 수 있다. 또 하나는 내담자의 좌절과 함께 생겨나는 부정적인 감정표현에 대해 상담자가 흔들리거나 불안해하지 않으면서 여유 있고 편안하게 수용하는 환경[42]을 제공할 경우 내담자가 얻게 되는 중요한 유익함이다. 다음은 어릴 때 아버지가 아주 불합리한 권위를 행사해서 아버지를 포함한 모든 권위자에 대해 분노가 많은 한 남성 내담자의 사례다.

그는 얼굴만 봐도 분노가 꽉 차 있고 조금만 건드려도 폭발한다. 분명히 자신의 실수로 일어난 일이지만 걸핏하면 앞에 있던 아내나 자녀에게 화를 퍼붓곤 하는 경우가 많았다. 어린 시절 아버지의 행사가 불합리하지만 아버지라는 권위에 잘못 항의하면 매가 더해지기 때문에 꼼짝도 하지 못하던 삶을 살아오면서 자기는 아버지처럼 살지 않겠노라고 다짐하던 때도 있었건만, 살다 보니까 그는 자기가 맞고 자란 것처럼 부인이나 자식한테 더 소리를 지르고 야단을 치게 되었다. 그러니까 부인도 종종 이혼을 요구하게 되고 자녀들도 되도록 아버지를 맞상대하지 않으려고 하므로 늘 외롭고 따돌림당한다고 생각하면서 다시 분노가 치밀곤 했다. 그는 사회생활이나 외부 대인관계에서도 마음에 늘 분노가 차 있어서 친구도 잘 못 사귀고 직장 동료들과의 관계도 원만치 않았다. 그러다가 마침내 상담에 오게 되었는데 힘들게 이런저런 사정을 얘기했건만 상담자가 시종일관

---

42) D. Winnicott은 이를 '안아 주는 환경(holding environment)'이라고 했다. 이 개념에 대해 더 자세히 알아보려면 이재훈 역(2000). 『성숙과정과 촉진적 환경』(Donald Winnicott 저). 서울: 한국심리치료연구소를 보라.

고개만 끄덕거리며 가만히 듣고 있는 것이 자기를 무시하는 것 같고 자기와의 상담을 별로 달가워하지 않는다고 느껴지면서 슬그머니 화가 났다. 그러던 중 상담자가 약속시간보다 조금 늦게 상담을 시작할 수밖에 없는 일이 연거푸 두 번 반복되었다. 그는 속으로는 불이 나는 듯했지만 상담자에게 말을 못하고 마음 깊이 쌓아둘 수밖에 없었다. 그러면서 '만일 내가 상담자에게 화가 나 있다는 것을 표현하면 혹시 상담자가 책상 위에 있는 저 물컵을 나한테 던질지도 몰라.' 라는 생각이 얼핏 스쳤다. 그런 생각이 우습다고 생각했지만 한편으로 상담자가 그런 자기 마음을 알아차릴까 봐 얼굴이 벌게지는 것이 느껴졌고, 이제 겨우 상담이 시작되는 시간이지만 빨리 상담실을 떠나고 싶다는 생각이 들었다. 그러자 말하는 내용이 아주 피상적으로 지속되다가 침묵이 흐르곤 했다. 상담자가 그런 부자연스러움을 눈치 채고 내담자에게 자세히 이야기할 것을 요청하자, 그는 한참을 머뭇거리며 망설이더니 조심스럽게 이야기를 시작했다. "사실은 선생님이 지난 시간에 5분 늦었을 때 나를 무시하는 느낌이 확 들었어요. 나는 훨씬 먼저 와서 기다렸는데 그런 나를 내버려 두고 5분씩 늦고…… 물론 그럴 수밖에 없는 사정이 있었다는 걸 알기는 했지만 과연 나를 성의껏 상담해 주는 건지 의심이 되면서 화가 끓어올랐어요. 그런데 오늘도 제 시간에 상담 시작을 할 수 없게 되자……" 물컵이 날아올 만큼 상담자가 화를 낼 거라고 예상했지만 상담자는 의외로 다독거려 주면서 "참 잘 이야기하셨어요. 그런 것을 내가 몰랐는데 어디 한번 그 감정에 대해 좀 더 자세히 이야기해 보죠. 그것이 참 중요합니다."라고 한다. 그러자 이제까지 프로그램되어 있던 내담자의 불안이 풀리기 시작한다. 그는 편안한 수용적 공감을 받음으로써 지금까지의 상황에 대한 자신의 예상을 다시 점검하며, 아무리 권위자라 할지라도 자신의 말을 이해해 주고 공감해 주는 사람이 있다는 것을 새롭게 경험하게 되었다.

　이렇게 내담자가 깨닫게 되고 조심스럽지만 솔직하게 분노를 표출하게 되는 과정을 통해서 어린 시절부터 쌓였던 권위에 대한 정서가 교정적으로 바뀌어 간다. 그것을 Franz Alexander는 교정적 정서 경험(corrective emotional experience)이라 했다. 이것은 지속적인 수용적 공감기법에 의해서 부수적으로 얻을 수 있는 정서다. 이를 위해서 우리는 한편으로 내담자의 문제를 명료화하며 직면시키고 해석하면서도, 다른 한편으로는 오래 참고 기다리고 받아 주고 귀 기울여 주어야 한다. 그럴 경우 내담자는 이제 더 이상 도움이 전혀 없는 절망적인 상황에 놓인 어린아이가 아니라 '나를 주장해도 받아들여질 수 있다. 나도 수용될 수 있다.'는 것을 경험하게 되므로 자신의 마음을 조금씩 교정해 가게 된다.

그렇다면 내담자가 화를 낼 때 어디까지 참아 줘야 하는 걸까? 또 내담자가 긍정적인 감정을 표출하면서 기대어 오거나 찬사를 보내며 이성으로 대하는 감정을 표현할 때 그것을 어디까지 들어줘야 하는가? 특히, 지지상담을 할 때는 관계가 분명치 않아 현실에서 여러 가지 감정들이 뒤섞이게 되므로 그 모든 것을 수용적으로 허용한다는 것이 결코 쉽지 않다. 처음에는 조금씩 표현되던 전이감정이 점점 더 지나친 친밀함 혹은 사랑의 감정으로 표현되면서 다가올 때 그것을 꼭 오래 참음으로써 해결해야 하는 것만은 아니다. 전이반응을 수용하는 데는 항상 두 가지 측면이 함께 있는데, 그것은 상담자가 참고 받아 줘야 하는 부분과 내담자를 절제시켜야하는 부분이다. 왜냐하면 어떤 감정이든지 그것을 마음에 품은 지 일정 기간이 지나고 나면 그 자체에 즐거움이 생기게 된다. 누구를 사랑하는 감정도 처음에는 전이감정에서 출발하지만 어느 정도 지나면 그 사랑한다는 감정 자체가 즐거움을 주게 되고 그 즐거움을 계속해서 유지하려는 성향을 불러온다. 예를 들어, 약물이나 알코올 같은 경우도 처음에는 어떤 심리적인 좌절에서 빠져나오기 위해 사용했지만, 그것을 자꾸 사용하다 보면 심리적인 위로와는 관계없이 술을 마시는 것 자체가 즐거움을 주기 때문에 습관적으로 그 자극을 유지하게 된다. 그러므로 전이감정의 표현이라 해서 무절제하게 지속적으로 표현하게 할 경우, 내담자가 자신을 돌아보려 하기보다는 그 감정을 자꾸 반복해서 되씹고 드러내는 것에 더욱 의미를 두며 머물려고 하기 쉽다.

이런 모든 기법들을 적용하며 내담자에게 일어난 전이감정을 다루는 것은 상당히 힘든 일이다. 자신의 전이감정을 이해하고 극복한다는 것이 간단한 것이 아니어서 시간과 인내의 노력을 필요로 하기 때문이다. 때로는 상담을 마치고 난 이후에도 평생에 걸쳐서 한 단계씩 그것을 깨달아 가기도 한다. 그럼에도 불구하고 내면의 치유를 위해서 우리는 이런 과정을 반드시 통과해야 하며 또 그 과제를 극복해야만 한다. 그것을 극복하는 과정에서 내담자가 자기 문제의 근원을 통찰하게 되어 성숙할 뿐 아니라 이를 돕는 과정에서 상담자도 함께 성숙하게 된다. 그러므로 상담자는 상담 상황에서 내담자의 전이반응에 얽혀 들었다고 해서 힘들어만 할 것이 아니라 그것이 바로 내담자 문제의 근본적인 모습이며 동시에 해결점이 될 수 있다는 가능성을 생각하면서 노력해 가야 할 것이다.[43]

목회 현장에서의 전이반응

일반적인 관계에서의 전이반응의 한 양상이기는 하지만 그 성격상 구분해서 주의 깊게 생각해 봐야 할 것은 교회에서 목회자와 평신도 사이에도 이런 전이반응의 예가 많이 나타난다는 것이다. 대부분의 경우 기독교인이 되는 사람들은 무엇인가 영원히 변치 않을 만족을 갈망하고 찾아 헤매곤 하던 마음이 가난한 사람들이다. 그것은 단적으로 말해서 병든 자라야 의원을 필요로 하기 때문이다. 덕분에 우리는 그 가난한 마음을 하나님 사랑으로 채움받을 수 있었다. 즉, 우리가 남들보다 더 병든 자들이었기 때문에

---

43) 전이에 대해 더 공부하기를 원할 경우 이만홍, 현용호 외 공역(2001). 『정통 정신분석의 기법과 실제 1』(Ralph R. Greenson 저). 서울: 하나의학사를 참고하라.

예수님이 필요했고 그런 갈망이 있었기에 주의 부르심에 응답할 수 있었다는 것이다. 이렇게 공허함을 채우려는 갈망이 많은 마음을 심리학적으로는 미성숙하다고 할 수 있는데, 만약 예수를 믿고도 신앙이 성숙해 가지 않으면[44] 그 미성숙하고 병든 마음이 그대로 남아 있게 된다. 기독교인이라 하면서도 문제가 더 많고 갈등이 더 많을 수 있는 이유가 바로 여기에 있다. 그런데 그렇게 예수를 믿으면서도 미성숙한 상태로 있는 것은 곧 교회생활에 대한 열정은 많은데 그것을 공동체 안에서 성숙하게 표현하거나 관계를 맺을 준비가 안 되어 있다는 것이다. 따라서 그것이 종종 하나님과의 관계를 떠나 목사 혹은 전도사 등 신앙적인 권위자 한 사람의 사랑과 인정으로 향하게 된다. 그렇게 되면 처음에는 목회자를 아주 완벽하고 신비하게 보며 그에게 온갖 사랑과 존경, 기대와 환상을 투사하게 된다. 이것은 전적으로 유아기적인 감정으로서 목회자의 모든 것이 최상의 선이라고 생각하며 거는 기대이기에 한 인간으로서 목회자는 결코 계속해서 그것을 충족시켜 줄 수 없게 된다. 그러다 보면 언젠가는 그런 환상적 기대가 좌절되고 마는데, 기대가 지나치게 컸던 만큼 좌절과 실망이 모두 부정적인 전이감정과 분노로 돌변하게 된다. 그러면 그 시점부터 목사 혹은 전도사를 엄청나게 원망하게 되고, 심지어 자기 편을 들어 주지 않는 교회공동체를 마구 비난하며 떠나게 되기도 한다. 이는 특히 교회를 개척하거나 새로 부임해 간 교회에서처럼 성도가 많지 않고 목사가 개인적으로 교인들을 돌보고 관계를 형성하는 시기에 자주 일어나는 일이다. 대부분 이런 일은 목회자에 대한 작은 실망에서 시작하여 주변의 다른 성도들에게까지 상처를 주며 상당한 감정적인 어려움을 겪게 하기도 한다. 이런 일에 대해서 병리적인 전이반응의 개념을 가지고 생각해 보면, 그 문제의 성도는 자기 내면의 이상화된 부모상을 찾아 그 교회에 들어갔다가 자기가 만든 환상(목사님을 이상적인

---

44) 신앙의 성숙함과 정서적인 성숙에 관한 문제는 제9장을 참고한다.

부모상으로 삼았던 환상)에 실망하여 떠나간 것이 된다. 그러므로 차라리 불쌍히 여기며 그가 참 부모인 하나님을 빨리 찾도록 기도해 주는 것밖에는 다른 도리가 없다. 그의 잘못된 기대에 부응하지 못한 것을 자책하거나 실망할 것도 없는 게 어차피 그의 그런 기대를 만족시킬 수 있는 인간은 아무도 없기 때문이다. 오히려 그의 긍정적인 전이감정이 쏟아질 때 잠시나마 목회자로서의 자신이 그런 완벽한 인간인 척하며 하나님의 자리에 앉고자 했던 마음을 빨리 내려놓고 자녀의 자리로 돌아올 필요가 있다. 한편, 사이비 종교에서는 전이감정을 이용하여 신도들을 끌어들이기 위해 전이를 증폭시키는 노력을 하곤 한다. 즉, 자기네 교주를 신비한 존재나 절대적인 권위자로 세우고 일정한 거리를 지키게 하여 근접하지 못하게 함으로써, 또는 그 공동체가 선택된 사람들의 모임인 양 현실 세상으로부터 분리되어 있게 함으로써 전이적인 환상을 더욱 커지게 하기도 한다. 그런 상황에서 건강하지 못한 사람일수록 전이적인 감정이 더욱 강하게 일어나고 그 영향을 심하게 받게 된다. 그러므로 사이비 종교에 쉽게 말려드는 사람들을 보면 대개 어린 시절에 심하게 좌절을 경험한 사람이거나 그 상처의 골이 깊은 사람인 경우가 많다. 다시 말해서, 성장과정에서 심각한 상실 혹은 거절의 고통과 좌절을 겪어서 그 잃어버린 이상적인 부모상을 찾으려는 갈망이 유난히 많기에 잘못된 방향에서조차 무작정 그것을 충족받으려 하기 쉽다는 것이다. 물론 이런 갈망은 어디서도 누구에게서도 충족될 수 없고 결국은 또 다른 좌절을 부르게 된다.

신앙과 전이

전이반응의 근본은 나를 끊임없이 받아 주고 사랑해 주며 돌보아 주는 누군가를 향한 감정이며, 결국 잃어버린 애착대상, 이상화된 부모상을 찾는 것이라고 할 수 있다. 이에 대하여 Freud는 "인간은 누구나 평생을 반복적으로 잃어버린 부모를 찾아 헤매는 존재다."라고 했다. 그가 무신론자였고 그에게는 하나님이 없었다고 하나, 잘 생각해 보면 인간이 이상화된 부모상을 찾아서 평생을 헤매는 존재라고 하는 그의 말은 얼마나 신학적인 표현인가! 기독교적인 관점에서 볼 때 인간은 모두가 하나님의 잃어버린 자들이었고 이에 그들이 잃어버린 부모, 쫓겨나온 자신의 집을 영원히 그리워하며 찾는다는 것은 전혀 새로운 내용이 아니다. 그런 의미에서 보면 기독교인들이란 그들이 찾던 이상화된 부모가 바로 하나님이었다는 것을 알게 된 사람들이며, 그 이전에 하나님 아버지께서 잃어버린 자들을 부르고 계시다는 것, 돌아올 길을 열어 두셨다는 것을 먼저 들은 사람들이다. 이에 반해 믿지 않는 이들, 즉 세상에 속한 이들이란 그 이상화된 부모의 자리에 돈이나 명예 혹은 다른 우상을 세운 사람들이라고 하겠다.

역동심리치료 과정(특히 통찰상담에서)은 그 어떤 개인에게서, 혹은 인간과 인간 사이의 어떤 친밀한 관계를 통해서도 이러한 전이감정이 충족될 수 없다는 것을 깨닫게 해 준다. 이 과정에서 전이가 일어난 잠시 동안 상담자가 마치 이상적인 부모처럼 전이의 충족을 줄 수 있는 대단한 인간인 양 왜곡된 기대의 대상이 되기도 하지만, 결국은 내담자의 그런 기대 자체가 잘못되고 헛된 것이었음을 깨닫게 되며 또 그렇게 되어야만 한다. 그렇듯 전이는 인간으로서는 어느 누구도 해결해 줄 수 없는 것이고, '상담자인 내가 저 전이를 맡아서 해결해 줘야겠다.'고 생각하는 것은 인간 실존의 진실에 대한 무지의 결과이며 신앙적으로 볼 때 일종의 교만이다. 왜냐하면 내담자의 전이를 충족시켜 해결해 줄 수 있는 유일한 대상은 하나님 한 분밖에 없기 때문이다. 그러므로 상담을 통해서 인간 대상을 향해 사랑과 인정을 끝없이 갈망하던 내담자가 마침내 눈을 돌려 하나님을 바라보도록 도와주는 것이 전이의 진정한 해결이며 통찰상담에서의 궁극적인 목표가 되어야만 한다. 이런 결과를 위해서 '상담자로서 나는 도저히 내담자의 전이적인 갈망 자체를 해결해 줄 수 없고, 내가 할 수 있는 일은 단지 내 입과 귀와 마음을 성령께서 사용 하시도록 빌려드리는 것이며 오직 기도하는 것뿐이다.' 라는 생각을 기본 자세로 갖는 것이 좋겠다. 항상 그 자세를 가지고 전이반응을 다룬다면 불필요한 마음의 부담을 줄일 수 있으며, 내담자가 전이를 극복하고 성숙하게 되기를 오래 참고 기다려 줄 수 있다. 이때 우리가 기다리는 것은 내담자가 상담자인 나를 향해서 오던 길을 돌려 하나님을 향해 올바로 찾아가는 것이 된다. 그러므로 세례 요한의 고백처럼 내담자의 마음속에 '그분은 점점 커져야 하고 나는 점점 작아져야 한다.' 상담자는 주의 길을 예비하며 외치는 자의 소리일 뿐이며 영원한 사랑인 그리스도 예수님은 내담자 안에서 점점 크고 분명해져서 마침내 그의 잃어버렸던 이상적인 부모로, 또 무조건적으로 그를 받아 주며 사랑해 주는 존재로 마음 중심에 계시게 되어야 할 것이다. 이런 과정에서 상담자는 긴 시간을 내담자 스스로가 주께 돌아설 때까지 그와 함께 해 줄 수 있어야 한다. 그러나 내담자를 억지로 붙잡아 끌면서 당신은 이쪽으로 가야 한다고 밀어붙인다면 그는 심한 좌절감을 느끼며 마음을 닫아 버리게 될 것이다. 그보다는 하나님이 나를 위해 얼마나 오래 참고 기다리셨나를 생각하면서 동시에 이 상담을 주관하는 이는 성령임을 잊지 말아야 하겠다. 앞에서 언급했듯이 역동심리치료 이론상 전이를 다루는 기법이 있기는 하지만, 실제로 내담자가 자신의 핵심역동에 얽힌 전이의 진정한 의미를 깊이 통찰하게 되는 것은 오랜 상담기간이나 좋은 기술의 문제만이 아니라 그보다 더 근본에 작용하는 어떤 힘 혹은 주어지는 기회라고 하겠다. 그것을 기독교적인 의미에서는 '은혜' 혹은 '은총' 이라고 할 수 있다. 훌륭한 상담자가 오래도록 최선을 다해 내담자의 전이문제 해결을 위해 노력한다 해서 그 결과로 반드시 내담자가 상담자를 향한 자신의 전이적인 갈망을 완전히 이해하고 포기하며 자신의 모습 그대로 삶의 현실을 받아들이게 되는 것이 결코 아니기 때문이다. 때로는 아주 오랫동안 내담자가 자신의 전이감정에 휘감

겨 지내다가 마침내는 상담을 그냥 마치게 될 수도 있다. 경우에 따라서는 내담자가 지적으로는 자신의 전이반응이 어리석고 헛된 것임을 이해하지만 그것이 채워지지 않는 공허함에 계속 시달리며 상담자나 하나님을 심하게 원망하기도 한다. 그럴 때 그 심정을 공감하기는 하지만 '인간은 원래 그런 고독한 존재로 만들어졌다.'는 사실을 말해 주는 것 외에는 아무런 도움을 줄 수 없다는 사실이 상담자를 우울하게 만들기도 한다. 그러므로 내담자가 전이를 극복하게 되는 것, 실존적인 고독함을 당연히 받아들이게 되는 것, 그런데도 앞으로 나아가게 되는 것은 좋은 상담 이론이나 기술 때문만이 아니라 그것을 허락하는 하나님의 큰 은혜라고 할 수 있다. 동시에 진정으로 전이를 극복하게 되는 것은 전이 대상으로서 인간이 아닌 하나님을 완전히 의존하게 될 때다. 이 역시 커다란 하나님의 은총이 아닐 수 없다. 그러므로 상담의 전 과정에서 모두 요구되는 일이지만, 특히 전이반응을 다루는 상담자의 기본 자세에는 성령이 상담에 함께 하며 인도하기를 간구하는 믿음의 마음이 반드시 필요하다.

기독교적인 관점에서 볼 때 역동심리치료에서 전이의 해결이 궁극적으로 하나님 아버지의 변함없는 사랑에만 의지하게 되는 것이라고 한다면, 한편으로 역동상담의 방법적인 지식들의 진정한 결론은 결국 인간 문제의 근본적인 해결에는 별다른 방법이 없다는 것을 깨달아 가는 과정이라고 볼 수 있다. 즉, 내담자가 전이에 대해 마침내 좌절하듯이 상담자도 인간적으로는 그를 도울 수 없음에 좌절해 가는 과정이다. 그러노라면 사도 바울이 고백했던 세상의 지식을 배설물처럼 버릴 수 있다고 한 의미를 깨닫게 된다. 그런데 상담을 공부하는 많은 기독교인들 중에는 이렇게 깊은 통찰의 과정이 없이 '정신분석이라는 세상 지식은 쓰레기야. 그것은 버리라고 했어.'라고 쉽사리 생각하는 경우가 있다. 이는 그 말씀의 진정한 의미를 깨닫지 못한 것이라고 생각된다. 최선을 다해 정신분석 또는 역동심리치료의 끝까지 가보게 되면, '아, 여기서 인간적인 방법은 끝나게 되는구나. 별 도리가 없네. 내가 해 줄 게 정말 없구나.' 라는 사실을 알게 된다. 그럴 때 '과연 인간적인 방법이란 별 것 아닌 쓰레기구나.' 라고 깨닫게 되어 하나 님의 방법을 찾게 되는 것이다. 그 의미는 다르다. 원래 쓰레기여서 버려야 한다는 것이 아니고, 소중한 것이라 여겼지만 알면 알수록 한계를 느끼고 단편적인 해결책에 지나지 않는다는 것을 깨닫기 때문에 그것을 버리고 하 나님께 나아가게 된다는 것이다.

제 9 장

자아성숙, 영적 성숙 그리고
핵심역동

제9장

자아성숙, 영적 성숙 그리고
핵심역동

자아의 성숙과 상담

일반적으로 역동상담을 통해 추구하는 최고의 목표는 '자아의 성숙을 이루는 것'이라고 할 수 있다. 즉, 내담자의 문제를 해결한다는 것은 내담자가 당면한 문제 자체를 해결하는 것이라기보다 그 문제를 다루어 나가는 내담자의 자아를 좀 더 성숙한 상태로 성장할 수 있게 도와주므로 현재 당면한 문제뿐만 아니라 계속해서 다가오는 삶의 문제들을 스스로 해결할 수 있도록 돕는 것이다. 그렇다면 자아가 성숙한다는 것은 무엇이며, 그것이 개인의 삶에서 갖는 의미는 어떤 것일까?

자아란 인격을 형성하고 있는 심리기능의 하나로서 자신의 심리 내적인 압력과 외적인 세계에 대해 지각을 하며, 이러한 지각을 자아의 다른 기능인 기억, 감정, 이성과 통합하여 현실과 적절한 관계를 맺게 하는 기능을 한다. 그러므로 상담을 통해서 자아기능이 좋아질수록 내담자는 자신의 내적인 욕구와 외부 현실에 대해 현실감각을 갖고 파악하게 되므로 둘 사이를 균형 있게 중재하여 처리하게 된다. 동시에 그런 지각들은 앞서 말한 자아의 또 다른 기능들과의 충분한 통합을 이루게 한다. 좀 더 자세히 말하자면, 상담을 통해서 자아가 성숙된다는 것은 통찰을 통하여 무의식적이었던 자신의 핵심역동을 의식에서 깨달아 알고 이해하게 되어, 정서적인 왜곡을 줄이게 되고 자신의 동기와 반응에 대한 현실적인 자각을 높이며 외부세계에 대한 정확한 지각을 촉진시키게 되는 것을 말한다. 예를 들어, 상담을 통해 그동안 몰랐던 자신의 지나친 의존심을 깨달은 사람은 늘 자기에게 무관심하다고 원망했던 배우자 혹은 가족들의 행동을 새로운 관점에서 보게 되며, 더 나아가서 자신의 어린아이 같은 불평불만을 묵묵히 받아 주던 상대방에게 감사하는 마음까지 가질 수 있게 된다. 물론 그렇다고 그 사람이 더 이상 누구에게도 의존하지 않는 극단적으로 독립적인 사람이 되는 것은 아니다. 마음속에 의존의 욕구는 여전히 있을 수 있지만 그것을 받아 줄 상대방의 입장을 현실적으로 생각할 수 있게 되고, 또 현재 자신의 그런 의존이 과연 자신의 성장에 유익한 결정인가 아닌가를 생각할 수 있게 된다는 것이다. 그러면서 그것을 최대한 자제하기도 하고 때로는 적절히 상대방에게 도움을 받기도 하며 현실과 타협할 수도 있다. 자아가 건강해지고 성숙해질수록 우리는 우리 자신을 더욱 깊이 돌아보게 되며 현실에 관해 정서적으로 충분히 이해하고 평가하여 과거보다 훨씬 나은 적응을 하게 된다고 할 수 있다.

그렇다면 그러한 자아의 성숙, 즉 정서적인 성숙이 개인의 삶에서 의미하는 것은 무엇일까? Freud는 '정신건강은 일하고 사랑할 수 있는 능력'이라고 실용적으로 정의했다. 다시 말해서, 우리의 인격이 건강한 발달을 이룰수록 현실 생활에 적절한 적응을 하게 되고 부모에게 의존해 있던 것에서 벗어나 자신의 삶을 스스로 책임지고 살아갈 수 있는 개인이 되며, 어린아이처럼 일방적으로 사랑받기만을 요구하던 자기중심적인 감정에서 벗어나 남에게 사랑을 줄 수 있고 진정한 관심을 가지며 공감할 수 있게 된다는 것이다. 그런데 이러한 정신의 건강한 발달을 의미하는 자아의 성숙은 상대적으로 최상의 수준에 이를 수는 있지만 온전한 정신의 '완성' 상태를 말하는 것은 아니다. 그것은 어떤 방향으로든지 계속해서 추구되어야 할 인생의 진행형 과제로서의 의미가 있다. 이에 관하여 인본주의 심리학의 대표적인 심리학자 Abraham Maslow는 사람에게는 자기실현(self-actualization)을 향한 내적인 욕구가 있어서 자신의 개인적 역량의 최대한의 성장발달을 추구하는 쪽으로 삶에 대한 선택을 한다고 주장했다. 자기실현의 욕구는 자아완성의 욕구를 의미하며 진리와 그에 대한 이해, 안정된 평등과 정의의 구현, 아름다움의 창조와 사랑을 추구하는 것과 관련되어 있다. Maslow의 자기실현의 욕구에 대한 가설을 중심으로 생각해 보면, 상담의 최종 목표는 자기실현 욕구의 충족이라는 인간 정신의 이상적인 구현을 추구하는 것이라고 하겠다. 그러나 구체적인 삶에서 인간에게 완전한 정신건강인 완전한 자아의 성숙이 불가능하듯이, 자아실현의 목표를 구체적으로 실현하려고 할 때 우리는 그것이 상당히 추상적이고 막연하다는 현실에 부딪히게 된다. 과연 자신이 이루어 내야 할 이상적인 자기실현의 목표를 정말로 확실히 알고 실현해 가는 사람이 있을까? 혹은 보편타당하며 객관적인 자기실현의 최선의 모델이 있는가? 자기실현의 목표는 자기 안에서 만들어지는 것일까, 아니면 외부로부터 주어지는 것일까? 그러한 자기실현의 욕구를 완전히 이루는 사람이 있는가? 그리고 과연 그런 사람은 진실로 만족할까? 이에 대해서는 Carl Jung이나 Erich Fromm 또는 Karen Horney 등의 심리학자들도 자기실현 혹은 자기구현(self-realization)이라는 표현을 썼지만 구체적으로 어떤 상태가 자기를 실현하는 것이냐에 대한 기술을 하지는 못했다. 추상적으로 최상의 상태를 제시할 수는 있었지만 실제로 그것이 무엇이며 어떻게 해야 거기에 도달하는지에 대해서는 막연할 수밖에 없었다. 결국 일반적인 상담을 통해 얻게 되는 자아의 성숙과 자아의 실현이라는 인간 정신 치유의 목표는 나름대로 인간의 잘못되고 부정적인 병리현상, 성숙하지 못한 측면을 해결하고 인간의 심리사회학적인 자율성과 개인의 자기실현을 증진시킬 수는 있지만, 그 자체만으로는 전반적인 인간 문제의 완전한 해결을 줄 수는 없다고 생각한다. 이에 대해서는 이러한 심리학적인 접근 이외의 것이 절실히 요구되는데 그것이 바로 영적 성숙에 대한 연구라고 할 수 있다. 왜냐하면 거기에서 성숙과 온전해짐의 구체적인 방향성을 찾아볼 수 있을 것 같다는 소망이 느껴지기 때문이다.

영적인 성숙

상담자가 상담을 하는 목적이 내담자의 당면한 문제를 해결하도록 돕는 것이기도 하지만, 특히 기독상담자는 한마디로 내담자의 '영적 성장'을 돕는 것이 궁극적인 목적이라고 이야기할 수 있다. 즉, 기독상담자가 내담자를 상담할 때 가장 관심을 기울여야 하는 점은 상대방의 신앙이 성숙할 수 있도록 어떻게 도와주느냐에 있다는 것이다. 내담자의 신앙이 성숙하게 된다면 삶의 문제들이 덩달아 잘 풀리게 된다고 보기 때문이다. 그러나 '영적으로 성숙한다' 또는 '신앙이 성숙한다' 는 것이 구체적으로 무엇을 의미하느냐는 문제에 대해서는 별로 심각하게 생각해 볼 기회가 없다. 과연 영적으로 성숙한다는 것이 구체적으로 어떤 상태를 의미하는가라는 질문을 할 때 대부분 선뜻 체계적으로 대답하지 못하거나 사람마다 각기 다르게 대답하는 것을 볼 수 있다. 그것은 가장 흔히 사용하는 표현이면서도 체계적으로 생각하거나 함께 논의해 본 적이 별로 없기 때문이다. 상담자가 내담자의 영적 성장을 돕고 싶다면 당연히 상담자는 내담자가 현재 어떤 영적인 상태에 처해 있으며, 또 앞으로 영적 성장을 위하여 어디에 목표를 두고 구체적으로 어떻게 상담을 진행해야 할지를 생각해 봐야 할 것이다. 그러므로 기독상담자가 되려는 사람은 미리 많은 시간을 할애하여 '영적 성숙' 의 의미를 깊이 있게 정리해 둘 필요가 있다.

물론 상대방이 영적으로 성숙했느냐의 여부는 함부로 판단할 수 있는 일이 아니다. 남을 함부로 판단해서는 안 된다고 예수님도 말씀하셨다. 그러나 그것이 내담자를 '평가하는 일'을 해서는 안 된다는 뜻은 아니다. 왜냐하면 '판단'이란 어원적으로는 법적인 용어로서 상대방을 정죄하기 위하여 법적으로 죄가 있느냐 없느냐를 따지는 행위를 의미하는 반면, '평가'란 대상을 알아보기 위해 객관적으로 측정해 보는 것이기 때문이다. 우리는 내담자를 정죄해서는 안 되지만 그를 잘 돕기 위해서는 그의 현 상태를 '평가'해야 한다. 마태복음 13장 3~9절의 예수님의 씨 뿌리는 비유가 그 필요성을 잘 말해 주고 있다. 동일한 복음의 씨앗이 떨어지더라도 모든 사람들에게 동일한 역사가 일어나는 것은 아니다. 어떤 경우에는 그것이 성장해서 30, 60, 100배의 열매를 맺는가 하면, 어떤 경우에는 그것이 흙이 얇은 돌밭에 떨어져 싹이 나자마자 말라 비틀어지기도 한다. 또 어떤 경우에는 길가에 뿌려져서 싹이 나기도 전에 마귀가 쪼아 먹기도 하고, 어떤 경우에는 가시떨기 위에 떨어져서 제대로 자라지 못하기도 한다. 이 말씀을 보면 복음이나 생명의 말씀이 선포되며 마음밭에 뿌려지는 것이 중요하지만, 우리의 마음밭의 상태에 따라 그 결과가 달라진다는 것을 알 수 있다. 그러므로 먼저 그 상태가 어떤지를 평가하고 그 마음밭의 문제점을 잘 헤아려 그것을 개선하도록 도와주는 것 또한 중요하다는 점을 생각하게 된다. 이것은 하나의 아주 중요한 교훈을 우리에게 준다. 상담자가 내담자의 영적 성숙을 돕는다는 것이 결코 외람되거나 잘못된 일이 아니며, 하나님은 상담자의 마음과 머리, 귀와 눈을 사용하여 동료 인간인 내담자의 마음밭을 잘 살피고 함께 복음의 씨앗을 소중히 가꾸어 나가기를 바라고 계신다. 복음이 마음밭에 일단 떨어진 것만이 중요한 것이 아니라 떨어진 이후에 자라나는 과정 또한 우리가 도와야 할 매우 중요한 일인 것이다.

그런데 이와는 상반된 개념으로 들릴지도 모르겠으나, 한편으로는 영적 성숙 자체는 우리가 하는 작업이 아니라는 점을 인식할 필요가 있다. 영을 성숙하게 하고 자라게 하는 이는 위에 계신 하나님 한 분뿐이다. 이 점에 관한 한 우리가 할 수 있는 일이란 없다. 그러면 기독상담자가 하는 작업은 무엇일까? 그것은 다시 씨 뿌리는 자의 비유를 곰곰이 생각해 보면 알게 된다. 인간의 영이나 정신은 그 성숙을 가로막고 있는 것을 잘 제거해 주기만 하면 스스로 자라게끔 창조되었다. 그 스스로 하나님을 향하여 나아가게끔, 그분의 부르심을 듣고 그에 응하게끔 만들어 놓으셨으며, 하나님은 또다시 인간의 응답에 반응하여 나아갈 길을 보이시고 격려하시며 이끌어 가신다. 상담자는 다만 이러한 성숙을 방해하는 요소들—그것이 돌밭이든, 가시떨기 위든, 새들이든 간에—을 적절히 제거할 수 있도록 돕는 것뿐이다. 그러므로 기독상담에서 영적인 성숙을 생각할 때에는 그 사람의 미숙한 점, 성숙을 방해하는 점이 어떤 것인지 잘 알아볼 필요가 있다. 그 부분만 우리가 잘 돌보아 주면 된다. 왜냐하면 뿌려진 씨앗 자체에는 문제가 없는데 뿌려진 마음밭이 문제이기 때문이다. 그러므로 그 마음밭을 잘 고르고 일구어 주면 씨앗은 그분과의 교감을 통하여 우리의 도움 없이도 저절로 자라게 된다. 하나님이 키우시는 것이다. 이런 의미에서 우리는 영적 성숙의 의미를 잘 이해하도록 노력하고 내담자의 영적 성숙도를 세심하게 평가하도록 해야겠다.

'영성'에 대한 정의의 한계

기독교인들이 가장 많이 쓰는 용어 중의 하나로 '영적이다' '영성이 많다'라는 말이 있다. 여기서 '영적'이라는 단어가 의미하는 것은 무엇인가? 성경은 처음부터 끝까지 우리의 영적인 삶에 대해서 이야기하고 있기는 하지만 '영적'이라는 말 자체를 정의하는 곳은 아무 데도 없다. 신학에서는 인간의 구조를 말할 때 이분법이니 삼분법이니 하여 '영'을 '육' 또는 '혼'과 대비하여 정의하기는 하지만, 성서학자들의 대부분의 공통적인 주장은 그렇게 인간을 구분하여 생각하는 것은 헬라적인 사상의 영향이며 본래 성서가 말하는 히브리 사상에서는 인간을 부분적이 아닌 전인적으로 바라본다는 것이다. 구약의 히브리어에서 '영(spirit)'이라는 말에 해당하는 루아하(ruach)라는 단어가 있고, 혼 또는 정신에 해당하는 네페시(nephesh)라는 단어가 있다. 그러나 성서에서 이런 용어들이 사용될 때는 헬라적으로 영, 육, 혼(정신) 등이 의미하는 것처럼 각기 대비되는 구분적인 뜻을 의미하는 것이 아니라 '생명' 전체적인 의미로 상호 혼용된다고 한다. 예를 들면, 창세기에서 야곱이 요셉의 부름을 받아서 식구들을 모두 거느리고 애굽으로 내려갈 때 칠십 인을 데리고 갔다고 기록되어 있는데, 여기서 칠십 '인'이라고 할 때의 원어는 '네페시'라는 단어가 사용되었다. 여기서 '네페시'는 혼이라는 부분만을 의미하는 것이 아니라 인간 전체를 뜻하는 것이다.[45] 따라서 우리가 '영'이 무엇이냐는 문제를 놓고 생각할 때도 그것을 헬라식 사고방식에 젖은 시각으로 육이나 정신과 구분되는 그 무엇으로 규정하려고 한다면 무리가 따르게 된다. 다시 말해서, 인간 존재 전체의 일부로서 '영이라는 것을 구분하여 과학적으로 정의하고자 할 때 우리는 이미 일정한 제한을 안고 말할 수밖에 없게 된다는 것이다. 어쩌면 이는 우리들에게 익숙한 인식의 방식이 아니라 좀 답답하고 어리둥절하게 느껴지기도 한다. 그러나 동시에 인간의 사고와 지식으로 명백히 알 수 없는 한계가 있음을 겸손히 인정하지 않을 수가 없다. '우리가 이제는 거울로 보는 것같이 희미'하고 '이제는 부분적으로' 알지만 '그때에는 얼굴과 얼굴을' 마주 대하는 것처럼, '주께서 나를 아신 것같이 내가 온전히' 알게 된다고 하였다(고전13:12). 말하자면 영적인 것은 원칙적으로 우리에게 가려져 있

---

45) 최홍석 교수의 인간론 강의에서 인용하였다.

다는 말이다. 따라서 우리는 '영'에 대하여 논할 때 지나치게 구체적으로 그것을 묘사하려 한다면 반드시 무리가 따른다는 점을 명심하여야 한다.[46] 그러나 막상 이 문제를 모르는 상태 그대로 덮어둔 채 얼버무리고 말기에는 현실적으로 또 다른 문제가 생긴다. 즉, '영적'이라는 용어를 사용하는 것에 따른 혼란과 오류를 피할 수가 없게 된다. 특히, 신앙상담을 할 때 '영적으로 성숙하다' 또는 '미숙하다'라는 표현을 많이 쓰는데, 잘 들어 보면 잘못 사용하는 경우가 많고 그 때문에 서로 오해를 하게 되어 문제가 심각해질 수도 있다. 그렇기 때문에 이 문제에 대하여 무조건 모르는 상태로 남겨 놓고 있는 것 또한 옳은 태도가 아니다. "내가 너희들에게 영적인 것을 모르기를 원치 않는다."고 사도 바울도 이야기한 바가 있다. 그러므로 우리는 이를 조심스러운 심정으로 균형 잡힌 관점에서 논의해 보아야 할 것이다.

영성의 평가

그 다음으로 우리는 '영적으로 성숙하다' '미숙하다'는 말을 많이 쓰는데 그런 개념이 성립될 수 있는가부터 생각하여 보아야 할 것이다. 말하자면 거듭난 기독교인들 사이에 영적으로 성숙한 단계와 미숙한 단계가 있다는 것인지, 또 그런 단계가 있다면 그것의 구체적인 설명이 가능한 것인지를 생각해 보자는 것이다. "그리스도의 장성한 분량까지 너희가 자라가라."(엡4:15-16)는 말씀을 통해서 보면 신앙생활에는 어떤 장성한 분량이 있고 반대로 어린아이와 같은 분량도 있다는 것을 알 수 있다. "너희가 장성하여 어린아이의 일을 버려라."(고전 13:11), "어릴 때는 젖을 먹지만 커

---

46) 유사한 경우들로서 죽음 이후의 세계, 즉 천국과 지옥에 관한 논란이나, 마귀가 어떻다거나, 귀신들림과 정신병이 어떻게 틀린지 등의 논란 또한 지나치게 논리적으로 밝히려고 하다가는 시간만 낭비하거나 자칫 오류에 빠지게 될 가능성이 있다.

서는 그렇지 않지 않느냐."(고전 3:1) 등의 여러 표현을 통하여 우리는 신앙에 어떤 성숙한 단계가 있고 성숙하지 않은 단계가 있다는 것을 알 수 있다. 그렇다면 이제 상담자로서 우리가 생각해야 할 것은 내담자가 영적으로 성숙한 상태냐 그렇지 않느냐 하는 것을 어느 정도 평가할 필요가 있다는 점이다. 앞 장에서 우리는 내담자를 올바르게 돕기 위해서는 상담의 목표를 잘 수립하여야 하며 그렇게 하기 위하여 내담자의 자아기능을 먼저 정확히 평가하여야 하는 것을 배웠다. 그렇다면 내담자의 영적 성숙을 돕는 것이 상담의 궁극적인 목표인 기독상담자는 내담자의 현재의 영적 성숙도를 평가하는 것 역시 당연히 필수적인 상담의 전제가 되지 않을 수 없다. 그렇다면 어떻게 내담자의 영적 성숙 정도를 평가할 수 있을까? 여기에는 영적 성숙을 평가하기 위하여 어떤 자료를 어떻게 얻어야 하는가와 얻어진 자료들을 가지고 평가하는 틀은 어떤 기준으로 구성되어 있는가 하는 문제가 있다. 우선 내담자의 영적인 생활의 어떤 정보가 필요한가? 내담자의 현재의 영적인 상태와 과거의 영적 생활의 과정을 고려함 없이 상담자가 상담 초기부터 내담자에게 이렇게 신앙생활을 해라, 저렇게 기도해라, 이런저런 신앙서적을 읽어라는 식으로 지시하는 것은 곤란하다. 이는 상담자가 심리학적으로 상대방의 자아기능을 제대로 평가하지 않고 상담을 해 나간다면 당연히 그 상담은 실패하기 마련인 것과 마찬가지다. 상담자가 내담자의 영적인 삶의 모습들, 즉 그 사람이 어떻게 교회에 나가게 되었고, 어떤 하나님의 이미지를 가지고 있고, 하나님과의 교제를 어떻게 이해하며, 이제까지 어떤 교단의 어떤 유형의 교회에서 신앙생활을 어떻게 해 왔는가 등의 정보도 듣지 않고 함부로 자신의 신앙적인 기준이나 가치관을 마구 주입하려 한다면, 그런 상담이 내담자에게 상처를 줄지언정 그를 제대로 영적 성숙을 향하여 나아가게 돕지 못할 것이라는 사실은 명확하다. 때에 따라서는 이것이 상담이 아니라 오히려 내담자의 마음에 상당한 갈등과 거부감을 일으키는 동기가 될 수도 있다. 실제로 주위에서 신앙 선배들의 이런 태도 때문에 힘들어하는 사람들을 많이 볼 수 있다. 교회 지도자로서 교인들의 문제를 상담할 때 상대의 영적인 생활의 정보도 이해하지 못한 채 자꾸만 자기 입장에서 이런저런 지시적인 태도로 접근하는 경우는 흔하다. 그러므로 우리는 내담자를 상담할 때 영적인 생활사를 상담심리의 개인력이상으로 중요하게 여기고 잘 묻고 파악해야 한다.

인격적 성숙과 영적 성숙에 관한 논의들

그러면 영적인 성숙이란 과연 어떤 상태인가? 앞서 기술한 바와 같이 우리는 이 문제를 논의하는 것에 한계가 있다는 것을 느껴야만 하며 몇 가지 간접적인 가정이나 질문을 풀어나가는 과정을 통하여 희미하게 이해하는 것으로 만족하여야 할 것 같다. 왜냐하면 영적인 것은 영적으로만 이해할 수 있다고 성경은 말하고 있기 때문이다(고전2:10-14).

먼저 생각해야 할 문제는 인격적인 성숙과 영적인 성숙 간의 관계다. 만약 인격적으로 미숙하다면 영적으로도 미숙한 것이며 반대로 영적으로 성숙하면 인격적으로도 성숙한 것일까 하는 질문을 풀어나가면서 영적 성숙의 의미의 일단을 유추하여 보자. 영적으로 성숙하면서 자아기능도 성숙한 경우가 있을 것이고, 또 영적으로도 아주 미숙하면서 동시에 인격적으로도 미숙한 경우도 있을 것이다. 이 두 경우는 충분히 존재 가능하다. 그런데 영적으로는 성숙하지만 자아기능은 아주 미숙한 경우가 있을까? 그런 사람이 실제로 존재할 것인가? 반대로 인격적으로는 성숙하지만 영적으로는 미숙한 경우가 있을까? 한마디로 영적인 성숙도와 인격적인 성숙도가 일치하지 않는 경우가 존재할 수 있을 것인가? 이 문제를 생각해 보면 우리가 알고 있는 인격적인 성숙의 의미를 통하여 영적인 성숙이란 어떤 상태인가를 일부 이해할 수 있지 않을까 싶다. 영적으로는 아주 미숙한데 자아는 매우 성숙해 있는 경우가 가능한가? 어떤 심리학자들은 오래전 유엔 사무총장을 지냈던 다그 함마르셸드(Dag Hammarskjold)와 인도의 성자 Gandhi를 인격적으로 성숙한 사람의 대표적인 예로 들면서 그들의 전기나 생활사를 통하여 그들을 자아가 아주 성숙한 사람이라 평한다. 그런데 Gandhi는 일반적인 의미의 중생한(born again) 기독교인은 아니다. 그러니까 그의 인격이나 자아기능은 아주 성숙했다고 하더라도 이런 사람들을 (기독교적인 의미에서) 영적으로 성숙했다고 할 수는 없다. 많은 사상가, 철학자, 정치인 중에는 인격적으로 매우 훌륭하고 성숙된 자아기능을 가졌던 사람들이 많으나 우리는 그들이 영적으로 성숙하다고 하지는 않는다.

반대로 영적으로는 성숙한데 인격적으로는 미숙한 경우에 대하여 생각해 보자. 그것은 진정한 의미에서의 영적인 성숙이 아닐 것이라는 주장이 있을 수 있다. 어떤 사람이 영적으로 성숙하다면 인격적으로도 성숙하다는 것을 의미하여야 한다고 보는 것이 보편적일 것이다. 그러나 영적으로 성숙하지만 자아기능은 미숙한 경우가 시차적으로는 가능할 수도 있다. 왜냐하면 일반적으로 영적인 성숙이나 인격적인 성숙은 단번에 이루어지는 것이 아니라 오랜 세월을 두고 점진적으로 이루어지는 것이기 때문에 특정한 시점에서 양자 간에 차이가 있을 수 있다는 이론이 가능하다. 결국은 영적 성숙이 무엇을 의미하느냐에 따라 달라질 수 있겠지만, 영적인 성숙이 하나님과의 관계라고 잠정적으로 정의한다면 하나님과의 관계는 아주 좋은데 인간과의 관계는 아직도 미숙한 경우가 있을 수 있다는 말이다. 이런 경우가 가능하다면 우리는 그들을 볼 때 편견을 가지지 말아야 할 것이다. 게다가 성숙의 개념이란 상대적인 것이므로 일시적으로는 영적으로 성숙했어도 인격적으로는 더 미숙해 보일 수 있다. 그러나 궁극적으로 볼 때 영적으로 충분하게 성숙하다면 자아 또한 거기에 맞추어 성숙하지 않을 수는 없을 것이다.

또한 우리는 때때로 영적으로 성숙하다고 보았던 주위의 기독교인을 향하여 실망을 느끼는 경우가 있으며, 때로는 그것으로 인하여 마음에 상처를 입을 수도 있다. 영적으로 성숙하기 때문에 인격적으로도 성숙하겠거니 하다가 나중에 그 사람의 인간관계의 태도를 보고 실망을 하거나 상처를 입게 되는 경우가 있다. 그렇게 되는 흔한 오해 중의 하나는 영적 성숙과 외적 은사를 혼동하여 오해를 하게 되는 것이다. 예를 들어, 어떤 사람에게 병 고치는 은사가 있다고 하면 '아, 저 사람은 영적으로 아주 성숙했을 것이다.' 라고 동일시해 버린다. 물론 영적으로 성숙하면 여러 은사가 있을 가능성이 높기는 하지만 반드시 그런 것은 아니라는 점에 유의하여야 한다. 외적인 은사는 하나님이 필요에 따라 주권적으로 주시는 것이기 때문에 그것이 반드시 영적 성숙을 의미하는 것은 아니다. 대표적인 예가 구약성경에서 사울의 경우로서 "사울도 선지자냐." 라는 속담까지 있을 정도다. 이렇게 은사는 때로 사역을 위하여 혹은 필요에 따라 부어 주시는 것이기 때문에 영적 성숙하고는 반드시 일치하지 않는데도 착각을 하는 경우가 많으며, 이 때문에 교회 내에서 문제를 일으키는 경우를 종종 볼 수 있다. 더욱이 인간은 특별한 은사를 받으면 교만해지거나 잘못을 범하기 쉽기 때문에 영적 성숙과는 오히려 거리가 멀어질 유혹에 빠지기 쉽다.

영성의 발달

인격의 구조와 성숙을 이해하기 위하여 발달심리학을 연구할 필요가 있는 것과 마찬가지로, 영(spirit)의 특성과 성숙을 이해하기 위하여 영적인 삶의 출발과 변천을 이해할 필요가 있다. 그런데 인간의 육체와 정신의 발달과정을 잘 이해하면 이로부터 영적인 삶의 발달과 성숙에 관한 귀중한 지혜를 얻을 수 있음을 알 수 있다. 육체와 정신과 영은 서로 유기적 연관을 가지고 있을 뿐만 아니라 공통된 동질성을 가지고 있기 때문이다. 미국의 교육학자이면서 상담사역자이기도 한 Charles Solomon은 그의 저서에서 이에 관한 흥미 있는 견해를 도표로 제시하고 있다.[47] 그는 인간의 육체와 정신이 발달하는 모습을 도표로 예시한 다음, 이에 유추하여 영적 탄생과 발달의 가상적인 과정을 도표로 그려 개인의 영적 성장을 좀 더 구체적으로 이해하게끔 하였다. 즉, 인간이 부모로부터 타고난 유전인자의 프로그램대로 성장하는 육체적인 발달을 도표로 그려 보면, 어려서는 매우 빠른 속도로 포물선을 그리면서 발달하여 가다가 25세에 이르러 최고조의 신체적 조건과 능력의 상태에 도달하게 된다. 그러다가 40세를 넘어가면 얼굴이나 몸매에 노화가 시작되면서 신체가 퇴행하기 시작하여, 죽음을 맞이하는 70~80세쯤 되면 상당히 그 기능이 저하되는 일정한 곡선을 그리게 된다. 한편, 심리학적으로는 인격의 발달이 신체적인 발달보다 상당히 복잡하고 또 자아의 발달에는 여러 요소들이 있어서 간단하게 그릴 수 있는 것이 아니므로 그 대표적인 예로 Solomon은 지능의 발달을 들고 있다. 즉, 상대적으로 단순한 점수로 표현할 수 있는 지능을 인간 정신발달의 하나의 예표로 본다면 이 역시 비교적 단순한 곡선으로 표현할 수 있다. 즉, 인간의 지능도 태어나서부터 급격히 발달하기 시작하여 대개 15~16세 정도가 되면 부모로부터 받은 유전 프로그램의 최고치에 도달한다. 그 이후에는 뇌세포가 점점 죽어가고 지능은 퇴행하여 하향곡선을 그리게 된다. 이러한 개념의 연장선상에서 영적 탄생과 성장을 도표로 그릴 수 있다면 어떤 모습이 될까? 매우 흥미 있는 모습을 보일 것이다. 우리가 개인적으로 회심하여 중생하는 것을 기점으로 잡아 영적인 삶이 시작된다고 보면 아마도 그 도표는 육체나 정신의 발달선보다 훨씬 복잡할 것임에 틀림없다. 왜냐하면 영적인 삶의 시작은 사람마다 많은 차이가 있기 때문이다. 어렸을

47) Solomon, C. (1971). *Handbook to happiness: A guide to victorious living and effective counseling*. Living Studies. Wheaton: Tyndale House Publishers, Inc., p. 81.

때부터 교회에 다녔기 때문에 자신이 중생한 정확한 시점을 모를 수도 있고, 청소년기에 수양회에서 예수님을 영접해서 그때를 영적인 새로운 출발로 볼 수도 있으며, 중년기에 인생의 고난을 겪으면서 중생의 체험을 하여 그때야 비로소 영적인 삶이 새롭게 시작된다고 볼 수도 있기 때문이다. 게다가 중생하고 난 후에도 개인의 신앙생활의 여정에 따라 천차만별의 영적 성숙의 곡선을 그릴 수 있다. 이를테면 어떤 사람은 거듭나고 나서 불같이 열정적으로 신앙생활을 하다가 불신자인 배우자를 만나 결혼생활을 하면서 신앙이 시들어져 영적인 하향곡선을 그리게 될 수 있다. 반대로 어떤 사람은 초년에 미지근한 신앙생활을 하며 낮은 영적 성장선을 그리다가, 중년 이후 건강을 잃는 것을 계기로 육체의 성장선은 하향선을 그리지만 영적인 성장은 잠시 동안 급격한 성장곡선을 그리고 인생을 마감할 수 있다. 이런 개념에서 각자가 자신의 중생과 신앙생활에 바탕을 둔 영적 성장곡선을 그려 본다면 자신의 일생에 걸친 영적 생활에 굉장히 중요한 통찰을 얻을 수 있게 된다는 것을 강조하고 싶다. 즉, 자신이 그린 영적인 변화의 곡선을 주의 깊게 따라가다 보면 곡선이 갑자기 꺾이는 곳이 있게 되는데, 대부분 그것은 우리 인생의 중요한 전환점이 된다. 즉, 이때 각자는 인생의 커다란 시련이나 고비를 만나 삶의 모습이 크게 변화하게 되고 그에 따라 영적 삶에도 큰 변화가 있게 된다. 바로 이런 상황이 우리의 핵심역동과 밀접하게 관련이 있는 경우가 많다. 그러므로 대부분 이런 시점을 지나는 때에 내담자들이 상담자인 우리를 찾아오게 된다. 이때 우리가 그 내담자를 어떻게 상담해 주느냐에 따라서 그 사람의 문제점이 현실적으로 해결되는 것으로 끝날 수도 있고, 그런 어려움들이 오히려 영생에 이르는 영적 성숙을 향해 다시 떠나는 계기가 될 수도 있다. 말하자면 이 전환점은 기독상담에서는 매우 중요한 의미를 지니며 그 시점에 선 내담자는 풍부한 변화의 계기에 있음을 잊지 말아야 할 것이다. 다시 말해서, 이때 내담자는 일생에 한두 번 있을 수 있는 매우 중요한 변화의 시기에 있다고 할 수 있다. 그를 이제까지 지탱하고 있던 핵심역동의 방어기제가 심각한 도전을 받아서 더 이상 그것을 유지할 수 없다는 결론에 이르렀거나, 혹은 그가 지금까지 매달렸던 관계나 명예나 부 등이 모두 박탈되고 이제는 정말 더 이상 그 어떤 존재에게도 기댈 수 없이 혼자 남은 위기의 순간, 막다른 골목에 서 있다는 것이다. 바로 그런 죽음에 이를 듯한 고통의 시간에 이르러서야 비로소 그는 자신의 구체적인 문제점, 즉 핵심역동의 부분을 생각하게 되며 자기의 참모습을 바라보게 된다. 그 참모습이란 바로 누구나 부족하기 짝이 없고 하나님을 떠나 무엇에든 의지하려 해 보지만 그렇게 중독적으로 매달리던 존재의 실상이 결국은 허무하기만 하다는 사실을 직면한 모습이다. 이런 잔인한 직면의 순간에 우리들은 대부분 겸손히 자신을 내려놓게 되고 그때야 비로소 하나님이 역사하기 시작하며, 이제까지 잠들었던 그의 영은 깨어나 새로운 성장을 시도하게 되고 신앙적으로 성숙해 가게 된다. 그러므로 기독상담은 내담자에게는 아주 중요한 삶의 결정적인 변화를 일으키는 순간, 하나의 전환점에서 그를 돕는 작업이며, 결국 영적 성숙은 그런 전환점을 기점으로 하여 출발하는 새로운 도약인 셈이다.

기독교상담에서의 영적 성숙

이제까지 영적 성숙의 일반적인 의미를 살펴보았지만 아직도 그 개념에서 매우 막연한 생각이 들 수밖에 없다. 특히, 상담 현장에서 영적 성숙을 어떻게 정의하고 평가하여야 할지는 막연한 채로 남아 있다. 이는 성급히 정리될 문제가 아니라 많은 임상적 경험과 신앙적 접근의 시도를 거치면서 조금씩 구체화되어 갈 문제라고 본다. 여기서 몇 가지 개념들을 추가로 언급해 둔다.

첫째, 기독상담에서 영적 성숙을 말할 때는 개인과 하나님의 관계성을 언급하는 것이 가장 일반적인 견해라고 할 수 있다. 많은 신학자들과 기독교심리학자들은 인간의 영 또는 영적 측면을 말할 때 그것은 흔히 인간이 하나님과 관계를 맺는 부분이라고 주장한다. 이 개념은 특히 상담의 현장에서 매우 쉽고도 구체적인 개념으로 이해될 수 있다. 상담에 온 내담자가 지금 하나님과 어떤 관계를 맺고 있는지를 살펴보는 것은 내담자의 영적 성숙을 평가하는 틀을 제공한다. 하나님과의 관계가 단절되어 있는지, 왜곡되어 있는지, 거리가 너무 멀어 하나님의 실재에 대한 감각이 없는지, 하나님과 동행하는지, 하나님의 임재를 느끼며 사는지 등의 모습을 통하여 현재 그의 영적 상태를 평가할 수 있을 것이다. 그렇게 하기 위하여 기독상담자는 내담자가 하나님에 대하여 말하는 내용을 잘 들을 필요가 있다. 그가 하나님을 무엇이라 말하며, 어떻게 느끼는가? 그에게 하나님의 이미지와 하나님에 대한 소망은 어떤 것인가? 기독상담이 일반적인 세속 상담과 특별히 다르다는 것은 바로 이 부분이다. 즉, 기독상담의 목표는 내담자의 영적 성숙을 유도하는 것이며, 영적으로 성숙되었다는 것은 내담자의 하나님과의 관계를 잘 개선하게 되는 것을 의미한다. 따라서 영적으로 가장 깊게 성숙된 상태를 우리는 요한복음 14~15장에서 만나볼 수 있다. 하나님과 우리가 예수님을 매개체로 하여 어떻게 서로 안에 거할 수 있는지에 대하여 예수님은 말씀하신다. "그날에는 내가 아버지 안에, 너희가 내 안에, 내가 너희 안에 있는 것을 너희가 알리라"(요14:20). 그것은 거리의 가까움 정도가 아니라 아예 거리가 없어진 상태, 즉 서로 안에 존재하는 상태를 의미한다.

그러나 한편으로 영적 성숙이란 이것만을 의미하지는 않는다. 영적으로 성숙하다는 것은 하나님과의 관계만이 성숙한 것이 아니라 인간과의 관계도 성숙함을 의미한다. 인간관계의 어려움에 빠져 갈등을 가지고 있는 내담자들은 거의 대부분 하나님과의 관계에서도 갈등과 문제를 가지고 있음을 알 수 있다. 반대로 상담 초기부터 하나님과의 관계의 단절이나 어려움을 호소하는 내담자들은 인간관계에서도 심각한 갈등이나 문제점을 가지

고 있다. 상담자는 이 두 분야 중 어느 쪽부터라도 내담자와 함께 작업해
나갈 수 있다. 그것은 내담자 의식의 가장 표피에 어떤 문제를 더 시급한
것으로 여기고 내어 놓느냐에 따라 원칙적으로 내담자가 결정할 문제다.
그러나 경험상 일반적으로 되도록 인간관계의 갈등을 먼저 다루어 주고 하
나님과의 관계는 나중에 다루어 주는 것이 더욱 안전하다고 본다. 그 이유
는 많은 기독교인들이 신앙을 자신의 미숙한 인간관계의 갈등을 극복하기
위한 방어기제로 사용하기 때문에 영적인 측면에서 통찰을 얻는 것은 상담
초기에 쉬운 문제가 아니기 때문이다. 그러나 어느 쪽을 먼저 해결하건 결
국 한쪽이 잘 해결되거나 한 분야에서 통찰을 얻고 성숙이 일어나면 다른
분야에서도 성숙은 뒤따라오므로 둘은 다르지 않고 하나라고 본다. 즉, 기
독교인에게 인간관계의 성숙은 하나님과의 관계, 즉 영적인 측면에서의 성
숙과 밀접하게 연관되어 있다. 그런 의미에서 예수님이 주신 새로운 계명
도 오직 하나, 내가 너희를 사랑한 것 같이 너희도 서로 사랑하라(요 13:34,
15:12)는 것이다. 즉, 사랑으로 회복되어야 하는 하나님과 인간의 관계와
똑같이 인간과 인간의 관계에서도 사랑의 회복이 아주 중요하다는 의미다.
여기서 이것을 특별히 강조하는 것은 일부 기독교인, 심지어 기독상담자들
중에도 이 하나의 계명을 둘로 나누려는 시도가 있기 때문이다. 즉, 하나님
과의 관계는 매우 중요하지만, 인간과 인간의 관계는 (이와는 다르게 혹은 이
보다 훨씬) 중요하지 않다고 생각하는 경향이다. 인간관계의 갈등이나 문제
는 아무래도 상관없다는 식으로 취급해 버리는 것은 상담자 자신의 문제일
뿐만 아니라 내담자까지도 잘못 인도하는 자세라 하겠다. 그러나 상담을
깊이 있게 할수록 양자는 아주 밀접하게 관련되어 있음을 알게 된다.

둘째, 우리가 이제까지 집중적으로 공부하여 온 핵심역동의 개념과 연결
하여 생각해 볼 때 영적으로 성숙한 상태란 자신의 핵심역동 속에서 하나님
의 섭리를 발견하는 상태를 의미할 수 있다. 그러나 이것은 핵심역동을 하
나님의 섭리로 위장하거나 뒤바꾸는 것을 의미하는 것이 아니다.[48] 상담자

는 먼저 자신과 내담자의 핵심역동에 관하여 자세히 알아야 한다. 그것은 이 책의 앞부분에서 기술한 바와 같이 간단한 문제가 아니며 짧지 않은 시간 동안 상담을 통하여야만 얻어질 수 있는 것이다. 자신의 뿌리 깊은 핵심감정과 욕구들을 보다 깊이 이해하는 작업이 선행되어야 하며 이 부분에 많은 시간을 할애하여야 한다. 깊은 묵상을 통해 이 작업을 하나님 앞에서 행할 때 우리는 그것을 회개라고 부를 수도 있다. 이 과정이 잘 이루어지면 그제야 비로소 자신의 욕구(또는 핵심감정)와 하나님의 뜻을 구분할 수 있는 경지에 이른다. 그렇지 않으면 나의 욕구와 하나님의 뜻이 혼동될 것이다. 영적으로 성숙하지 않은 사람은 자신의 핵심감정과 하나님의 뜻을 혼동하므로 하나님의 뜻을 따른다고 하면서 실은 자신의 욕구에 논리와 방어를 덧입히는 우스운 꼴을 하게 된다. 많은 사람들이 하나님의 섭리라는 말을 잘 사용하며 자신의 인생이나 하는 일이 다 하나님의 뜻이라고 이야기하는 것을 볼 수 있지만 사실은 양자를 혼동하는 데서 비롯되는 경우가 많다. 예를 들어, 중병에 걸려서 돌보아 줘야 할 자녀를 둔 부모가 자신들은 해외 선교사로 부름을 받았으므로 아이를 떼어놓고서라도 나가야 한다고 주장한다면, 그것이 하나님의 음성을 자신의 욕구와 혼동하는 것은 아닌지에 대한 진지한 분별이 우선되어야 할 것이다. 얼마나 많은 사람들이 이러한 혼동 속에서 소명을 받았다고 하는지 모른다. 분명한 것은 값비싼 희생을 치르고 얼마의 시간이 지난 후에야 그것이 아니라는 사실을 깨닫는 경우가 많다는 사실이다. 우리는 항상 하나님의 뜻을 알고 싶어 하고 그 뜻을 따르겠다고 말한다. 그러나 막상 글로 씌어진 하나님의 말씀은 제대로 읽지도 않으면서 하나님의 음성을 듣기 위하여 많은 사람들이 금식과 철야로 육체에 고통을 가한다. 하나님의 음성을 듣는 법이라는 책까지 나온 것을 보면 사람들의 바람이 얼마나 간절한가를 알 만하다. 그래서 신비적이며 무속적

---

48) 이 점에 관하여는 제10장 '통찰'에서 보다 상세히 다룰 것이다.

이기까지 한 신앙풍조가 판을 친다. 그러나 기독상담학적인 입장에서 보면 우리가 자신의 내면적인 욕구나 핵심역동에 대한 깊이 있는 통찰을 얻을수록 하나님의 뜻은 보다 분명하게 구분된다. 영적으로 성숙하다는 것은 하나님의 뜻과 자신의 미숙한 욕구를 구분할 줄 아는 것이 전제되는 것이다. 그런 의미에서 사도행전 20장은 사도 바울의 감동적인 성숙의 자세를 보여준다. 그는 자신의 내면의 약함과 두려움에도 불구하고 예언과 환상을 자신의 행로에 적용함 없이 결박과 환란이 기다리는 예루살렘으로 향하는 것이 주의 뜻임을 분명히 알고 결연히 따랐다. "너희가 어찌하여 울어 내 마음을 상하게 하느냐, 나는 주 예수의 이름을 위하여 결박을 받을 뿐 아니라 예루살렘에서 죽을 것도 각오하였노라 하니"(행21:13). 순종을 중요하게 생각하지만 모르면 순종할 길이 없는 것이다. 그러므로 상담자로서 내담자의 영적 성숙을 돕는 길은 다름 아닌 그들의 내면을 역동상담심리의 원칙에 입각하여 충실히 탐색하도록 돕는 것이라고 하겠다. 이런 관점에서 기독상담을 두 단계로 나누어 생각해 볼 수 있다.[49] 첫 번째 단계는 자기 성찰의 단계며, 두 번째 단계는 통찰을 얻는 단계다. 첫 번째 단계는 우리 인간이 노력을 기울여야 할 단계로서 길고 오랜 시간이 걸리며, 두 번째 단계는 위로부터 주어지는 은혜의 산물이라고 할 수 있다. 아무리 첫 번째 단계를 잘 이루었다 해도 모두다 두 번째 단계인 영적 통찰을 얻는 것은 아니며 또 억지로 노력한다고 얻어지는 것도 아니다.

셋째, 영적 성숙은 결국 뭐니뭐니 해도 예수를 닮아가는 것이라고 결론 내릴 수 있다. 에베소서 4장 13절의 "우리가 다 하나님의 아들을 믿는 것과 아는 일에 하나가 되어 온전한 사람을 이루어 그리스도의 장성한 분량이 충만한 데까지 이르리니."라는 말씀은 그대로 기독상담학의 목표가 된다.

---

[49] 이 개념은 David Benner도 그의 저서 『정신치료와 영적탐구(Psychotherapy and Spiritual Quest)』(이만홍 외 공역, 하나의학사, 2000)에서 상세히 서술하고 있으니 참고하기 바란다.

그렇다면 예수를 닮는다는 것은 무엇인가? 성경 66권에 대해 아무리 신학적인 연구가 방대하다고 해도 결론은 "하나님은 사랑이심이라."(요일4:8)는 한 문장으로 요약된다. 그리고 사랑이신 하나님의 형상을 닮은 점이 이미 우리 안에 있음도 부정할 수 없는 것은 우리들 누구나 마음 깊은 곳에 사랑에 대한 갈망을 품고 있기 때문이다. 그동안 공부한 핵심감정의 근본을 들여다보면 그것이 곧 사랑에 대한 열망임을 알 수 있다. 그것 때문에 우리는 늘 누군가와 관계를 맺고 사랑받기 원하고 사랑하기를 원하는 삶을 산다. 그것은 태어날 때부터 있었고 이런저런 방어기제를 통해 간접적이나마 만족을 추구해 보지만 항상 완전히 충족되지 못한 채 이제나 저제나 제대로 채워지기를 기다리며 거기에 있다. 바로 그 사랑에 대한 갈망이 하나님으로부터 오는 것임을 알며 그렇게 끊임없이 사랑을 추구하는 허기진 자신의 모습을 확실히 깨닫는 그때에 비로소 우리는 하나님 사랑의 초대에 응하여 사랑 앞으로 나아갈 수 있다. 그리고 그 사랑 안에 늘 깨어 있으려는 모습이 곧 예수님의 모습은 아닐까 한다.[50] 이를 위해 상담자인 우리가 해야 할 일은 앞서 기독상담의 두 단계의 틀 속에서 말했듯이, 첫 번째 단계에서는 오랜 시간과 노력을 들이면서 자신에 대한 성찰을 하도록 도우면서 동시에 내담자 스스로가 두 번째 단계를 위하여 마음을 열어놓는 작업을 하는 것이 필요하다고 하겠다. 이를 위하여 깊은 말씀 묵상과 하나님의 임재가 있는 기도와 순종의 생활을 통해 마음을 열어놓고 하늘로부터의 은혜를 기다리게 된다. 또한 거기에 금식이나 봉사와 교제의 행위 등이 부차적으로 필요하기도 하다.[51]

---

50) May, G. (1991). *The Awakened Heart*. New York, NY. 김동규 역(2006). 『사랑의 각성』. 서울: 한국기독학생회출판부.

51) 이에 관하여는 Richard Foster의 저서 『영적 훈련과 성장(*Celebration of Discipline*)』(권달천 역, 생명의 말씀사, 1986)과 Dallas Willard의 『영성훈련(*The Spirit of the Disciplines*)』(엄성옥 역, 은성출판사, 1993)을 참고하기 바란다.

제**10**장

통 찰

제10장

통 찰

통찰이란 무엇인가

통찰지향적인 상담을 하기로 정하고 상담이 잘 진행되어 좋은 상담관계를 맺는 가운데, 때로는 저항이 일어나는 것을 해결하기도 하고 시간이 갈수록 형성되는 전이반응에 대해 조금씩 명료화해 가면서 분명히 드러나는 역동적인 부분들에 대해서 해석을 하게 되면, 내담자는 그것을 통해 점점 자신에 대한 이해 곧 통찰을 늘려가게 된다. 이렇듯 통찰(insight)이란 역동 상담 과정의 결과적인 부분에 이루어지는 작용으로서 내담자가 자기 자신에 대한 인식을 넓히는 것이라 할 수 있다. 즉, 내 속에는 있었지만 내가 모르고 있던 어떤 부분, 혹은 알았더라도 내가 수용하지 못해서 내 것으로 인정하지 않던 부분을 이해하게 되는 것이다. 그러므로 이를 통해 자신에 대해 더 알게 되고, 이전에는 모르고 행동했던 것이 왜 그랬는지 깨닫게 되며, 이제까지 나를 끌고 가면서 힘들게 에너지를 소모하게 만들던 핵심적인 역동을 분명히 이해하게 된다. 또 다른 측면에서 통찰이란 자신의 대인관계 방식을 객관적으로 보고 깨닫는 것이라고 할 수 있다. 그러므로 통찰이 이루어지면 이전과는 다른 각도에서 자신의 대인관계를 바라보게 된다. 그와 같이 자신의 대인관계 방식에 대해서 깊이 깨닫게 될 때 문제의 초점을 자기에게 두게 되며—문제 형성에 자신이 기여한 바를 알게 되고—다른 사람의 입장을 이해하고 포용하려는 새로운 각도에서 관계를 생각하게 된다. 이에 자신의 과거의 삶이나 오랜 갈등을 새로운 차원에서 바라보며 해결하게 된다.

이 장에서 논의하고자 하는 주제인 통찰은 내담자 자신의 무의식적인 영역에 대한 의식화를 말한다. 이는 논리적으로 보면 간단한 문제로 보일 수 있지만 사실상 상담과정에서 그것이 어떤 식으로 이루어지는가를 제대로 이해하는 것은 결코 쉽지 않다. 즉, 우리는 인생을 살면서 많은 사실들을 알게 되는데, 이러한 지적인 사건이나 알음알이가 내 속에 들어온다고 해서 우리의 자아가 그것을 그대로 받아들이게 되어 내가 쉽게 변화되는 것이 아니다. 일단 습득된 지식이나 사건은 우리의 기억 속에서 한동안 이물질처럼 존재하다가 특정한 순간에 정서적인 경험을 거치면서 자아 속으로 들어와 자기(self)를 이루고 있는 다른 구성물들과 통합하게 되며 그때에야 비로소 그 지식과 경험을 자기의 일부로서 인식하게 된다. 그러니까 지적으로 알게 된 모든 것을 자아가 곧바로 포용하는 것이 아니고 받아들인 사실이 우리의 기억 속에 들어와 있다가 특별한 정서적 경험을 거친 후에 자아 안으로 흡수되는 것이다. 말하자면 나(self)라는 존재 속에는 태어나면서부터 현재까지 살아오는 동안 쌓여진 여러 가지 경험과 지식과 인간관계 등이 들어 있는데, 이런 요소들은 내 안에서 처음부터 통합되어 있는 것이 아니라 대부분 무질서하게 바다 위에 떠 있는 섬들처럼 서로 떨어져서 산재해 있을 따름이다. 즉, 새로운 경험이나 지식이 들어와도 존재와의 통합된 방향으로 즉시 재구성되는 것이 아니라 정서적인 특별한 경험을 거치지

않으면 그것은 언제까지고 나와는 구분되는 단지 단편적인 지식들로 남아
있게 된다.

그러므로 상담심리학에서는 통찰을 지적 통찰(intellectual insight)과 정
서적 통찰(emotional insight)로 구분한다. 앞서 언급한 대로 지적인 통찰이
란 자신에 대하여 지적이고 논리적인 깨달음을 얻게 되는 것으로서 피상적
인 통찰을 의미하며, 반면에 정서적 통찰은 정서적인 반응을 수반하는 깊
이 있는 통찰을 의미한다. 상담에서 중요시하며 추구하게 되는 통찰은 정
서적인 통찰이다. 다시 말해서, 이물질처럼 우리의 기억 속에 존재하던 지
적 통찰의 사실이 자아의 속으로 들어와 삶의 의미와 융합되는 과정에서
자아의 경계(boundary)가 열리도록 하기 위해서는 먼저 이제까지 그것을
막고 차단하고 있던 핵심적인 감정이 활성화되도록 해야 한다. 즉, 자신의
문제를 지적으로 알고 있으면서도 자아의 문을 닫고 있는 것은 감정이 발
산되지 않기 때문이고, 응어리진 감정이 가로막고 있는 한 자아는 새로운
통찰을 깊이 있게 얻을 수 없다. 깊이 있는 통찰을 얻는다는 것은 감정적인
이해를 동반하기 때문에 정서적 통찰이라고 한다. 이러한 통찰이 없이는
진정한 치유가 일어나지 않는다. 그러므로 자신의 문제에 대해서 한 번 깨
닫는 것만으로 문제가 다 치유되었다고 할 수 없으며, 그렇게 알게 되었다
해도 다시 몇 번이고 반복적으로 같은 문제에 맞닥뜨리면서 마침내 그 문
제에 얽힌 자신의 감정을 깊이 느끼게 되어 그동안 알고 있던 사실에 대한
정서적인 이해가 체험될 때에야 치료가 이루어진다.

이러한 통찰의 문제를 제대로 이해하기 위해서는 먼저 자아심리학에서
말하는 대상의 내재화(internalization) 개념을 이해하는 것이 필요하다. 왜
냐하면 그 과정이 자신에 대한 통찰을 이루는 과정과 같기 때문이다. 예를
들어 설명하자면, 결혼을 해서 새로운 사람과 아내 혹은 남편으로서의 관
계를 맺게 되었을 때 이제까지의 인간관계가 내가 자란 가정의 가족관계의
틀과 논리에 따라 좌우되어 왔기 때문에 배우자와 살게 되어도 그것은 쉽

사리 변하지 않는다. 그러나 상대방 역시 그 나름대로 전혀 다른 배경의 행동양식을 가지고 있기 때문에 둘 사이에는 갈등이 생기게 되며 시간이 흐를수록 상대방이 나와는 전혀 다른 관계양식을 가졌다는 점을 지적으로 인정하지 않을 수 없다. '아, 저 사람이 저런 사람이었구나.' 라는 것을 알게 되어서 그의 장단점과 함께 어떤 부분은 특히 열등감을 많이 자극하기 때문에 건드리면 안 된다는 것을 알게 된다. 그런데 문제는 그것을 단지 논리적으로 알고 있을 뿐이어서 일상생활에서는 나도 모르게 그것을 자꾸 잊어버리고 무의식중에 내게 익숙한 행동 패턴대로 행동하게 되므로 자주 마찰이 생긴다. 그 사람이 그렇다고 하는 것을 지적으로는 너무 잘 알면서도 현실에서는 감정적으로 인정이 안 되고 상대방의 약점을 공격하거나 비판하게 되곤 한다. 동시에 그가 이런 나를 쉽사리 받아들이지 못할 것이라는 사실을 잘 알면서도 그동안 자신이 해 왔던 대로 행동하는 것을 그칠 수 없다. 그렇게 행동하는 나는 태어나면서부터 이제껏 살아왔던 나이고, 새로운 나의 한쪽에서는 저 사람을 그렇게 대해서는 안 된다는 사실을 계속해서 되뇐다. 하지만 그것은 이제까지 살아왔던 나와는 분리된 상태로 존재하는 말일 뿐이므로 나를 변화시키지 못하며, 적지 않은 세월 동안의 결혼생활을 이런 상태로 반복하면서 살아간다. 그런데 삶의 어느 순간 상대방에 대해서 아주 새롭게 깨닫고 경험을 하게 되는 때가 있다. '그렇구나, 저 사람의 약점은 저것이고 한계가 그것이기에 내가 그를 감싸주고 사랑해 주어야지 이렇게 내 방식만 내세워서는 안 되겠구나.' 라는 것을 깊이 느끼게 된다. 새로운 것을 더 알게 된 것은 없지만 새롭게 느끼는 과정을 통해서 그가 어떤 성격과 배경을 가지고 있는 사람이라는 것과 그것에 계속 맞부딪쳐서 갈등을 일으켜 온 나 자신에 대한 객관적인 사실들을 이해하게 된다. 이때 그에 대한 앎이 내 삶 속으로 들어와서 내 삶과 융화되며, 그제야 비로소 상대방은 나의 일부로서 내 안에 편안하고 익숙한 상태로 존재하게 된다.

따라서 통찰을 얻는다는 것(insight gaining)은 어떤 사실을 단순히 지적으로 안다는 것과는 다르다. 좀 더 세밀하게 생각해 보면 다르다기보다는 한쪽이 다른 한쪽에 포함된다고 할 수 있다. '안다' 는 의미의 영어 단어에는 몇 가지가 있다. 지적으로 안다는 의미의 보편적인 단어로는 'know' 가 있으며,[52] 조금 더 깊이 있게 안다거나 깨닫는다는 의미로는 'aware' 라는 단어가 있고 유사한 표현으로 'understand' 를 쓰기도 한다. 그리고 아주 깊이 있게 깨닫는다는 말로는 'enlighten' 이라는 말을 사용하는데, 이 말은 어원 그대로 불빛이 켜지는 것처럼 번쩍하고 깨달아지는 직관을 통한 깊이 있는 깨달음을 의미한다. 통찰이란 바로 이 'enlightenment' 와 유사한 의미라고 생각한다. 말하자면 상담에서의 통찰이란 자기 자신이나 대인관계 안에서의 사실에 대해 지적인 정보의 습득을 넘어서 그런 지식이 존재의 구체적 현존 안에 적용될 수 있게 되는 깊이 있는 깨달음을 말한다고 할 수 있다. 마찬가지로 통찰에 대한 정의를 이해하는 일에서도 통찰이 이러이러한 것이라고 논리적으로 말할 수는 있겠지만, 그것을 충분히 이해하려면 상담자 스스로 자신의 역동에 대한 통찰을 경험해 보는 것이 그것을 가장 확실히 이해하는 길이 될 것이다.

통찰과 감정

내담자가 진정한 통찰을 얻기 위하여서는 감정을 솔직히 드러내는 부분이 없어서는 안 된다. 상담과정에서 감정을 드러내는 작업을 환기(ventilation) 또는 제반응(abreaction)이라고 한다. 환기는 삶에서 생겨나는 여러

---

52) 이는 헬라어의 그노시스라는 말로부터 왔다. 원래 그노시스라는 말은 '전모를 파악한다' '깊이 있게 이해한다' 는 말인데 이것이 현대로 넘어오면서 영어에서는 '지적으로 안다' 는 의미로 국한되었다. 원래 성경에서 말하는 그노시스는 깊이 있게 이해한다는 말이다.

가지 갈등이나 불안 등의 힘든 감정을 상담자 앞에서 속시원하게 털어놓아 불만을 해소시키거나 긴장이 풀리도록 하는 것이며, 제반응이란 무의식 속에 억압되어 힘들었던 감정이 상담과정을 통해서 드러나게 되어 표현됨으로써 쌓였던 스트레스나 긴장이 씻어지거나 사라지는 것을 말한다. 이것은 마치 어린 시절에 굳어진 화석과 같은 콤플렉스에 구멍을 내서 바람이 통하게 하는 것과 같은 작업이다. 통찰을 위해서는 오랜 기간에 걸쳐 환기와 제반응이 충분히 이루어지도록 해야 하기 때문에 상담자는 수용과 공감을 바탕으로 상담 초기의 대부분의 시간을 이에 소비하게 된다. 그러므로 내담자가 처음에 와서 이야기를 할 때 아직은 문제의 핵심을 잘 모르지만 자주 세부 묘사를 위한 질문을 해 가면서 공감적인 접근을 한다. 그 과정에 대한 사례를 보자.

상담자가 휴가를 갔다 와서 처음 만난 회기에 내담자가 단단히 화가 나 있었다. 그런데 자신도 왜 화가 났는지 잘 모르는 것 같아서 이런저런 질문과 함께 공감적인 접근을 하자 자신이 화가 난 이유는 상담자를 의지하려고 하는데 그것을 받아 주지는 않고 오히려 일정한 거리를 지키기 때문이라고 한다. 그렇게 생각하게 된 구체적인 예를 묻자 자신의 심각한 문제를 상담하는 과정인데도 상담자가 며칠씩이나 휴가를 갔던 것을 꺼낸다. 그 말을 들으니 상담자의 일반적인 휴가가 내담자를 거절하는 것처럼 느껴졌다는 뜻으로 들린다고 직면시키자 내담자는 정말 그랬던 것 같다며 자신의 감정을 분명하게 알게 되었다. 이런 명료화 과정에서 상담자는 절대 부정적인 감정을 보여서는 안 된다. 만약 상담자의 마음속에 '저 사람이 왜 저렇게 유치하게 의존욕구를 터뜨려서 날 힘들게 만드는가!'라는 생각을 가지고 질문을 하게 되면 내담자가 그것을 금방 감지하게 된다. 그보다는 '내가 휴가 갔을 동안에 이 사람이 참 힘들었구나. 어쨌든 이 사람이 힘든 것은 진실이다. 그래, 내가 없는 동안에 얼마나 힘들었는지 한번 이야기해 보자'와 같은 공감적인 자세로 질문을 하게 되면 내담자는 얼마나 자신이 힘들고 어려웠는지, 또는 버려진 느낌 때문에 괴로웠는지에 대해 솔직하게 이야기한다. 그럴 때 "그런 감정을 언제 또 느꼈는지 자세히 생각해 봅시다. 전에도 그렇게 느낀 적이 있었나요?"와 같이 질문하여 상담 내에서 느껴지는 감정을 상담실 밖의 내담자의 과거와 연관시키는 것을 시도한다. 즉, 그런 감정적인 역동이 형성되게 된 과거의 사건과 그때의 감정을 되살려서 해결하려는 것이라고 할 수 있다. 내담자가 가만히 있다가 갑자기 슬픈 표정이 되면서 "그 말을 들으니 열 살 때 기억이 나는데 오랫동안 아버지와 사이가 나빴던 엄마가 어느 날 집을 나가 버렸어요. 유난히 춥던 겨울날이었는데 어스름한 저녁이 되어도 돌아오지 않는 엄마를 기다리며 두 동생들까지 데리고 큰길에 나가서 한참을 기다리다가 깜깜해진 후에야 울면서 집으로 왔던 것 같아요. 그 이후 며칠을 몹시 심하게 앓았던 생각이 나네요."라고 말한다. 그러면서 자신이 현재 왜 이렇게 거절감에 시달리는지를 알 것 같다고 한다. 이에 상담자는 "맞아요, 당신이 나의 당연한 여름휴가 때문에 그렇게 거절감을 심하게 느끼는 것은 상담자인 나를 바라보고 그러는 것이 아니라 어린 시절에 당신을 두고 가버린 엄마에게서 느낀 좌절을 극복하기 위해서 애쓰는 것 때문에 그렇습니다."라고 설명해 준다.

이는 이미 내담자가 깨닫고 난 후에 상담자가 정리해 주는 것이며, 이렇게 그 감정의 뿌리를 잘 설명하는 작업을 해석이라 한다. 그런데 해석은 이와 같이 내담자가 거의 이해하게 된 것을 쫓아가면서 확인하는 정도로 하는 것이지 절대 내담자가 받아들일 준비도 안 됐는데 앞서서 하는 것이 아니다.

내담자가 해석을 받아들일 자세가 되어 있다는 것을 무엇으로 알 수 있을까? 그것은 정서적인 측면에 관심을 두고 보면 금방 알 수 있다. 즉, 어린 시절의 지배적이었던 정서가 자연스럽게 표현되고 내담자의 마음속에서 그것이 어떤 것이었다는 사실을 이해하는 순간에 마음이 열리는 것이다. 주의해야 할 것은 그렇게 마음이 열리고 해석을 받아들일 준비가 되기 전에 때이른 해석을 하게 되면 내담자의 마음에 방어가 더욱 강하게 작동하여 '그래, 나도 내가 그렇다는 사실을 안다. 그래서 어쩌란 말이냐. 당신이 뭘 안다고 왜 남의 아픈 마음만 자꾸 건드려.' 와 같은 마음을 품게 되기 쉽다. 다시 말해서, 마음이 열리기 전에 내담자 문제의 핵심적인 부분을 논리적으로 설명해 주게 되면 치료에 도움을 주기보다는 오히려 저항으로 작용하게 되어 마음 문을 열고 해석을 받아들이지 못하며 오히려 거부하게 한다는 것이다. 이렇게 마음의 준비가 안 되어 있는 상황에서 해석 해 주는 것을 미숙한 해석(premature interpretation, 혹은 조기 해석) 이라 한다. 이것은 상담에서 아주 주의해야 할 부분이다. 그러므로 다시 말하건대 해석은 내담자가 그것을 받아들일 준비가 충분히 되어 있을 때 하도록 해야 하며, 아무리 정확한 해석이라도 준비가 되기 전에 지적으로 가르쳐 주는 것은 오히려 마음 문을 닫게 만들어서 통찰을 하지 못하게 하는 것이 된다.

해석과 명료화

깊이 있는 통찰을 유도하기 위하여서는 길고도 먼 명료화의 과정과 함께 적시에 이루어지는 해석들을 필요로 한다.

명료화란 무의식적이었거나 마음속에 어렴풋이 알고 있었던 사건들과 그에 얽힌 감정들을 보다 분명히 알게 만드는 것이다. 이를 위해서 상담자는 먼저 내담자가 의식하지 못하고 있는 무의식적이거나 전의식적인 현상에 그의 주의를 기울이게 만드는 직면을 하게 되는데 이는 때로 명료화의 일부를 이루기도 한다. 예를 들어, 대인관계에서 윗사람들과의 불화로 어려움을 겪던 내담자의 여러 경우에 관한 얘기를 들은 후 진행된 상담의 예다.

상담자: 그러니까 선배들이나 직장 상사의 불합리한 권위주의적인 행사를 못 봐 주는 것 때문에 늘 윗사람과는 불편한 관계로 지내게 된 거 같네

요? (직면의 예)

내담자: (약간 놀라는 듯이 멈칫하더니) 네, 저도 그 일들을 말하면서 그런 생각이 잠깐 들었어요.

상담자: 그러고 보니 고등학교 때, 대학교 때, 그리고 군대에 가서 일어났던 사건들이 모두 비슷한 내용의 얘기들이었다고 할 수 있겠네요?

내담자: (조금 생각한 후) 그래요, 결국은 그런 모든 일이 윗사람들의 잘난 척하는 꼴을 못 참고 쏟아내는 내 마음속의 분노가 일으키는 연속극이었을 뿐이죠.

여기서 상담자는 내담자가 윗사람들의 불합리한 권위주의적인 행동에 대해 지나치게 화를 내어 어려움을 겪는 사실을 직면시키고, 결국 그것이 그의 학창시절과 군대 및 사회에서의 어려움이 될 수밖에 없었던 것을 명료화시킨다. 내담자에게 자신의 무의식적인 측면에 대한 직면이나 명료화는 놀랍거나 때로는 당황스러운 감정을 일으키기 쉬우므로 그 스스로가 받아들이는 것을 결정할 수 있도록 가능한 한 불확실한 가정이나 질문의 형식을 취하는 것이 좋다.

예외의 경우가 있기는 하지만, 일반적으로 상담과정 중에서 정서적인 통찰은 처음부터 일시에 얻어지는 것이 아니고 지적인 통찰부터 시작하여 그것이 반복적으로 점점 깊어짐에 따라 얻어지는 경우가 대부분이다. 어린 시절 부모와의 관계에서 발생된 핵심감정은 우리의 자아 속에서 소화되지 못하고 남아 있는 이물질처럼 복합체(complex)로 존재하면서 그것을 건드리는 상황이 되면 자꾸 감정이 폭발된다. 상담 치유의 과정은 자아의 경계가 열려서 그 상처의 콤플렉스가 통찰을 통하여 자아 속으로 들어와서 다른 인생의 경험들과 융합하여 녹아 버리게끔 하는 과정이라고 할 수 있다. 이렇게 깊이 있는 정서적인 통찰을 얻으려면 우리는 그 콤플렉스의 성격과 원인들을 이해하여야만 되는데, 그러기 위하여 어린 시절에 관한 상세한 회상(anamnesis)에 많은 상담시간을 할애하게 된다. 즉, 우선 자신에 대한 지적인 통찰을 많이 얻어야 한다. 이렇게 논리적으로 자신의 콤플렉스를 이해해 가는 과정을 '명료화(clarification)'라 한다. 따라서 상담자는 내담자의 핵심역동에 대한 궁극적인 해석은 뒤로 미룬 채 기억 저편에 묻힌 과거의 사건들을 반복하여 되돌아보며 거기 실린 감정들을 아주 구체적으로 명료화하는 작업을 한다. 다시 말하자면, 명료화란 내 마음속에 어렴풋이 알고 있었던 사건들과 그에 얽힌 감정들을 보다 분명히 알게 만든다는 것이다. 앞의 예에서 내담자는 상담자의 도움을 받으면서 '내가 선배들이나 직장 상사의 불합리한 권위행사를 못 봐 주는 것 때문에 늘 윗사람과는 불편한 관계로 지내는 것이 반복되었구나. 그 때문에 고등학교, 대학교, 군대에서 일어났던 사건 등 모든 일은 내 마음속의 분노가 일으키는 연속극에 지나지 않았구나.'라고 논리적으로 알게 된다. 동시에 이런 사실들은 현재의 상담자와의 교류와 전이 관계를 통하여 현실 속에서 다시 재현되고, 그 속에 묻혀 있던 감정이 마침내 전면으로 표출될 때 상담자의 도움을 받아 이제까지 지적으로 명료화되었던 것들이 감정적인 차원에서 전체적으로 연결되고 깊이 느껴지게 된다. 그때 내담자는 '아하, 그런 사건들은 나의 어린 시절 이러이러한 사건들에서 응어리진 아버지에 대한 분노의 또 다른 표출이었구나.' 또는 '불쌍한 어머니 편이 되어 아버지하고 대립관계에 있었던 것들이 의외로 나에게 심각하게 많은 영향을 주었구나.'와 같이 사실들을 깊이 깨닫게 된다.

이렇게 그동안 명료화해 온 여러 사실들을 한 줄로 엮어서 그 안에 크게 자리 잡은 공통 사실을 내담자가 깨닫도록 설명해 주는 것을 '해석(inter-pretation)'이라고 한다. 내담자가 그것을 통해 이제까지의 자기 삶의 방식과 감정 패턴들에 새로운 의미를 부여하게 될 때 우리는 진정한 정서적인 통찰을 얻었다고 말한다. 따라서 깊이 있는 통찰은 상담자의 반복된 명료화 작업을 통하여 지적인 통찰이 상당 기간 점진적으로 쌓여가는 과정이 없이는 이루어지기 힘들다.

　여기서 한 가지 분명히 강조해 두고 싶은 것은 상담을 할 때에 내담자가 통찰을 얻는다는 것은 절대로 상담자가 통찰을 일방적으로 내담자에게 주는 것이 아니라는 점이다. 즉, 통찰이란 내담자 스스로 깨닫는 것이지 억지로 해 주거나 하게 만들 수 없다. 상담자는 단지 내담자가 통찰을 얻도록 인도할 따름이며 직접 통찰을 해 보고 알려 주는 것이 아니라는 것이다. 흔히 초보 상담자들은 이 점을 잘 이해하지 못하고 조급하게 혹은 억지로 내담자에게 통찰을 얻게 해 주려고 하다 보니 해석을 너무 서둘러 하는 경향이 있다. 이것은 역동상담에서 금기로 여겨지는 것이다. 그러므로 상담자의 역할은 문제의 감정적인 측면을 자꾸 파헤치고 구체적으로 드러내도록 도와서 거기에 실린 감정을 명료하게 만들어 주는 것이다. "마음속에 기억하고 있는 상황을 그대로 이야기해 보세요."라거나 과거의 상황이 그대로 재현되는 시점을 놓치지 않으면서 "그것을 통해 어린 시절에 엄마와의 관계에서 겪었던 좌절이 어떤 현상이었는지 잘 들여다보세요."라고 반복하여 주문한다. 이렇게 과거를 재경험하도록 격려할 때 중요한 것은 논리적인 것이 아니라 가급적이면 그때의 느낌과 정서반응이 어떠했는지를 말하게 하는 것이다.

　이렇게 상담이 계속되노라면 마침내 내담자가 과거에 반복적으로 느꼈던 핵심적인 감정이 반드시 지금 현재 상담자와의 관계 속에서 그대로 재활성화(reactivate)된다. 즉, 어린 시절에 크게 응어리져 있었던 감정이 상담자와의 전이관계 안에서 그대로 다시 폭발되어 올라오고, 그것을 내담자가 정확히 파악할 수 있도록 명료화하는 과정을 거쳐야 비로소 그 감정은 자아 속으로 융화될 수 있다. 그리고 그 감정들이 아주 분명해졌을 때 그것과 현재의 문제의 구체적인 관련성을 보다 분명히 밝혀 주게 되는데, 앞에서 언급했듯이 이러한 작업을 상담자의 해석이라고 한다. 그러므로 해석은 주로 드러난 문제에 관한 상담의 마지막 단계에 하게 된다. 또한 앞서 언급했듯이 해석은 억지로 하는 것이 아니라 내담자가 이해하거나 받아들일 준비가 안 되면 못하는 것이다. 그래서 해석은 상담의 상황에 따라 할 수도 있고 안 할 수도 있다. 만약에 해석을 했는데 내담자가 그것을 받아들이지 않고 거부하거나 자신에 대해서 잘못 알고 있다고 상담자를 공격하게 된다면, 그것이 아무리 상담자에게 분명해 보이는 사실이라 할지라도 절대로 논쟁을 하지 않는다. 즉, 상담에서는 내담자의 문제해결을 위해 설득이나 토론은 필요가 없고 다만 내담자가 자발적으로 해석을 받아들이는 정도에 따라 이루어지는 자신의 문제에 대한 통찰이 있을 뿐이다.

상담의 초기나 중기에는 명료화나 해석이 주로 상담자의 역할이지만, 만약 상담이 바람직하게 이루어져 왔다면 상담의 후기에는 이 역할마저 내담자 스스로 하게 된다. 이때 상담자는 내담자가 내린 해석에 대해 공감하고 포용하며 추인할 따름이다. 즉, 상담 초기에는 상담자가 내담자의 자아의 권위를 위임받아 대리자아(ego surrogate)로서의 역할을 하고 내담자는 퇴행을 하면서 의존적이 되지만, 상담의 후반으로 갈수록 상담자는 내담자에게 위임받았던 대리자아의 역할을 내담자에게 되돌려 주게 되면서 그의 독립을 향한 여정은 성공적으로 끝나게 된다.

명료화와 상담자의 태도

앞서 언급했듯이 해석과 통찰은 한동안의 명료화를 바탕으로 이루어진다. 그렇다면 명료화를 위해서 상담자가 가져야 할 태도는 무엇일까? 이런 예가 있다.

상담자가 언제나 중립적으로 냉정하게 거리를 지키도록 노력하던 상담에서 내담자가 어머니와 갈등하는 문제가 힘들어서 일주일 정도 상담을 하지 않고 기도원에 가서 기도해야겠다고 말했다. 이 이야기를 듣던 상담자가 은근히 불편한 마음이 들어서 왜 자기 문제를 상담을 통해서 해결하려 하지 않고 기도 혹은 기도원으로 도피하려고 하느냐고 물었는데, 그 질문이 지지적이라기보다는 아주 객관적이다 보니 좀 부정적인 인상을 주게 되었다. 그렇지 않아도 자신이 수용되고 있다는 느낌을 받지 못하던 내담자는 상담자의 질문을 들으며 '아, 상담자가 내가 기도원에 가는 것을 싫어하는구나.' 라는 느낌이 들어 더욱더 표현이 자연스럽지 못하게 되었다.

　이렇듯 내담자는 상담자가 마음속에 가지고 있는 감정을 민감하게 파악하곤 한다. 상담이 이렇게 진행될 경우 이 문제에 대한 내담자의 감정을 명료화하기가 힘들어진다. 그러면 어떻게 해야 할까? 상담 상황에서 '내담자는 항상 옳다.' 라는 말이 있다. 즉, 상담 현장에서 내담자가 보이는 감정적인 현상들은 일단 그의 어떤 감정적인 측면을 솔직히 보여 주는 것이라는 말이다. 지금 이 사례에서 내담자가 힘들어졌는데 상담만으로는 안심이 안되고 충족되지 않으며 기도원에 가서 따뜻하게 맞이해 주는 사람들과 함께 찬양하며 기도하는 것이 더 편하고 좋다고 느낀다면 그것은 그의 입장에서는 당연한 것이라는 말이다. 이때 내담자 자신은 상담에서 나누는 얘기들로는 충족되지 않기 때문에 기도원에 간다는 생각을 의식하고 있지 못하며, 다만 거기 가서 쉬고 기도하고 힘껏 찬양을 드리면 마음이 많이 나아지고 힘을 줄 것이라는 생각이 있을 뿐이다. 물론 문제가 있을 때 기도원에 가는 것에 그런 측면이 실제로 있기는 하다. 그것을 무시하자는 것이 아니다. 다만 상담의 전체적인 흐름으로 봤을 때 내담자가 갑작스럽게 갈등의 해결을 위해 기도원에 가려는 것은 그것이 상담에서 그 문제를 다루는 것보다 뭔지 더 나을 것이라는 기대가 생겼다는 뜻이며, 그것은 곧 상담에서 주고받는 내용에 뭔가 부족한 측면이 있다는 것으로 볼 수 있다. 만약에 상담에서 적절한 충족을 주었다면 문제해결을 위해 내담자가 과연 그곳으로 가려 했을까? 그러면 이런 경우 어떻게 해야 할까? 처음 내담자에게서 문제해결을 위해 기도원에 가겠다는 말을 들었을 때, 상담자는 우선 자신의 마음속에 나쁘다, 좋다 비판을 할 것 없이 마음을 비우고 내담자가 기도원에 가면 어떤 것이 좋은지 흥미와 지지의 마음을 가지고 공감하는 자세로 질문하도록 해야 한다. 그러면 내담자는 상담자가 자신을 비판하지 않고 공감하려고 한다는 것을 느끼면서 기도원에 가면 어떤 점이 좋은지에 대해서 자꾸 생각해 보게 되며, 이렇게 자신의 생각과 감정을 계속해서 돌아보게 되면 결국 자신의 무의식적이었던 이유를 의식하게 된다. 예를 들면, '내가 상담에서 충분한 지지를 못 받았기 때문에 기도원에 가려고 하는구나. 내가 이렇게 누군가에게 지지받는 것만 쫓아다니면 안 되지.' 하는 것을 깨닫게 된다. 말하자면 질문을 함으로써 내담자의 마음속에 있는 구체적인 생각들이 왜, 어떻게, 어떤 상황에서 일어났는지에 대해 의식적으로 정확하게 알게 하는 것, 즉 명료화하는 것이다.

통찰의 순서

상담을 할 때는 내담자가 구체적이고 다루기 쉬운 것부터 통찰을 하도록 도와주어야 한다. 완전히 무의식적인 것으로 보이는 심각한 문제는 남겨둔 채 심각하지 않은 표면적인 문제부터 다루는 것이 좋다. 말하자면 무의식적이지 않고 거의 의식하고 있어서 내담자가 쉽게 바라볼 수 있는 문제에 대한 통찰부터 얻게 해서 점점 더 무의식 깊이 있는 문제로 들어가며 통찰을 얻도록 하는 것이 중요하다. 그런 과정을 무시할 경우 통찰이 잘 이루어지지 않을 뿐더러 내담자의 저항에 부딪혀 상담 진행이 힘들어지기도 한다.

내담자 문제에 대한 상담자의 해석이 있은 후 내담자가 그것에 동의하며 자신의 무의식적이던 부분에 대한 통찰이 잘 이루어졌을 경우에는 내담자가 무릎을 치면서 깨닫게 되는 것을 볼 수 있다. 그 순간에 그것이 지적인 통찰인지 정서적인 통찰인지를 평가하는 것이 중요하다. 그 구별을 위해서 우선은 그 깨달음에 감정이 실려 있는지를 본다. 그것을 깨닫는 순간에 복받쳐서 괴롭기도 하고 기쁘기도 한 여러 가지 감정적인 표현이 있으면 정서적인 통찰이지만, 그저 밍숭밍숭 깨닫는 것으로 보이면 지적인 통찰이라고 볼 수 있다. 두 번째는 통찰을 얻은 후 그 영향으로 내담자가 새로운 관점에서 과거를 바라보는지 본다. 예를 들어, '아, 이제까지는 나를 외면한 남편이 굉장히 밉고 원망스러웠는데 이제 보니까 내가 남편을 버린 거구나.' 라고 깨닫는 순간 남편이 밉고 싫은 게 아니라 오히려 미안해하면서 남편을 새로운 각도에서 보게 된다. 그렇게 통찰을 얻고 그 동안의 인간관계를 새로운 각도에서 보게 되면 곧이어 저항이 나타나게 된다. 이렇게 한 단계 통찰을 달성하고 나면 반드시 저항이 뒤따르게 된다. 이는 자신이 깨달은 통찰을 더 깊이 자신의 것으로 받아들이는 것에 대해 불편한 마음이 생기게 되기 때문이다. '내가 정말 남편을 버린 것일까?' 하며 회의가 들기도 하고 '그럴 리 없어. 그가 나를 버린 거야.' 라는 생각이 들다가, 다시 '그래서 어쩌란 말인가. 이제 됐다. 이제 상담을 그만해야겠다.' 라는 생각이 들기도 한다. 자신의 문제를 깊이 깨달을수록 그동안 있어 왔던 문제들에 대하여 이러지도 저러지도 못하는 갈등을 경험하기 때문에 저항이 생긴다고 하겠다. 그러므로 통찰이 이루어지면 저항을 경험하게 되고, 그 저항이 극복되면 또다시 더 깊은 통찰을 얻게 되는 것이다. 이는 마치 등산을 할 때 꼬불꼬불 산등성이를 올라갔다 내려갔다 하면서 정상을 향해 가는 것과 같은 과정을 반복하게 된다.

기독교상담과 통찰

기독교상담에서 심리 내적인 문제에 대한 통찰은 어떤 의미를 가지고 있을까? 또한 상담과정에서 통찰을 얻는 것이 신앙생활에 어떤 영향을 미칠까? 기독상담을 하는 상담자들에게 자주 떠오르는 질문들이다. 이런 관점을 가지고 통찰에 대해 생각해 보면, 심리역동적인 어떤 문제에 걸려 있다가 그에 대한 통찰을 얻으면 영적인 안목도 늘어나는 것을 보게 된다. 또 하나님과의 관계가 풀리면 그 이전까지 힘들었던 다른 인간관계가 풀리는 것을 경험하기도 한다. 다시 말해서, 상담의 과정에서 심리적인 문제와 영적인 문제가 따로 분리되지 않은 채 서로 영향을 주며 한 사람의 마음을 구성하고 있다는 것을 알 수 있다. 그러므로 사람에 따라서 신앙적인 문제를 먼저 다루어 다른 문제의 해결로 확산시킬 수가 있고, 반대로 사소한 심리적인 문제부터 시작해서 해결해 나가다 보면 나중에 신앙적인 통찰로 이어지게 될 수가 있다. 일반 기독상담에서는 대개 후자의 방법을 택한다. 그 이유는 먼저 신앙적인 문제를 다루면서 일반적인 다른 문제로 넘어가려 하는 경우 내담자가 자신의 신앙적인 믿음을 하나의 방어로 사용하게 되므로 자신의 내면을 이해해 가는 과정에 저항으로 작용하게 될 수 있기 때문이다. 예를 들어, 남편과 오랫동안 극심한 갈등을 빚어 온 내담자가 부부간의 문제를 남편의 신앙 없음과 자신의 끝없는 전도의 노력과 기도로 설명했다. 상담자는 그 내담자의 입장을 충분히 공감하며 남편의 구원이 이루어질 때까지 믿음으로 인내하며 하나님께 순종해 갈 것을 격려했다. 그리고 나서 그들 부부간의 갈등의 순환관계를 생각해 보게 하기 위해 부부간의 갈등이 구체적으로 전개되는 예를 들어 보라고 개입을 하자, 내담자는 또 다시 믿지 않는 남편과 시댁식구들의 불신앙의 모습을 나열할 뿐 그 관계 안에서의 자신의 모습은 돌아보지 못한다. 또 다른 예로 미혼인 여성 내담자가 선교사로서의 헌신에 대한 문제로 상담을 청해 왔다. 구체적인 진로지도를 한 후 그 상담과정에서 드러난 대인관계의 문제를 다루려고 개입하자, 그녀는 자신의 선교사역에 대한 열정을 이해하지 못하는 주변 사람들에 대한 원망만을 반복하면서 자신의 문제를 생각해 보려 하지 않았다. 이런 식으로 문제가 있는 내담자의 신앙적인 부분은 자칫하면 자신의 심리 내적인 이해를 회피하거나 자신의 문제를 투사하는 방어로 사용될 수 있다. 그런 이유로 일반적인 기독상담 과정에서는 먼저 내담자가 일상적인 역동의 문제에 관한 통찰을 얻도록 도움으로써 자기 자신의 내면의 문제와 자신의 대인관계에 대해 더욱 깊은 이해를 할 수 있도록 한다. 그것이 이루어질 때 내담자는 과거의 자기와 하나님과의 관계에 대한 왜곡을 돌아보고 깨닫는 통찰로 자연스럽게 이어질 수 있으며, 더 나아가 새롭고 인격적인 관계로의 영적인 성숙을 이룰 수 있다.

앞서 언급한 대로 통찰이란 자기 자신에 대한 인식을 증대시키는 것이며 자신의 대인관계 방식에 대해 객관적인 이해를 하게 되는 것이다. 이를 기독상담 과정에 다시 적용해 보면, 통찰의 과정을 통해 내담자는 우선 자기 자신에 관한 인식을 넓히게 된다. 즉, 하나님 앞에서 내가 어떤 존재인가 하는 것에 대한 통찰을 얻는 것이다. 내가 어떤 존재냐 하는 것을 깨닫게 되면 하나님이 어떤 존재이신가 하는 것도 잘 알게 된다. 이를 돕기 위해 상담자는 드러난 내담자의 문제를 해결되어야 할 어려움으로만 볼 것이 아니라 그 문제를 통해 표현되는 하나님의 뜻을 분별하도록 해야 하며, 그것이 내담자에게도 이해될 수 있도록 도와야 할 것이다. 다시 말해서, 내담자가 그런 어려움을 통해 자신의 참모습을 바라보게 될 때 자신에 대한 통찰과 함께 진정한 자기 인식이 이루어지게 되며 그것이 바로 하나님이 그 일을 그 내담자에게 허락하신 근본적인 뜻이라고 하겠다. 이 과정에서 상담자는 '저 사람(내담자)이 현재는 어떤 존재며 하나님 안에서 어떻게 발전되어 나가려고 저런 진통을 겪고 있는가?' 하는 의식을 품고 상담에 임하도록 해야 할 것이다. 두 번째로 통찰을 통해 내담자는 자신과 하나님 사이의 관계를 새로운 각도에서 바라보게 된다. 그 전에는 내 욕구를 충족시키는 범위 내에서의 하나님, 내가 좌지우지하던 하나님, 내 욕구대로 바라보고 해석하던 하나님을 이제는 왕이 왕으로, 종이 종으로 돌아가 새롭게 관계 정립이 된다. 즉, 자신의 역동에 대한 통찰 이전에는 자신의 문제 있는 대인관계 방식의 영향하에서 맺던 하나님과의 관계가 통찰의 과정을 거치면서 현실적이며 현존하는 하나님과의 관계로 재정립되는 것이다. 다음은 그러한 예다.

> 한 내담자가 아내가 자기 뜻에 맞게 행동하지 않는다고 몇 회에 걸쳐 몹시 화를 냈다. 그런 아내를 만나게 한 하나님에 대해서도 원망하고 미워하는 마음이 생긴다고 투덜거렸다. 그렇게 한동안을 불평하던 내담자가 어느 날 아내에 대한 자신의 극심한 분노가 자신의 의존욕구 때문이라는 것을 깨닫게 되었다. 자신이 진정으로 성숙하고 건강하게 아내를 사랑한다면 아내가 무엇을 하든지 하나님의 뜻에 순종하기를 바라는 것이 신앙인의 태도인데, 그렇지 못하고 아내가 반드시 내 뜻에 맞게 행동해야 한다고 생각해 온 것이 아내에 대한 자신의 지나친 의존에서 온 것임을 통찰하게 된 것이다. 그러고 나자 아내에 대한 내담자의 분노는 사라지고 오히려 온전히 하나님을 향하지 못했던 자신의 모습을 깊이 회개하게 되었다.

이렇게 통찰을 얻게 되면 하나님과 사물에 대한 관계가 새롭게 정립된다. 내 마음 중심에 계신 왕, 찬양을 받을 절대자, 창조주로서 내 삶을 지배하는 하나님과 그런 하나님께 순종하며 그분의 일하심을 찬양하는 자리에 서 있는 피조물인 나라는 존재에 대한 깨달음이 오는 것이다.

세 번째로 우리가 얻은 통찰이 앞의 두 요소를 두루 갖출 만큼 깊은 경우, 즉 영적인 통찰을 이루었을 때 우리는 진정한 자유를 얻게 된다. 앞에서도 언급했듯이 콤플렉스나 핵심역동이라는 것은 에너지를 많이 흡수하는 블랙홀과 같아서 내가 그것에 대해 의식하지 못하는 가운데 나도 모르게 거기에 에너지를 많이 빼앗기게 된다. 말하자면 그로 인해 나는 언제나 긴장되어 있다. 그런데 그것을 깊이 통찰하여 깨닫고 그 안에 작동하던 핵심감정을 방어할 필요가 없어지게 되면 거기에 쏠렸던 에너지가 풀어지게 됨으로써 자유로움을 느낀다. 이것이 곧 진리가 우리에게 임할 때 우리가 아주 자유로워지게 되고 진정한 평강을 느끼게 된다는 것이다. 그야말로 모든 지각에 뛰어난 하나님이 주시는 참된 평강이며 마태복음 13장의 값진 보화를 발견한 기쁨과도 같다고 하겠다.

　신앙생활에서 깨달음을 얻는 과정도 상담 중에 이루게 되는 통찰의 과정과 마찬가지다. 평상시에 성경을 읽거나 공부하거나 설교를 듣는 과정에서 말씀을 상당 부분 논리적으로 이해하지만 어느 순간에 그 말씀이 정말 살아 움직여서 나에게 확 다가오는 느낌을 가져 보았다면 그것이 바로 통찰을 얻는 느낌이라고 할 수 있다. 말씀에 대한 살아 있는 이해는 우리를 변화시키고 삶을 변화시키게 되는데 그 역시 통찰의 훈습과정과 같은 경로를 거치게 된다. 하나님이 나를 사랑한다는 사실을 어린 시절부터 듣고 배워 왔지만 평소에는 내가 그 사랑을 절실히 느끼거나 그에 응답하는 삶을 살아야 한다는 것을 깊이 깨닫지 못한다. 그러나 삶의 어느 순간에 그 사실이 내 마음속에서 불이 번쩍 켜지는 것처럼 깨달아질 때가 있다. 또한 성경 속에 객관적이기만 했던 십자가의 사건이 내 마음속에 실재로 그려지며 그런 죽음과 부활을 깊이 경험하는 순간 비로소 우리는 하나님의 사랑에 대한 깊은 통찰을 갖게 된다. 그것이 대개는 강한 감정을 수반하지만 진정한 통찰은 감정과 논리를 뛰어넘는 그 이상의 통합이 이루어지는 사건이라고 할 수 있다. 이제까지 별 의미 없이 읽고 알아 오던 말씀들이 자아 속으로 들어와서 내 삶의 경험과 융합하여 나의 삶 자체가 된다. 그제야 그 말씀은 비로소 살아서 움직이며 좌우에 날선 검과 같은 날카로운 지혜가 되어서 나의 골수를 찌르고 내 삶에 새로운 시각을 주며 인간관계를 뒤바꿔 놓게 되는 것이다.

제**11**장

종 결

제11장

종 결

통찰상담이나 지지상담 모두의 경우 상담의 종결(termination)은 상담 전체 과정 중의 한 중요한 단계로 다른 부분과는 확실히 구분되는 단계다. 모든 관계에서 그렇듯 한동안 신뢰하며 자신의 모든 어려움을 내어놓고 의지하던 대상(상담자)과의 관계를 끝내는 것은 거의 항상 내담자에게 대단히 중요한 일로서, 어떤 내담자들에게는 그것이 생애 처음 경험해 보는 관계의 긍정적인 분리가 되기도 한다. 이러한 관계의 종결은 결코 간단한 것이 아니어서 상실감이나 불안감 또는 욕구의 포기로 인한 좌절감 등이 일어날 수 있다. 그런 감정들을 어떻게 다루며 극복하게 돕느냐 하는 것은 지금까지 진행되어 온 상담의 최종 결과에 커다란 영향을 주게 된다고 할 수 있으므로 종결단계에 대한 중요성을 과소평가해서는 안 될 것이다. 다시 말해서, 분리의 경험이 어떻게 해결되느냐는 종종 내담자들의 미래의 삶에서의 상실과 관계의 분리들을 어떻게 잘할 수 있게 되느냐에 영향을 주게 되므로 무척 중요한 것이라고 하겠다. 이것은 동시에 내담자가 혼자서도 잘해

낼 수 있다는 자신감과 독립의 느낌을 갖고 상담을 떠날 수 있을 것인가를 결정할 수 있게 한다. 결국 종결의 단계를 어떻게 다루느냐에 따라 앞에서 이루었던 효과를 절감하거나 전부 무효로 만들 수도 있으므로, 특히 초보 상담자들에게 상담 종결의 중요성은 아무리 강조해도 지나치지 않다.[53)]

종결의 시기

한동안 지속되어 오던 상담을 언제 끝내느냐 혹은 어떻게 끝내느냐에 대해서는 여러 가능성이 있을 수 있다. 첫 번째는 상담자가 종결을 해야겠다고 마음속으로 결정하는 경우이며, 두 번째는 내담자가 상담을 끝내자고 제의를 하는 경우다. 세 번째는 상담자와 내담자가 동시에 합의를 해서 끝내자고 하는 경우인데 이것이 가장 바람직하다고 할 수 있다.

또한 각각의 경우에 상담이 성공적이라고 생각해서 끝내는 경우와 실패했다고 생각해서 끝내는 경우가 있을 수 있다. 첫 번째 경우에는 상담자가 '이만하면 대강 됐다. 이 내담자한테서 처음에 목표로 했던 것, 무엇을 해야겠다고 했던 것이 달성됐으므로 이만하면 됐다.' 라고 생각하고 종결을 제의하게 된다. 혹은 계속해서 증상이 줄어들고 마음이 편안한 상태를 유지하며 예전에는 문제가 되던 상황에 잘 적응하며 극복할 수 있게 되었는데도 내담자가 열심히 상담에 지속적으로 오려 한다면 상담자는 조심스럽게 종결을 언급해 볼 수 있다. 한편, 어느 정도 상담을 하다 보니까 '이 이상은 안 되겠다. 더 해 봤자 시간 낭비고 너무 완강해서 도저히 더 안 되겠는데?' 와 같이 생각하는 경우다. 또 처음에는 상담치료를 하는 것이 괜찮

---

53) Teyber, E. (2000). *Interpersonal Process in Psychotherapy* (4th ed.). Belmont, CA: Brooks/Cole, p. 296.

겠다고 생각해서 시작했는데 하다 보니까 자아 강도가 너무 약해서 조금만 깊이 들어가면 폭발할 것 같다고 생각되는 경우가 있다. 특히, 내담자가 지적이고 학력 수준이 높을 때 이런 경우가 생기기 쉬운데, 처음에는 생각하는 것을 잘 표현하다가 의외로 통찰상담 진행의 부정적인 요소가 드러나는 경우다. 예를 들어, 남성 상담자에게 온 여성 내담자가 남성에 대한 적개심이 강하게 자리 잡고 있는 경우, 처음에는 잘 나타나지 않던 것이 더 진행했다가는 부정적인 전이가 증폭돼서 서로 감당하지 못하게 될 것 같다는 평가가 되면 상담자가 종결을 제의할 수 있다. 이런 모든 경우와는 달리 단순히 상담자의 개인 사정으로 인해서 상담을 종결하게 되는 경우도 있다. 말하자면 상담도 사람이 하는 일인지라 상담자가 병이 날 수도 있고 먼 곳으로 이사를 갈 수도 있으므로 이 역시 상담을 종결하는 경우로 봐야 한다.

　이런 조건들을 내담자의 입장에서 생각해 보는 것은 두 번째 경우에 속한다. 즉, 첫 번째 경우와 같이 증상이 호전된 조건에서 내담자가 먼저 "이제는 혼자 현실을 헤쳐 나가 볼 수 있을 것 같아요."라며 종결을 언급하기도 한다. 또는 내담자 자신의 어떤 현실적인 이유에 의해, 즉 이사나 경제적인 문제 혹은 피치 못할 사정 등으로 인해 상담을 종결해야만 하는 경우가 있을 수 있다. 이때는 현실적인 이유를 충분히 수용하면서도 저항적인 요소가 있는 것은 아닌지 잘 살펴야 할 것이다. 예를 들어, 상담이 얼마간 진행된 후에 내담자가 보기에 '이만하면 됐다. 아, 내가 이래서 맨날 그랬구나. 이제 알았으니까 됐다.'라고 생각해서 "이제 그만해도 되지 않겠습니까?"라고 말할 수 있다. 그러나 상담자 입장에서는 '성숙하려면 한참 멀었는데.'라고 생각될 수 있는데, 그럴 때는 내담자의 동기를 다시 잘 살펴서 저항을 탐색해 볼 수 있다. 반대로 내담자 생각에 '상담에서 도움 좀 받을까 했는데 몇 번 해 보니까 이거 안 되겠는데, 괜히 시간만 낭비하는 것 같아.'라고 생각해서 그만두자고 하는 경우도 있다. 이렇게 해서 상담을 끝내게 될 때 상담자는 상담이 실패했다고 생각할 수 있다. 그러나 실패 같아

보여도 그것은 반드시 실패라고 할 수 없다. 다만 목표에 도달하지 못했을 뿐이다. 엄밀히 말해서, 실패라고 한다면 내담자가 중간에 연락도 없이 안 오게 되는 것이 유일한 실패라고 할 수 있으며 서로 종결에 대한 의견을 언급하고 끝낼 때는 실패가 아니다. 그렇게 연락조차 없이 그냥 떨어져 나가는 것을 '중도 탈락된 사례(drop out case)'라고 부른다. 이 떨어져 나간 사례야말로 상담자로서는 실패다. 그러므로 상담을 하던 중에 내담자가 사전 연락 없이 어느 날부터 갑자기 안 오기 시작하면, 상담자는 전화를 한 번 이상 해서 왜 안 오는지 의논을 하고 종결을 하더라도 한 번 만나서 제대로 정리하자고 얘기를 한다. 그렇게 내담자를 불러온 다음에는 상담 종결에 대해 내담자와 솔직하게 협의해야 한다. "오늘 내가 당신을 오라고 한 것은 사실은 상담을 계속하기 위한 것이 아닙니다. 다만 당신이 상담할 뜻이 없는 것 같은데 그렇다면 내가 상담자로서 당신의 평가도 듣고 그동안 우리의 상담이 어떠했는지 반성해 보면서 상담을 잘 종결하기 위해서입니다. 그러니 우리 서로 솔직히 얘기해 봅시다."라고 말한다. 그러면 대개는 내담자가 솔직한 마음의 말을 전하게 된다. 예를 들어, 내담자가 "사실은 지난번 선생님이 상담하면서 저한테 왜 아직도 그것을 해결 못하느냐고 좀 짜증스러운 표정으로 한 얘기가 마음에 상처가 돼서 오고 싶은 생각이 없어졌습니다."라는 얘기를 꺼낼 수 있다. 이때 상담자가 "아, 내가 그랬나요? 참 미안하게 됐습니다. 그때 내가 피치 못할 사정으로 몸이 피곤해서 괴로웠는데 그게 그렇게 느껴졌던 모양입니다."라며 인간적으로 진실하게 받아 주고 이해해 주면 오히려 내담자 마음이 풀려서 제 위치로 돌아오게 되어 다시 상담을 계속하게 될 수도 있다. 혹은 그렇게까지는 안 되더라도 상담을 끝내려는 내담자의 솔직한 감정을 잘 표현하게 하고 그에 제대로 공감하면서 끝내면 되는 것이다. 앞서 예를 들었듯이 어떤 경우 내담자가 자기는 '이 정도면 됐다'고 생각하면서 상담을 끝내려 할 때도 억지로 설득하거나 말리려고만 하지 말고 객관적으로 생각해 보고 종결의 시기를 잘 선택해야 한다. 상담만이 아니고 모든 인간관계가 그렇듯이 마무리하는 시점을 잘 택해야 하기 때문이다. 그러므로 종결에 관하여는 상담에서의 실패에 대해서 두려워할 것이 아니라 여유 있는 마음으로 내담자에게 잘 헤어질 수 있는 경험을 하게 하려는 노력이 더욱 중요하다고 하겠다.

종결의 방법

지지상담의 경우

지지상담을 하다가 상담을 마칠 때는 긍정적인 분위기로 마치는 것이 중요하다. 상담을 마치는 기분이 찜찜하거나 부정적이 되지 않도록 노력해야 한다. 이것이 통찰상담과의 큰 차이점이다. 지지상담은 긍정적이고 적극적으로 내담자의 분리를 지지해 주는 좋은 분위기에서 마쳐야 한다. 그동안 꾸준히 상담에 온 것을 칭찬해 주고 심리적으로 강화해 주면서, "이것이 끝나도 앞으로 잘할 수 있을 것이다. 상담자와 일주일마다 만나지 못하게 되는 것이 지금은 두렵겠지만 실제로 해 보면 잘할 수 있을 것이다."와 같이 적극적인 격려를 해 준다. 그러면서 상담하는 기간을 잘 조절하면서 끝내도록 한다. 즉, 종결 얘기가 나온 후 너무 갑자기 끝을 내지 말고 1주에 한 번씩 상담을 해 왔다면 2주에 한 번씩 두세 번 상담을 하다가 그 다음에 4주에 한 번씩 두세 번으로 그 간격을 연장하면서 점진적으로 내담자가 의존욕구를 스스로 다루어 나갈 수 있도록 하는 가운데 마무리해야 한다.

또한 지지상담 종결 시 상담자는 내담자에게 상담관계가 완전히 끝나는 것은 아니라는 여지를 남겨 두는 것이 좋다. 즉, "지금으로 봐서는 혼자서 충분히 잘해 나갈 수 있는데 사람의 일은 모르는 것이므로 혹시 나중에 문제에 봉착하면 좀 나빠질 수도 있다. 그러면 언제든지 다시 와라."와 같이 여지를 남겨 둬야 한다. 그렇게 강력하게 격려의 말을 하는 것은 내담자가 다시 오든 안 오든 그에게 확실한 지지가 된다. 그런 식으로 상담을 종결하게 되면 내담자가 혼자 해 나가다가 힘들어질 때 '그래, 힘들어지면 다시 오라고 그러셨으니까 까짓것 깨지면 다시 가면 되지.' 하고 여유로운 마음으로 어려움을 극복할 수 있게 된다.

통찰상담의 경우

한편, 통찰상담에서의 종결은 지지상담과는 전혀 다르다. 통찰상담에서는 종결단계에 들어선 때에도 그때까지의 상담의 기조를 그대로 유지해야 한다. 원칙적으로 상담을 끝내기로 한 시점까지 상담의 간격을 조절하지 않고 그동안 해 오던 대로 1주에 한 번씩 끝까지 일정하게 유지한다. 물론 종결의 과정을 갖고 그것을 다루어 주기는 하지만 기간 자체를 지지상담에서처럼 늘리지 않는다는 말이다. 또한 지지상담에서처럼 잘해 나갈 것이라는 식의 지지를 하기는 하지만 지나친 격려는 피하도록 한다. 종결에 들어가기로 해 놓고 나서 내담자가 분리 불안에서 오는 의존이 증폭되는 것으로 보이면 상담자 역시 그게 힘겨워서 "잘해 나갈 것이다. 걱정 없다. 한 번 해 봐라."라고 격려를 듬뿍 해 주며 빨리 상담을 끝내고 싶어 하기 쉽다. 그러나 그렇게 할 경우 상담자와 내담자의 치료적 거리에 변화를 불러올 수 있으므로, 이 역시 그동안 지켜오던 대로 끝까지 항상 일정한 거리를 유지하는 한도 내에서의 지지가 되도록 해야 한다.

종결의 단계적 이해

상담이란 내담자의 문제해결을 위한 인위적인 만남이며 그 문제를 다루

는 일이 어떤 지점에 왔을 때 종결해야 한다는 것은 너무나 자명한 사실이
지만 막상 그것을 언급하는 일은 상담자에게나 내담자에게나 쉽지 않은 일
이다. 그 결과 때로는 종결해야만 하는 사실에 대해 상담자와 내담자가 무
의식중에 부정하거나 종결로 인해 일어나는 힘든 감정에 대해 말하는 것을
회피하는 일에 공모하기도 한다. 그러므로 상담을 할 때는 종결에 대한 개
념을 확실히 갖고 있어야만 한다. 또한 끝내는 시점을 객관적으로 잘 선택
할 수 있도록 노력해야 할 것이며 상담자 자신이나 내담자의 감정에 대해
서 주의 깊은 관심을 기울여야만 하겠다. 예를 들어, 충분히 종결을 해야
하는 시점에 와 있었다 할지라도 내담자가 먼저 상담을 끝내고 싶다고 할
경우 상담자는 여러 가지 마음의 갈등을 겪게 될 수 있다. '저 사람이 이 상
담에 대해 무슨 불만이 있나? 내가 무슨 잘못이라도 했다는 뜻인가?' 하는
등의 여러 가지 상담자의 문제, 즉 역전이적인 문제가 일어날 수 있으며,
마찬가지로 상담자가 종결을 언급하는 경우에도 내담자에게 비슷한 감정
을 불러일으킬 수 있다. 예를 들어, 상담자가 여러 가지 호전된 증상에 대
해 듣고 난 후 "이제 끝내도 좋을 듯한데 어떠세요?"라고 말할 때는 '종결
기간으로 약 한 달은 잡고 네 번은 더 만나서 잘 다뤄 줘야겠구나.' 라고 생
각하는데, 내담자가 "아, 그래요? 그렇게 다 됐으면 이제 끝내죠. 자꾸 매
달리고 싶지 않은데 다음주로 끝내죠."라고 말하는 경우가 있다. 이것은 억
압된 분노의 표현이라고 할 수 있다. 즉, 자신이 거절당하는 것에 대한 분
노 때문에 갑자기 관계를 단절시켜 버리려고 하는 것이다. 그런 감정을 느
껴야 하고 표현하는 과정을 겪어 나가는 것이 힘들게 느껴져서 회피하기
위해 그냥 바로 끝을 내려는 것이다. 이럴 경우 상담자는 내담자에게 종결
에 대해 듣는 순간 어떤 생각이나 느낌이 들었는지를 잘 표현하게 해 주는
것이 필요하다. 그러면 보통 내담자는 화를 낸다. 내담자가 "난 아직 준비
가 안 됐는데 벌써 끝내자고 하면 어떻게 합니까?"라고 하면 어떤 점이 준
비가 안 됐다고 생각하는가를 묻고, 그 말에 대해 그렇게 굉장히 화가 나는

것은 헤어지는 것을 두려워해서 나타나는 현상이라는 것을 알려 준다. 그리고 그 두려움을 더 자세히 표현하게 해 주고 잘 다루어 주면서 종결이란 어떤 만남에서든지 언젠가 우리가 겪어야 할 과정임을 얘기한다. 때로는 이런 상황에서 내담자가 상담자와의 관계를 연장하려는 요구를 한다. 한 달에 한 번 만날 수 있는 기회를 달라고 하던지 힘들 때 와서 얘기할 수 있도록 해 달라고 한다. 지지상담에서는 그런 요구를 들어줄 수 있으나, 통찰상담에서는 그것을 들어주고 안 들어주는 문제보다 먼저 그렇게 요구하는 마음속에 있는 기대 혹은 욕구에 대해 다루어 주는 것이 중요하다. 즉, 그것이 어디서부터 출발했고 왜 그런 요구를 하는지를 내담자가 깨달아 이해하게끔 도와준다. 그렇게 되면 대부분의 경우 내담자는 더 이상 요구하지 않을 뿐 아니라 계속 연락을 해도 좋다고 허락을 해 줘도 상담을 종결한 후 지속적으로 연락을 하지 않게 된다. 한편, 종결에 대한 상실감과 불안감은 지지상담에서도 있다. 다만 지지상담에서는 그런 분노와 슬픔을 너무 폭발시키지 않도록 한다. 의식적으로 해소 차원에서 표현시키는 것은 좋지만 그 표현 역시 적절하게 이루어져야 하며 지나치게 부정적인 감정에 사로잡히지 않도록 조절한다. 왜냐하면 지지상담이라는 것은 전이 자체를 긍정적인 상태로 유지해 가는 것으로서 통찰상담과는 달리 '끝'이라는 개념이 없다. 대조적으로 깊이 있는 통찰상담은 초기 단계에서 내담자를 상담자에게 의지하게 만들어 그 의존욕구를 통해서 어린 시절의 의존욕구를 바라보게 하고, 그것이 어느 정도 해결되면 점차적으로 그 의존욕구를 극복해 나가서 마지막에는 자기 혼자 독립할 수 있게 하는 것이다. 즉, 통찰상담은 독립이 목표다. 그러나 지지상담은 여기서 끝난다는 개념이 아니라 언제든지 힘들면 다시 돌아올 수 있고, 다시 와서 기대고 의논하며, 그 의지하는 것을 끝낼 필요 없이 지속하는 것이다.

초보 상담자의 경우 상담에서 종결단계 혹은 종결과정이 갖는 중요한 의미를 이해하고 그것을 시도하려고 해도 잘되지 않는 경우가 있다. 내담자의 문제가 해결된 것으로 보이지만 왠지 그것을 인정하고 싶지 않다거나, 혹은 인정을 하면서도 종결에 대해 언급하는 것이 힘들게 느껴질 수 있다. 때로는 종결을 언급하면 내담자가 상처받지 않을까 염려하기도 하고, 심한 경우 계속 돌보아야 하는 책임을 저버리는 것에 대한 죄책감을 느끼기도 한다. 이런 행동의 무의식적인 측면을 잘 들여다보면 상담자 자신의 과거 속에 아직도 해결되지 않은 어떤 헤어짐에 대한 감정이 남아 있기 때문임을 알 수 있다. 즉, 부모의 죽음, 부모의 이혼, 혹은 다른 중요한 대상과의 예측치 못한 이별 등의 감정이 되살아나는 것에 대한 불안 때문에 상담의 종결을 힘들어하는 것이다. 그러므로 우선은 상담훈련 과정에서 상담자 자신이 분리에 대해 어떤 감정들을 갖게 되는지를 깊이 이해하도록 노력해야만 할 것이다. 또한 상담과정에서 상담자가 먼저 내담자에게 종결을 언급하는 경우, 상담을 끝내자는 말을 비추되 최대한 부드럽고 조심스럽게 언급해서 내담자가 그 말을 듣고 느끼게 될 부정적인 감정을 최소화할 수 있도록 해야 한다.

어떤 종류의 상담에서든지 상담 중 처음에 종결시기를 언급할 때 너무 확정적으로 하는 것은 바람직하지 않으며 잠정적인 태도로 언급하도록 한다. 예를 들어, 내담자의 상태가 많이 좋아지고 상담 목표가 어느 정도 달성되었다고 생각될 때 상담자가 종결에 대해 부드럽게 제안한다.

> **상담자**: 내 생각에는 이제 혼자서도 충분히 잘해 내실 수 있을 거 같아 보입니다. 어떻게 생각하세요?
>
> **내담자**: 그래요? 그렇긴 하지만……
>
> **상담자**: 그렇긴 하지만, 어떨 거 같으세요?
>
> **내담자**: 하긴, 근래에는 별 문제가 없기는 해요. 이만하면 잘 지내는 편이죠.
>
> **상담자**: 그래요. 어차피 세상에 문제없는 사람이 어디 있겠어요. 그런 것을 생각하면 ○○씨에게 더 상담이 필요할까 싶기도 합니다.

내담자: 그래도 선생님이랑 상담하는 것이 없으면 혼자 잘할 수 있을까 걱정
돼요.

상담자: 혼자 해 보시는 것도 좋은 훈련이랍니다. 그동안 하신 것을 보면 그것
도 문제없을 것 같긴 해요.

내담자: 그럼 언제쯤 마치게 되는 건가요?

상담자: 앞으로 한 달 정도 후에 상담을 마쳤으면 좋을 것 같은데 어떻게 생각
하세요?

내담자: 그래도 한 달은 너무 짧은데요. 한두 달은 더 하고 마쳤으면 좋겠어요.

상담자: 그러면 우리 6주 후 정도로 하는 게 어떨까요?

내담자: 네, 좋아요. 그렇게 하죠.

이렇게 상담자와 내담자가 협조를 해서 결정하게 되면 내담자가 자연스
레 종결을 준비하게 될 것이다. 이때 상담 종결 날짜에 대해서는 구체적이
고 분명한 날짜를 확정하는 것이 좋다.

상담자: (달력을 보며) 그러니까 앞으로 6주 후인 12월 15일 상담이 최종 상담
이 되겠습니다. 어떠세요? 괜찮겠죠?

종결시기를 구체적으로 결정하고 나면 '끝나는 것' 자체에 대해 논의하
는 시간이 있어야 한다. 한동안 지속되던 상담을 끝낸다는 것은 내담자에
게 복잡한 감정을 경험하게 하는데, 이것을 상담자와 함께 얘기해 보는 것
은 상당히 중요한 의미를 갖는다. 그러므로 종결에 대해 단지 슬퍼하는 것
으로 끝나는 것이 아니라 슬픔에 동반되는 여러 반응들 자체를 얘기하는
시간이 있어야 한다. 이때는 종결에 대한 내담자의 긍정적 혹은 부정적 반
응들, 특히 상담자에 대한 감정적인 반응의 모든 것이 언급될 수 있다. 어
떤 내담자의 경우에는 생전 처음으로 분리되는 것에 대한 감정을 바로 그
대상에게 직접 표현해 보는 기회를 갖는 것이 되기도 한다. 상담이 성공했

든 실패했든 이런 식으로 헤어지는 과정에 대해 객관적으로 바라보며 '헤어지는 기분이 어떤지' '왜 헤어지는지' '어떻게 헤어져야 하는지' 등에 관해 적어도 한 번 이상 논의를 해야 한다. 어떤 때는 한 번 이상이 아니고 그 종결이 몇 달 이상을 갈 수도 있다. 종종 종결 날짜를 정한 이후에 사라졌던 내담자의 초기 증상이나 통찰을 이루었던 핵심역동이 다시 나타나기도 한다. 즉, 종결단계가 구체적으로 진행되면서 내담자들은 일시적으로 퇴행하거나 지금까지 이루어 온 변화를 취소해 버리게 된다. 물론 이런 상태에 대해서 상담자가 조심스럽게 직면시키며 그것이 종결 혹은 분리에 대한 감정에서 나타나게 된 현상임을 해석하게 되면 대부분의 내담자는 그것을 받아들이며 다시 한 번 자신의 문제를 깊이 인식하고 훈습하게 된다. 그것은 내담자의 핵심역동의 문제가 내담자의 어린 시절 양육자와의 분리문제에서 형성된 것이었고, 그동안 상담을 통해 그것을 다시 돌아보고 많은 통찰을 했다고 해도 또다시 현재의 중요한 인물인 상담자와 헤어지는 과정에서 여전히 그 뿌리에 남아 있던 문제가 다시 솟아오른 것이라 할 수 있다. 이를 잘 다룬다는 것은 내담자의 핵심역동을 지금-여기서 기법으로 다루는 것으로 그 감정을 상담자에게 자세히 털어놓게 하는 것이다. 이때 분리의 대상인 상담자가 그런 내담자의 감정을 잘 수용하고 공감해 주는 것은 내담자의 분리됨이 과거와 같은 부적절한 버려짐이 아니라 의미 있는 '성숙으로의 떠나감'을 돕는 아주 중요한 통과의례라고 할 수 있다. 이런 내담자의 감정표현을 위해서 상담자는 종결을 앞둔 몇 회기 전부터 종결을 솔직하게 기정사실로 인정하며 매번 내담자에게 구체적인 종결에 대한 감정을 분명하게 물어 보도록 해야 할 것이다.

> **상담자**: 오늘 상담을 빼면 이제 두 번을 더 만나게 될 텐데 상담이 끝나는 것에 어떤 느낌이 드세요?
>
> **내담자**: 글쎄요, 아직 두 번이나 남았는데 뭘…… 하는 생각이 들어요.

> **상담자**: 그동안 상담한 것도 중요하지만 끝날 때 드는 감정을 얘기해 보는 것
> 도 아주 중요하지요. 제가 처음에 상담을 종결하자고 했을 때 어떤 느
> 낌이 들었는지 얘기해 줄 수 있겠어요?
>
> **내담자**: 갑자기 선생님이 내가 싫어지신 건 아닌가 하면서 가슴이 철렁 내려
> 앉는 것 같았어요. (눈물이 글썽해진다.)
>
> **상담자**: 아, 그랬군요. 이래저래 한동안 잘 지내시는 것 같아서 그랬던 건데 말
> 예요.
>
> **내담자**: 알아요, 저도 그걸 알지만…… 그냥 마음이 무너지는 기분이 들면서
> 나한테 너무 가혹하게 하신다는 원망도 들었어요.

이렇게 내담자의 감정은 실망과 고통, 때로는 원망과 분노 혹은 비난조
의 반응일 수 있다. 이로 인해 상담자는 자신의 판단에 대한 혼돈과 죄책감
등의 감정이 일어날 수 있다. 그러나 감정의 표현에 관해 앞 장에서 언급했
듯이 이때에도 상담자는 방어적이 아니라 수용적이면서 공감적인 자세로
내담자가 좀 더 자세히 솔직한 감정을 내놓을 수 있도록 도와야 한다.

이런 식으로 내담자의 감정을 다룰 뿐 아니라 지금까지의 상담과정을 되
돌아보는 것도 종결에서 다루어야 할 중요한 요소다. 즉, 이제까지 어떻게
해 왔고 무엇을 얻었으며 무엇은 여전히 문제인지에 대한 의논을 하는 시
간이 필요하다.

> **상담자**: 이제 다음주면 마지막 상담을 하게 될 텐데, 그동안의 상담에 대해서
> 어떻게 생각하시는지 같이 평가해 보는 것도 필요할 거 같네요.
>
> **내담자**: 그동안 잘 도와주셨죠. 제가 이만큼 된 걸 보면……
>
> **상담자**: 그래요, 저도 ○○씨가 힘든 과정을 잘 극복하며 견뎌 오셨다고 생각
> 되요. 그렇지만 해결한 것들이 있는 만큼 여전히 문제들이 좀 남아 있
> 죠? 누구도 완벽한 인간은 없는 거니까. 어떻게 생각하세요? 그동안
> 해 온 상담에 대해서……

내담자: 처음에는 선생님이 고집쟁이라고 생각했어요. 제 질문에 절대 그냥 답을 주시지 않았잖아요. (둘 다 웃음) 그렇지만 시간이 가면서 그게 무관심은 아니라고 생각되더라고요. 결국 인생은 혼자 사는 거지 늘 선생님께 물어보며 살 수는 없는 거잖아요. 누구도 나를 대신해서 살 아 줄 수는 없더라고요.

상담자: 그렇죠, 그게 참 오래 걸려서 깨달은 사실이었죠?

내담자: 그렇지만 여전히 막연한 그리움 같은 게 있기는 해요. 누군가 나를 완 전하게 감싸 주고 다독여 주는 그런 사람이 있을 것 같은. 물론 이제 그런 것은 세상에 없다는 걸 알기는 하지만 그런 기분이 들 때는 좀 우 울해지기도 하지요. 그러다 보면 할 일을 다 미루고 사라져 버리고 싶 을 때도 있어요.

상담자: 그래요, 그 점은 저도 아직 염려스럽기는 해요. ○○씨가 어떤 해야 할 일들을 한참씩 미뤄 두곤 하는 거. 그게 꼭 우울하기 때문에 그런 것만 은 아니라는 얘기를 했던 기억이 나는데.

내담자: 선생님께서 일종의 성격적인 습관이라고 하셨지요. 그때 그 얘기를 한 이후로 저도 그걸 고쳐보려고 노력하고 있죠. 직장에서 그런 문제 로 스트레스를 좀 받곤 하거든요. 살아남기 위해서라도 빨리 고쳐야 만 하는 성격이지요.

상담자: 그렇죠, 그것은 여전히 문제로 남아 있는 부분이지만 그렇게 알고 노 력하고 계시니까 본인에게 맡겨 두기로 해 보죠.

내담자: 쉽지는 않겠지만 고치지 않으면 안 되는 부분이라고 생각해요.

상담과정이 어떻게 진행되어 왔는지, 그동안 상담자에 대해 느낀 감정은 어떤 것이었는지, 그리고 아직도 치료되지 않고 남아 있는 부분은 무엇인지 를 함께 인정하는 것은 상담이 끝난 후에도 내담자 스스로 계속해서 관찰해 야 하며 노력해 가야 하는 부분을 분명히 해 주는 것이 된다. 현실적으로 완전한 치료란 없으며 완전히 문제가 없는 인간도 없다. 결국 정신의 건강함이란 끊임없이 자신의 문제점을 돌아보고 고쳐 나가는 능력의 유무에 관계되는 것이지 문제가 전혀 없는 상태를 말하는 것은 아니라고 생각한다.

종결과정에서 이런 요소들을 주의 깊게 다루는 것은 상담자가 해야 할 일이기도 하지만, 내담자에게는 그런 과정 자체가 예전에는 경험해 보지 못한 종결의 새롭고 의미 있는 경험이며 또 하나의 확실한 교정적 정서 체험이 될 것이다. 즉, 내담자의 핵심역동의 문제의 많은 부분을 차지했던 과거 어느 때의 원치 않았던 혹은 갑작스럽던 분리—양육자와의 물리적인 분리만이 아니라 개별화 시기의 분리를 포함하는 성장과정에서의 분리—와는 달리, 분리 대상인 상담자와 함께 자신의 분리를 철저히 준비하고 돌아보는 것은 내담자를 혼자 설 수 있게 하는 중요한 동기를 주게 된다는 것이다. 보통 인생에서는 이 문제에 관심을 갖기가 쉽지 않다. 그러나 다시 강조하지만 중요한 타인과의 헤어짐은 굉장히 중요하며, 그것을 잘 다뤄 주면 그 전까지 잘못 다뤄졌던 부분이 일시에 만족할 만한 통찰을 얻을 수도 있다. 그러므로 종결단계에서는 이번의 헤어짐이 과거의 어떤 헤어짐을 생각나게 하는지를 잘 탐색해 보며 그때와 다른 헤어짐이 되기 위해서는 어떻게 해야 하는지를 함께 생각해 보는 것도 필요하다. 다음의 예가 그것을 잘 보여 준다.

28세의 남자 회사원인 내담자는 이성교제의 어려움을 호소하며 상담에 왔다. 그러나 상담을 시작한 지 4~5회기가 지나면서부터 자신의 내면에 대한 접근을 회피한 채 교회에서 관심 있는 자매들과의 피상적인 관계에 대한 얘기를 지속하며 심한 저항반응을 보였다. 중년의 여성인 상담자는 그것이 내담자가 5학년 때 돌아가신 어머니에 대한 감정이 섞인 전이반응 때문인 것을 감지하고, 여러모로 수용적인 공감을 하면서 내담자의 핵심적인 관계의 문제에 접근을 시도했다. 그러나 15회기가 지나도 내담자의 방어적인 저항이 해결되지 않고 상담에 진전이 없자, 상담자는 상담을 지속하는 것에 대한 회의가 들었고 결국 상담의 종결을 권하게 되었다. 그렇지 않아도 저항에 걸려 있던 내담자는 선뜻 종결을 받아들였고 그런대로 그 단계를 잘 진행시키는 듯 싶었다. 그런데 한 가지 특이한 점은 서너 번을 조심스럽게 탐색해도 헤어짐에 대한 구체적인 감정이나 헤어지는 것에 대해 떠오르는 생각도 느낌도 없다는 것이었다. 상담자는 그게 의아하기도 하고 조금은 섭섭하기도 했지만 내담자가 아무 느낌도 없다고 하니 별 수 없이 무덤덤한 종결을 할 수밖에 없다고 생각하며 마지막 회기를 준비하고 있었다. 그런데 내담자가 매주 전화로 이런저런 이유를 대며 서너 차례 최종 상담을 미루는 것이었다. 네 번째 상담을 미루는 전화를 받으면서 상담자는 상담을 미루는 현실적인 이유를 이해 못하는 것은 아니지만 너무 여러 차례 최종 상담을 미루는 것이 왠지 헤어지는 것이 너무 힘들어서 그러는 것은 아닌지 물었다. 그러나 내담자는 전혀 그런 것은 아니라며 다음주에는 무슨 일이 있어도 꼭 상담에 오겠노라고 약속했다. 그런데 막상 그 다음주 최종 상담에 온 내담자는 굳은 얼굴 표정으로 상담자에게 조그마한 선물과 함께 카드를 가지고 왔다. 거기에는 돌아가신 어머니를 그리워하는 가슴 절절한 시가 적혀 있었다. 지난번에 전화로 "헤어지는 것이 너무 힘든 건 아닌가요?"라는 상담자의 말에 아니라고 대답하긴 했지만 막상 전화를 끊고 나자 갑자기 이유 없이 눈물이 나기 시작했고, 자신이 그렇게 마지막 상담을 미룬 이유는 그게 어머니의 죽음을 떠오르게 할까 봐 그러는 것이었음을 깨닫게 되었다고 한다. 그것은 그동안 한 번도 내놓고 슬퍼해 보지 못한 것이어서 생각조차 할 수 없었고 또 사실은 생각하기도 싫은 거였다. 그래서 생전 처음 혼자 어머니 산소에 가서 한참을 엉엉 울고 나서 생각해 보니 상담자가 어머니 같아서 너무 좋기도 하였지만 그런 기분이 너무 부담되었기 때문에 자신이 상담을 슬슬 피했던 거 같다고 했다. 상담자는 그런 얘기를 깊이 공감하는 마음으로 받아 주면서, 어쩌면 그렇게 너무 가까워졌다가 갑작스레 헤어지게 되는 것이 두려워서 자매들과의 진지한 관계도 슬슬 피했던 것일 수 있다고 말해 주었다. 그러자 내담자는 좀 놀라는 표정으로 그럴 수도 있겠다고 한다. 마지막 상담이라 그 부분은 내담자가 앞으로 혼자 해 나가야 할 작업의 몫으로 남겨 두고 상담을 마치며 다시 한 번 내담자의 종결에 대한 감정을 물었다. 내담자는 그런 힘든 감정들을 얘기할 수 있었던 것이 정말 좋았으며, 어머니는 돌아가셨지만 상담자는 필요할 때 언제든지 다시 찾아올 수 있고 가끔 인사도 전할 수 있어서 다행이라고 생각한다고 했다.

이렇게 종결단계 안에서 일어나는 문제만을 잘 다루는 것으로도 내담자 문제의 핵심적인 부분에 대한 통찰을 도울 수 있으며, 특히 관계 맺기와 헤어짐(분리)의 문제에 대한 많은 것들을 깨닫고 다뤄 볼 수 있게 한다. 그러므로 종결을 언급한 때와 실제로 상담이 끝나는 때가 일치하지 않는 것이 좋다. 즉, 종결을 언급하고 종결상담을 하기까지를 종결기간(termination phase)라고 하는데, 이 기간은 몇 시간(회기)일 수도 있고 몇 개월이 되기도 한다. 이 기간에 이루어지는 것이 굉장히 많을 수 있음을 잊지 않도록 한다.

앞의 예에서 볼 수 있었던 것처럼 종결단계에서 내담자의 깊이 숨겨져 있던 핵심적인 문제들이 드러나는 경우가 있는데, 그런 경우 표면적인 표현은 좋지만 너무 깊은 분석은 하지 않도록 한다. 많은 경우 종결에서 내담자에게 나타나는 감정들은 처음에 내담자를 상담에 오게 한 문제의 상황에서 내담자가 느끼던 감정과 연관된 감정[54]으로서 종결과정을 통해 더욱 확연히 문제의 내면을 드러내게 된다. 이때 상담자가 완벽한 치료에 대한 욕심으로 자꾸 깊이 파헤치려 한다면 그것을 충분히 다루지 못한 채 상담을 끝내는 경우가 생길 수도 있으며 이미 종결을 준비하는 내담자를 다시 붙들고 상담을 연장해야만 하는 상황이 될 수도 있다. 이는 결코 바람직한 방향은 아니라고 생각한다. 오히려 그렇게 드러난 문제를 서로 분명히 인정하고 그 해결에 대한 것은 내담자의 지속적인 노력에 달린 것임을 당부

---

54) Teyber, E. (2000). *Interpersonal Process in Psychotherapy* (4th ed.). Belmont, CA: Brooks/Cole, p. 301.

해 둘 때, 내담자가 상담과정에서 동일시해 온 상담자의 역할을 자신의 삶에 반영시킬 수 있는 좋은 기회로 작용할 수 있을 것이다.

덧붙여 또 하나 강조해 두고 싶은 것은 종결과정에서 급격한 현실 변화는 일으키지 않도록 한다. 종결을 언급하고 구체적인 단계에 들어가게 될 때 어떤 내담자는 상담자에 대한 의존욕구가 굉장히 증폭되어 불안한 나머지, 그 해결을 위해 자신의 내면을 들여다보고 통찰의 기회로 삼아 그것을 극복할 생각을 하지 못한 채 전이의 대상을 다른 데로 옮길 가능성이 있다. 예를 들어, 갑자기 결혼을 하겠다든지 다른 상담자에게 가겠다든지 함으로써 대상을 바꿀 수 있고, 갑자기 유학을 가겠다든지 직장을 그만두겠다든지 하며 상황을 바꿈으로써 불안을 극복하려고 할 수 있다. 그런 내면적인 감정들을 잘 다뤄 줘야 하며 "이 상담이 잘 끝날 때까지 그런 중요한 결정은 미뤄 두는 것이 좋을 것 같습니다."라는 식으로 결정을 유보시키도록 하고 그것을 허용해서는 안 된다.

헤어짐의 역동: 애도과정

앞서 통찰에 관한 장에서 언급했듯이, 여느 인간관계에서처럼 상담자-내담자 관계는 내담자의 마음속에 상담자가 대상으로서의 이미지로 들어와서 한동안 타인처럼 있다가, 지속되는 서로의 만남의 경험을 통해서 점점 내담자의 인생 속으로 녹아 들어가게 된다. 그래서 자기 인생의 경험과 상담자의 인격이 함께 어우러져 성숙의 작업을 밟게 된다. 그러므로 관계에서의 대상이라는 것은 경험함에 따라, 특히 그 인간관계가 꾸준하게 맺어짐에 따라 상대방의 인격이 내 마음속에 들어와서 내 자아의 일부분을 이루게 된다. 이것은 상담자-내담자 관계의 문제만이 아니고 모든 인간관계가 다 그렇다. 부모와 자녀 사이, 특히 부부, 사랑하는 연인들, 친구들 사이, 목사님과 좋은 신도 사이 등의 모든 인간관계에서 관계를 맺는다는 것은 어떤 대상이 내 속으로 들어와서 내 경험의 일부를 이루게 된다는 것이다. 그러므로 그 관계가 깊고 진할수록 그것이 나의 일부로서의 자리를 많이 차지하며, 그와 헤어진다는 것은 어떤 대상과 헤어지는 것인 동시에 나의 일부와 헤어지는 것을 의미한다. 이렇게 헤어지는 과정을 애도과정(mourning process) 또는 애도반응이라고 한다. 관계가 깊었던 사람, 친했던 사람, 사랑했던 사람, 부부 사이에 한 대상이 죽어서 내 인간관계에서 떨어져 나간다는 것 혹은 상실한다는 것은 단지 나의 바깥에 떨어져 있던 사람과 헤어지는 것만의 문제가 아니고, 더 중요한 것은 내 일부가 되었던 나 자신의 일부와 내가 헤어진다는 의미다. '헤어짐'이 심리학적으로는 그렇게 복잡한 의미를 갖고 있다. 그래서 사랑하는 사람과 헤어졌을 때 굉장히 슬픈 마음을 갖는 것은 단순히 사랑했던 상대방을 다시 볼 수 없어서 슬픈 것이라기보다 내 마음속의 나의 일부를 잃어버린다는 개념 때문에 슬픈 것이다.

흔히 하는 얘기들이지만, 부부 사이에 건강하게 살았던 사람들은 한쪽을 상실한 경우 남은 배우자가 애도과정을 짧고 쉽게 겪는다. 슬퍼하기는 하지만 '건강하게 헤어진다.' 그렇지만 서로 분노와 적개심이 있는 관계에 있었던 사람은 오랫동안 죄책감에 시달리게 된다. 나의 일부 속에 들어와 있는 내 남편의 부분 속에는 분노가 같이 들어와 있어서 평상시에는 그 일부가 바깥에 있어서 분노가 그 대상을 향해 배출된다. 그런데 분노를 표출할 만한 대상이 없어져 버리게 될 때는 그 분노가 자기를 향해서 자기 속에 있는 대상에게 집중된다. 그래서 죽고 싶고(자신을 죽이고 싶다는 표현이 더 맞을지도 모른다) 그에 대한 죄책감이 들기도 해서 따라 죽으려고 한다. 그것은 상식적이고 보편적인 생각과는 다르다. 정말 사랑하는 사람이 죽었을 때는 괴로워하고 따라 죽고 싶고 우울증에 걸릴 것 같은데 사실은 그 반대의 경우가 된다. 그러므로 건강한 관계를 맺었으면 끝도 건강하게 빨리 맺게 된다. 애도문제에 관한 상담을 하기 위해서는 이 점을 잘 이해해야 한다. 부부 사이에 사별하여 홀로된 경우 그것을 다루어 가는 과정이 중요한데, 그 과정을 다룰 때 가장 주의할 점은 절대로 그 사람의 슬픈 감정을 억압하면 안 된다는 것이다. 홀로된 사람을 위로할 때 "빨리 잊어버리시고 눈물을 거두십시오."라고 위로하는 것은 좋은 방법이 아니다. 인간관계라는 것은 좋은 관계에서도 언제나 약간의 서운함과 분노가 있을 수 있다. 특히, 사랑하는 사람이 죽으면 그 사람이 참 원망스럽다고 생각하는 경향이 의식적이든 무의식적이든 있어서 '상대방이 나를 버리고 떠났다.'고 생각하게 된다. 특히, 미숙한 사람일수록, 아이들일수록 그렇다. 약 10세 이전의 아이들은 부모가 죽으면 엄마 아빠가 피치 못해 불쌍하게 돌아가신 게 아니고, '엄마와 아빠가 나를 버리고 어디로 가버린 거야. 나를 미워해서 나를 잘라낸 거야. 난 거절당한 거야.'라고 생각한다. 그러므로 밉던 싫던 헤어진다는 것은 마음속에 분노가 남는 것이며, 애도과정을 통해서 서로 사랑을 나누고 위로하고 의지하고 향하던 부분이 없어져 버린 것을 극복하는 데는 상당한 시간이 걸린다. 또한 애도과정에 있는 사람을 위로할 때도 실컷 울 수 있도록 하면서 위로해야 한다. 그것마저 표현 못하면 굉장히 오래 가고 병적으로 우울증에 빠진다. 대개 건강한 관계에서의 애도과정은 3개월 이내에 처리가 된다. 그런데 그 반응이 6개월 이상 지나가면 병적이 된다. 앞에서도 언급했듯이 이런 현상이 일어나는 것은 대상이 없어진 것 때문이 아니고 내 마음속에 있는 나의 일부분이 사라지게 되어 여러 가지 감정의 일부분인 분노, 사랑, 애정, 의존 욕구와 같은 것들과의 감정적 해결이 필요하게 되는 것이다. 이런 것들이 제대로 정리되려면 상당한 시간이 걸린다. 건강한 애도과정을 위해서는 그런 감정적인 문제들을 함께 다뤄 가면서 그 과정을 잘해 나갈 수 있도록 돕는 것이다.

애도과정은 반드시 사별의 경우에만 적용되는 것이 아니고 상담자와 같이 익숙했던 '누군가' 혹은 '무엇'이 사라질 때에도 똑같이 나타난다. 물론 사랑하는 사람의 죽음을 맞이하는 것처럼 그렇게 강렬하고 극적이지는 않겠지만 그와 유사하다. 그리고 좀 더 깊이 생각해 보면 살아가는 것이 다 그러한 애도의 과정들로 이루어져 있다고 할 수 있다. 백지와 같은 상태로 태어나서 엄마 아빠를 만나고 형제자매를 만나서 그 관계에 대한 경험이 마음속에 자리 잡게 되며, 여러 가지 애정과 의존의 욕구, 사랑, 갈등과 같은 것들이 형성된다. 조금 더 크면 친구를 만나 그 관계의 경험이 융화되고, 가장 중요한 것으로 예수님을 만나게 되어 신앙적인 믿음을 갖는 경험이 마음에 자리잡게 된다. 이런 식으로 하나둘씩 쌓인 관계의 경험이 성인기가 될 때쯤이면 제법 꽉 들어차게 되는데 인생의 참맛은 거기서부터 시작된다고 할 수 있다. 즉, 젊은 시기에는 다양한 관계의 경험들을 가지면서도 앞으로 더 깊이 이루어질 관계에 대한 기대와 꿈을 가지고 살던 것이 30세가 넘어서면서부터는 버리면서 사는 것 혹은 헤어짐에 익숙해지는 것으로 바뀌게 되기 때문이다. 잘 들여다보면, 우리는 나이가 점점 들면서 더욱더 많은 것들을 하나씩 버리면서 살게 된다. 예를 들면, 중년으로 들어서면서 자연스럽게 내가 내 미래에 대해 가졌던 기대, 출세에 대한 기대와 같은 것이 한계에 봉착했다는 것을 깨닫게 된다. 자신의 한계를 인정하고 그 시점에서 마음속에 있던 꿈을 접으며 달려가기를 포기해야만 한다는 인식은 종종 우울한 기분을 갖게 하는데, 이는 앞서 설명한 애도의 과정에서 오는 감정과 같은 내용이라고 할 수 있다. 또 사람들과의 관계에서도 그 사람들과 영원히 관계를 계속하고 살 것 같았는데 조금 지나다 보니 이사 가고, 이민 가고 병이 나서 죽는 등의 이유로 헤어지게 된다. 그러면서 마음속에 있는 관계에 대한 의존욕구가 무너져 내리게 되는 것을 느낀다. 부부 사이라는 것도 기대했던 것처럼 그렇게 아름답고 완벽한 사랑의 관계로 생각되지는 않는다. 동시에 자신의 젊음이나 아름다움에 대한 기대도 버릴 수밖에 없어진다. 사십 대, 오십 대로 들어가면서 성숙한다는 것은 그런 식으로 죽거나 헤어져 떠나 보내는 것의 연속이다. 그러므로 늙어가면서 우리는 마음속에 갖고 있던 높은 기대치나 긍정적이고 이상적인 이미지를 하나하나 놓아 보내게 된다. 그런 일련의 과정을 거친 후, 결국 내가 죽는다는 것은 마지막 남은 나의 육신을 떠나는 것이다.

기독교상담과 종결

상실이나 헤어진다는 관점에서 우리가 당하는 고난이란 아직 내가 무엇을 떠나 보낼 준비가 안 된 때에 어떤 것이 강제로 혹은 타의에 의해서 나를 떠나 버리는 것이라고 할 수 있다. 그때 느끼는 애도의 고통이나 슬픔이 고난을 배가한다고 하겠다. 그런데 잘 생각해 보면 우리 삶의 많은 것이 그러한 헤어짐, 상실, 종결 또는 분리의 문제들로 이루어져 있으며, 성숙한다는 것은 그런 애도의 과정을 얼마나 제대로 해결하느냐와 직결된다고 할 수 있다. 앞에서도 언급했듯이 이렇게 애도의 과정에서 맛보는 고통스러운 감정이란 단지 나의 바깥에 떨어져 있던 사랑하는 사람과 헤어지는 슬픔만이 아니라 나의 일부가 되었던 나 자신의 일부가 사라진 것 혹은 죽은 것에 대한 아픔이다. 결국 인생은 죽음을 기다리는 동안 지속적으로 고난을 당함으로써 미리 죽음을 맛보는 것이라 할 수 있으며, 이런 죽음들을 맞이할 때 우리는 그것을 인위적으로 조종할 수 없다는 사실에 직면하게 된다. 그런데도 우리 삶에 소망이 있는 것은 죽음은 늘 새로 나는 것, 즉 부활, 변화 또는 변형을 가능하게 한다는 사실이다. 다시 말해서, 새로운 삶을 위해서는 먼저 죽는 것이 우선되어야 하며 죽음이 없이는 영적인 변화가 가능하지 않다. 이것이 예수님께서 몸소 죽으시고 다시 사심으로 우리에게 증거해 주신 기독교의 진리며 그 진리가 우리를 자유롭게 하는 것이다. 그러므로 상담에서 종결이란 작은 죽음의 경험으로, 이 과정을 통해서 내담자는 올바른 애도의 경험을 할 수 있으며 동시에 그 단계를 잘 마치게 되어 더욱 성숙하고 적응적인 삶을 살 수 있게 된다고 하겠다. 이처럼 기독상담을 한다는 것이 일반 상담과 다른 것은 당면한 내담자의 문제를 해결해야만 할 과제로 보기보다는 피할 수 없이 주어진 어려움 안에서 현재의 내가 죽음으로써 미래의 새로워진 나로 변화하는 것을 본질적인 것으로 본다는 점이다.[55]

종결의 핵심적인 주제로서 분리와 독립이라는 개념은 내담자가 상담자를 떠나 완전히 혼자서 독립한다는 뜻이 아니다. 이것은 지지상담이기 때문에 내담자가 늘 상담자에게 의지한다는 뜻이 아닌 것과 마찬가지다. 기독상담에서는 늘 상담자, 내담자 그리고 성령이 하나의 상담팀이 되며, 이제 종결을 통해 상담자는 내담자에게 영원히 종결이 없는 성령 하나님과의 관계만이 그에게 남겨지는 것임을 확인해 주게 된다. 이런 의미에서 보면 통찰상담이라는 것은 내담자가 상담자에게만 전적으로 의지하는 것은 잘못된 것이라는 것을 철저하게 바라보게 하는 것이다. 인간에게 의지하는 것은 일시적일 수 있지만 계속 그럴 수 있을 거라는 기대가 결국은 환상이라는 사실을 종결과정에서 알 수 있도록 도와야 하며 궁극적으로는 하나님만을 바라볼 수 있게 되어야 한다. 상담자에게 의지했던 것, 죽고 없는 부모님에게 의지하는 것, 배우자를 의지하는 것, 그 의존하고 바라는 마음 때문에 다른 사람들에게도 바라고 좌절하고 분노하던 것들을 깨닫고 철저히 돌이켜서, 의지의 대상은 오직 하나님뿐인 것을 인정하고 그분을 향해서 나의 마음을 드린다는 자세로 가도록 도와주는 것이 통찰상담이다. 반면, 지지상담이란 그런 분리와 독립을 이루기에는 자아의 상태가 너무 약해 보이지 않는 하나님한테 전적으로 의지하는 것이 잘 안 되기 때문에 보이는 상담관계를 통해서 어느 정도 의지하게 하고 난 후 서서히 독립해 갈 수 있도록 하는 것이다. 그러나 죽을 때까지 그것을 이룰 수 없는 경우가 훨씬 더 많다.

55) Stairs, J. (2000). *Listening for The Soul: Pastoral Care and Spiritual Direction*. MN. Minneapolis: Fortress Press, p. 77.

　기독교인에게 진정한 통찰은 깊이 회개하는 것과 함께 한다. 즉, 내가 온전히 순종해야 하며 예배해야 할 절대자를 향해서 전심전력으로 나의 모든 것을 헌신해야 하는데도 내 안에 존재하며 나를 혼란스럽게 하던 쓸데없는 의존과 인정을 위한 관심들을 하나하나 청소해 나가는 과정이라고 볼 수 있다. 다시 말해서, 하나님의 형상대로 빚어진 원래의 모습 속에 있던 진정한 사랑을 향한 갈망이 세상이라는 환경 안에서 살아남기 위해 여러 가지 방어의 휘장으로 둘러쳐질 수밖에 없었던 것을 이제 다시 원래상태로 돌이키는 것이라고 할 수 있다. 물론 원죄로 인해 완전히 창조된 그 모습 그대로 돌아갈 수는 없다 해도 최소한 자신이 얼마나 많이 원래의 위치를 벗어나 있는가 하는 정도는 깨달아 알아야 하겠다. 그러므로 깊은 통찰은 우리에게 진정한 겸손함과 자신의 현 위치를 인정함으로써 얻을 수 있는 평안을 주게 된다. 동시에 방어를 낮추고 들여다본 자신의 내면에 주어진 사랑의 갈망, 즉 관계에의 욕구를 하나님뿐만 아니라 함께 살아가는 동료 인간에 대한 사랑으로 표현할 수 있을 것이다. 상담과정에서 이런 직면과 통찰들이 어렴풋이 있어 왔다면 종결은 이제까지 미진하게 해 오던 것을 그 짧은 시간에 아주 직접적이고도 강하게 내담자의 마음속에 중점적인 문제로 부각시키는 굉장히 중요한 시기로 작용할 것이다.

제**12**장

역전이와 상담자 문제

상담자의 역동
역전이 양상
역전이 다루기
기독교상담에서의 역전이

제12장
역전이와 상담자 문제

　역동상담을 진행해 가는 과정에서 상담자가 내담자를 향하여 강한 긍정적 혹은 부정적 느낌을 갖게 되는 것을 역전이(counter-transference)라고한다. 이것은 내담자가 전이반응을 보이는 것과 마찬가지로 상담자가 현재의 내담자와의 관계에서 이전의 관계를 새롭게 반복하는 것일 수도 있고, 한편으로는 내담자의 대인관계의 문제로 인해 당연하게 생겨나는 감정반응을 말하는 것이기도 하다. 그러므로 상담자는 자신의 내면에서 생겨나는 감정들을 주의 깊게 관찰하여 그 감정의 근원을 잘 이해하고 다루어 나갈 수 있도록 해야 한다. 이런 과정에서 역전이는 진단적 및 치료적 수단으로 잘 사용되기도 한다.

상담자의 역동

상담이란 내담자의 무의식적이던 심리를 드러나게 하여 자신을 이해하게 함으로써 갈등을 해결하는 것이라 할 수 있다. 그런데 그것이 제대로 이루어지려면 문제의 논리적인 해석만이 아니라 상담자와의 새로운 인간관계 안에서의 교정적인 정서 체험과 함께 이루어지는 자기 이해가 있어야 한다. 그러므로 상담을 한다는 것은 내담자가 지금까지와는 다른 새로운 인간관계를 맺는 것이다. 이는 일반적인 대인관계와는 전혀 다르게 치료적인 거리를 전제로 하는 독특한 관계며, 동시에 내담자가 교정적인 정서 체험을 할 수 있는 인격적인 관계여야 한다. 그런데 이렇게 성숙하고 원만한 상담관계를 맺어가면서, 문제에 싸여 있는 내담자보다는 그를 먼저 수용하고 공감하며 앞에 언급한 독특한 치료적인 관계를 형성해야 하는 상담자에게 어쩔 수 없이 요구되는 인격적인 측면들이 있게 된다.

상담자가 되기 위해 이론을 공부하고 실제적인 상담을 실습하는 가운데 제일 먼저 부딪히게 되는 문제는 상담의 이론적인 문제나 기법적인 것보다 상담자의 내적인 문제인 경우가 많다. 왜냐하면 상담을 공부하는 동안에는 주로 우리들의 초점이 내담자에게 맞춰져 있지만, 막상 실제 상담 상황에 들어가면 그것은 하나의 대인관계로서 그동안 공부한 이론이나 기법들이 상담자라는 한 사람의 인격을 통해서 발휘되기 때문이다. 그러므로 아무리 열심히 상담이론을 이해하고 기법을 익혔다 해도 상담자 자신이 대인관계에서 갖는 감정들에 대한 이해가 부족하다면, 혹은 그런 감정들에 대해 자신을 개방하고 인정하려는 태도가 부족하다면 상담의 진행과정은 상담자 자신의 문제로 인해 영향을 받게 될 것이다. 다시 말해서, 상담을 공부하고 있는 우리가 의식적으로는 우리 자신을 잘 이해하고 있다고 생각하고 있지만 무의식적으로는 우리도 모르는 우리 자신의 욕구가 상담에 결정적인 영향을 줄 수 있다는 것이다. 그러므로 이를 반드시 염두에 두고 자신을 잘 돌아보면서 상담에 임해야만 한다.

　우선 상담공부를 시작하고 상담자가 되기 위해 노력하고 있는 우리들의 동기를 돌아보면, 다른 사람의 어려움을 듣고 이해해 주며 선한 삶을 사는 방법을 가르쳐 주고 또 어떤 사람의 문제에 깊이 관여하여 그 해결을 돕는다는 매력 때문에 상담자가 되려고 하는 것이 일반적이다. 얼른 듣기에는 상당히 이타적인 사랑의 이유로 이 일을 하는 것 같지만, 좀 더 깊은 내면의 욕구를 들여다보면 그렇게 이타적인 표면적 이유의 이면에 열등감, 외로움, 의존하고 싶은 욕구와 같은 자신의 문제들을 부정하거나 내담자에게 투사하여 남의 문제들로 다루어 보려는 무의식적인 동기들이 있는 경우가 많다. 즉, 상담자는 도움을 주는 형식을 통해서 결국은 자신의 내적인 욕구를 충족시키는 도움을 받으려고 하는 것일 수 있다. 결국은 지배하고 우월감을 느끼며 도움을 주고 가르치고 설교하고 존경받으려는 욕구는 의존하여 도움을 받고 매달려서 양육을 받으며 인정을 받으려는 욕구의 다른 측면이라고 할 수 있다. 그 둘은 다른 것이 아니고 동전의 양면과 같이 서로 붙어 있다. 그러므로 이제까지 우리가 논의했던 지나친 의존이나 인정에의 욕구들과 같은 내담자의 문제라는 것이 사실은 상담자인 우리들 자신이 갖고 있는 문제이기도 하다. 내담자 문제를 대하는 진정한 객관성 혹은 중립성을 위해서는 먼저 철저하게 이에 대한 인식이 있어야만 하는데 그것을 깨닫는 것이 쉬운 일이 아니다.

　이를 위해 상담자 교육과정에서 교육분석이나 상담자가 직접 상담을 받아보는 것을 요구하기도 하지만 그에 필요한 시간과 비용이 만만치 않으므로 그것을 필수조건으로 하지 못하고 있는 실정이다. 그 대신 훈련과정에서 반드시 실제 상담사례를 가지고 개인적인 사례지도 감독(supervision)을 받도록 해야 할 필요가 있다. 사례지도 감독에서는 그동안 배운 상담이론의 적용이 제대로 되고 있는가를 보기도 하지만 더 중요한 것은 그런 과정에서 상담자의 역동이 구체적으로 어떻게 드러나고 있는지, 그것이 긍정적으로 작용하는지 상담의 흐름을 방해하는지를 보게 된다. 특히, 이유를 알 수 없이 떨어져 나간 사례를 가지고 지도감독을 받으면서 그 과정에 혹시나 작용한 상담자의 문제들을 짚어 본다면 상담자 자신의 역동에 관하여 많은 것을 깨닫게 될 것이다. 물론 그것이 내담자 증상의 심각성 혹은 내담자의 역동의 문제인 경우도 많겠지만, 그런 식으로 여러 사례를 다루다 보면 그 상담자가 계속해서 반복적으로 걸려드는 문제가 있을 수도 있으며 때로는 유난히 선호하는 유형의 내담자 문제가 있는 경우를 보게 되기도 한다. 말하자면 개인 사례지도 감독을 통해서 그 상담자의 상담자로서의 역동을 깨닫고 다루어 볼 수 있다는 점이 훈련과정에서의 지도감독을 아무리 강조해도 지나치지 않게 생각되는 점이다. 그 외에도 몇몇 전문 상담자 동료들끼리 정기적인 모임을 만들어서 자신들의 사례를 내놓고 함께 토의해 가는 방법도 있다. 우리들은 자신의 문제를 보는 것은 서툴러도 남의 문제는 빨리 알아차릴 수 있으므로 서로 토의하면서 자라가도록 도울 수 있을 것이다. 특히, 함께 상담을 공부하는 과정의 동료들인 경우 이론적인 배경이 같고 또 그 이론을 자신들에게 적용시켜 보는 자기 발견의 경험들을 같이 하므로 좋은 공감대가 형성될 수 있을 것이다. 그런 경우 서로의 문제를 명료화시키고 직면하며 통찰을 얻는 유익한 경험들도 부담 없이 같이 나눌 수 있는 동료 사례지도 모임이 될 수 있다.

이렇게 상담자가 자신의 역동을 알고 깊이 깨닫도록 해야 한다는 것은 그것이 뭔가 잘못되었으므로 다 알아내서 고치고 난 후라야 상담을 할 수 있다는 의미가 결코 아니다. 만일 그렇다면 세상에 상담을 할 수 있는 사람은 아무도 없을 것이다. 이는 상담자의 문제가 상담과정에 영향을 주지 않도록 상담자 스스로 그것을 깊이 깨닫고 이해해야 한다는 의미다. 다시 말해서, 상담자가 자신의 문제를 제대로 깨닫지 못하면 무의식중에 내담자에 대한 이해에 심각한 방해를 준다. 내담자의 감정을 공감할 수 없다거나 내담자의 성장이나 내적 능력을 발굴하는 데에도 심각한 방해를 할 수 있다. 그러므로 상담자는 최선을 다해 자신의 문제를 의식화시켜 그것이 부지불식간에 상담과정을 방해하는 것을 막아야 하는 것이 최우선 과제다. 그리고 그것을 극복하고 해결하는 것은 계속해서 개인적으로 수행해야 할 부분이라고 하겠다.

역전이 양상

　상담이란 상담자와 내담자 사이의 특별한 관계를 통해서 이루어지는 일이므로 상담자 입장에서 보면 내담자에 따라서 여러 가지 다른 관계 양상과 감정을 경험하게 된다. 이 과정에서 특히 상담자가 자신의 심리적인 문제를 의식화하지 못한다면 그것이 상담자에게 독특한 감정을 불러일으킬 수 있다. 즉, 상담자는 유난히 어떤 내담자가 불편하다거나 불안해지고 흥분된다든지, 왠지 답답하고 부담스럽고 싫거나 얄미워서 좀 안 와줬으면 하는 생각이 들기도 한다. 또는 반대로 참 귀엽고 좋거나 유난히 흥미를 느끼게 되거나 해서 그 내담자와의 상담이 기다려지기도 한다. 때로는 상담이 끝나고 난 후에도 그 내담자 생각이 나거나 유난히 염려되고 그에 대한 꿈을 꾸기도 한다. 이렇게 상담과정에서 느끼게 되는 상담자의 다양한 감정적 반응들을 역전이라고 한다. 역전이는 넓게는 그런 모든 상담자의 감정을 말하지만, 전통적인 의미에서는 어떤 내담자에게서 독특하게 상담자의 어린 시절 정서적으로 중요하게 생각했던 사람에게서 느꼈던 감정을 느끼게 되는 것을 말한다. 그런데 상담훈련 초기에 상담을 많이 하다 보면 이런 식으로 자주 걸리는 역전이 패턴이 생긴다. 즉, 항상 같은 문제에 걸리게 되는 것이다. 왜냐하면 상담자에게도 핵심역동은 반복되기 때문인데, 사례지도 감독자와 함께 그 문제를 잘 분석해 보는 것은 상담자의 자기 이해에 귀한 기회가 될 수 있다. 그러나 모든 역전이가 상담자의 역동적인 문제에 의한 것만은 아니다. 역전이현상을 잘 분석해 보면 순전히 상담자의 역동에 의해 전치된 정서반응인 경우가 있는가 하면, 때로는 내담자의 반복적인 부적응적 행동 양상(cyclical maladaptive pattern)[56]이 불러일으킨 상담자의 무의식적인 반응일 수도 있다. 전자의 경우 역전이는 상담자의 진지한 자기 이해와 분석 등을 통해 반드시 피해 가도록 해야 하는 현상이지만, 후자의 경우는 오히려 진단적이고 치료적인 수단으로 잘 사용될 수 있으므로 상담 중에 주의해서 관찰하며 다룰 수 있어야 하겠다.[57]

앞서 언급한 것처럼 그 어떤 원인으로 인하여 생겨난 감정이든지 내담자에 대하여 상담자가 특별한 감정을 갖고 거기에 무의식적으로 사로잡힐 때, 즉 역전이를 일으킬 때 상담 중 내담자의 문제를 다루는 것에 영향을 주게 된다. 이때 가장 일반적으로 드러나는 것은 상담자가 내담자의 고통 혹은 문제와 유약함 등을 정서적으로 공감하며 받아 주기가 힘들어지는 것이다. 앞서 감정표현에 관한 장에서 언급했듯이 내담자의 감정에 공감한다는 것은 그가 그런 감정을 느꼈다는 것을 그대로 인정하는 것이다. 때로는 내담자의 역동적인 문제로 인하여 그 감정이 상황에 맞지도 않고 좀 괴상하기도 하고 엉뚱하게 보이기도 하지만, 그가 그런 감정을 느낄 수밖에 없다는 사실을 상담자의 경험자아를 동원하여 내담자의 정서적인 흐름을 따라 이해하는 것이라고 하겠다. 그런데 이때 상담자 자신의 논리적인 입장을 벗어나지 못하여 경험자아를 작동시킬 수 없다면 내담자의 감정을 그대로 인정하고 받아 주기 힘들게 된다. 다음의 예를 보자.

---

56) Levenson, H. (1995). *Time-Limited Dynamic Psychotherapy: A Guide to Clinical Practice*. New York: BasicBooks.

57) 이 책에서는 이 부분에 대한 전문적인 설명을 생략한다. 이에 대해 더 자세한 내용을 공부하기 원한다면 Patrick J. Casement의 『환자에게서 배우기』(김석도 역, 한국심리치료연구소, 2003) 제4장을 참고하라.

내담자 : 저는 그런 아버지가 정말 창피했어요. 구질구질한 옷차림에 햇볕에
        타서 시커먼 얼굴하고…… 차라리 졸업식에 오시지 말았으면 하고
        얼마나 바랐던지.

상담자 : 그래요? 아니, 아버지가 그렇게 농사를 짓지 않으셨다면 학비를 어떻
        게 주셨겠어요? 그걸 감사해야 하는 거 아닌가요?

내담자 : 저도 그걸 압니다. 감사하고 있지요. 그렇지만 친구들이랑 교수님들에
        게 아버지를 소개시키고 싶지는 않았다는 거죠. 저도 그런 제가 미워
        죽겠어요. 구제불능이라는 생각이 더 들어요.

  일반적인 대화였다면 상담자의 반응이 상당히 도의적이라고 생각되나
상담 상황에서는 전혀 공감하지 못한 대응이라고 보인다. 이렇게 반응한
상담자의 마음을 들여다보면, 우선 '부모의 희생을 모르는 건 옳지 못해.'
'모름지기 인간은 부모를 공경하며 늘 감사하는 마음을 가져야 해.' 라는
도덕적인 틀을 갖고 있는 것으로 볼 수 있다. 객관적으로 보면 그것이 옳기
는 하나 독특한 내담자의 입장 혹은 감정을 고려하지는 못하고 있다. 아마
이 상담자는 그런 도덕적인 틀을 떠나 내담자의 입장을 따라가는 것이 불
편하거나 힘들다고 느끼고 있을 것이다. 물론 그런 자동적인 평가와 행동
은 무의식중에 일어나게 된다. 그런데 사실 내담자 역시 그래야 한다는 것
을 알고 있어도 그런 감정이 드는 것에 대해 죄책감을 느끼고 있으며 심한
자책에 빠져드는 양상을 보이기까지 한다. 내담자가 상담자에게 호소하고
싶었던 것은 그럴 수밖에 없던 자신에 대해 이해받고 싶었던 것이었을 것
이다. 그런데 이에 대한 상담자의 반응은 오히려 내담자의 죄책감을 더 자
극하고 자신을 미워하게 하는 방향으로 작용했다. 그렇다면 이 상담자는
유난히 높은 도덕적인 기준을 가진 걸까? 자신도 내담자와 마찬가지로 부
모님을 부끄럽게 여기고 있는 중에 그런 것을 말로 표현하는 내담자에게
자신의 문제점을 투사한 것일까? 혹은 유난히 속을 썩이는 자신의 자녀가

생각나서 부모님의 수고와 은혜를 강조한 것은 아닐까? 어쩌면 상담자는 과거 어느 때 시골에서 농사지으며 형제들을 뒷바라지하신 부모님을 부끄러워한 자신의 오빠나 형이 생각나서 그들 대신 내담자에게 한마디 해 준 것일 수도 있겠다. 그 이유야 어느 것이든 간에 어떤 강한 감정이 상담자를 지배하게 되면 내담자의 감정을 공감하지 못하게 된다.

또한 역전이가 생기게 되면 내담자의 강한 감정표현, 즉 너무 부끄러워한다거나 심하게 화를 낸다거나 몹시 슬퍼하는 등의 상황에 함께 있는 것이 힘들어진다. 그것은 내담자의 왜곡된 감정이 상담자를 향한 것이 아닌 경우와 그 감정이 상담자를 향하는 경우의 두 가지로 나누어 생각해 볼 수 있다. 첫 번째 경우에는 내담자가 상담과정에서 관련된 누군가에 대해 얘기하면서 심하게 분노를 표현한다거나 섭게 울며 애도의 감정을 표현하는 것을 상담자가 견디기 힘든 것이다. 물론 역동상담은 자신의 감정을 말로 표현하는 것이어서 과거에 몹시 억울하고 속상한 일을 당했던 것을 얘기하면서 원망하고 화를 낼 수는 있지만, 그것은 어디까지나 '이러저러해서 너무나 화가 났다.' 는 자신의 분노에 대한 간접적인 표현이 될 수밖에 없다. 그러나 상담자가 공감을 잘해 주고 내담자가 적당히 퇴행을 할 경우, 과거의 사건에 대한 생생한 감정이 살아나게 되어 마치 지금 여기서 그 일이 일어난 것처럼 화도 내고 슬퍼할 수도 있게 된다. 이때 상담자는 그런 내담자의 감정적인 표현을 공감적으로 수용하여 안아 주는 환경을 제공할 뿐만 아니라 더 솔직하고 미묘한 감정을 자세히 표현할 수 있도록 돕게 된다. 그런데 그런 생생한 감정의 표현이 있는 현장을 대하는 상담자가 뭔지 모르게 마음이 불편해진다거나, 내담자의 감정에 함께 몰입되어 내담자를 붙잡고 너무 많이 운다거나, 내담자보다 더 화를 내고 흥분한다거나 해서 내담자의 감정을 담아내지 못하는 경우가 있다. 가장 흔한 경우는 내담자가 펑펑 우는 상황에서 좀 기다려 줄 수 있어야 하는데도 불구하고 상담자가 얼른 휴지를 건네 주며 은연중에 우는 것을 중단하라는 메시지를 주는 것이

다. 또 다른 상황은 내담자가 전이 왜곡이 일어나서 상담자를 사랑한다고
생각하거나 혹은 그런 기대가 좌절되어 심각한 분노를 상담자를 향해 표출
하는 경우에 관한 것이다. 그것은 분명히 상담자에 대한 현실적인 감정이
아니므로 상담자는 내담자가 충분히 자신의 감정을 표현하게 하여 스스로
자신이 지나친 감정을 갖고 있다고 깨달을 수 있도록 돕는 것인데, 그런 순
간이 유난히 불편하거나 불쾌하게 느껴져서 수용적인 태도를 갖기 힘들다
면 그 역시 역전이의 영향 때문이라고 할 수 있다. 즉, 상담자에게 과거의
누군가에게 심한 질책을 당했다거나 애정표현을 불안해해야만 했던 상황
이 되살아나므로 내담자의 감정표현을 참아내기 힘들게 되는 것이다. 물론
왜곡된 것을 잘 아는 경우라도 상담자를 향한 내담자의 지나친 감정표현을
받아내는 것은 결코 쉬운 일이 아니다. 그런 훈련을 위해서는 많은 경험과
함께 주의 깊은 사례지도 감독이 필요하다. 내담자가 겪고 있는 불안이나
더 깊이 체험되어야 하는 감정들의 치유를 위해서는 Winnicott이 말하는
이해와 공감을 통한 안아주기의 환경으로서의 상담자 역할이 필수적이므
로,[58] 이런 상황을 버텨내는 수용력을 계속 늘려가도록 노력해야만 할 것
이다.

또 다른 역전이 양상은 상담이 진행되면서 내담자가 의존에서 벗어나 점
점 독립해 가고 문제를 해결하는 능력이 생겨나 성공적으로 일을 수행할
때 상담자가 이를 기뻐하기보다 불편해하는 것이다. 상담자와 내담자 사이
에 이루어지는 상담관계라는 것은 시작부터 평등한 관계는 아니다. 그러나
상담자가 지속적으로 '나는 큰 문제가 없으므로 마땅히 남을 도와주고 내
담자는 일방적으로 도움을 받는 사람이다.' 라는 생각을 한다면 분명 옳지
않다. 즉, 내담자가 문제가 있어서 도움을 구하러 왔지만 그것이 그가 단지

---

58) 이재훈 역(2000). 『성숙과정과 촉진적 환경』(Donald Winnicott 저). 서울: 한국심리치료연구
소, p. 353.

문제 덩어리인 채로 정지된 존재라는 의미는 아니며 인간관계 속에서 갈등하며 변화해 가는 인격체로[59] 보아야 할 것이다. 그리고 상담자는 그런 변화의 과정에 동참하는 동반자로서 지속적인 지지와 격려 속에서 내담자의 성숙을 기뻐하며 권장하는 자세를 가져야 한다. 그런데 상담자가 상담을 하는 깊은 내면적인 욕구가 어려운 누군가를 도와주거나 남의 의존의 대상이 됨으로써 인정 또는 지배자로서의 우월감을 얻기 위한 것에 있다면, 오히려 그는 내담자의 치유나 성장을 기뻐하지 못하게 된다. 상담으로 인한 분리와 독립은 곧 상담자의 자기애적인 만족을 망치는 결과를 가져오기 때문이다. 또한 이는 상담자의 자리에서 은밀하게 느끼던 역의존이 깨어지는 것이며 지속적으로 공급받던 존중과 사랑을 잃는 것으로 느껴지기 때문이다. 그러다 보니 상담자가 내담자의 성공에 대해 질투심을 느끼거나 경쟁의 대상으로 여기는 경우도 있게 된다. 이와 같은 상담자의 인정욕구의 문제를 약간 다른 각도에서 보면 상담자가 상담을 반드시 성공적으로 하려는 마음, 내담자를 잘 고쳐 주려는 마음이 지나친 경우를 생각해 볼 수가 있다. 그 단적인 예가 바로 상담을 하면서 불안을 느끼는 것이다. '내가 저 내담자를 도와줄 수 있을까?' '내가 상담을 하면 잘 도와줄 수 있을까?' 이런 경우 일단은 기본적으로 상담자의 주의 깊은 공감만으로도 내담자는 많은 것을 얻고 치료를 얻게 되므로 '진정한 관심을 가지고 내담자가 느끼는 것은 무엇이며 내게 말하려는 감정은 무엇인지 들어줘야지.' 하는 마음을 가지면 불안할 이유가 없다. 그런데도 상담을 하려 하면 굉장히 불안해지는 것은 '내가 무슨 말을 해야 하나? 내가 어떻게 도와줘야 하나? 도와줘야만 한다. 나는 도와줄 수 있다. 나는 그런 사람이어야만 한다.' 와 같은 생각이 무의식에 깔려 있기 때문이다. 의식적으로는 그렇게 생각하지 않는데 내담자와의 상담과정을 통해서 그 상황을 잘 관찰해 보면 이 문제가 걸려

---

59) 홍성화, 안향림 공역(2003). 『정신치료입문』(Kenneth Mark Colby 저). 서울: 성원사, p. 12.

있다. 자신이 꼭 성공해야 한다는 생각은 곧 짐스럽게 느껴지고 그럴 경우 심지어는 상담하는 것이 너무 부담스러워서 그 내담자가 다시 오지 않았으면 하고 은근히 바라기도 한다. 자신이 무엇인가 꼭 도와줘야 한다는 부담감은 성취에 대한 욕구가 있기 때문이며, 그것은 한마디로 열등감이 있기 때문이다. 성공이나 실패에 대한 문제는 누구에게나 다 있는 것이므로 완전하지 않으면 안 된다는 생각은 버리기 바란다. 특히, 초보 상담자의 경우에는 실패를 경험하면서 많은 것을 배운다. 이론을 실제에 적용하다 보면 현실적으로 그렇게 될 수밖에 없다. 당연한 실패에의 가능성을 수용하지 못한 채 상담을 전부 성공해야만 한다고 생각하는 것이야말로 지나친 열등감을 부정하기 위한 과잉방어의 모습이다. 만약 내담자의 증상을 다 듣고 보니 자신이 상담해서 도와줄 수 없을 것 같으면 "내가 당신을 도와주기에는 한계가 있습니다. 더 좋은 상담자에게 소개하면 어떨까요?"라고 제안한다. 이렇게 이야기하고 적당한 상담자를 연결하면서 상담을 끝내면 된다. 그런 것을 몇 시간이고 붙잡고 고심하면서 짐스럽게 생각하는 것은 '나야말로 이 내담자를 고칠 수 있는 유일한 사람이다.' 라는 과대적인 생각 때문이다.

상담의 종결단계에서 상담자에게 흔히 나타나는 역전이 양상은 내담자와 헤어지는 것에 대한 힘든 감정이다. 앞의 종결에 대한 장에서는 주로 상담 종결에서 나타나는 내담자의 감정들에 대해 언급했다. 이때 내담자와 마찬가지로 상담자 역시 종결에 대해 여러 가지 감정들을 경험하게 되는데, 보통은 그런 감정을 의식할 뿐 아니라 적절한 시기에 개방하여 내담자와 나누기도 한다. Irvin Yalom의 실존주의 상담사례를 모아놓은 책 『나는 사랑의 처형자가 되기 싫다』(최윤미 역, 시그마프레스)에 나오는 '뚱뚱한 여인' 이라는 제목의 사례에서 보면, 힘들었던 상담과정을 마치면서 상담자가 드러내는 종결에 대한 진실한 감정이 얼마나 상담자와 내담자의 관계를 진술하고 의미 있는 것으로 만드는지를 잘 볼 수 있게 해 준다. 종결을 맞

이하는 진지하고 솔직한 상담자의 감정에 대한 시기적절한 상담자의 자기
개방(self-disclosure)이 내담자에게는 생전 처음 해 보는 귀중한 헤어짐의
경험이 되는 것이다. 그런데 상담자가 그런 자신의 감정이 생기는 것을 불
안해하거나 부정하며 피할 경우, 종결과정을 적절히 다룰 수 없게 되어 그
과정에서만 독특하게 이룰 수 있는 성과를 놓치게 된다. 이를테면 종결 자
체를 회피하므로 상담이 답보상태에 있는 것을 인정하지 않고 해결하지도
못하면서 마냥 끌고 간다거나, 혹은 상담이 흐지부지하게 끝나가는데도 구
체적인 종결을 언급하지 못하게 된다. 또한 막상 종결을 언급하고 결정했
지만 헤어짐에 대한 내담자의 감정을 묻고 공감하며 확실히 다루어 주지
못할 수도 있다. 다시 말해서, 상담자가 종결에 대해 분명하게 말하지 않거
나 제대로 다루지 못하는 것은 종종 자신들의 분리 불안이나 그것이 남에
게 상처를 주는 것이라고 생각하는 죄책감이 행동화하는 것이다. 이는 특
히 상담자 자신의 삶에서 부모의 이혼, 죽음, 다른 예측 못한 혹은 원치 않
던 이별 등의 해결 안 된 과거의 헤어짐의 감정이 다시 살아난 것, 즉 역전
이를 말한다.[60]

 이렇게 상담과정에서 상담자가 역전이를 일으키는 양상들을 잘 보면 그
로 인해 내담자가 받을 영향에 대한 것을 추론해 볼 수 있다. 상담자가 역
전이로 인해 내담자의 고통이나 연약함의 감정을 수용하지 못할 경우 내담
자는 다시 한 번 중요한 타인에게서 공감을 받지 못하는 상황에 놓이게 되
어 외롭고 고통스러운 소외를 맛보게 될 것이다. 또한 그것을 제대로 받아
주지 않는 상담자에 대한 불만은 말할 것도 없고, 오랫동안 마음속 깊이 쌓
아두었던 애끓는 감정들을 마음놓고 솔직히 표현하는 것조차 상담자를 불
편하고 힘들게 한다는 사실은(상담자가 말하지 않아도 내담자는 그것이 제대

---

60) Teyber, E. (2000). *Interpersonal Process in Psychotherapy* (4th ed.). Belmont, CA:
Brooks/Cole, p. 298.

로 받아들여지지 않는다는 사실을 재빠르게 눈치 채곤 한다) 내담자로 하여금 자기 자신을 있는 그대로 바라보고 수용하기 힘들게 할 것이다. 심지어는 내담자가 자신의 감정표현 때문에 상담자가 힘들어진 것으로 생각하게 되어 부정적인 자기 이미지를 강화시키게 될 수도 있다. 이렇듯 상담자와 내담자 사이의 관계를 통해 치유하는 것을 목표로 하는 역동상담 과정에서 역전이의 출현은 상담관계에 심각한 영향을 줄 가능성이 있으므로 처음부터 종결까지 상담자의 철저한 주의가 필요하다.

역전이 다루기

역전이의 부정적인 영향에 대해 크게 강조했으나 사실 역전이 감정 자체는 상담에 늘 있을 수 있는 일이다. 왜냐하면 상담 상황에서 상담자가 마치 상담을 하는 기계처럼 있는 것이 아니라 실제 살아 있는 인간으로서 내담자에게 반응하면서 그 자리에 존재해야 하기 때문이다. 역전이 개념을 잘못 이해하는 경우 마치 상담 상황에서 상담자가 아무런 감정을 갖지 않는 것이 옳다고 생각할 수도 있겠다. 그러나 그것은 거의 불가능한 일이며 설령 그럴 수 있다 해도 별로 바람직한 일은 아니다. 그러므로 역동상담에서 상담자의 중립적인 자세를 언급할 때 '중립적'이라는 뜻은 내담자의 행동이나 말에 대해서 상담자 나름대로의 감정을 충분히 느끼면서도 그런 감정의 영향으로부터 적당히 떨어져서 내담자를 공감하고 수용하는 것을 의미한다. 그러므로 상담자가 역전이 반응을 일으켰느냐 아니냐의 문제보다 상담자가 자신의 그런 감정을 재빨리 인식하고 잘 처리할 수 있느냐 없느냐가 더 중요한 문제라고 하겠다.

상담이 진행되는 중 상담자 자신에게 역전이가 일어났다는 것을 알게 되고 그것을 인정하며 객관적으로 자신의 행동을 볼 수 있게 되면 역전이로부터 오는 부정적인 영향을 한결 줄일 수 있다. 다음의 예를 보자.

> 부부간의 갈등에 대해 얘기하며 상황을 악화시킨 남편을 원망하는 내담자에게 오히려 "좀 더 자세히 생각해 보시죠, 그게 남편만의 잘못인지?" 하며 노골적으로 내담자를 면박 주던 남성 상담자가 있다. 그 말을 듣자 내담자는 얼굴이 벌게지며 "아니, 선생님은 어떻게 이런 경우에 우리 남편 편을 드시는 거예요? 누가 봐도 이건 절대로 날 욕할 수 없는 일이에요. 오늘 정말 이상하시네요." 하며 언짢아했다. 이에 상담자는 언뜻 정신을 차리고 "아, 그렇게 느껴지셨어요? 그건 남편이 내 내담자가 아니기 때문이에요. 부인이 성숙하기를 바라고 또 그것을 위해서 최선을 다해 노력하다 보니…… 성숙하기 위해서는 자신을 돌이켜 봐야 합니다. 자신의 문제를 깨닫는 것이 중요하지요."라고 장황히 설명하며 빠져 나갔다. 사실 내담자가 자기 편을 들어주지 않는다고 따지듯 말하던 순간, 상담자는 그날 아침 출근하기 전에 아내와 한바탕 설전을 벌이고 왔는데 내담자가 부부 갈등에 대해 남편 원망을 심하게 하자 갑자기 아내와 동일시되어 무의식중에 공감을 거부하고 남편 입장에 섰던 것이다.

말하자면 역전이를 다루는 방법은 무엇보다 상담자가 지속해서 객관적으로 자신을 바라보고 있음으로써 될 수 있는 한 빨리 그것을 알아채는 것이다. 이렇게 자신을 볼 수 있는 능력(introspective ability)은 상담자에게 필수적인 것이며 훈련과정 중에 철저히 성장시켜야 하는 부분이다. 이를 위해서는 교육분석이나 상담을 직접 받아 보는 것처럼 확실하고 분명한 방법은 없다. 상담을 통해 나 자신에 대해 지식적으로 아는 것과 통찰을 통해 깨닫는 것의 차이를 경험해 보면서 자신에 대해 더욱 객관적인 관찰의 눈을 갖게 될 것이다. 이는 내담자의 치료적 분리(분열)기제와 마찬가지로 상담자에게도 경험자아와 관찰자아의 분리가 반드시 있어야 하는 것을 의미한다. 그래야 상담자의 경험자아가 내담자와 함께 퇴행하여 그의 감정을 함께 경험하고 나서 다시 상담자의 관찰자아가 그런 상황을 분별하며 내담자의 핵심역동이 무엇이고 어떤 식으로 반응하는지를 관찰할 수 있다. 동시에 상담자는 그 관찰자아로 상담자 자신의 경험자아를 관찰해야 한다. 상담자에게 요구되는 것은 바로 이런 자세로 상담을 하는 것이다. 즉, 한쪽으로는 내담자의 마음속을 들여다보면서 다른 한쪽으로는 자기 마음속을 들여다봐야만 한다. 선원들 사이에 "한 손은 배를 위해서 한 손은 자기의 안전을 위해서 사용하라."는 격언이 있다. 배를 타는 사람은 항상 배와 함께 운명이 결정되기 때문에 배가 어디 부딪힌다든지 부숴진다든지 하면 몸을 던져서 막아야 하는데, 우선 자신의 목숨을 지키지 않으면 배를 지킬 수 없기 때문에 한 손은 배를 위해서 다른 한 손은 자신의 안전을 위해서 사용해야 한다는 뜻이다. 마찬가지로 상담할 때에도 한쪽 눈은 내담자의 내면을 바라보면서 다른 한쪽 눈은 나의 내면에서 어떤 감정이 일어나고 있는지를 봐야 한다. 예를 들어, 상담을 하는데 한 시간 내내 마음속이 왠지 불편하고 답답하다면 그것을 느끼면서 자기 자신을 관찰한다. 그저 마음이 '답답하구나.' 하며 그 답답함 속에 빠져 있는 것이 아니고, '내 속에서 답답한 것이 끓어오르는구나. 이 답답함이 어디서부터 시작된 것일까? 어느 때부터였나? 이것이 나의 문제와 어떤 연관이 있는가, 아니면 내담자가 나를 자꾸 자극해서 촉발시키는 것인가?'와 같이 먼저 생각해 본다. 그러면서 가만히 보니까 내담자가 계속 자극적인 용어를 사용한다. 그렇다면 그것이 정말 그런 것인지, 아니면 내담자는 그냥 보통의 언어를 사용하는데 내 마음속에서 특별히 자극이 되는 것인지, 혹시 그렇다면 그 이유는 뭔지, 그것이 나의 과거 또는 어린 시절의 어떤 문제와 관련이 있는지 등의 문제를 추적해 들어간다. 그래서 한쪽 눈은 내담자를 향해서 다른 한쪽 눈은 상담자 자신을 향해서 사용하라고 하는 것이다. 이것이 처음에는 잘 안 된다. 초기에는 내담자를 평가하는 것만 해도 바쁘고 자신이 열린 질문을 하는지 닫힌 질문을 하는지 파악하기조차 힘든데 언제 자신의 마음속에서 일어나는 미묘한 감정을 파악할 것인가? 한참 경험이 쌓여야만 할 것 같다. 그것을 위해서는 상담을 공부하고 훈련받는 동안에도 늘 자기 자신을 돌이켜 보는 것이 습관화되어야 한다. 또한 그런 문제에 대해서 관심을 갖고 집단상담을 통한 감수성 훈련과정에 참여도 하고 동료들 간에 자기 감정에 대한 토의도 해야 된다. 그렇게 관계 내에서의 자기 내면의 역전이적인 감정 요소들을 잘 이해하고 파악해야만 내담자를 제대로 도울 수 있다. 평상시에도 자신을 많이 돌이켜 보며 대인관계에서 무슨 문제가 생기면 냉정하게 '자기 탓' 이라고 할 수 있는 부분에 대해 생각하고 추적해 본다. 너무 자학적이지 않느냐라는 생각이 들 수도 있겠지만 자신에 대해 객관적이기 위해서는 약간 자학적이 될 수밖에 없다. 상담자로서, 또 어느 누구든 성숙을 위해서는 어느 정도까지는 그래야 하고 그런 자세가 있어야만 한다고 생각한다.

그러면 깨달아도 조절이 안 되는 경우는 어떻게 할까? 보통은 자신의 무의식적인 감정을 인식할 경우 그런 감정으로 인해 영향받은 행동을 자제할 수 있다. 이때의 인식하는 것, 즉 의식화는 진실하게 상담자 자신의 내면을 직면하는 것을 의미한다. 사실 이것은 괴롭고 힘든 일이어서 우리는 자주 회피하고 싶어 한다. 그러므로 '깨달아도 조절이 안 된다' 는 것은 많은 경우 제대로 깊이 있게 솔직한 직면이 이루어지지 못한 것일 수 있다. 다음의 예를 보자.

내담자를 두 달 이상 상담한 후 우연히 그가 그동안 가명을 써 왔다는 사실을 알게 된 상담자는 너무나 화가 나서 속이 부글부글 끓는 것 같았다. 그러나 곧 "내게 죄지은 자를 사하여 준 것과 같이 내 죄를 사하여 주소서." 하는 주기도문 구절을 떠올리며 그를 용서하기로 하였다. 그래서 마음은 곧 가라앉았지만 아무래도 내담자의 거짓말하는 습성을 빨리 고쳐 줘야겠다는 생각이 들어 그에게 적어도 상담에서는 모든 것을 솔직히 말해야 도움을 줄 수 있다며 본명이 무엇인지를 말하라고 계속 설득하였다. 내담자는 자신이 상담받고 있다는 사실을 아무에게도 알리고 싶지 않다며 한참을 버티다가 마침내 본명을 말하고 그 회기를 끝냈다. 그러나 내담자는 그 다음주에 아무런 연락 없이 상담에 오지 않았으며 그 이후에도 다시는 돌아오지 않았다.

이 사례에서 내담자가 가명을 쓴 사실에 대해 상담자가 그토록 분노한 것을 본인은 그것이 잘못된 일이며 죄였기 때문이었다고 결론 내리고 용서하려고 했다. 그러나 좀 더 깊이 생각해 본다면 그것은 잘못된 일이기 전에 내담자의 세상에 대한 불신을 드러내 주는 귀중한 이해의 열쇠가 된다. 또한 '상담에서는 모든 것을 솔직히 말해야 도움을 줄 수 있다.' 는 상담자의 말은 불신으로 가득한 내담자의 감정을 전혀 공감하지 못하는 가운데 단지 다른 사람을 지배하거나 과시하고 싶은 상담자의 욕구를 드러내 보여 주는 것일 뿐이다. 다시 말해서, 상담자는 신앙으로 얼버무리려 하지 말고 자신의 역전이감정을 더 깊이 탐색해야 했고, 상담으로 돕는 일에 나선 자신의 동기를 더 자세히 생각해 봐야 했다. 그렇지 못했기 때문에 내담자를 공감하는 일에 실패했고 결국 그 상담에 실패하게 된 것이다.

또한 하나 이상의 문제가 겹치면서 일어난 역전이도 쉽사리 조절이 안된다. 다른 예를 보자.

평소에는 잘하다가도 뭔지 자신의 비위를 거스른다고 생각되면 공격적이고 험악한 분위기를 만드는 남자 청년 내담자를 상담하는 중년 여성 상담자가 있다. 그 상담은 상담자를 정말 힘들게 했는데, 아무리 아들 같은 나이의 내담자라고 해도 상담자가 자기를 무시했다고 버럭버럭 소리지르며 따지는 듯할 때면 정신이 혼미해지는 기분이 들었고 내담자가 심하게 혐오스럽기까지 했다. 그래서 잘 생각해 보니 내담자가 그럴 때마다 어려서 툭하면 심한 말을 해서 가족들을 힘들게 했고 자녀들을 폭력적으로 대하던 자신의 아버지에 대한 감정이 되살아나는 것을 깨달을 수 있었다. 그런 이유로 자신이 내담자의 공격성에 맥없이 무너진다는 것을 확실히 알기는 했지만 그래도 그 상담을 계속하기에는 너무 힘든 것을 어쩔 수 없었다. 속으로 은근히 내담자 스스로 떨어져 나가기를 기도하던 중 개인 사례지도 감독을 받은 후 자신의 한계를 인정하게 되어 상담을 종결하고 내담자를 다른 상담자에게 의뢰하여 보내게 되었다.

이런 사례는 상담자의 역전이문제와 함께 내담자의 지나치게 부적응적인 행동 양상이 일으키는 또 다른 종류의 역전이가 혼재되어 있는 내용이다. 이와 같이 때로는 상담자의 인식이나 깨달음의 부족으로, 혹은 복잡한 내담자의 문제와 얽혀서 상담자의 역전이가 극복되지 못하기도 한다. 그리고 사실은 실제 상담에 임하다 보면 깊이 깨달아도 안 되는 부분이 있다. 정신분석으로 가장 명성 있고 평생을 그 분야에 종사한 분석가도 75%가 정신분석에 실패한다는 연구가 있다. 다 알아도 이미 오랫동안 습관되어 있고 길들여져 있기 때문에 고치는 것이 잘 안 된다. 옛 성품이 너무 뿌리 깊게 박혀 있기 때문에 다 알아도 힘들다는 것이다. 물론 그렇기 때문에 역전이 극복을 포기하라는 말은 결코 아니다. 완전한 극복이란 없으므로 오히려 더욱 철저하고 조심스럽게 상담자의 무의식적인 감정이 상담과정에 영향을 주고 있는 것은 아닌지 계속해서 객관적으로 볼 수 있어야 할 것이다. 그리고 진지한 직면 이후에도 역전이를 극복할 수 없어서 내담자에 대한 공감이나 안아주기 환경을 제공할 수 없다고 판단될 경우, 빨리 자신의 한계를 솔직히 인정하고 내담자를 다른 상담자에게 의뢰하여 인계하는 것이 옳다고 생각한다. 물론 이런 경우 상담자는 내담자가 그것을 거절로 받아들이지 않도록 조심스럽게, 그러나 솔직히 자신의 한계를 인정하며 의뢰에 대한 내담자의 동의를 구하도록 해야 한다.

기독교상담에서의 역전이

상담공부의 많은 부분을 내담자 문제에 할애하고 있으나 그 부분은 배우고 익히면 어느 정도는 숙달이 가능한 영역이라고 생각된다. 그러나 상담자의 역전이 문제에 대한 극복은 그렇게 단순하지도 쉽지도 않다. 특히, 치료과정에서 상담자와 내담자 사이의 관계를 중시하는 역동상담에서는 내담자의 문제만큼이나 상담자의 내면을 거의 혹독하리만치 주의 깊게 관찰하고 자기 문제의 영향을 줄이려고 노력할 것을 요구한다. 이런 점을 생각할 때마다 늘 떠오르는 말씀은 마태복음 7장 4절의 "보라 네 눈 속에 들보가 있는데 어찌하여 형제에게 말하기를 나로 네 눈 속에 있는 티를 빼게 하라 할 수 있겠느냐. 외식하는 자여, 먼저 네 눈 속에서 들보를 빼어라. 그 후에야 밝히 보고 형제의 눈 속에서 티를 빼리라."는 말씀이다. 예수님은 이런 관점에 대해 여러 군데에서 굉장히 신랄하게 말씀하시는 것을 볼 수 있는데, 다른 곳에서는 이런 이들이 "성전 문을 가로막아 서서 자기도 못 들어갈 뿐 아니라 남도 못 들어가게 한다."는 말씀도 하신다. 예수님께서는 특히 '외식하는 자' '자신의 문제를 못 보는 것 때문에 남을 잘못 인도하는 자들'에 대해서는 최상급의 독설을 사용하며 비판하시는 것을 볼 수 있다. 그것은 우리 각자가 자신을 돌이켜 보는 것이 얼마만큼 중요한지를 말해 주는 것이며, 그것이 결국은 복음의 첫머리에 회개하라고 명하는 것과 함께 각자가 자기 자신에 대한 뼈아픈 돌이켜 봄이 없이는 누구도 성숙할 수 없다는 진리의 말씀을 우리에게 강조하시는 것이다.

그렇게 생각하면 역동상담에서 상담자나 내담자 모두 중점적으로 자신을 돌아보는 기회를 갖는 것은 지극히 성경적인 일이라고 할 수 있다. 그리고 그런 노력을 하는 내담자의 성숙과정에 동참하고 있는 상담자로서 끝까지 남을 가치관을 든다면 그 역시 우리 자신을 돌이켜 보고 회개하는 것만큼 중요한 것이 없다고 본다. 갈라디아서 6장 1절에 "형제들아, 사람이 만일 무슨 범죄한 일이 드러나거든 신령한 너희는 온유한 심령으로 그러한 자를 바로잡고 네 자신을 돌아보아 너도 시험을 받을까 두려워하라." 하셨듯이, 우리가 누군가를 돕고 가르치며 인도하고 있다고 해서 우리 자신은 문제가 없고 문제에 직면하게 될 불안을 모두 극복했다고 절대 착각해서는 안 된다. 상담자는 '나는 마땅히 남을 도와주고 내담자는 일방적으로 도움을 받는 사람'이라는 생각이 들기 쉽다. 그것은 하나의 분리기제로서 남과 나를 흑과 백으로 분리하는 미성숙한 방어작용의 하나다. '저기서 기도하는 자들은 죄를 지은 창기요 세리이므로 절대 하나님 앞에 나갈 수 없는 자들이고 나는 깨끗한 입장이라 전혀 그들과 다르다.'는 생각은 나와 그들 사이를 가로막는 장벽이 될 것이고, 나 역시 얼마든지 검게 그늘진 부분을 갖고 있다는 사실을 부정하게 하므로 성숙을 방해할 것이다. 또한 이런 태도는 진정으로 회개하며 하나님을 만나는 기도를 할 수 없게 한다.

그런데 성경은 또한 우리들이 자기 자신을 돌아보고 돌이켜 올바른 길로 들어서는 것이 얼마나 힘든지도 전해 주는데, 로마서 7장 14~23절에서 그것을 극명하게 보여 준다. 그 마지막 절에 이어 사도 바울은 "오호라 나는 곤고한 사람이로다. 이 사망의 법에서 누가 나를 건져내랴."고 하며 무엇이 옳은지 뻔히 알면서도 선을 행하지 못하고 도리어 악을 행하는 자신의 모습을 한탄한다. 이 말씀을 사도 바울이 복음을 받기 전의 고백이라 해석하는 사람이 있는데 절대 그렇지 않으리라 생각한다. 그것은 인간 누구나가 그렇듯이 사도 바울이 정말로 자신의 한계를 괴로워하면서 하는 말이다. 그런데 그는 곧이어 25절 말씀에 "우리 주 예수 그리스도로 말미암아 하나님께 감사하리로다. 그런즉 나 자신이 마음으로는 하나님의 법을, 육신으로는 죄의 법을 섬기는도다."라며 어떤 비약을 한다. 복음을 깨달았음에도 불구하고 마음과 육신의 욕구 사이에 넘을 수 없는 벽과 거리가 있어서 스스로는 도저히 어떻게 할 수 없는 절망을 깨닫고, 자신의 모습을 돌이켜 보며 이렇게 곤고한 사람도 없다고 한탄한다. 그런데 다시 그것 때문에 오히려 하나님께 감사한다고 하는 것은 잘 이해가 안 되는 부분이다. 그러나 고린도후서 12장에서 사도 바울이 간증하는 부분을 보면 그 의미를 이해할 수 있다. "무익하나마 내가 부득불 자랑하노니 주의 환상과 계시를 말하리라 내가 그리스도 안에 있는 한 사람을 아노니 십사 년 전에 그가 셋째 하늘에 이끌려 간 자라(그가 몸 안에 있었는지 나는 모르거니와 하나님은 아시느니라) 내가 이런 사람을 아노니(그가 몸 안에 있었는지 몸 밖에 있었는지 나는 모르거니와 하나님은 아시느니라) 그가 낙원으로 이끌려 가서 말할 수 없는 말을 들었으니 사람이 가히 이르지 못할 말이로다 내가 이런 사람을 위하여 자랑하겠으나 나를 위하여는 약한 것들 외에 자랑치 아니하리라"(고후 12:1-5). 사도 바울은 주의 환상과 계시에 대한 신비로운 영적 체험을 깊이 한 이후 오히려 자신의 강한 것은 자랑하지 않고 아직도 그에게 약한 것들이 많다는 사실을 얘기 한다. 그리고 그가 어떻게 약하느냐는 그 이후 6~10절에 잘 나타나 있다. "내가 만일 자랑하고자 하여도 어리석은 자가 되지 아니할 것은 내가 참말을 함이라 그러나 누가 나를 보는 바와 내게 듣는바에 지나치게 생각할까 두려워하여 그만두노라 여러 계시를 받은 것이 지극히 크므로 너무 자고하지 않게 하시려고 내 육체에 가시 곧 사단의 사자를 주셨으니 이는 나를 쳐서 너무 자고하지 않게 하려 하심이니라. 이것이 내게서 떠나기 위하여 내가 세 번 주께 간구하였더니 내게 이르시기를 내 은혜가 네게 족하도다 이는 내 능력이 약한 데서 온전하여짐이라 하신지라 이러므로 도리어 크게 기뻐함으로 나의 여러 약한 것들에 대하여 자랑하리니 이는 그리스도의 능력으로 내게 머물게 하려 함이라 그러므로 내가 그리스도를 위하여 약한 것들과 능욕과 궁핍과 핍박과 곤란을 기뻐하노니 이는 내가 약할 그때에 곧 강함이니라" 이처럼 사도 바울은 위대한 능력을 가지고 있었지만 자신이 가지고 있는 약함을 위해 간절히 기도했다. 지금도 지도자라면 누구나 다른 사람 앞에서 약점을 보이고 싶어 하지 않고 자신의 문제점을 드러내고 싶어 하지 않는데 사도 바울이 자신의 병을 이렇게 드러냈다는 것은 그가 궁극적으로 깊이 있게 깨달은 것이 있었기 때문이다. 즉, 자기 몸이 나아서 건강해지는 것이 하나님의 뜻이 아니고 자신이 약하기 때문에 하나님의 강함이 더 드러나고 예수님이 자신에게 필요한 존재가 되는 것이다. 그런 약한 모습 그대로 받아 주시며 귀하게 여기시는 예수님이기 때문에 그가 하나님 앞에 설 수 있다는 절실한 깨달음이 나름대로 있었기에 그럴 수 있었다.

그런데 우리가 이 말씀을 보면 구태여 나아지려고 아둥바둥할 필요가 있나 하는 생각이 든다. 아무리 발버둥쳐도 인격적으로 안 되는 것, 끝내 안 되는 것을 뭐 고쳐 보겠다고 애를 쓰나, 차라리 '그래, 나 이렇게 못났다. 열등감 있다. 나 이렇게 부족하다.'고 자학하며 자포자기하고 싶어지기도 한다. 그러나 오히려 여기서 강조하는 것은 이 부족한 것이 있기 때문에 하나님의 크신 능력이 나타나는 것을 볼 수 있다는 사실이다. 그러니까 내가 약한 것을 고쳐 달라고만 간절히 기도할 것이 아니라 하나님의 선하심과 강하심을 드러내고 찬양하는 것이 더욱 필요하다는 것이다. 그런 하나님 사랑이 크면 클수록 나의 약한 것을 더 솔직하게 표현하고 증거할 수 있을 것이다. 왜냐하면 하나님의 강하심이 바로 나의 약함에서 드러날 수 있기 때문이다. 나를 강하고 완벽하게 만드셔서 완전하게 된 다음에 사용하시는 것이 아니라 나의 약하고 부족한 현실 그대로 받아 주시고 주의 도구로 사용해 주시기 때문에 내가 하나님 앞에서 자유로울 수 있는 것이다. 이런 관점에서 볼 때 우리 기독교인들의 상담사역은 '치유되지 않는 치유사역'이 될 수 있어야 할 것이다. 병이 났으니 고쳐야겠다는 목적만으로 지나치게 노력하기보다 오히려 어려운 문제 안에서 주를 만나며 주의 사랑하심 안에 거할 수 있다면 더할 나위 없는 축복이 아닐까? 나의 문제를 대할 때마다 좌절하고 실망하기보다 그 안에 빛나는 주의 사랑하심을 새롭게 깨달을 수 있다면 그것이야말로 내가 약할 그때에 곧 강함의 증거가 될 수 있을 것이다. 치유사역이 잘못될 수 있는 부분이란 치유사역의 궁극적인 목적이 하나님의 사랑과 영광을 드러내는 데 있는데 그 목적이 바뀌어서 인간이 낫는 것으로 그 본질이 변질되는 것이다. 병이 낫고 안 낫고는 전적으로 하나님의 주권에 속한 것이다. 그러므로 낫는 것도 참 감사하고 낫지 않는 것도 더욱더 감사하다. 왜냐하면 하나님의 사랑하심이 그것을 통해 드러날 수 있기 때문에 더 좋은 것이다. 초점이 하나님을 떠나 인간 중심으로 될 때는 그것이 잘 안 받아들여진다. 그러나 어떤 형태로든지 우리의 고난(병)에는 하나님이 역사하시는 뜻이 있다. 그래서 우리가 꼭 내담자를 낫게 한다는 것에만 집착하지 말고 저 사람의 저 병을 통해서 하나님이 어떻게 자신을 나타내려고 하는지에 관심을 집중해야 한다. 물론 그것을 상담자가 가르치거나 드러내는 것은 아니다. 상담자가 내담자와 함께 그것을 바라보고자 열망하고 있으면 하나님이 은혜로 역사하신다. 그러기 위해서 우리가 늘 부족함을 깨닫고 그 모자라는 자리에 역사하시는 하나님의 강하심을 열망하며 시시각각으로 기도하며 구하는 자세를 가져야 할 것이다.

상담자로서 나는 많이 극복했다고 생각하는 순간에도 또다시 역전이에 걸려드는 것을 막을 수 없고 시간이 갈수록 오히려 그게 일반적인 모습이라고 인정할 수밖에 없다. 그래도 상담하는 일을 좋아하고 계속할 수 있는 것은 내가 부족하지만 어차피 내가 내담자를 낫게 해 주는 것이 아니라는 것을 알기 때문이다. 즉, 상담자 역시 내담자 옆에 같이 배우는 심정으로 앉아 있는 것이므로 '주여, 말씀하십시오. 내가 듣겠나이다.' 와 같은 자세라고 할 수 있다. 물론 최선을 다해 나름대로 뼈를 깎는 자기 성찰의 노력을 하지만 그래도 안 되는 부분에 대해서는 전적으로 하나님을 의지하는 것이다. 이 두 가지가 모두 중요하다. 나 나름대로 아주 솔직하게 내놓는 것과 하나님의 도우심의 역사가 함께 하는 것이며, 결과적으로는 모든 것이 성령의 인도하심이었음으로 모아진다.

참고문헌

Benner, D. (1989). *Psychotherapy and The Spiritual Quest*. 이만홍, 강현숙 공역(2000). **정신치료와 영적탐구**. 서울: 하나의학사.

Casement, P. (1992). *Learning from The Patient*. 김석도 역. **환자에게서 배우기**. 서울: 한국심리치료연구소.

Colby, K. (1951). *A Primer for Psychotherapists*. 홍성화, 안향림 공역(2003). **정신치료입문**. 서울: 도서출판 성원사.

Dewald, P. (1972). *Psychotherapy: A Dyanmic Approach*. 이근후, 박영숙 공역(1987). **정신치료의 역동요법**. 서울: 하나의학사.

Dewald, P. (1992). *The Theory and Practice of Individual Psychotherapy*. 김기석 역(2000). **정신치료의 이론과 실제(제9판)**. 서울: 고려대학교 출판부.

Erikson, E. (1963). *Childhood and Society*. New York & London: W. W. Norton & Co. Inc.

Foster, R. (1986). *Celebration of Discipline*. 권달천 역(1995). **영적 훈련과 성장**. 서울: 생명의 말씀.

Greenson, R. (1967). *The Technique and Practice of Psychoanalysis I*. 이만홍, 현용호 외 공역(2001). **정통 정신분석의 기법과 실제 1**. 서울: 하나의학사.

Horney, K. (1994). *Callected Papers: Our Inner Conflicts*. New York: W. W. Norton & Co., Inc.

Horney, K. (1994). *The Neurotic Personality of Our Time*. New York: W. W. Norton & Co., Inc.

Jones, J. (1991). *Contemporary Psychoanalysis & Religion: Transference and Transcendence.* 유영권 역(2002). 현대 정신분석학과 종교: 전이와 초월. 서울: 한국심리치료연구소.

Levenson, H. (1995). *Time-Limited Dynamic Psychotherapy: A Guide to Clinical Practice.* New York: Basic Books.

May, G. (1993). *The Awakened Heart.* 김동규 역(2006). 사랑의 각성. 서울: IVP.

Saul, L. (1972). *Psychodynamically Bared Psychotherapy.* 이근후, 최종진, 박영숙 공역(1992). 정신역동적 정신치료. 서울: 하나의학사.

Saul, L. (1979). *The Childhood Emotional Pattern.* 이근후, 박영숙, 문홍세 공역(1999). 인격형성에 미치는 아동기 감정양식. 서울: 하나의학사.

Solomon, C. (1971). *Handbook to Happiness: A guide to Victorious Living and Affective Counseling.* Living Studies. Wheaton: Tyndale House Publishers, Inc.

Stairs, J. (2000). *Listening for The Soul: Pastoral Care and Spiritual Direction.* M. N. Minneapolis: Fortress Press.

Tarachow, S. (1973). *An Introduction to Psychotherapy.* New York: International Universities Press.

Teyber, E. (2000). *Interpersonal Process in Psychotherapy: A Relational Approach.* CA.: Brooks/Cole.

Willard, D. (1991). *The Spirit of The Disciplines.* 엄성옥 역(1993). 영성훈련. 서울: 은성출판사.

Winnicott, D. (1965). *The Maturational Process and The Facilitating Environment.* 이재훈 역(2000). 성숙과정과 촉진적 환경. 서울: 한국심리치료연구소.

Yalom, I. (2001). *Love's Executor and Other Tales of Psychotherapy.* 최윤미 역(2005). 나는 사랑의 처형자가 되기 싫다. 서울: 시그마프레스.

찾아보기

내 용

저자 소개

이만홍

전 연세대학교 의과대학 정신과 주임교수 및 세브란스병원 정신과 과장
　두란노 상담훈련학교 책임강사
　연세대학교 연합신학대학원 기독상담학 강사
　정신분석적 심리치료연구회 지도전문의
현 연세대학교 의과대학 정신과 외래교수
　미네소타 신학대학원 기독상담학과 교수
　한국영성치유연구소 소장
　로뎀클리닉 원장
　한국기독교상담 · 심리치료학회 초대회장 및 감사
　한국목회상담협회 감독회원
　〈저서〉
　정신분열병의 통합재활치료(하나의학사, 1999)
　영성치유(한국영성치유연구소, 2006)
　〈역서〉
　정신분열병 환자를 위한 통합심리치료(하나의학사, 1999)
　정신치료와 영적 탐구(하나의학사, 2000)
　정통 정신분석의 기법과 실제 I (하나의학사, 2001)
　그 외 환경치료, 심리치료 및 우울증에 관한 논문 다수

황지연

이화여자대학교 법정대학 정치외교학과 졸업
미국 캘리포니아 주립대학교(UCSB) 미술학과 졸업
미국 리버티대학교 상담학 M.A.
미네소타 신학대학원 기독상담학 박사(DCC) 과정
전 세브란스 상담실 상담자 및 교육 책임
　부산 두란노 상담학교 디렉터
　두란노 상담학교 강사
　한국정신치료 연구원 강사
현 미네소타 신학대학원 기독상담학과 강사
　한국 영성치유연구소 책임연구원
　기독 역동 상담심리치료 전문가 및 지도감독자
　한국 기독교 상담심리치료학회 전문회원
　로뎀클리닉 전문상담자
　황지연 정신건강 상담실 실장

역동심리치료와 영적 탐구

2007년 9월 27일 1판 1쇄 발행
2024년 7월 25일 1판 7쇄 발행

지은이 • 이만홍 · 황지연
펴낸이 • 김 진 환
펴낸곳 • (주) **학지사**
　　　　04031 서울특별시 마포구 양화로 15길 20 마인드월드빌딩 5층
대표전화 • 02) 330-5114　　　팩스 • 02) 324-2345
등록번호 • 제313-2006-000265호
홈페이지 • http://www.hakjisa.co.kr
인스타그램 • https://www.instagram.com/hakjisabook

ISBN 978-89-5891-560-7 93180

정가 **17,000원**

출판미디어기업 **학지사**

간호보건의학출판 **학지사메디컬** www.hakjisamd.co.kr
심리검사연구소 **인싸이트** www.inpsyt.co.kr
학술논문서비스 **뉴논문** www.newnonmun.com
원격교육연수원 **카운피아** www.counpia.com
대학교재전자책플랫폼 **캠퍼스북** www.campusbook.co.kr